과학

선생님이 **강력 추**천하는

개념 PLUS

단원평가

6·2

5~6학년군

개념 ➕ 단원평가 와
내 교과서 비교하기

단원 찾는 방법

• 내 교과서 출판사명을 확인하고 공부할 범위의 페이지를 확인하세요.
• 다음 표에서 내 교과서의 공부할 페이지와 개념+단원평가 과학 페이지를 비교하면 됩니다.
  예를 들어 천재 교과서 32~51쪽이면 개념+단원평가 38~63쪽을 공부하시면 됩니다.

Search
단원찾기

단원	개념+단원평가	천재교과서	아이스크림미디어	지학사	비상교과서	금성출판사	동아출판	김영사	천재교육	미래엔
전기의 이용	8~37	10~31	8~31	8~27	10~31	8~29	8~29	8~29	12~33	9~30
계절의 변화	38~63	32~51	32~55	28~47	32~53	30~49	30~49	30~51	34~55	31~52
연소화 소화	64~91	52~75	56~77	48~69	54~77	50~71	50~71	52~73	56~79	53~74
우리 몸의 구조와 기능	92~123	76~101	78~105	70~93	78~105	72~95	72~95	74~99	80~103	75~98
에너지와 생활	124~151	102~121	106~125	94~109	106~123	96~113	96~113	100~119	104~121	99~118

여러분의 꿈을 응원합니다!!!

민들레에게는
하얀 씨앗을 더 멀리 퍼뜨리고 싶은 꿈이 있고,

연어에게는
고향으로 돌아가 알알이 붉은 알을 낳고 싶은 꿈이 있습니다.

여러분도 가지각색의 아름다운 꿈을 가지고 있지요?
꿈을 향한 마음으로
좋은 결과를 위해 힘껏 달려 보아요.

여러분의 아름답고 소중한 꿈을 응원합니다.

구성과 특징

교과서 종합평가

과학 9종 검정 교과서를 완벽 분석한 종합평가를 단원별로 구성하였습니다.

1. 교과서 핵심 요점

교과서 내용을 이해하기
쉽도록 사진 자료와 함께
꾸몄습니다.

2. 개념을 확인해요

교과서 개념과 관련된 주
요 내용을 간단한 문제를
통하여 확인할 수 있습니
다.

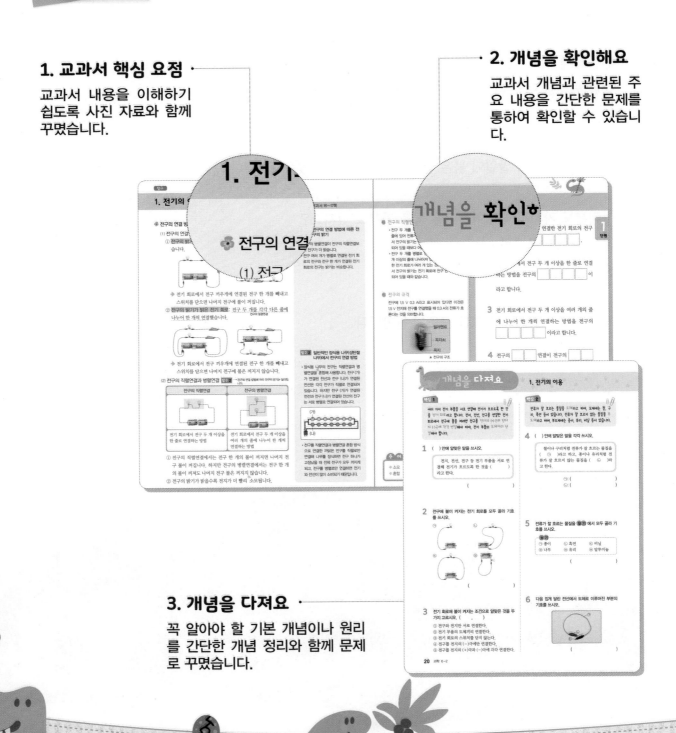

3. 개념을 다져요

꼭 알아야 할 기본 개념이나 원리
를 간단한 개념 정리와 함께 문제
로 꾸몄습니다.

4. 단원 평가 연습 도전 기출 실전

여러 가지 유형의 문제를 단원별로 구성하고, 연습, 도전, 기출, 실전 으로 난이도를 구분하여 학습 목표를 이룰 수 있도록 하였습니다.

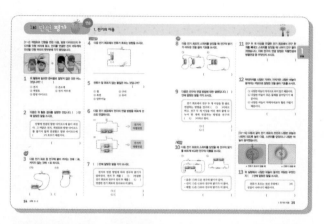

5. 탐구 서술형 평가

서술형 평가에 대비할 수 있도록 다양한 문제로 구성하였습니다.

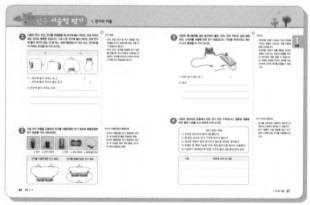

6. 100점 예상문제

핵심만 콕콕 짚어 단원별과 전체 범위로 구분하여 구성하였습니다.

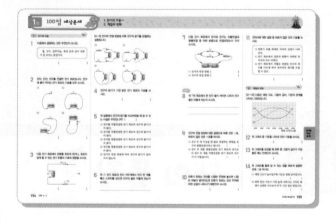

정답과 풀이

별책 부록

스스로 학습할 수 있도록 문제마다 자세한 풀이를 넣었으며 '더 알아볼까요' 코너를 두어 문제를 정확하고 쉽게 이해할 수 있도록 하였습니다.

이 책의 특징

- 단원 요점을 꼼꼼하게 정리하였습니다.
- 여러 유형의 평가 문제를 통하여 쉽게 학습 목표를 이룰 수 있습니다.
- 권말 부록(100점 예상문제)으로 학교 시험에 완벽하게 대비할 수 있습니다.
- 검정 교과서를 완벽 분석한 종합평가를 구성하였습니다.

차례

6·2

5~6학년군

요점 정리
+ 단원 평가

과학 6-2

5~6 학년군

1. 전기의 이용

🌸 전기를 이용한 재미있는 점토 놀이

(1) 전기를 이용해 발광 다이오드에 불 켜기 <실험 1>

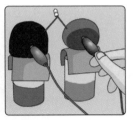

① 빈 요구르트병과 색종이로 몸통을 만들고, 색점토로 머리와 얼굴 모양을 만들어 인형 두 개를 완성합니다.

② 발광 다이오드의 두 다리를 인형 머리에 각각 꽂습니다.

③ 전지를 연결한 전지 끼우개의 전선을 색점토로 만든 인형 머리의 뒷부분에 각각 꽂습니다.

④ 결과: 발광 다이오드에 불이 켜집니다.

(2) 발광 다이오드에 불이 켜진 까닭

① 전지, 점토, 발광 다이오드를 끊기지 않게 연결했기 때문입니다.

② 발광 다이오드에 전기가 흐르기 때문입니다. ┌•색점토는 염화 칼륨과 수분이 포함되어 있어 전기가 잘 흐릅니다. 이 실험에서 색점토는 전선 역할을 합니다.

🌸 전구에 불이 켜지게 하려면 어떻게 해야 할까요?

(1) 전지, 전선, 전구를 연결해 전구에 불 켜기 <탐구 1>

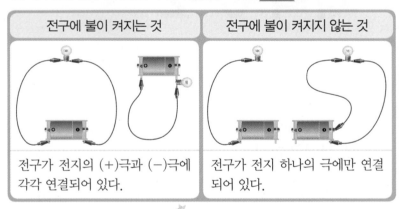

전구에 불이 켜지는 것	전구에 불이 켜지지 않는 것
전구가 전지의 (+)극과 (−)극에 각각 연결되어 있다.	전구가 전지 하나의 극에만 연결되어 있다.

(2) 전기 회로와 여러 가지 전기 부품 <탐구 2>

① 전기 회로: 전지, 전선, 전구 등 전기 부품을 서로 연결해 전기가 흐르도록 만든 것입니다.

② 전기 회로에 흐르는 전기를 전류라고 합니다.

③ 전류는 전지의 (+)극에서 (−)극으로 흐릅니다.

④ 전기 부품: 전구, 전구 끼우개, 전지, 전지 끼우개, 집게 달린 전선, 스위치 등이 있습니다. ┌•여러 가지 전기 부품은 도체 부분과 부도체 부분으로 이루어져 있습니다.

<실험 1> **전기를 이용해 발광 다이오드에 불 켜기 실험을 할 때 주의할 점**

• 색깔 점토를 한 덩어리로 만들어 전지와 발광 다이오드를 연결하면 합선이 일어나 발광 다이오드에 불이 켜지지 않기 때문에 색점토를 두 덩어리로 만들어야 합니다.

• 발광 다이오드에 불이 켜지지 않을 때에는 전선을 서로 바꾸어 연결합니다.

• 색점토가 굳으면 더 이상 전기가 흐르지 못해 발광 다이오드에 불이 켜지지 않습니다.

<탐구 1> **전기 회로의 전구에 불이 켜지는 조건**

• 전지, 전구, 전선을 연결해 전기 회로를 만듭니다.

• 전지, 전구, 전선이 끊기지 않게 연결합니다.

• 전기 부품의 도체끼리 연결합니다.

• 전구는 전지의 (+)극과 전지의 (−)극에 각각 연결합니다.

<탐구 2> **도체와 부도체**

• 도체: 전류가 잘 흐르는 물질로, 철, 구리, 알루미늄, 흑연 등이 있습니다.

• 부도체: 전류가 잘 흐르지 않는 물질로, 종이, 유리, 비닐, 나무 등이 있습니다.

전구와 발광 다이오드

전구는 전기를 이용해 빛을 내는 조명 기구로, 전구의 필라멘트에 전류가 흐르면 온도가 높아지면서 열과 빛이 납니다. 최근에는 열이 거의 나지 않는 발광 다이오드를 많이 사용합니다.

▲ 전구

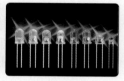
▲ 발광 다이오드[LED]

여러 가지 전기 부품

전구	전구 끼우개	전지
빛을 내는 전기 부품으로, 전류가 흐르면 필라멘트에 빛이 난다.	전기 회로를 만들 때 전구를 끼우면 전선을 쉽게 연결할 수 있다.	전기 회로에서 전지의 (+)극과 (−)극이 연결되면 전류가 흐른다.
전지 끼우개	집게 달린 전선	스위치
전기 회로를 만들 때 전지를 전선에 쉽게 연결할 수 있다.	집게를 이용하여 전선을 여러 가지 전기 부품에 쉽게 연결할 수 있다.	전기 회로에 전류를 흐르게 하거나 흐르지 않게 할 수 있다.

용어풀이

* **발광 다이오드** 전류가 흐르면 빛을 내는 조명의 한 종류로, 다양한 색깔의 빛을 낼 수 있음.
* **부품** 기계 따위의 어떤 부분에 쓰는 물품
* **합선** 전기 회로의 두 점 사이의 절연이 잘 안 되어서 두 점 사이가 접속되는 일
* **흑연** 순수한 탄소로 이루어진 검은색의 무른 광물

개념을 확인해요

1 여러 가지 모양으로 만든 색점토에 전지와 발광 다이오드를 연결하면 발광 다이오드에 불이 켜지는데, 이때 불이 켜지는 까닭은 색점토와 발광 다이오드에 ☐☐ 가 흐르기 때문입니다.

2 전지, 전선, 전구 등 전기 부품을 서로 연결해 전기가 흐르도록 한 것을 ☐☐☐ ☐ 라고 합니다.

3 전기 회로에 흐르는 전기를 ☐☐ 라고 하며, 전지의 (+)극에서 (−)극으로 흐릅니다.

4 전기 회로에서 전류를 흐르게 하거나 흐르지 않게 할 수 있는 전기 부품은 ☐☐☐ 입니다.

5 철, 구리, 알루미늄과 같이 전류가 잘 흐르는 물질을 ☐☐ 라고 합니다.

6 종이, 유리, 비닐과 같이 전류가 잘 흐르지 않는 물질을 ☐☐☐ 라고 합니다.

7 전기 회로에서 전기 부품의 ☐☐ 끼리 연결해야 전구에 불이 켜집니다.

1. 전기의 이용

🌸 **전지의 연결 방법에 따라 전구의 밝기는 어떻게 달라질까요?**

(1) **전지의 연결 방법에 따른 전구의 밝기 비교하기** 탐구1

① 전구의 밝기가 밝은 전기 회로: 전지 두 개가 서로 다른 극끼리
  연결되어 있습니다. <u>전지의 직렬연결</u>

② 전구의 밝기가 어두운 전기 회로: 전지 두 개가 서로 같은 극끼
  리 연결되어 있습니다. <u>전지의 병렬연결</u>

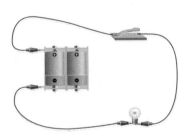
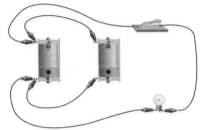

(2) **전지의 ⭐직렬연결과 ⭐병렬연결** → 전지의 연결 방법에 따라 전구의 밝기는 달라집니다.

전지의 직렬연결	전지의 병렬연결
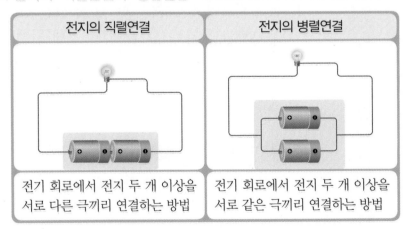	
전기 회로에서 전지 두 개 이상을 서로 다른 극끼리 연결하는 방법	전기 회로에서 전지 두 개 이상을 서로 같은 극끼리 연결하는 방법

(3) **전지의 연결 방법에 따른 특징** 탐구2

① 전지 두 개를 직렬연결한 전기 회로의 전구가 전지 두 개를 병
  렬연결한 전기 회로의 전구보다 더 밝습니다.

② 전지 두 개를 병렬연결한 전기 회로의 전구는 전지 하나를 연
  결한 전기 회로의 전구와 밝기가 비슷합니다.

③ 우리가 사용하는 리모컨에서 전지의 연결 방법: 대부분 전지
  두 개가 직렬로 연결되어 있습니다. → 전지가 두 개 이상 연결된 리모컨은 대부분 전지가 직렬로 연결되어 있습니다.

탐구1 **전지의 연결 방법에 따른 전구의 밝기를 비교할 때 주의할 점**

• 전구의 밝기를 비교할 때에는 실내를 어둡게 하거나 전구 뒤쪽에 검은 종이를 대고 관찰합니다.

• 전구의 밝기가 비슷한 전기 회로에서 전지의 극이 서로 같은 극끼리 연결되어 있는지 또는 서로 다른 극끼리 연결되어 있는지 관찰합니다.

탐구2 **전기 제품에서 전지의 연결 방법**

• 리모컨: 전지 두 개가 서로 다른 극끼리 연결되어 있으므로 전지를 직렬연결한 것입니다.

▲ 리모컨 뒷면에 전지가 연결된 모습

• 마우스: 전지 두 개가 서로 같은 극끼리 연결되어 있으므로 전지를 병렬연결한 것입니다.

▲ 마우스 뒷면에 전지가 연결된 모습

전지의 연결 방법에 따른 전류의 흐름

전기에서 전류의 세기는 전압으로 나타냅니다. 전압이 높을수록 많은 전기가 흐르게 되어 전류의 세기가 세집니다.

- 전지의 직렬연결: 전지 두 개를 직렬로 연결하면 전압이 두 배로 커집니다. 따라서 전류의 세기가 세져 전구는 밝지만, 전지의 수명은 그대로입니다.
- 전지의 병렬연결: 전지 두 개를 병렬로 연결하면 전압은 그대로입니다. 따라서 전류의 세기와 전구의 밝기는 그대로이지만, 전지를 더 오래 사용할 수 있습니다.
- 전지의 연결 방법에 따른 전구의 밝기

전구의 밝기가 밝은 전기 회로	전지 두 개가 서로 다른 극끼리 연결되어 있다.
전구의 밝기가 어두운 전기 회로	전지 두 개가 서로 같은 극끼리 연결되어 있다.

용 어 풀 이

- ✦ **직렬** 전지 등을 일렬로 연결하는 것
- ✦ **병렬** 전지 등을 나란히 늘어놓는 것
- ✦ **마우스** 컴퓨터 화면 위에서 커서 또는 아이콘 등을 이동시킬 때 사용하는 입력 장치

개념을 확인해요

1 전지 두 개가 서로 ☐☐ 극끼리 연결되어 있는 전기 회로의 전구는 밝기가 밝습니다.

2 전지 두 개가 서로 ☐☐ 극끼리 연결되어 있는 전기 회로의 전구는 밝기가 어둡습니다.

3 전기 회로에서 전지 두 개 이상을 서로 다른 극끼리 연결하는 방법을 전지의 ☐☐☐☐ 이라고 합니다.

4 전기 회로에서 전지 두 개 이상을 서로 같은 극끼리 연결하는 방법을 전지의 ☐☐☐☐ 이라고 합니다.

5 전지 두 개를 ☐☐ 연결한 전기 회로의 전구가 전지 두 개를 ☐☐ 연결한 전기 회로의 전구보다 더 밝습니다.

6 전지 두 개를 ☐☐ 연결한 전기 회로의 전구는 전지 하나를 연결한 전기 회로의 전구와 밝기가 비슷합니다.

7 우리가 사용하는 리모컨은 대부분 전지 두 개가 ☐☐ 로 연결되어 있습니다.

1. 전기의 이용

🌼 전구의 연결 방법에 따라 전구의 밝기는 어떻게 달라질까요?

(1) 전구의 연결 방법에 따른 전구의 밝기 비교하기 탐구 1

　① 전구의 밝기가 어두운 전기 회로: 전구 두 개를 한 줄로 연결했습니다.
　　　　　　　　　　　　　　　전구의 직렬연결

　➡ 전기 회로에서 전구 끼우개에 연결된 전구 한 개를 빼내고 스위치를 닫으면 나머지 전구에 불이 꺼집니다.

　② 전구의 밝기가 밝은 전기 회로: 전구 두 개를 각각 다른 줄에 나누어 한 개씩 연결했습니다.
　　　　　　　　　　　　　　전구의 병렬연결

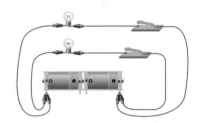

　➡ 전기 회로에서 전구 끼우개에 연결된 전구 한 개를 빼내고 스위치를 닫으면 나머지 전구에 불은 꺼지지 않습니다.

(2) 전구의 직렬연결과 병렬연결 탐구 2 → 전구의 연결 방법에 따라 전구의 밝기는 달라집니다.

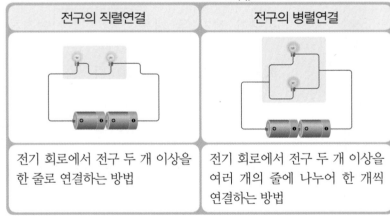

전구의 직렬연결	전구의 병렬연결
전기 회로에서 전구 두 개 이상을 한 줄로 연결하는 방법	전기 회로에서 전구 두 개 이상을 여러 개의 줄에 나누어 한 개씩 연결하는 방법

　① 전구의 직렬연결에서는 전구 한 개의 불이 꺼지면 나머지 전구 불이 꺼집니다. 하지만 전구의 병렬연결에서는 전구 한 개의 불이 꺼져도 나머지 전구 불은 꺼지지 않습니다.
　② 전구의 밝기가 밝을수록 전지가 더 빨리 소모됩니다.

탐구 1 전구의 연결 방법에 따른 전구의 밝기

• 전구의 병렬연결이 전구의 직렬연결보다 전구가 더 밝습니다.
• 전구 여러 개가 병렬로 연결된 전기 회로의 전구와 전구 한 개가 연결된 전기 회로의 전구는 밝기는 비슷합니다.

탐구 2 일반적인 장식용 나무(성탄절 나무)에서 전구의 연결 방법

• 장식용 나무의 전구는 직렬연결과 병렬연결을 혼합해 사용합니다. 전구 (가)가 연결된 전선과 전구 (나)가 연결된 전선은 각각 전구가 직렬로 연결되어 있습니다. 하지만 전구 (가)가 연결된 전선과 전구 (나)가 연결된 전선의 전구는 서로 병렬로 연결되어 있습니다.

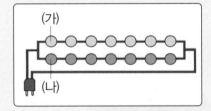

• 전구를 직렬연결과 병렬연결 혼합 방식으로 연결한 까닭은 전구를 직렬로만 연결해 나무를 장식하면 전구 하나가 고장났을 때 전체 전구가 모두 꺼지게 되고, 전구를 병렬로만 연결하면 전기와 전선이 많이 소비되기 때문입니다.

전구의 직렬연결과 병렬연결

• 전구 두 개를 직렬로 연결하면 전구 두 개가 한 줄에 있어 전류가 흐르는 데 방해를 줍니다. 따라서 전구의 밝기는 전기 회로에 전구 한 개가 연결되어 있을 때보다 어둡습니다.

• 전구 두 개를 병렬로 연결하면 전구 두 개가 두 개 이상의 줄에 나뉘어져 있어 전구 한 개를 연결한 전기 회로가 여러 개 있는 것과 같습니다. 따라서 전구의 밝기는 전기 회로에 전구 한 개가 연결되어 있을 때와 같습니다.

전구의 규격

전구에 1.5 V 0.3 A라고 표시되어 있다면 이것은 1.5 V 전지에 전구를 연결했을 때 0.3 A의 전류가 흐른다는 것을 의미합니다.

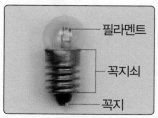

▲ 전구의 구조

필라멘트
꼭지쇠
꼭지

용 어 풀 이

★소모 써서 없앰.
★혼합 뒤섞어서 한데 합함.

개념을 확인해요

1 전구 두 개를 한 줄로 연결한 전기 회로의 전구는 밝기가 ☐☐☐☐☐.

2 전기 회로에서 전구 두 개 이상을 한 줄로 연결하는 방법을 전구의 ☐☐☐☐이라고 합니다.

3 전기 회로에서 전구 두 개 이상을 여러 개의 줄에 나누어 한 개씩 연결하는 방법을 전구의 ☐☐☐☐이라고 합니다.

4 전구의 ☐☐ 연결이 전구의 ☐☐ 연결보다 전구의 밝기가 더 밝습니다.

5 전구 여러 개가 ☐☐로 연결된 전기 회로의 전구와 전구 한 개가 연결된 전기 회로의 전구는 밝기가 비슷합니다.

6 전구의 ☐☐ 연결에서는 한 전구의 불이 꺼지면 나머지 전구 불이 꺼지지만, 전구의 ☐☐ 연결에서는 한 전구의 불이 꺼져도 나머지 전구 불은 꺼지지 않습니다.

1. 전기의 이용

🌸 **전류가 흐르는 전선 주위에서 나침반 바늘은 어떻게 될까요?**

(1) ⭐ 막대자석 주위에 있는 ⭐ 나침반 바늘의 움직임

▲ 막대자석의 S극을 나침반 가까이 가져갔을 때

▲ 막대자석의 N극을 나침반 가까이 가져갔을 때

① 막대자석을 나침반에 가까이 가져가면 나침반 바늘이 움직입니다.

② 나침반 바늘이 움직인 까닭: 나침반 바늘도 자석으로 되어 있어 같은 극끼리는 서로 밀어 내고, 다른 극끼리는 서로 잡아당기기 때문입니다.

(2) **전선 주위에서 나침반 바늘이 어떻게 움직이는지 관찰하기** `실험 1`

① 전지, 전선, 스위치를 연결해 전기 회로를 만듭니다.

② 전기 회로의 전선을 나침반 위에 놓고, 전선과 나침반 바늘이 나란히 되도록 전선의 위치를 조정합니다.

③ 전기 회로의 스위치를 닫았을 때 나침반 바늘이 어떻게 움직이는지 관찰합니다.

④ 전지의 극을 반대로 연결하고 전기 회로의 스위치를 닫았을 때 나침반 바늘의 움직임을 관찰합니다. ┌•전지의 극을 반대로 연결하면 전류가 흐르는 방향이 반대로 바뀝니다.

⑤ 결과: 전류가 흐르는 전선을 나침반에 가까이 가져가면 나침반 바늘이 움직입니다.

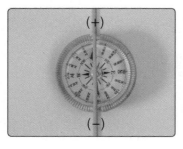
(+)
(−)

(3) **전선 주위에서 나침반 바늘이 움직이는 까닭** `탐구 1`

① 전류가 흐르는 전선 주위에 자석의 성질이 나타나기 때문입니다.

② 전지의 극을 반대로 하여 전류가 흐르는 방향을 바꾸어 주면 나침반 바늘이 움직이는 방향도 바뀝니다.

`실험 1` **전선의 위치에 따라 달라지는 나침반 바늘의 움직임**

▲ 전선을 나침반 위에 놓았을 때

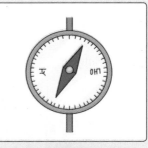
▲ 전선을 나침반 아래에 놓았을 때

• 전류가 흐르는 전선을 나침반 위에 놓았을 때와 전류가 흐르는 전선을 나침반 아래에 놓았을 때 나침반 바늘의 움직임은 반대로 나타납니다.

• 전선의 위치에 따라 ⭐ 자기장의 방향이 달라지기 때문에 나침반 바늘이 움직이는 방향이 바뀝니다.

`탐구 1` **전류가 흐르는 전선 주위에서 나침반 바늘을 더 크게 움직이게 하는 방법**

• 전선을 나침반 바늘과 나란히 하고 나침반 위에 전선을 최대한 가까이 놓습니다.

• 전지 여러 개를 직렬로 연결합니다.

개념을 확인해요

● 직선 전선에 흐르는 전류에 의한 자기장의 방향

• 전기 회로에 연결된 전선을 직선으로 만들어도 전류는 (+)극에서 (−)극으로 이동합니다. 이 때 직선 전선에는 자기장이 발생합니다.

• 오른손 엄지손가락을 전류 방향으로 향하게 하고 네 손가락으로 전선을 감아쥐면 감싸는 방향이 나침반 N극이 가리키는 방향이 됩니다.

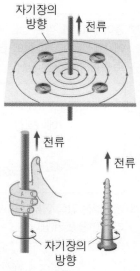

▲ 직선 전선에 흐르는 전류의 방향과 자기장의 방향 사이의 관계

★**막대자석** 막대 모양의 길쭉한 자석. 쇠, 합금 따위의 길쭉한 토막을 다른 자석으로 마찰하여 만듦.

★**나침반** 지리적인 방향을 알려 주어 항공, 항해 등에 쓰이는 도구

★**자기장** 자석이나 전류의 주위에 자석의 성질이 미치는 공간

---

1 나침반 바늘은 자석이기 때문에 ☐☐ 극끼리는 서로 밀어 내고, ☐☐ 극끼리는 서로 잡아당깁니다.

2 전류가 흐르는 전선을 나침반에 가까이 가져가면 나침반 ☐☐ 이 움직입니다.

3 전기 회로에서 스위치를 닫으면 전류는 전지의 ☐ 극에서 ☐ 극으로 흐릅니다.

4 전류가 흐르는 전선 주위에는 ☐☐ 과 같은 성질이 나타납니다.

5 전기 회로에서 전지의 극을 반대로 연결하면 ☐☐ 가 흐르는 방향이 반대로 바뀝니다.

6 전류가 흐르는 전선을 나침반과 최대한 가까이 놓으면 나침반 바늘이 더 ☐☐ 움직입니다.

7 전지 여러 개를 ☐☐ 로 연결하면 전류가 흐르는 전선 주위에서 나침반 바늘이 움직이는 정도가 더 커집니다.

1. 전기의 이용

🌸 전자석은 어떤 성질이 있을까요?

(1) **전자석** 실험 1

① 전류가 흐르는 전선 주위에 자석의 성질이 나타나는 것을 이용해 만든 자석입니다.

② 철심에 에나멜선을 여러 번 감아 전기 회로와 연결해 만들 수 있습니다. → 에나멜선을 감은 수에 따라 전자석의 세기가 달라집니다.

(2) **전자석의 성질 알아보기**

① 스위치를 닫지 않거나 닫았을 때 전자석의 끝부분을 시침바늘에 가까이 가져가면 시침바늘이 어떻게 되는지 관찰합니다.

② 전자석에 전지 한 개를 연결하고 스위치를 닫았을 때 전자석의 끝부분에 붙은 시침바늘의 개수를 세어 봅니다.

③ 전자석에 전지 두 개를 직렬로 연결하고 스위치를 닫았을 때 전자석의 끝부분에 붙는 시침바늘의 개수를 세어 봅니다.

④ 전자석의 양 끝에 나침반을 놓고 스위치를 닫았을 때 나침반 바늘이 가리키는 방향을 관찰합니다.

⑤ 전지의 극을 반대로 하고 스위치를 닫았을 때 나침반 바늘이 가리키는 방향을 관찰합니다.

⑥ 전자석의 끝부분을 시침바늘에 가까이 가져갔을 때

스위치를 닫지 않았을 때	시침바늘이 전자석에 붙지 않는다.
스위치를 닫았을 때	• 전지 한 개를 연결했을 때: 시침바늘 3~4개가 전자석에 붙는다. • 전지 두 개를 직렬로 연결했을 때: 시침바늘 6~8개가 전자석에 붙는다.

→ 직렬로 연결한 전지의 개수가 많을수록 자석의 세기가 커집니다.

⑦ 전자석의 양 끝에 나침반을 놓고 스위치를 닫았을 때: 나침반 바늘이 S극이 가리키는 방향은 전자석의 N극이고 나침반 바늘의 N극이 가리키는 방향은 전자석의 S극입니다.

나침반의 N극은 빨간색, S극은 파란색으로 나타냅니다.

(3) **전자석의 특징**

① 전자석은 전류가 흐를 때만 자석의 성질을 나타냅니다.

② 전류의 방향이 바뀌면 전자석의 극도 바뀝니다.

③ 직렬로 연결된 전지의 개수를 다르게 해 전자석의 세기를 조절할 수 있습니다.

④ 우리 생활에서 전자석을 이용하는 예: 전자석 기중기, 자기 부상 열차, 선풍기, 스피커 등

실험 1 **전자석 만들기**

① 둥근머리 볼트에 종이테이프를 감습니다.

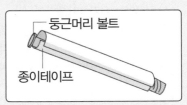

② 종이테이프를 감은 둥근머리 볼트에 에나멜선을 120번 정도 한쪽 방향으로 촘촘하게 감습니다.

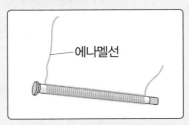

③ 에나멜선 양쪽 끝부분을 사포로 문질러 겉면을 벗겨 냅니다.

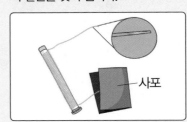

④ 에나멜선 양쪽 끝부분을 전기 회로에 연결해 전자석을 완성합니다.

💠 전지를 연결하고 스위치를 닫았을 때 전자석의 끝부분에 붙은 시침바늘의 개수

▲ 전지 한 개를 연결했을 때

▲ 전지 두 개를 직렬로 연결했을 때

💠★ 영구 자석

- 우리가 흔히 말하는 자석으로 막대자석, 말굽자석 등이 있습니다.
- N극과 S극이 일정합니다.
- 자석의 극을 바꿀 수 없고, 자석의 세기를 조절할 수 없습니다.

용 어 풀 이

- ✦에나멜선 도체에 전류가 흐르지 않는 물질을 입힌 전선
- ✦기중기 무거운 물건을 들어 올려 위아래나 수평으로 이동시키는 기계
- ✦자기 부상 열차 자기력을 이용하여 차량을 일정한 높이의 궤도 위로 띄워 주행하는 열차
- ✦영구 어떤 상태가 시간상으로 무한히 이어짐.

1 전자석은 전류가 흐르는 전선 주위에 ☐ ☐ 의 성질이 나타나는 것을 이용해 만든 자석입니다.

2 둥근머리 볼트에 에나멜선을 여러 번 감아 전기 회로와 연결하면 ☐☐☐ 을 만들 수 있습니다.

3 전지 한 개를 연결했을 때보다 전지 두 개를 직렬로 연결했을 때 전자석의 끝부분에 붙은 시침바늘의 개수가 더 ☐☐☐☐.

4 전자석은 ☐☐ 가 흐를 때에만 자석의 성질이 나타납니다.

5 전기 회로에서 전류의 방향이 바뀌면 전자석의 ☐ 도 바뀝니다.

6 ☐☐ 로 연결된 전지의 개수를 다르게 하여 전자석의 세기를 조절할 수 있습니다.

7 전자석 ☐☐☐ 를 이용하면 무거운 철제품을 다른 장소로 쉽게 옮길 수 있습니다.

1. 전기의 이용

🔌 전기를 안전하게 사용하고 절약하는 방법은 무엇일까요? 탐구1

(1) 전기를 안전하게 사용하고 절약하는 방법 토의하기
└▶전기를 안전하게 사용하지 않으면 감전되거나 화재가 일어날 수 있습니다.

전기를 안전하게 사용하는 방법 전기 안전 수칙	• 전선으로 장난치지 않는다. • 깜빡거리는 형광등을 만지지 않는다. • 물 묻은 손으로 전기 기구를 만지지 않는다. • 플러그를 뽑을 때에는 전선을 잡아당기지 않는다. • 콘센트 한 개에 플러그 여러 개를 한꺼번에 꽂아서 사용하지 않는다.
전기를 절약하는 방법	• 사용하지 않는 전등을 끈다. • 에어컨을 켤 때에는 문을 닫는다. • 컴퓨터나 텔레비전 사용 시간을 줄인다. • 에너지 지킴이를 선정해 사용하지 않는 전기 제품을 끈다.

(2) 전기를 안전하게 사용하거나 절약하기 위해 사용하는 제품
① 원하는 시간이 되면 자동으로 전원이 차단되는 시간 조절 콘센트
② 사람의 움직임을 감지하는 감지 등
③ 일반 전구보다 전기를 절약할 수 있는 발광 다이오드 전등
④ 감전 사고를 예방하는 콘센트 덮개
⑤ 누전 사고를 예방하는 과전류 차단 장치

🔌 전기 회로를 이용한 작품 만들기 탐구2

(1) 전기 회로를 이용한 작품 만들기 예
① 그림 도구를 사용해 도화지에 밑그림을 그리고, 발광 다이오드에 불이 켜질 위치를 정합니다.
② 그림 뒷면에 전기 회로 밑그림을 그립니다.
③ 전기 회로 밑그림을 따라 발광 다이오드, 동전 전지를 전도성 테이프와 연결합니다. ──▶전기 회로의 전지 대신 동전 전지를, 전선 대신 전도성 테이프를, 전구 대신 발광 다이오드를, 스위치 대신 클립을 사용합니다.
④ 전도성 테이프가 끊어진 곳에 클립을 끼워 고정한 다음, 발광 다이오드에 불이 켜지는지 확인합니다.

(2) 전기 회로를 이용한 작품 발표하기
① 잘된 점: 예 전기 회로를 이용해 자동차의 전조등에 발광 다이오드의 불이 켜지게 한 것이 창의적입니다.
② 개선할 점: 예 스위치 대신 사용한 클립이 고정되지 않아 발광 다이오드에 불이 잘 켜지지 않는 점을 개선해야 합니다

탐구1 **과전류 차단 장치와 퓨즈**

• 과전류 차단 장치: 센 전류가 흐를 때에 자동으로 스위치를 열어 전류가 흐르는 것을 끊어 주는 장치입니다. 가정에서는 집 밖에서 들어오는 전기가 너무 세거나 집 안에 누전이 생길 때 전기 시설을 보호하는 구실을 합니다.

• 퓨즈: 높은 온도에서 쉽게 녹는 금속으로 만든 연결선입니다. 전기 회로에 연결된 퓨즈는 큰 전류가 흘러 온도가 높아지면 녹아 다른 전기 부품보다 먼저 끊어집니다. 퓨즈가 끊어지면 전류가 흐르지 않아 다른 전기 부품이 손상되는 것을 막을 수 있고, 전기 사고도 예방할 수 있습니다.

탐구2 **전기 회로를 이용한 작품 만들기 과정**

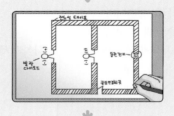

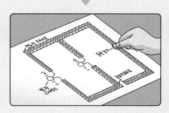

클립

스마트 플러그와 콘센트 덮개

- **스마트 플러그**: 스마트폰 애플리케이션을 사용해 무선으로 전기를 켜고 끌 수 있습니다. 외출 뒤 집에 아무도 없을 때에 전열 기구가 켜져 있다면 스마트폰 애플리케이션을 이용해 전열 기구를 끌 수 있습니다.
- **콘센트 덮개**: 전기 기구를 사용하지 않을 때에 콘센트를 덮어 주는 장치입니다. 콘센트에 금속 물질을 넣거나 물이 흘러 들어가면 발생할 수 있는 감전 사고를 예방합니다.

▲ 스마트 플러그   ▲ 콘센트 덮개

동전 전지

일반 전지와 다르게 둥글고 납작한 동전 모양으로 생긴 전지를 말합니다. 동전 전지는 크기가 작기 때문에 전자시계, 전자저울 등의 소형 전자 제품의 전원으로 많이 사용됩니다.

▲ 동전 전지의 앞면 (+)극   ▲ 동전 전지의 뒷면 (−)극

용어 풀이

- ✹ **감지** 느끼어 알게 됨.
- ✹ **누전** 절연이 불완전하거나 시설이 손상되어 전기가 전깃줄 밖으로 새어 나와 흐르는 현상
- ✹ **밑그림** 큰 작품을 제작할 때의 준비 단계로서 작은 종이나 천에 간단히 구도를 그려 보는 것
- ✹ **전도성 테이프** 접착이 가능하고 피복이 없는 전선으로, 회로 보수나 전자파 차단 등에 사용됨.

개념을 확인해요

1 ☐ 묻은 손으로 전기 기구를 만지면 위험합니다.

2 사용하지 않는 전열 기구는 ☐☐☐ 를 뽑아 놓습니다.

3 원하는 시간이 되면 자동으로 ☐☐ 이 차단되는 시간 조절 콘센트를 사용하면 전기를 절약할 수 있습니다.

4 과전류 차단 장치는 센 전류가 흐를 때에 자동으로 ☐☐☐ 를 열어 전류가 흐르는 것을 끊어 주는 장치입니다.

5 전기를 ☐☐ 하려면 사용하지 않는 전기 제품은 꺼 둡니다.

6 전기 회로를 이용한 작품을 만들 때 ☐ ☐ 대신 전도성 테이프를 사용합니다.

7 전기 회로를 이용한 작품을 만들 때 ☐☐ 대신 발광 다이오드를 사용할 수 있습니다.

핵심 1

여러 가지 전기 부품을 서로 연결해 전기가 흐르도록 한 것을 전기 회로라고 합니다. 전지, 전선, 전구를 연결한 전기 회로에서 전구에 불을 켜려면 전구를 전지의 (+)극과 전지의 (−)극에 각각 연결해야 하며, 전기 부품의 도체끼리 연결해야 합니다.

1 ( ) 안에 알맞은 말을 쓰시오.

> 전지, 전선, 전구 등 전기 부품을 서로 연결해 전기가 흐르도록 한 것을 ( )라고 한다.

( )

2 전구에 불이 켜지는 전기 회로를 모두 골라 기호를 쓰시오.

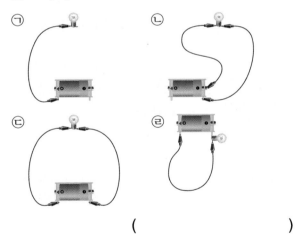

( )

3 전기 회로에 불이 켜지는 조건으로 알맞은 것을 두 가지 고르시오. (,)

① 전구와 전지만 서로 연결한다.
② 전기 부품의 도체끼리 연결한다.
③ 전기 회로의 스위치를 닫지 않는다.
④ 전구를 전지의 (−)극에만 연결한다.
⑤ 전구를 전지의 (+)극과 (−)극에 각각 연결한다.

핵심 2

전류가 잘 흐르는 물질을 도체라고 하며, 도체에는 철, 구리, 흑연 등이 있습니다. 전류가 잘 흐르지 않는 물질을 부도체라고 하며, 부도체에는 종이, 유리, 비닐 등이 있습니다.

4 ( ) 안에 알맞은 말을 각각 쓰시오.

> 철이나 구리처럼 전류가 잘 흐르는 물질을 (㉠)라고 하고, 종이나 유리처럼 전류가 잘 흐르지 않는 물질을 (㉡)라고 한다.

㉠: ( )
㉡: ( )

5 전류가 잘 흐르는 물질을 보기 에서 모두 골라 기호를 쓰시오.

> **보기**
> ㉠ 종이 ㉡ 흑연 ㉢ 비닐
> ㉣ 나무 ㉤ 유리 ㉥ 알루미늄

( )

6 다음 집게 달린 전선에서 도체로 이루어진 부분의 기호를 쓰시오.

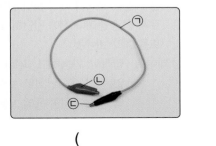

( )

핵심 3

전기 회로에서 전지 두 개 이상을 서로 다른 극끼리 연결하는 방법을 전지의 직렬연결, 전지 두 개 이상을 서로 같은 극끼리 연결하는 방법을 전지의 병렬연결이라고 합니다. 전지의 연결 방법에 따라 전구의 밝기는 달라집니다.

7 다음은 전지의 연결 방법에 대한 설명입니다. ( ) 안에 알맞은 말을 각각 쓰시오.

> 전기 회로에서 전지 두 개 이상을 서로 다른 극끼리 한 줄로 연결하는 방법을 전지의 (㉠)이라고 하고, 전지 두 개 이상을 서로 같은 극끼리 연결하는 방법을 전지의 (㉡)이라고 한다.

㉠: ( )

㉡: ( )

[8~9] 전지 두 개와 전구 한 개를 다음과 같이 연결하여 전기 회로를 만들었습니다.

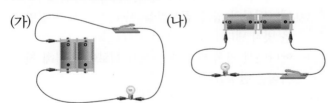

(가) (나)

8 위 전기 회로의 스위치를 닫았을 때 전구의 밝기가 더 밝은 것의 기호를 쓰시오.

( )

9 위 전기 회로에서 전지의 연결 방법을 바르게 선으로 연결하시오.

(1) (가) •   • ㉠ 전지의 직렬연결

(2) (나) •   • ㉡ 전지의 병렬연결

핵심 4

전기 회로에서 전구 두 개 이상을 한 줄로 연결하는 방법을 전구의 직렬연결, 전구 두 개 이상을 여러 개의 줄에 나누어 한 개씩 연결하는 방법을 전구의 병렬연결이라고 합니다. 전구의 연결 방법에 따라 전구의 밝기는 달라집니다.

10 다음 전기 회로를 보고 ( ) 안에 알맞은 말을 쓰시오.

> 전기 회로에서 전구 두 개 이상을 여러 개의 줄에 나누어 한 개씩 연결하는 방법을 전구의 ( )이라고 한다.

( )

11 전구의 연결 방법에 대한 설명으로 바른 것에 ○표 하시오.

(1) 전구의 연결 방법에 따라 전구의 밝기가 달라집니다. ( )

(2) 전구 여러 개를 직렬연결한 전기 회로의 전구가 병렬연결한 전기 회로의 전구보다 더 밝습니다. ( )

12 다음 전기 회로에서 스위치를 닫았을 때 전구의 밝기가 더 어두운 것을 골라 기호를 쓰시오.

㉠   ㉡

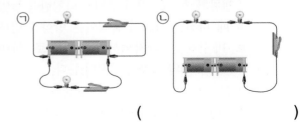

( )

핵심 5

전류가 흐르는 전선을 나침반 주위에 놓으면 나침반 바늘이 움직입니다. 그 까닭은 전류가 흐르는 전선 주위에 자석의 성질이 나타나기 때문입니다.

[13~14] 다음과 같이 전기 회로의 전선을 나침반 위에 놓고, 전선과 나침반 바늘이 나란히 되도록 전선의 위치를 조정했습니다.

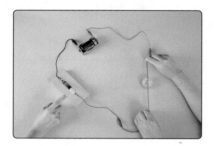

13 위 전기 회로의 스위치를 닫았을 때 나침반 바늘의 모습으로 알맞은 것을 골라 기호를 쓰시오.

⊙ 나침반 바늘이 움직인다.
ⓒ 나침반 바늘이 움직이지 않는다.
ⓒ 나침반 바늘이 계속 빙글빙글 돈다.

( )

14 위 **13**번 답과 같은 변화가 나타나는 까닭으로 알맞은 것에 ○표 하시오.

(1) 전류가 흐르는 전선 주위에 자석의 성질이 나타났기 때문입니다.　　　　　( )
(2) 전류가 흐르는 전선으로부터 나침반 바늘로 전류가 흘렀기 때문입니다.　　　( )

15 ( ) 안에 알맞은 말을 쓰시오.

전류가 흐르는 전선 주위에 나침반을 놓았을 때 나침반 바늘이 움직이는 방향을 반대로 바꾸려면 전지의 극을 반대로 하여 ( )의 방향을 바꾸어 준다.

( )

핵심 6

전류가 흐르는 전선 주위에 자석의 성질이 나타나는 것을 이용해 만든 자석을 전자석이라고 합니다.
전자석은 철심에 에나멜선을 여러 번 감아 전기 회로와 연결해 만들 수 있습니다.

16 다음에서 설명하는 자석은 무엇인지 쓰시오.

• 전류가 흐르는 전선 주위에 자석의 성질이 나타나는 것을 이용해 만든 자석이다.
• 철심에 에나멜선을 여러 번 감아 전기 회로와 연결하여 만들 수 있다.

( )

[17~18] 다음은 전자석을 만드는 과정입니다.

⊙ 둥근머리 볼트에 종이테이프를 감는다.
ⓒ 종이테이프를 감은 둥근머리 볼트에 에나멜선을 120번 정도 엉성하게 감는다.
ⓒ 에나멜선의 양쪽 끝부분을 사포로 문질러 겉면을 벗겨 낸다.
ⓔ 에나멜선 양쪽 끝부분을 전기 회로에 연결해 전자석을 완성한다.

17 위 ⊙~ⓔ 중 설명이 잘못된 것을 골라 기호를 쓰시오.

( )

18 위 ⓒ 과정에서 에나멜선의 양쪽 끝부분을 사포로 문지르는 까닭으로 알맞은 것에 ○표 하시오.

(1) 에나멜선을 사포로 문지르면 정전기를 발생시킬 수 있기 때문입니다.　　　( )
(2) 에나멜선을 사포로 문질러 겉면을 벗겨 내면 전기가 흐를 수 있기 때문입니다.　( )

핵심 7

전자석은 영구 자석과 다르게 전류가 흐를 때에만 자석의 성질이 나타나고, 직렬로 연결된 전지의 개수를 다르게 하여 자석의 세기를 조절할 수 있습니다. 또 전류의 방향이 바뀌면 전자석의 극도 반대로 바뀝니다.

19 오른쪽 전기 회로에서 스위치를 닫고 전자석의 끝부분을 시침바늘에 가까이 가져갔을 때 나타나는 현상으로 알맞은 것을 골라 기호를 쓰시오.

> ㉠ 시침바늘의 색깔이 변한다.
> ㉡ 시침바늘이 빙글빙글 돈다.
> ㉢ 시침바늘이 전자석에 붙는다.

( )

20 오른쪽은 전자석 주위에 나침반을 놓고 스위치를 닫았을 때의 모습입니다. 전류의 방향을 반대로 하였을 때 나침반 바늘의 움직임에 대한 설명으로 바른 것에 ○표 하시오.

(1) 나침반 바늘이 움직이지 않습니다.

( )

(2) 나침반 바늘의 방향이 반대로 바뀝니다.

( )

21 전자석의 특징으로 바르지 않은 것을 두 가지 고르시오. (,)

① N극과 S극이 일정하다.
② 자석의 극을 바꿀 수 있다.
③ 자석의 세기를 조절할 수 있다.
④ 전류가 흐를 때만 자석의 성질이 나타난다.
⑤ 직렬로 연결한 전지의 개수와 상관없이 전자석의 세기는 항상 일정하다.

핵심 8

전기를 안전하게 사용하려면 전기 제품의 사용 방법을 알고, 전기 안전 수칙에 따라 전기를 사용해야 합니다.
전기를 절약하려면 사용하지 않는 전기 제품은 끄거나 플러그를 뽑아 놓고, 전기가 낭비되는 곳이 있는지 점검해야 합니다.

22 전기를 안전하게 사용하는 모습은 어느 것입니까?

( )

① 깜빡거리는 형광등을 만진다.
② 전선을 잡아당겨 플러그를 뽑는다.
③ 물 묻은 손으로 전기 기구를 만진다.
④ 전열 기구를 사용하지 않을 때에는 플러그를 뽑아 놓는다.
⑤ 콘센트 한 개에 플러그 여러 개를 한꺼번에 꽂아서 사용한다.

23 전기를 절약하는 습관을 가진 사람은 누구인지 쓰시오.

> • 재선: 외출할 때 전등이 꺼져 있는지 확인해.
> • 강우: 에어컨을 켤 때에는 항상 문을 열어 둬.
> • 아현: 어둡지 않게 전등은 항상 켜 두는 게 좋아.

( )

24 전기를 안전하게 사용하거나 절약하기 위해 사용하는 제품으로 바르지 않은 것은 어느 것입니까?

( )

① 감전 사고를 예방하는 콘센트 덮개
② 사람의 움직임을 감지하는 감지 등
③ 누전 사고를 예방하는 과전류 차단 장치
④ 여러 개의 플러그를 꽂을 수 있게 만든 멀티탭
⑤ 원하는 시간이 되면 자동으로 전원이 차단되는 시간 조절 콘센트

[1~2] 색점토로 인형을 만든 다음, 발광 다이오드의 두 다리를 인형 머리에 꽂고, 전지를 연결한 전지 끼우개의 전선을 인형 머리의 뒷부분에 각각 꽂았습니다.

1 위 활동에 필요한 준비물로 알맞지 않은 것은 어느 것입니까? (   )

① 전지   ② 온도계
③ 색점토   ④ 전지 끼우개
⑤ 발광 다이오드

2 다음은 위 활동 결과를 설명한 것입니다. (   ) 안에 알맞은 말을 쓰시오.

> 인형에 연결된 발광 다이오드에 불이 켜진다. 그 까닭은 전지, 색점토와 발광 다이오드를 끊기지 않게 연결했고 발광 다이오드에 (   )가 흐르기 때문이다.

(   )

3 다음 전기 회로 중 전구에 불이 켜지는 것에 ○표, 켜지지 않는 것에 ×표 하시오.

(가)   (나)

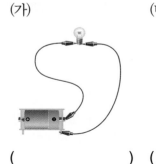 

(   )   (   )

서술형
4 다음 전기 회로에서 전류가 흐르는 방향을 쓰시오.

_____

5 전류가 잘 흐르지 않는 물질은 어느 것입니까?

(   )

① 철   ② 구리
③ 흑연   ④ 유리
⑤ 알루미늄

6 다음 전기 회로에서 전지의 연결 방법을 바르게 선으로 연결하시오.

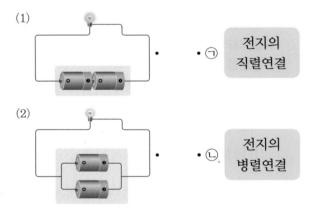

(1) ·   · ㉠ 전지의
                     직렬연결

(2) ·   · ㉡ 전지의
                     병렬연결

7 (   ) 안에 알맞은 말을 각각 쓰시오.

> 전지의 연결 방법에 따라 전구의 밝기가 달라진다. 전지 두 개를 (㉠)연결한 전기 회로의 전구가 전지 두 개를 (㉡) 연결한 전기 회로의 전구보다 더 밝다.

㉠: (   )
㉡: (   )

8 다음 전기 회로의 스위치를 닫았을 때 전구의 밝기가 어두운 것을 골라 기호를 쓰시오.

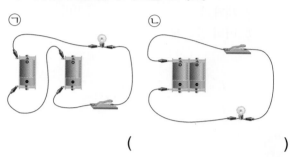

㉠   ㉡

(   )

9 다음은 전구의 연결 방법에 대한 설명입니다. ( ) 안에 알맞은 말을 각각 쓰시오.

전기 회로에서 전구 두 개 이상을 한 줄로 연결하는 방법을 전구의 (㉠   )이라고 하고, 전구 두 개 이상을 여러 개의 줄에 나누어 한 개씩 연결하는 방법을 전구의 (㉡   )이라고 한다.

㉠: (   )
㉡: (   )

10 다음 전기 회로의 스위치를 닫았을 때 전구의 밝기를 바르게 비교한 친구의 이름을 쓰시오.

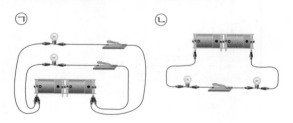

㉠   ㉡

• 윤준: ㉠과 ㉡은 전구의 밝기가 같아.
• 선미: ㉠은 ㉡보다 전구의 밝기가 더 밝아.
• 태현: ㉡은 ㉠보다 전구의 밝기가 더 밝아.

(   )

11 전구 두 개 이상을 연결한 전기 회로에서 전구 한 개를 빼내고 스위치를 닫았을 때 나머지 전구 불이 꺼졌습니다. 이때 전구의 연결 방법은 직렬연결과 병렬연결 중 무엇인지 쓰시오.

(   )

12 막대자석을 나침반 가까이 가져가면 나침반 바늘이 움직이는 까닭으로 알맞은 것을 골라 기호를 쓰시오.

㉠ 나침반 바늘이 자석으로 되어 있기 때문이다.
㉡ 나침반 바늘이 모든 물체를 끌어당기기 때문이다.
㉢ 나침반 바늘이 막대자석보다 훨씬 가볍기 때문이다.

(   )

[13~14] 다음과 같이 전기 회로의 전선과 나침반 바늘과 나란히 되도록 놓은 다음, 스위치를 닫았더니 나침반 바늘이 움직였습니다.

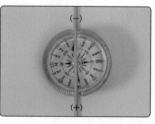 

▲ 전류가 흐르지 않을 때   ▲ 전류가 흐를 때

13 위 실험에서 나침반 바늘이 움직인 까닭은 무엇인지 ( ) 안에 알맞은 말을 쓰시오.

전류가 흐르는 전선 주위에 (   )의 성질이 나타나기 때문이다.

(   )

14 앞 13번 실험에서 전지의 극을 반대로 연결하고 전기 회로의 스위치를 닫았을 때 나침반 바늘의 움직임으로 바른 것에 ○표 하시오.

(1) 나침반 바늘이 움직이지 않습니다. (   )
(2) 나침반 바늘이 반대 방향으로 움직입니다.
(   )

서술형

15 오른쪽과 같이 전자석의 끝부분을 시침바늘에 가까이 가져간 다음, 스위치를 닫았을 때 시침바늘은 어떻게 되는지 쓰시오.

_____

_____

16 전자석의 극을 바꿀 수 있는 방법으로 바른 것은 어느 것입니까? (   )

① 에나멜선을 더 많이 감는다.
② 전지의 극을 반대로 연결한다.
③ 스위치를 반대 방향으로 연결한다
④ 전지를 직렬연결로 한 개 더 연결한다.
⑤ 전지를 병렬연결로 한 개 더 연결한다.

17 다음은 무엇에 대한 설명입니까? (   )

- N극과 S극이 일정하다.
- 막대자석, 말굽자석과 같이 자석의 성질을 오래 보존한다.

① 클립   ② 나침반
③ 전자석   ④ 철가루
⑤ 영구 자석

18 우리 생활에서 전자석을 이용하는 예가 아닌 것은 어느 것입니까? (   )

① 선풍기   ② 스피커
③ 세탁기   ④ 나침반
⑤ 머리 말리개

중요

19 전기를 안전하게 사용하는 방법으로 알맞지 않은 것은 어느 것입니까? (   )

① 전선을 가지고 장난치지 않는다.
② 전선을 잡아당겨 플러그를 뽑는다.
③ 물 묻은 손으로 전기 기구를 만지지 않는다.
④ 사용하지 않는 전열 기구는 플러그를 뽑아 놓는다.
⑤ 콘센트 한 개에 플러그 여러 개를 꽂아서 사용하지 않는다.

주의

20 다음과 같이 전기 회로를 이용한 작품을 만들 때에 전선, 전구, 스위치 대신 사용할 수 있는 것을 바르게 선으로 연결하시오.

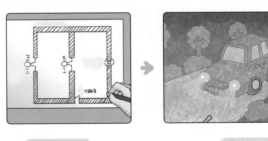

(1) 전선 •   • ㉠ 클립

(2) 전구 •   • ㉡ 전도성 테이프

(3) 스위치 •   • ㉢ 발광 다이오드

[1~2] 다음과 같이 전지, 전선, 전구를 연결했습니다.

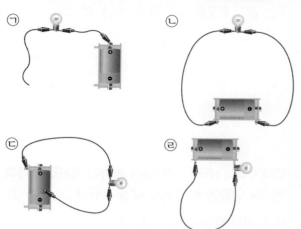

1 위 ㉠~㉣ 중 전구에 불이 켜지는 것을 모두 골라 기호를 쓰시오.

( )

2 위 **1**번 정답의 전기 회로의 전구에 불이 켜지는 까닭을 바르게 설명한 친구의 이름을 쓰시오.

- 재경: 전구가 전지의 (+)극에만 연결되어 있기 때문이야.
- 찬민: 전구가 전지의 (−)극에만 연결되어 있기 때문이야.
- 수영: 전구가 전지의 (+)극과 (−)극에 각 각 연결되어 있기 때문이야.

( )

3 ( ) 안에 알맞은 말을 각각 쓰시오.

전지, 전선, 전구 등 전기 부품을 서로 연결해 전기가 흐르도록 한 것을 (㉠)라고 한다. 이때 (㉠)에서 흐르는 전기를 (㉡)라고 한다.

㉠: ( )
㉡: ( )

4 다음 전기 회로에서 전류가 흐르는 방향을 바르게 표시한 것의 기호를 쓰시오.

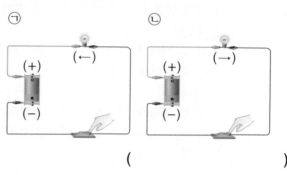

( )

5 도체 부분과 부도체 부분으로 이루어진 물체가 **아닌** 것은 어느 것입니까? ( )

① 전구　　　　　② 스위치
③ 나무젓가락　　④ 전지 끼우개
⑤ 집게 달린 전선

6 ( ) 안에 알맞은 말에 ○표 하시오.

전지의 직렬연결은 전지 두 개 이상을 서로 ㉠(같은 , 다른) 극끼리 연결하는 방법이고, 전지의 병렬연결은 전지 두 개 이상을 서로 ㉡(같은 , 다른) 극끼리 연결하는 방법이다.

7 다음 전기 회로에서 전구의 밝기가 더 밝은 것의 기호를 쓰고 전구의 밝기가 더 밝은 전기 회로에서 전지의 연결 방법을 쓰시오.

(1) 전구의 밝기가 더 밝은 것: ( )
(2) 전지의 연결 방법: ( )

8 전지의 연결 방법에 대한 설명으로 바른 것을 모두 골라 기호를 쓰시오.

> ⊙ 전지의 연결 방법에 따라 전구의 밝기가 달라진다.
> ⓒ 전지 두 개를 병렬연결한 전기 회로의 전구가 직렬연결한 전기 회로의 전구보다 더 밝다.
> ⓒ 전지 두 개를 병렬연결한 전기 회로의 전구는 전지 하나를 연결한 전기 회로의 전구와 밝기가 비슷하다.

( )

[9~11] 다음과 같이 전구 두 개를 여러 가지 방법으로 연결하여 전기 회로를 만들었습니다.

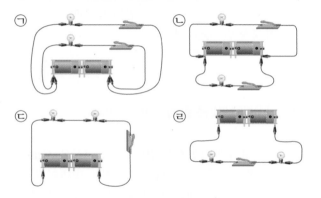

9 위 전기 회로의 스위치를 닫았을 때 전구의 밝기가 비슷한 것끼리 바르게 짝 지은 것은 어느 것입니까?
( )

	전구의 밝기가 밝은 것	전구의 밝기가 어두운 것
①	㉠, ㉡	㉢, ㉣
②	㉠, ㉢	㉡, ㉣
③	㉡, ㉢	㉠, ㉣
④	㉡, ㉣	㉠, ㉢
⑤	㉢, ㉣	㉠, ㉡

10 위 전기 회로를 전구의 연결 방법에 따라 분류하여 각각 기호를 쓰시오.

(1) 전구의 직렬연결: ( )
(2) 전구의 병렬연결: ( )

11 앞 9번 전기 회로 중 전구 끼우개에서 전구 하나를 빼내고 스위치를 닫았을 때 나머지 전구에 불이 켜지는 전기 회로를 모두 골라 기호를 쓰시오.

( )

12 막대자석의 N극을 나침반에 가까이 가져갔을 때의 변화로 알맞은 것은 어느 것입니까? ( )

① 나침반 바늘이 계속 회전한다.
② 나침반 바늘이 움직이지 않는다.
③ 나침반 바늘이 위아래로 움직인다.
④ 나침반 바늘의 N극이 자석 쪽으로 움직인다.
⑤ 나침반 바늘의 S극이 자석 쪽으로 움직인다.

◀서술형

13 전류가 흐르는 전선 주위에 놓인 나침반 바늘이 움직이는 까닭을 쓰시오.

_____

_____

14 전류가 흐르는 전선을 나침반에 가까이 가져가면 나침반 바늘이 움직입니다. 나침반 바늘을 반대 방향으로 움직이게 하려면 어떻게 해야 합니까?
( )

① 전구를 연결한다.
② 전지의 극을 반대로 연결한다.
③ 전지 두 개를 직렬로 연결한다.
④ 전지 두 개를 병렬로 연결한다.
⑤ 나침반 근처에 철 클립을 놓아둔다.

15 전자석을 시침바늘에 가까이 가져간 다음 스위치를 닫았을 때, 전자석에 붙는 시침바늘의 개수가 더 많은 것의 기호를 쓰시오.

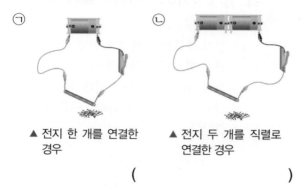

ㄱ
▲ 전지 한 개를 연결한 경우

ㄴ
▲ 전지 두 개를 직렬로 연결한 경우

( )

16 다음은 전자석 주위에 나침반을 놓고 스위치를 닫았을 때의 모습입니다. 전류의 방향을 반대로 하였을 때 나침반 바늘은 어떻게 되는지 쓰시오.

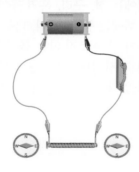

_____

_____

17 전자석에 대한 설명으로 바른 것은 어느 것입니까?

( )

① 항상 자석의 성질이 나타난다.
② 자석의 세기를 조절할 수 없다.
③ N극과 S극이 나타나지 않는다.
④ 전류가 흐를 때에만 자석의 성질이 나타난다.
⑤ 전자석 주위에서 나침반 바늘은 항상 동쪽과 서쪽을 가리킨다.

18 전자석을 이용한 것을 모두 골라 기호를 쓰시오.

ㄱ

▲ 자기 부상 열차

ㄴ

▲ 나침반

ㄷ

▲ 손전등

ㄹ

▲ 스피커

( )

19 다음 그림을 보고, 전기를 위험하게 사용한 예와 전기를 낭비한 예를 찾아 한 가지씩 쓰시오.

(1) 전기를 위험하게 사용한 예: _____

_____

(2) 전기를 낭비한 예: _____

_____

20 생활 속에서 전기를 절약하는 방법을 두 가지 고르시오. (,)

① 전등을 항상 켜 놓는다.
② 냉장고에 물건을 가득 넣어 둔다.
③ 에어컨을 켤 때에는 문을 닫는다.
④ 컴퓨터나 텔레비전 사용 시간을 줄인다.
⑤ 모든 전기 제품의 플러그를 콘센트에 꽂아 둔다.

[1~2] 오른쪽과 같이 색점토로 만든 인형에 발광 다이오드와 전지를 연결한 전지 끼우개의 전선을 연결하였더니 발광 다이오드에 불이 켜졌습니다.

서술형

1 위 실험에서 발광 다이오드에 불이 켜진 까닭을 쓰시오.

_____

_____

2 위 실험에서 색점토가 완전히 굳었을 때 나타나는 변화로 알맞은 것을 골라 기호를 쓰시오.

> ㉠ 발광 다이오드의 불빛이 더 밝아진다.
> ㉡ 발광 다이오드에 불이 켜지지 않는다.
> ㉢ 발광 다이오드의 불빛이 약간 어두워진다.

(   )

3 전구에 불이 켜지는 전기 회로를 두 가지 고르시오.
(,   )

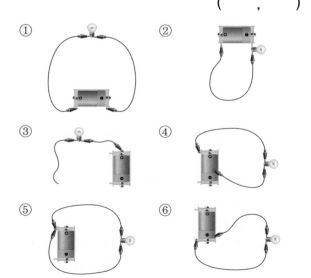

4 전기 회로에 불이 켜지는 조건으로 알맞지 않은 것의 기호를 쓰시오.

> ㉠ 전기 부품의 도체끼리 연결한다.
> ㉡ 전기 회로의 스위치를 닫지 않는다.
> ㉢ 전지, 전선, 전구를 연결해 회로를 만든다.
> ㉣ 전구는 전지의 (+)극과 (−)극에 각각 연결한다.

(   )

5 도체와 부도체에 대한 설명으로 알맞지 않은 것은 어느 것입니까? (   )

① 전류가 잘 흐르는 물질은 도체이다.
② 도체에는 철, 구리, 흑연 등이 있다.
③ 부도체에는 종이, 유리, 나무 등이 있다.
④ 전류가 잘 흐르지 않는 물질은 부도체이다.
⑤ 여러 가지 전기 부품은 도체 부분으로만 이루어져 있다.

[6~7] 다음과 같이 전지 두 개를 여러 가지 방법으로 연결하여 전기 회로를 만들었습니다.

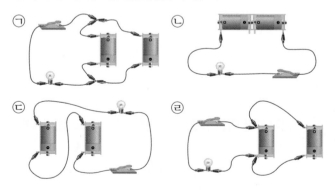

6 위 전기 회로의 스위치를 닫았을 때 전구의 밝기가 비슷한 것끼리 분류하여 기호를 쓰시오.

(1) 전구의 밝기가 밝은 것: (   )
(2) 전구의 밝기가 어두운 것: (   )

서술형

7 앞의 **6**번 정답에서 전구의 밝기가 비슷한 전기 회로는 어떤 공통점을 가지고 있는지 전지의 연결 방법과 관련지어 각각 쓰시오.

(1) 전구의 밝기가 밝은 것: _____

_____

(2) 전구의 밝기가 어두운 것: _____

_____

8 오른쪽 마우스에서 전지의 연결 방법은 직렬연결과 병렬연결 중 무엇인지 쓰시오.

( )

9 오른쪽 전기 회로에 대한 설명으로 바른 것을 두 가지 고르시오.

(,)

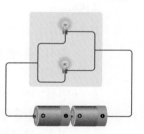

① 전구의 직렬연결이다.
② 전구의 병렬연결이다.
③ 전구 두 개를 한 줄로 연결했다.
④ 전구 두 개를 여러 개의 줄에 나누어 한 개씩 연결했다.
⑤ 전구 하나를 빼내고 스위치를 닫으면 나머지 전구 불이 꺼진다.

10 전구 두 개를 병렬연결한 전기 회로의 기호를 쓰시오.

( )

11 오른쪽 전기 회로의 전구 끼우개에서 전구 한 개를 빼내고 스위치를 닫았을 때의 결과로 알맞은 것을 골라 기호를 쓰시오.

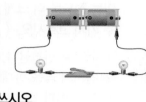

ⓐ 나머지 전구 불이 켜진다.
ⓑ 나머지 전구 불이 꺼진다.
ⓒ 나머지 전구 불이 계속 깜빡거린다.

( )

12 오른쪽과 같이 전기 회로의 전선과 나침반 바늘이 나란히 되도록 놓은 다음, 스위치를 닫았습니다. 이때 나침반 바늘의 모습을 바르게 나타낸 것을 골라 기호를 쓰시오.

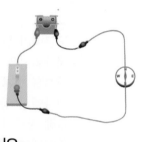

 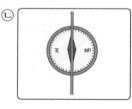

( )

13 전류가 흐르는 전선 주위에 자석의 성질이 나타나는 것을 어떻게 알 수 있는지 바르게 설명한 것을 골라 기호를 쓰시오.

ⓐ 전류가 흐르는 전선 주위에서 나침반 바늘이 움직인다.
ⓑ 전류가 흐르는 전선이 막대자석을 끌어당기거나 밀어 낸다.
ⓒ 전류가 흐르는 전선 주위에서 나침반 바늘은 항상 남쪽과 북쪽을 가리킨다.

( )

14 전류가 흐르는 전선 주위에서 나침반 바늘이 움직이는 정도를 더 크게 하기 위한 방법으로 바른 것을 두 가지 고르시오. (,)

① 전구를 연결한다.
② 전지의 극을 반대로 연결한다.
③ 전지 여러 개를 직렬연결한다.
④ 전지 여러 개를 병렬연결한다.
⑤ 나침반과 전선을 최대한 가까이 놓는다.

15 다음은 전자석을 만드는 방법을 순서대로 기호로 쓰시오.

┌─────────────────────────────────────┐
│ ㉠ 둥근머리 볼트에 종이테이프를 감는다. │
│ ㉡ 에나멜선의 양쪽 끝부분을 사포로 문질러 │
│   겉면을 벗겨 낸다. │
│ ㉢ 에나멜선 양쪽 끝부분을 전기 회로에 연 │
│   결해 전자석을 완성한다. │
│ ㉣ 종이테이프를 감은 둥근머리 볼트에 에나 │
│   멜선을 120번 정도 한쪽 방향으로 촘촘하 │
│   게 감는다. │
└─────────────────────────────────────┘

( )

16 전자석의 세기가 더 강한 것을 골라 기호를 쓰시오. (단, 주어진 조건 외의 다른 조건은 모두 같습니다.)

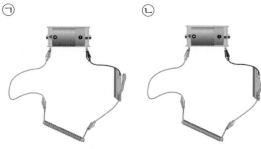

㉠   ㉡

▲ 에나멜선을 엉성하게 감은   ▲ 에나멜선을 촘촘하게 감은
　전자석　　　　　　　　　　　　전자석

( )

17 다음 자석의 공통된 특징은 무엇입니까?

( )

┌─────────────────────────────────────┐
│ 　　막대자석　　　　　말굽자석 │
└─────────────────────────────────────┘

① 같은 모양의 자석이다.
② N극과 S극이 일정하다.
③ 자석의 세기를 조절할 수 있다.
④ 전류가 흐를 때만 자석의 성질이 나타난다.
⑤ 전류의 방향을 바꾸어 자석의 극을 바꿀 수 있다.

18 무거운 철제품을 전자석에 붙여 다른 장소로 옮기는 데 사용하는 것은 무엇입니까? ( )

① 스피커　　　　　　② 포클레인
③ 전기 자동차　　　　④ 전자석 기중기
⑤ 자기 부상 열차

19 전기 안전 수칙을 잘못 알고 있는 친구의 이름을 쓰시오.

┌─────────────────────────────────────┐
│ • 수지: 물 묻은 손으로 전기 기구를 만지면 │
│   안 돼. │
│ • 민상: 전선에 걸려 넘어지지 않도록 전선 │
│   을 정리해 두어야 해. │
│ • 정훈: 콘센트 한 개에 플러그 여러 개를 한 │
│   꺼번에 꽂아서 사용해. │
└─────────────────────────────────────┘

( )

🖊️ 서술형

20 집과 학교에서 전기를 절약할 수 있는 방법을 한 가지씩 쓰시오.

(1) 집: _____

_____

(2) 학교: _____

_____

[1~2] 다음과 같이 전지, 전선, 전구를 연결했습니다.

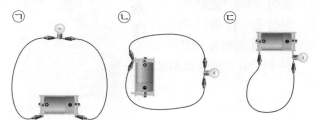

1 위 ㉠~㉢의 전기 회로 중 전구에 불이 켜지지 않는 것을 골라 기호를 쓰시오.

( )

서술형

2 위 **1**번 정답의 전기 회로에서 전구에 불이 켜지지 않는 까닭을 쓰시오.

_____

_____

3 오른쪽은 전기 회로에서 전류가 흐르는 방향을 화살표로 표시한 것입니다. 이때 전지의 ㉠은 (+)극과 (−)극 중 어느 극인지 쓰시오.

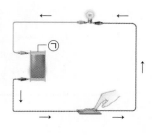

( )

4 오른쪽 전기 부품에 대한 설명으로 바르지 않은 것은 어느 것입니까? ( )

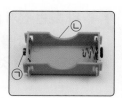

① 전지 끼우개이다.
② 도체로만 이루어져 있다.
③ ㉠은 전류가 잘 흐르는 부분이다.
④ ㉡은 전류가 잘 흐르지 않는 부분이다.
⑤ 전지를 끼운 후 집게 달린 전선을 연결할 수 있도록 되어 있다.

5 전기 회로의 스위치를 닫았을 때 전구의 밝기가 다른 하나를 골라 기호를 쓰시오.

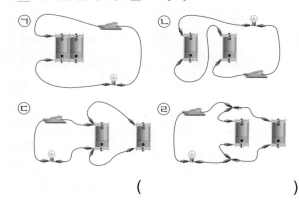

( )

6 위 **5**번 정답의 전기 회로에 대한 설명으로 바른 것을 두 가지 고르시오. (,)

① 전지 두 개를 직렬연결한 것이다.
② 전지 두 개를 병렬연결한 것이다.
③ 스위치를 닫아도 전구에 불이 켜지지 않는다.
④ 전지 두 개가 서로 같은 극끼리 연결되어 있다.
⑤ 전지 두 개가 서로 다른 극끼리 연결되어 있다.

7 리모컨과 마우스에서 전지가 연결된 방법을 바르게 선으로 연결하시오.

(1)

▲ 마우스 뒷면에 전지가 연결된 모습

• ㉠ 전지의 직렬연결

(2)

▲ 리모컨 뒷면에 전지가 연결된 모습

• ㉡ 전지의 병렬연결

8 다음 전기 회로 중 스위치를 닫았을 때 전구의 밝기가 가장 어두운 것을 골라 기호를 쓰시오.

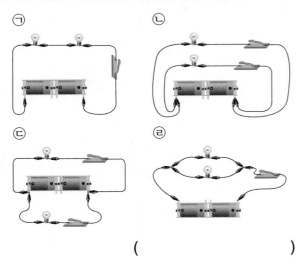

( )

9 다음 전기 회로에 대한 설명으로 바른 것은 어느 것입니까? ( )

① ㉠은 전구가 병렬로 연결되어 있다.
② ㉡은 전구가 직렬로 연결되어 있다.
③ ㉠은 전지가 직렬로 연결되어 있다.
④ ㉡은 전지가 병렬로 연결되어 있다.
⑤ 스위치를 닫았을 때 ㉠의 전구가 ㉡의 전구보다 밝다.

서술형
10 오른쪽 전기 회로에서 한 전구 불이 꺼지면 나머지 전구 불은 어떻게 되는지 쓰시오.

_____

_____

11 오른쪽과 같이 장식용 나무에 설치된 전구 중 일부만 불이 켜져 있습니다. 불이 켜진 전구와 불이 꺼진 전구의 연결 방법을 바르게 설명한 친구의 이름을 쓰시오.

불 꺼진 전구

• 준상: 전구가 직렬로 연결되어 있어.
• 아린: 전구가 병렬로 연결되어 있어.

( )

서술형
12 전류가 흐르는 전선 주위에 나침반을 놓은 모습입니다. 나침반 바늘이 움직이는 방향을 반대로 바꾸려면 어떻게 해야 하는지 쓰시오.

_____

_____

13 위 12번 전기 회로에 전지를 직렬로 한 개 더 연결하여 스위치를 닫는다면 이때 나침반 바늘의 움직임으로 바른 것의 기호를 쓰시오.

㉠ 나침반 바늘이 움직이지 않는다.
㉡ 나침반 바늘이 계속 빙글빙글 돈다.
㉢ 나침반 바늘이 움직이는 정도가 더 커진다.

( )

14 전지 한 개를 연결한 전자석과 전지 두 개를 직렬로 연결한 전자석을 각각 시침바늘에 가까이 가져갔을 때 전자석에 붙는 시침바늘의 개수를 비교했습니다. 이 실험 결과를 통해 알 수 있는 사실로 알맞은 것은 어느 것입니까? (   )

① 전자석의 세기는 항상 일정하다.
② 전자석의 N극과 S극은 항상 일정하다.
③ 전지의 개수에 따라 자석의 극이 바뀐다.
④ 직렬로 연결된 전지의 개수에 따라 전자석의 세기가 달라진다.
⑤ 병렬로 연결된 전지의 개수에 따라 전자석의 세기가 달라진다.

15 전자석의 양 끝에 나침반을 놓고 스위치를 닫았을 때 나침반 바늘이 가리키는 방향이 다음과 같았습니다. 전자석의 ㉠과 ㉡에 해당하는 극을 각각 쓰시오.

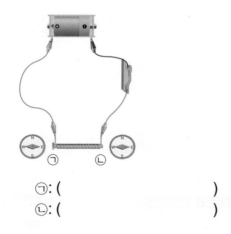

㉠: (   )
㉡: (   )

16 전자석과 영구 자석의 특징으로 바른 것을 골라 각각 기호를 쓰시오.

㉠ N극과 S극이 일정하다.
㉡ 자석의 극을 바꿀 수 있다.
㉢ 자석의 세기를 조절할 수 없다.
㉣ 전류가 흐를 때만 자석의 성질을 나타낸다.
㉤ 막대자석처럼 항상 자석의 성질이 나타난다.

(1) 전자석의 특징: (   )
(2) 영구자석의 특징: (   )

17 우리 생활에서 전자석을 이용하는 예를 두 가지만 쓰시오.

(   )

18 전기를 절약하는 방법으로 바르지 않은 것은 어느 것입니까? (   )

① 사용하지 않는 전등을 끈다.
② 에어컨을 켤 때에는 문을 닫는다.
③ 세탁물이 생길 때마다 바로 세탁한다.
④ 사람의 움직임을 감지하는 감지 등을 사용한다.
⑤ 원하는 시간이 되면 자동으로 전원이 차단되는 시간 조절 콘센트를 사용한다.

19 전기를 안전하게 사용하기 위해 쓰이는 제품에 모두 ○표 하시오.

(1) 사람의 움직임을 감지하는 감지 등
(   )
(2) 감전 사고를 예방하는 콘센트 덮개
(   )
(3) 누전 사고를 예방하는 과전류 차단 장치
(   )

20 다음과 같은 전기 회로를 이용한 작품을 만들 때에 대한 설명으로 바르지 않은 것은 어느 것입니까?
(   )

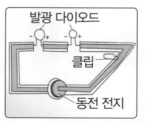 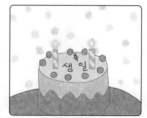

▲ 전기 회로 밑그림   ▲ 전기 회로 작품

① 전지는 부피가 큰 것을 사용한다.
② 전구 대신 발광 다이오드를 사용할 수 있다.
③ 전선 대신 전도성 테이프를 사용할 수 있다.
④ 전기 회로 작품에서 클립은 스위치 역할을 한다.
⑤ 발광 다이오드를 연결할 때 다리를 벌려 전지의 (+)극과 (−)극에 각각 연결한다.

1 다음은 전지, 전선, 전구를 연결했을 때 전구에 불이 켜지는 것과 켜지지 않는 것으로 분류한 것입니다. ㉠과 ㉡은 전구에 불이 켜지는 것과 전구에 불이 켜지지 않는 것 중 어느 것에 해당하는지 각각 쓰고, 전구에 불이 켜지는 조건을 세 가지 쓰시오.

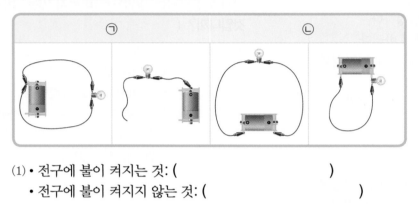

(1) • 전구에 불이 켜지는 것: (   )

   • 전구에 불이 켜지지 않는 것: (   )

(2) 전구에 불이 켜지는 조건: _____

_____

_____

전기 회로

• 전지, 전선, 전구 등 전기 부품을 서로 연결해 전기가 흐르도록 만든 것을 전기 회로라고 합니다.

• 전지, 전선, 전구를 연결해 전기 회로를 만들 때, 전기 부품의 도체끼리 연결하고, 전구를 전지의 (+)극과 전지의 (−)극에 각각 연결해야 합니다.

2 다음 전구 부품을 사용하여 전구를 직렬연결한 전기 회로와 병렬연결한 전기 회로를 각각 나타내시오.

▲ 전구   ▲ 전구 끼우개   ▲ 전지   ▲ 전지 끼우개   ▲ 집게 달린 전선

전구를 직렬연결한 전기 회로	전구를 병렬연결한 전기 회로

전구의 직렬연결과 병렬연결

• 전구의 직렬연결: 전기 회로에서 전구 두 개 이상을 한 줄로 연결하는 방법

• 전구의 병렬연결: 전기 회로에서 전구 두 개 이상을 여러 개의 줄에 나누어 한 개씩 연결하는 방법

3 다음은 에나멜선을 감은 둥근머리 볼트, 전지, 전지 끼우개, 집게 달린 전선, 스위치를 이용해 만든 전기 회로입니다. 이것을 무엇이라고 하는지 쓰고 특징을 두 가지 쓰시오.

(1) 위와 같이 만든 것: (   )

(2) 특징: _____

_____

_____

전자석

• 전자석은 전류가 흐르는 전선 주위에 자석의 성질이 나타나는 것을 이용해 만든 자석입니다.

• 전자석은 전류가 흐를 때에만 자석의 성질이 나타나고, 전류의 방향을 바꾸어 전자석의 극을 바꿀 수 있습니다. 또 직렬로 연결된 전지의 개수를 다르게 하여 자석의 세기를 조절할 수 있습니다.

4 다음은 경민이네 모둠에서 만든 전기 안전 수칙입니다. 잘못된 내용을 모두 골라 기호를 쓰고 바르게 고쳐 쓰시오.

〈전기 안전 수칙〉
㉠ 전선을 잡아당겨 플러그를 뽑는다.
㉡ 물 묻은 손으로 전기 기구를 만지지 않는다.
㉢ 전선에 사람이 걸려 넘어지지 않도록 전선을 정리한다.
㉣ 콘센트 한 개에 가능한 여러 개의 플러그를 꽂아서 사용한다.
㉤ 사용하기 편리하도록 전열 기구의 플러그를 항상 꽂아 둔다.

기호	바르게 고쳐 쓴 내용

전기 안전의 필요성

• 전기를 안전하게 사용하지 않으면 감전되거나 화재가 일어날 수 있습니다.

• 전기 제품의 사용 방법을 알고 전기 안전 수칙에 따라 전기를 사용해야 합니다.

2. 계절의 변화

🌸 계절에 따라 달라지는 모습 알아보기 → 계절에 따라 태양의 높이, 그림자 길이, 기온, 나무나 주변 풍경의 모습 등이 달라집니다.

구분	태양의 높이	그림자 길이	기온	나무의 모습
봄	여름과 겨울의 중간 정도이다.	여름과 겨울의 중간 정도이다.	여름과 겨울의 중간 정도이다.	꽃이 핀다.
여름	높다.	짧다.	높다.	진한 초록색 잎으로 덮인다.
가을	여름과 겨울의 중간 정도이다.	여름과 겨울의 중간 정도이다.	여름과 겨울의 중간 정도이다.	나뭇잎이 붉게 물든다.
겨울	낮다.	길다.	낮다.	나뭇잎이 떨어져 없다.

🌸 하루 동안 태양 고도, 그림자 길이, 기온은 서로 어떤 관계가 있을까요?

(1) 태양 고도와 태양의 <u>남중 고도</u> → 하루 중 태양이 정남쪽에 위치했을 때를 남중이라고 합니다.

  ① 태양 고도: 태양이 지표면과 이루는 각으로 나타냅니다.

  ② 태양의 남중 고도: 태양이 남중했을 때의 고도를 태양의 남중 고도라고 하며, 이때 태양 고도는 하루 중 가장 높습니다.

(2) 하루 동안 태양 고도, 그림자 길이, 기온 측정하기 `탐구 1`

  ① 태양 고도 측정기를 태양 빛이 잘 드는 편평한 곳에 놓습니다.

  ② 막대기의 그림자 길이를 측정합니다.

  ③ 실을 막대기의 그림자 끝에 맞춘 뒤, 그림자와 실이 이루는 각을 측정하고 같은 시각에 기온을 측정합니다. → 백엽상에 있는 온도계를 이용하여 기온을 측정합니다.

(3) 태양 고도, 그림자 길이, 기온의 관계 `탐구 2` → 일정한 시간 간격을 두고 태양 고도, 그림자 길이, 기온을 측정합니다.

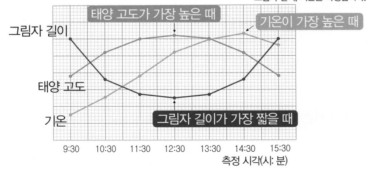

  ① 태양 고도와 모양이 비슷한 그래프: 기온 그래프

  ② 태양 고도와 모양이 다른 그래프: 그림자 길이 그래프

  ③ 태양 고도가 높아지면 그림자 길이가 짧아지고, 기온은 높아집니다. → 태양 고도가 가장 높은 때와 기온이 가장 높을 때는 시간적 차이가 있는 데 지표면이 데워지고, 데워진 지표면에 의해 공기의 온도가 높아지는 데 시간이 걸리기 때문입니다.

`탐구 1` **하루 동안 태양 고도 측정하기**

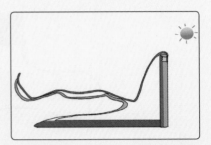

▲ 편평한 곳에 태양 고도 측정기를 놓습니다.

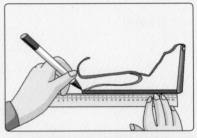

▲ 막대기의 그림자 길이를 측정합니다.

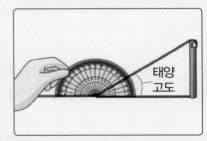

▲ 그림자 끝과 실이 이루는 각을 측정합니다.

`탐구 2` **태양 고도, 그림자 길이, 기온 그래프 그리기**

① 투명 모눈종이의 가로축에 측정 시각을 씁니다.

② 측정한 태양 고도를 꺾은선그래프로 나타냅니다.

③ 색깔이 다른 유성 펜을 사용하여 측정한 그림자 길이, 기온을 꺾은선그래프로 나타냅니다.

④ 각각의 꺾은선그래프를 서로 겹치도록 붙입니다.

태양의 높이에 따른 태양 고도

태양의 높이는 태양 고도를 이용하여 정확하게 나타낼 수 있습니다.

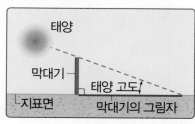

▲ 태양 고도가 낮을 때

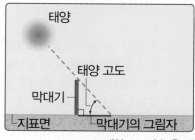

▲ 태양 고도가 높을 때

하루 동안 태양의 움직임

아침에는 태양이 지표면 근처에서 보이기 때문에 태양 고도가 낮고, 점심에는 태양이 높게 떠 있기 때문에 태양 고도가 높습니다. 태양이 남중했을 때, 태양 고도가 가장 높고 그림자는 정북쪽을 향하며 그림자 길이는 하루 중 가장 짧습니다.

▲ 하루 동안 태양의 움직임

용어풀이

★고도 지평선을 기준으로 하여 측정한 천체의 높이를 각도로 나타낸 것

★꺾은선그래프 시간에 따른 자료의 추세를 나타내기 위하여 조사할 항목의 수량적인 값을 점으로 찍고, 그 점들을 선분으로 이어 그린 그래프

개념을 확인해요

1 계절에 따른 태양의 높이는 ☐☐에 가장 높고, ☐☐에 가장 낮습니다.

2 계절에 따른 그림자 길이는 ☐☐에 가장 짧고, ☐☐에 가장 깁니다.

3 태양이 지표면과 이루는 각을 ☐☐ ☐☐라고 합니다.

4 태양 고도는 실을 연결한 막대기를 지표면에 수직으로 세우고, ☐☐☐와 실이 이루는 각을 측정합니다.

5 하루 중 태양이 정남쪽에 위치할 때의 고도를 태양의 ☐☐☐☐라고 합니다.

6 태양 고도, 그림자 길이, 기온 그래프를 비교했을 때 태양 고도와 모양이 비슷한 그래프는 ☐☐ 그래프입니다.

7 태양 고도가 높을수록 그림자 길이는 ☐☐지고, 기온은 ☐☐집니다.

8 태양 고도가 가장 높은 때와 기온이 가장 높은 때는 ☐☐ 차이가 있습니다.

2. 계절의 변화

🌸 **계절에 따라 태양의 남중 고도와 낮의 길이는 어떻게 달라질까요?**

(1) 계절별 태양의 위치 변화 관찰하기 **탐구 1**

① 태양의 남중 고도는 여름에 가장 높고, 겨울에 가장 낮습니다.

② 봄과 가을의 태양의 남중 고도는 여름과 겨울의 중간 정도입니다. →계절에 따라 태양이 보이기 시작하는 위치도 달라집니다.

(2) 계절별 태양의 남중 고도와 낮의 길이 비교하기 **탐구 2**

① 월별 태양의 남중 고도

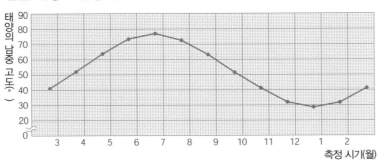

• 태양의 남중 고도가 가장 높은 계절: 여름

• 태양의 남중 고도가 가장 낮은 계절: 겨울

• 태양의 남중 고도는 6~7월에 가장 높고, 12~1월에 가장 낮습니다.

② 월별 낮의 길이

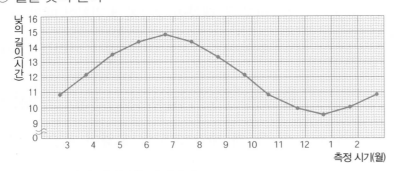

• 낮의 길이가 가장 긴 계절: 여름

• 낮의 길이가 가장 짧은 계절: 겨울

• 낮의 길이는 6~7월에 가장 길고, 12~1월에 가장 짧습니다.

③ 태양의 남중 고도와 낮의 길이의 관계: 태양의 남중 고도가 높아지면 낮의 길이가 길어지고, 태양의 남중 고도가 낮아지면 낮의 길이가 짧아집니다. →태양의 남중 고도가 높은 여름에는 낮의 길이가 길고, 태양의 남중 고도가 낮은 겨울에는 낮의 길이가 짧습니다.

④ 오늘과 비교할 때 한 달 뒤 태양의 남중 고도와 낮의 길이 변화:

⑩ 가을에서 겨울로 계절이 변하기 때문에 태양의 남중 고도는 낮아지고, 낮의 길이는 짧아질 것입니다. →7월부터 12월까지 태양의 남중 고도는 낮아지고 낮의 길이는 짧아집니다.

탐구 1 **계절별 태양의 위치 변화**

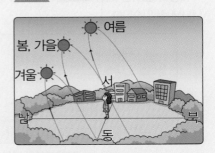

• 계절별 태양의 남중 고도이며 그 계절에 태양의 위치 변화를 나타낸 것입니다.

• 한 계절 내에서도 매일 태양의 남중 고도가 달라지기 때문에 각 계절별 대표적인 절기에 해당하는 태양의 남중 고도를 나타낸 것입니다.

• 계절별로 실제 태양이 움직이는 것이 아니라 지구의 운동에 의해 태양이 움직이는 것처럼 보이는 것입니다.

탐구 2 **태양의 남중 고도와 낮의 길이**

• 태양이 보이기 시작하여 보이지 않게 될 때까지를 낮이라고 합니다.

• 지구가 자전축을 중심으로 하여 하루에 한 바퀴씩 회전하기 때문에 낮과 밤이 생깁니다.

• 태양의 남중 고도와 낮의 길이는 매일 조금씩 달라집니다.

• 태양의 남중 고도가 가장 높고 낮의 길이가 가장 긴 때는 하지인 6월 21일 무렵이며, 태양의 남중 고도가 가장 낮고 낮의 길이가 가장 짧은 날은 동지인 12월 22일 무렵입니다.

낮의 길이 변화

- 계절에 따라 낮과 밤의 길이는 달라집니다. 이것은 지구의 자전축이 공전 궤도면에 대하여 기울어진 채 공전하기 때문에 생기는 현상입니다.
- 북반구의 하지인 6월 21일 무렵에는 낮의 길이가 밤의 길이보다 훨씬 깁니다.
- 북반구의 동지인 12월 22일 무렵에는 밤의 길이가 낮의 길이보다 훨씬 깁니다.
- 춘분(3월 21일 무렵)이나 추분(9월 23일 무렵)이 되면 낮과 밤의 길이가 약 12시간으로 거의 비슷해집니다.

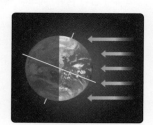

▲ 여름(하지)

▲ 겨울(동지)

▲ 봄(춘분), 가을(추분)

용 어 풀 이

- ★ **낮** 해가 뜰 때부터 질 때까지의 동안
- ★ **절기** 한 해를 스물넷으로 나눈, 계절의 표준이 되는 것
- ★ **하지** 24절기의 하나로 일 년 중 낮이 가장 긴 날
- ★ **동지** 24절기의 하나로 일 년 중 밤이 가장 긴 날

개념을 확인해요

2 단원

1 ☐☐에 따라 태양이 보이기 시작하는 위치가 달라집니다.

2 태양의 남중 고도는 ☐☐에 가장 높고, ☐☐에 가장 낮습니다.

3 태양이 보이기 시작하여 보이지 않게 될 때까지를 ☐이라고 합니다.

4 낮의 길이가 가장 긴 계절은 ☐☐이고, 가장 짧은 계절은 ☐☐입니다.

5 태양의 남중 고도가 높아지면 낮의 길이가 ☐☐지고, 태양의 남중 고도가 낮아지면 낮의 길이가 ☐☐집니다.

6 태양의 남중 고도가 낮고 낮의 길이가 가장 짧은 계절은 ☐☐입니다.

7 태양의 남중 고도와 낮의 길이는 계절별 ☐☐에 영향을 줍니다.

8 가을에서 겨울로 계절이 변하는 시기에 태양의 남중 고도는 ☐☐지고, 낮의 길이는 ☐☐집니다.

2. 계절의 변화 **41**

2. 계절의 변화

❀ 계절에 따라 기온이 달라지는 까닭은 무엇일까요?

(1) 계절에 따른 기온 알아보기

① 여름에는 기온이 높고 겨울에는 기온이 낮습니다.

② 봄과 가을에는 기온이 생활하기에 적당합니다.

(2) 태양의 남중 고도에 따른 기온 변화 비교하기 [실험1] [실험2]

① 페트리 접시 두 개에 모래를 각각 채웁니다.

② 전등과 모래가 이루는 각을 하나는 크게, 다른 하나는 작게 하여 전등을 설치합니다.

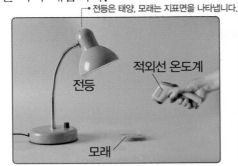
• 전등은 태양, 모래는 지표면을 나타냅니다.

적외선 온도계

전등

모래

③ 전등과 모래 사이의 거리가 20 cm가 되도록 조정합니다.

④ 적외선 온도계로 두 페트리 접시에 담긴 모래의 온도를 각각 측정합니다.

⑤ 전등을 동시에 켜고 3~5분이 지난 뒤, 두 페트리 접시에 담긴 모래의 온도를 각각 측정합니다.

⑥ 두 페트리 접시에 담긴 모래의 온도 변화를 비교합니다.

⑦ 실험 결과 예 (측정 시간 3분)

전등과 모래가 이루는 각	온도 변화		
	처음 온도(℃)	나중 온도(℃)	온도 변화(℃)
클 때	23	58	35
작을 때	23	40	17

• 실험에서 다르게 해야 할 조건: 전등과 모래가 이루는 각

• 전등은 태양, 모래는 지표면, 전등과 모래가 이루는 각은 태양의 남중 고도를 의미합니다.

• 전등과 모래가 이루는 각이 클 때 모래의 온도가 더 많이 올라갔습니다. → 태양의 남중 고도가 높을수록 기온이 높아집니다.

(3) 계절에 따라 기온이 달라지는 까닭

① 계절에 따라 태양의 남중 고도가 달라지기 때문입니다.

② 태양의 남중 고도가 높을 때 기온이 높은 까닭: 태양의 남중 고도가 높아지면 일정한 면적의 지표면에 도달하는 태양 에너지양이 많아지기 때문입니다. → 지표면에 도달하는 태양 에너지양이 많아지면 지표면이 더 많이 데워져서 기온이 높아집니다.

[실험1] 태양의 남중 고도에 따른 기온 변화 비교 실험

• 가설: 계절에 따라 태양의 남중 고도가 달라지기 때문에 계절에 따라 기온이 달라질 것입니다.

• 다르게 해야 할 조건: 전등과 모래가 이루는 각

• 같게 해야 할 조건: 전등과 모래 사이의 거리, 전등을 켠 시간, 전등의 종류, 모래의 양과 종류, 페트리 접시의 크기 등

[실험2] 전등과 모래가 이루는 각의 크기에 따라 일정한 면적에 도달하는 태양 에너지양

• 전등과 모래가 이루는 각이 클 때: 태양의 남중 고도가 높아지면 일정한 면적의 지표면에 도달하는 태양 에너지양이 많아집니다.

전등

모래

• 전등과 모래가 이루는 각이 작을 때: 태양의 남중 고도가 낮아지면 일정한 면적의 지표면에 도달하는 태양 에너지양이 적어집니다.

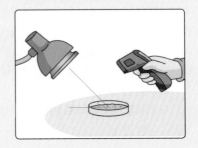

태양의 남중 고도와 태양 에너지양

- 태양이 머리 위로 높이 떠 있을 때는 단위 면적당 태양 에너지양이 많습니다.
- 태양의 고도가 낮아지면 빛이 넓게 퍼져서 단위 면적당 태양 에너지양이 적습니다.

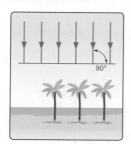

▲ 적도 지방

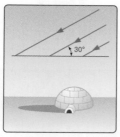

▲ 극지방

북반구에 있는 우리나라와 남반구에 있는 뉴질랜드의 기온 비교

남반구에 있는 뉴질랜드에서는 태양의 남중(북중) 고도가 6월에 가장 낮고, 12월에 가장 높습니다. 따라서 우리나라에서 기온이 높은 계절에 뉴질랜드에서는 기온이 낮습니다.

용 어 풀 이

- ★각 한 점에서 갈리어 나간 두 직선의 벌어진 정도. 원의 중심에서 원의 둘레를 360으로 등분한 것을 1도로 나타내고, 이를 단위로 측정함.
- ★지표면 지구의 표면 또는 땅의 겉면
- ★태양 에너지 태양으로부터 오는 열과 빛 형태의 에너지. 지구에 사는 생명체에게 필요한 에너지를 제공하는 근원임.

개념을 확인해요

1 태양의 남중 고도에 따른 기온 변화 비교 실험에서 다르게 해야 할 조건은 □□과 □ □가 이루는 각입니다.

2 태양의 남중 고도에 따른 기온 변화 비교 실험에서 전등은 태양을, 모래는 □□□을 나타냅니다.

3 태양의 남중 고도에 따른 기온 변화 비교 실험에서 전등과 모래가 이루는 각은 실제로 태양의 □□□□를 의미합니다.

4 태양의 남중 고도에 따른 기온 변화 비교 실험에서 전등과 모래가 이루는 각이 클 때 모래의 온도가 더 많이 □□□□□.

5 태양의 남중 고도가 높아지면 일정한 면적의 지표면에 도달하는 태양 에너지양이 □□집니다.

6 여름과 겨울 중 태양의 남중 고도가 더 높은 계절은 □□입니다.

7 계절에 따라 기온이 달라지는 까닭은 태양의 □□□□가 달라지기 때문입니다.

2. 계절의 변화

🌸 **계절의 변화가 생기는 까닭은 무엇일까요?**

(1) 계절에 따라 달라지는 것: 태양의 남중 고도, 기온, 낮의 길이, 그림자 길이 등

(2) 계절이 변화하는 원인 알아보기 실험 1 실험 2

① 태양 고도 측정기를 지구의 우리나라 위치에 붙입니다.

② 지구의 자전축을 수직으로 맞추고, 전등으로부터 30 cm 떨어진 거리에 둡니다.

③ 전등의 높이를 태양 고도 측정기의 높이와 비슷하게 조절하고 전등을 켠 다음, 태양의 남중 고도를 측정합니다.

④ 지구의를 시계 반대 방향으로 공전시켜 각 위치에서 태양의 남중 고도를 측정합니다.

⑤ 지구의의 자전축을 23.5° 기울입니다.

⑥ ③~④와 같은 방법으로 각 위치에서 태양의 남중 고도를 측정합니다.

(3) 자전축 기울기에 따른 태양의 남중 고도 ── 자전축이 기울어진 방향을 같게 하여 공전시켜야 합니다.

① 지구의의 자전축이 수직인 채 공전할 때 태양의 남중 고도는 변화가 없습니다.

② 지구의의 자전축이 기울어진 채 공전할 때 태양의 남중 고도는 지구의의 각 위치에 따라 변합니다.

③ 계절이 변하는 까닭: 지구의 자전축이 공전 궤도면에 대해 기울어진 채 태양 주위를 공전하기 때문입니다. ── 지구의 위치에 따라 태양의 남중 고도가 달라져 계절의 변화가 나타납니다.

🌸 **나만의 태양 고도 측정기 만들기** 탐구 1

① 더욱 편리하게 태양 고도를 측정할 수 있는 기구를 설계하고, 적절한 재료를 선택하여 태양 고도 측정기를 만듭니다.

② 모둠에서 만든 태양 고도 측정기를 이용하여 약 15일 간격으로 태양의 남중 고도를 측정하고 기록합니다.

우리 모둠이 만든 기구 이름: ⑳ 편리한 태양 고도 측정기

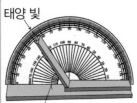

태양 빛

태양 고도

• 준비물: 각도기, 우드록, 셀로판테이프, 칼, 자, 이쑤시개 등

• 측정 방법: 우드록 막대기를 태양을 향하게 놓는다. 그런 뒤 우드록 막대기의 그림자가 생기지 않게 조절한 다음, 이쑤시개가 가리키는 각도를 읽는다.

실험 1 계절이 변하는 원인을 알아보는 실험에서 다르게 해야 할 조건과 같게 해야 할 조건

• 다르게 해야 할 조건: 지구의의 자전축 기울기

• 같게 해야 할 조건: 전등과 지구의 사이의 거리, 태양 고도 측정기를 붙이는 위치 등

실험 2 지구의의 자전축이 수직인 채 공전할 때와 기울어진 채 공전할 때

• 지구의의 자전축이 수직인 채 공전할 때: 태양의 남중 고도는 변하지 않습니다.

• 지구의의 자전축이 기울어진 채 공전할 때: 지구의의 각 위치에 따라 태양의 남중 고도가 변합니다.

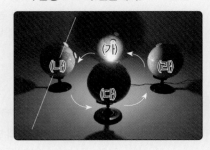

탐구 1 태양의 남중 고도 측정 방법

• 태양이 정남쪽에 있을 때의 고도를 측정합니다.

• 하루 동안 그림자 길이가 가장 짧을 때 태양 고도를 측정하여 알 수 있습니다.

지구의 자전과 공전

- 지구의 자전: 지구는 자전축을 중심으로 하루에 한 바퀴씩 회전합니다.
- 지구의 공전: 지구는 태양을 중심으로 1년에 한 바퀴씩 회전합니다.

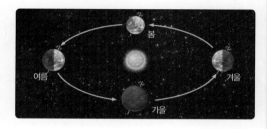

북반구와 남반구의 계절

- 우리나라가 있는 북반구에서 태양의 남중 고도가 가장 높을 때 뉴질랜드가 있는 남반구는 태양의 남중 고도가 가장 낮습니다.
- 북반구와 남반구의 계절은 반대입니다. 따라서 북반구에서 여름일 때 남반구는 겨울이 됩니다.

용어풀이

- **지구의** 지구를 본떠 만든 모형
- **자전축** 지구의 남극과 북극을 연결한 축으로, 지구는 이 축을 중심으로 하루에 한 바퀴씩 자전함.
- **공전 궤도** 한 천체가 다른 천체의 둘레를 주기적으로 도는 길. 지구 같은 행성이 태양을 주기적으로 도는 길이나 달이 지구를 주기적으로 도는 길 등을 말함.

개념을 확인해요

2 단원

1 ☐☐ 이 달라지면 태양의 남중 고도, 낮의 길이, 기온이 달라집니다.

2 계절이 변화하는 원인을 알아보는 실험에서 지구의의 ☐☐☐ 기울기를 다르게 하여 공전시켜 태양의 남중 고도를 측정합니다.

3 지구의 자전축이 공전 궤도면에 대해 기울어진 채 태양 주위를 공전하면 지구의 위치에 따라 태양의 ☐☐☐☐ 가 달라집니다.

4 지구의 자전축이 ☐☐ 이거나 지구가 태양 주위를 공전하지 않는다면 태양의 남중 고도는 변하지 않습니다.

5 지구의 자전축이 기울어진 채 태양 주위를 ☐☐ 하기 때문에 계절이 변합니다.

6 우리나라가 있는 북반구가 여름일 때 남반구의 계절은 ☐☐ 입니다.

7 태양의 남중 고도가 낮으면 기온이 ☐ 고, 낮의 길이가 ☐☐ 져 겨울이 됩니다.

8 태양의 남중 고도를 알면 ☐☐ 을 알 수 있습니다.

핵심 1

계절에 따라 태양의 높이, 그림자 길이, 기온 등이 달라집니다.
태양의 높이는 여름에 높고, 겨울에 낮으며, 기온은 여름에 높고 겨울에 낮으며 봄과 가을은 중간 정도입니다. 그림자 길이는 여름에 짧고, 겨울에 깁니다.

1 계절에 따라 달라지는 자연의 모습으로 알맞지 않은 것은 어느 것입니까? (   )

① 기온
② 그림자 길이
③ 태양의 크기
④ 태양의 높이
⑤ 나무의 모습

2 다음 중 여름에 해당하는 그림자의 모습은 어느 것인지 기호를 쓰시오.

 ㉠　　　　　 ㉡

(   )

3 봄, 여름, 가을, 겨울 중 가을의 모습에 대한 설명으로 바른 것을 두 가지 고르시오. (,   )

① 기온이 가장 높다.
② 태양의 높이가 가장 낮다.
③ 벼와 같은 곡식이 익는다.
④ 나무가 진한 초록색 잎으로 덮였다.
⑤ 그림자 길이는 여름과 겨울의 중간 정도이다.

핵심 2

태양 고도는 태양이 지표면과 이루는 각의 크기로 나타냅니다. 태양 고도를 측정할 때에는 실을 연결한 막대기를 지표면에 수직으로 세우고 그림자 끝과 막대기의 실이 이루는 각을 측정합니다.

4 (   ) 안에 공통으로 들어갈 알맞은 말을 쓰시오.

태양의 높이는 (   )를 이용하여 정확하게 나타낼 수 있다. (   )는 태양이 지표면과 이루는 각의 크기로 나타낸다.

(   )

5 다음과 같이 측정한 태양 고도는 얼마인지 쓰시오.

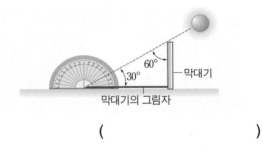

막대기
막대기의 그림자

(   )

6 태양 고도에 대한 설명으로 바르지 않은 것은 어느 것입니까? (   )

① 태양이 지표면과 이루는 각이다.
② 태양 고도를 나타낼 때 단위는 °를 사용한다.
③ 우리나라에서는 낮 12시 30분 무렵에 가장 높다.
④ 하루 중 태양 고도가 가장 높을 때의 고도를 태양의 남중 고도라고 한다.
⑤ 실을 연결한 막대기를 지표면에 수직으로 세우고, 막대기의 그림자 길이를 측정하여 알 수 있다.

태양 고도가 높을수록 그림자 길이는 짧아지고, 기온은 높아집니다. 하지만 태양 고도가 가장 높은 때와 기온이 가장 높은 때는 시간적 차이가 있습니다.

태양의 남중 고도는 여름에 가장 높고, 겨울에 가장 낮습니다. 낮의 길이는 여름에 가장 길고, 겨울에 가장 짧습니다. 태양의 남중 고도가 높아질수록 낮의 길이도 길어집니다.

[7~9] 하루 동안 태양 고도, 그림자 길이, 기온 변화를 측정하여 그래프로 나타낸 것입니다.

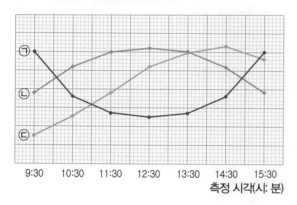

측정 시각(시: 분)

7 위 ㉠은 어떤 그래프에 해당하는지 쓰시오.

( )

8 다음은 위 그래프를 보고 알 수 있는 사실을 설명한 것입니다. ( ) 안의 알맞은 말에 ○표 하시오.

태양 고도가 높아지면 그림자 길이가 ㉠(짧아 , 길어)지고, 기온은 ㉡(낮아 , 높아)진다.

9 위 그래프에서 태양 고도가 가장 높은 때와 기온이 가장 높은 때를 바르게 비교하여 설명한 것을 골라 기호를 쓰시오.

(가) 태양 고도와 기온은 동시에 최고 높이에 도달한다.
(나) 태양 고도는 기온보다 더 빨리 최고 높이에 도달한다.
(다) 태양 고도는 기온보다 더 늦게 최고 높이에 도달한다.

( )

10 계절별 태양의 위치 변화를 나타낸 것입니다. ㉠~㉢ 중 겨울에 해당하는 것의 기호를 쓰시오.

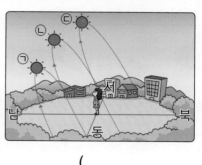

( )

11 월별 낮의 길이를 나타낸 그래프입니다. 낮의 길이가 가장 긴 계절과 가장 짧은 계절을 순서대로 바르게 짝 지은 것은 어느 것입니까? ( )

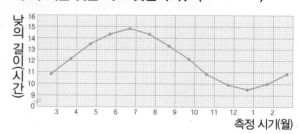

측정 시기(월)

① 봄, 가을   ② 봄, 겨울
③ 여름, 가을   ④ 여름, 겨울
⑤ 겨울, 여름

12 다음은 태양의 남중 고도와 낮의 길이에 대한 설명입니다. ( ) 안의 알맞은 말에 ○표 하시오.

태양의 남중 고도가 높아지면 낮의 길이가 ㉠(짧아 , 길어)지고, 태양의 남중 고도가 낮아지면 낮의 길이가 ㉡(짧아 , 길어)진다.

핵심 5

태양의 남중 고도에 따른 기온 변화를 알아보는 실험에서 전등과 모래가 이루는 각은 실제로 태양의 남중 고도를 의미합니다. 전등과 모래가 이루는 각이 클 때 모래의 온도가 더 많이 올라갔습니다.

핵심 6

계절에 따라 기온이 달라지는 까닭은 계절에 따라 태양의 남중 고도가 달라지기 때문입니다.
태양의 남중 고도가 높아지면 일정한 면적의 지표면에 도달하는 태양 에너지양이 많아집니다.

[13~15] 다음은 태양의 남중 고도에 따른 기온 변화를 알아보는 실험입니다.

▲ 전등과 모래가 이루는 각이 클 때
▲ 전등과 모래가 이루는 각이 작을 때

13 위 실험에 대한 설명으로 바르지 <u>않은</u> 것은 어느 것입니까? (   )

① 전등을 켜 놓는 시간을 서로 같게 한다.
② 전등은 태양, 모래는 지표면을 나타낸다.
③ 전등과 모래가 이루는 각을 서로 다르게 한다.
④ 전등과 모래 사이의 거리를 서로 다르게 한다.
⑤ 페트리 접시에 담긴 모래의 처음 온도와 나중 온도를 각각 측정하여 온도 변화를 비교한다.

14 위 실험에서 전등과 모래가 이루는 각은 실제로 무엇을 의미하는지 쓰시오.

(   )

15 위 실험에서 전등을 동시에 켜고 3분이 지난 뒤 페트리 접시에 담긴 모래의 온도를 측정했을 때, 온도 변화가 더 큰 것의 기호를 쓰시오.

(   )

16 계절에 따라 기온이 달라지는 것과 가장 관련이 깊은 것은 무엇입니까? (   )

① 지구의 크기
② 태양의 크기
③ 태양의 온도
④ 태양의 남중 고도
⑤ 지구와 태양 사이의 거리

17 태양의 남중 고도에 따른 기온 변화에 대해 <u>잘못</u> 설명한 친구의 이름을 쓰시오.

• 우림: 지표면의 온도가 높아지면 기온이 높아져.
• 윤수: 태양의 남중 고도가 낮아지면 지표면이 더 많이 데워져.
• 지현: 태양의 남중 고도에 따라 지표면이 데워지는 정도가 달라.

(   )

18 (   ) 안의 알맞은 말에 ○표 하시오.

여름에는 태양의 남중 고도가 높으므로 일정한 면적의 지표면에 도달하는 태양 에너지양이 ㉠(적고 , 많고), 겨울에는 태양의 남중 고도가 낮으므로 일정한 면적의 지표면에 도달하는 태양 에너지양이 ㉡(적다 , 많다).

핵심 7

계절이 변화하는 원인을 알아보는 실험에서 지구의의 자전축이 수직인 채 공전할 때에는 태양의 남중 고도가 변하지 않고, 지구의의 자전축이 기울어진 채 공전할 때에는 지구의의 위치에 따라 태양의 남중 고도가 달라집니다.

[19~21] 지구의의 자전축이 기울어진 채 공전할 때를 나타낸 것입니다.

19 위 실험에서 지구의가 (가)~(라) 중 어느 위치에 있을 때 우리나라에서 태양의 남중 고도가 가장 높은지 기호를 쓰시오.

(   )

20 지구의가 (라)에 있을 때에 대한 설명으로 바른 것을 골라 기호를 쓰시오.

> ㉠ 우리나라는 여름이다.
> ㉡ 낮의 길이가 가장 길다.
> ㉢ 태양의 남중 고도가 가장 낮다.

(   )

21 위 19번 실험에서 지구의의 자전축이 수직인 채 공전한다면 지구의의 위치에 따른 태양의 남중 고도는 어떻게 됩니까? (   )

① (가)에서 태양의 남중 고도가 가장 낮다.
② (나)에서 태양의 남중 고도가 가장 낮다.
③ (다)에서 태양의 남중 고도가 가장 높다.
④ (라)에서 태양의 남중 고도가 가장 높다.
⑤ (가), (나), (다), (라)에서 태양의 남중 고도가 같다.

핵심 8

지구의 자전축이 공전 궤도면에 대해 기울어진 채 태양 주위를 공전하기 때문에 계절이 변합니다. 만약 지구의 자전축이 수직이거나 지구가 태양 주위를 공전하지 않는다면 계절은 달라지지 않습니다.

22 지구의 자전축이 기울어진 채 태양 주위를 공전하기 때문에 나타나는 현상은 어느 것입니까?
(   )

① 기온이 일정하다.
② 계절의 변화가 생긴다.
③ 낮의 길이가 일정하다.
④ 그림자의 길이가 항상 같다.
⑤ 태양의 남중 고도가 변하지 않는다.

23 만약 지구의 자전축은 기울어져 있지만 지구가 공전을 하지 않는다면 어떤 일이 일어날지 바르게 설명한 것을 골라 기호를 쓰시오.

> ㉠ 기온이 변하므로 계절이 달라진다.
> ㉡ 지표면에 도달하는 태양 에너지양이 변하므로 계절이 달라진다.
> ㉢ 태양의 남중 고도가 변하지 않으므로 계절이 달라지지 않는다.

(   )

24 (   ) 안에 알맞은 계절을 각각 쓰시오.

> 지구의 자전축이 기울어진 채 태양 주위를 공전하기 때문에 (㉠)에 태양의 남중 고도가 가장 높고, (㉡)에 태양의 남중 고도가 가장 낮다.

㉠: (   )
㉡: (   )

[1~2] 계절에 따라 달라지는 자연의 모습을 나타낸 것입니다.

1 위 ㉠~㉣ 중 가을의 모습을 나타낸 것을 골라 기호를 쓰시오.

( )

2 위 ㉠~㉣ 중 기온이 가장 낮은 계절의 모습을 골라 기호를 쓰시오.

( )

3 태양이 지표면과 이루는 각을 무엇이라고 하는지 쓰시오.

( )

4 다음 중 태양 고도가 높을 때를 골라 기호를 쓰시오.

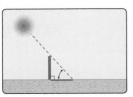 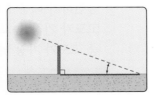

( )

5 하루 동안 태양의 움직임을 나타낸 것입니다. 태양이 남중했을 때의 위치는 어디인지 기호를 쓰시오.

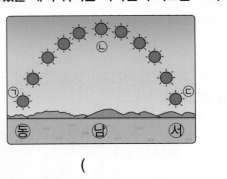

( )

[6~8] 하루 동안의 태양 고도, 그림자 길이, 기온 변화를 측정하여 그래프로 나타낸 것입니다.

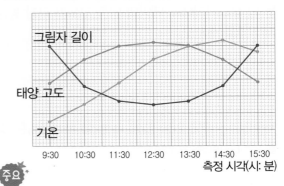

중요

6 위 그래프를 볼 때 하루 동안 태양 고도가 가장 높은 시각은 언제입니까? ( )

① 낮 12시 30분 무렵
② 오후 1시 30분 무렵
③ 오후 2시 30분 무렵
④ 오전 10시 30분 무렵
⑤ 오전 11시 30분 무렵

7 위 그래프에서 태양 고도 그래프와 모양이 다른 그래프는 그림자 길이와 기온 그래프 중 어느 것인지 쓰시오.

( ) 그래프

서술형

8 앞 **6**번 그래프를 볼 때 태양 고도가 높아질 때 그림
자 길이와 기온은 각각 어떻게 변하는지 쓰시오.

_____

_____

[9~10] 계절별 태양의 위치 변화를 나타낸 것입니다.

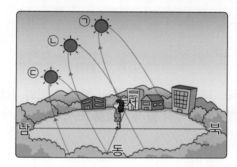

9 하루 중 태양의 위치가 정남쪽에 왔을 때의 고도를
무엇이라고 하는지 쓰시오.

( )

10 위 ㉠~㉢ 중 여름에 해당하는 태양의 위치 변화를
골라 기호를 쓰시오.

( )

11 다음은 월별 태양의 남중 고도를 그래프로 나타낸
것입니다. 태양의 남중 고도가 가장 낮은 계절은 언
제인지 쓰시오.

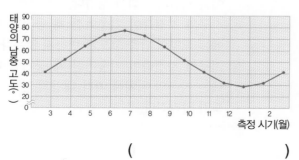

( )

중요

12 태양의 남중 고도와 낮의 길이는 어떤 관계가 있는
지 바르게 설명한 친구의 이름을 쓰시오.

- 승재: 태양의 남중 고도가 높아지면 낮의
  길이가 길어져.
- 연희: 태양의 남중 고도가 낮아지면 낮의
  길이가 길어져.
- 민우: 태양의 남중 고도와 관계없이 낮의
  길이는 항상 일정해.

( )

[13~14] 태양의 남중 고도에 따른 기온 변화를 알아보는
실험입니다.

13 위 실험에서 다르게 해야 할 조건은 무엇입니까?

( )

① 전등의 종류
② 전등의 밝기
③ 전등을 켜 놓은 시간
④ 전등과 모래 사이의 거리
⑤ 전등과 모래가 이루는 각

14 위 실험에서 전등과 모래는 실제로 각각 무엇을 나
타내는지 쓰시오.

(1) 전등: ( )
(2) 모래: ( )

15 다음 중 태양 고도가 더 높은 때는 언제인지 기호를 쓰시오.

ㄱ

ㄴ

(   )

중요

16 계절에 따라 기온이 달라지는 까닭으로 바른 설명은 어느 것입니까? (   )

① 계절에 따라 태양의 온도가 달라지기 때문이다.
② 계절에 따라 태양의 크기가 달라지기 때문이다.
③ 계절에 따라 지구의 크기가 달라지기 때문이다.
④ 계절에 따라 태양의 남중 고도가 달라지기 때문이다.
⑤ 계절에 따라 태양과 지구 사이의 거리가 달라지기 때문이다.

주의

17 지구의의 자전축이 수직인 채 공전할 때 태양의 남중 고도를 측정하는 실험입니다. 지구의가 (가) 위치에 있을 때 태양의 남중 고도가 52°였다면, (라) 위치에 있을 때 태양의 남중 고도로 알맞은 것은 어느 것입니까? (   )

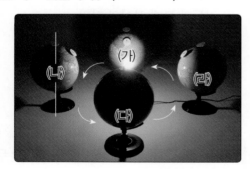

① 0°   ② 32°
③ 52°   ④ 82°
⑤ 90°

[18~20] 지구의의 자전축이 기울어진 채 공전할 때 태양의 남중 고도를 측정하는 실험과 그 결과를 나타낸 표입니다.

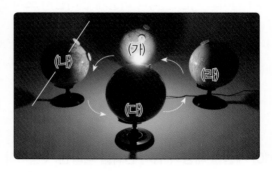

지구의의 위치	(가)	(나)	(다)	(라)
태양의 남중 고도(°)	52	76	52	29

18 우리나라가 여름과 겨울일 때 지구의의 위치로 알맞은 것을 각각 골라 기호를 쓰시오.

(1) 여름: (   )
(2) 겨울: (   )

응용

19 위 실험에서 하루 동안 낮과 밤의 길이가 비슷한 때의 위치를 모두 골라 기호로 쓰시오.

(   )

20 위 실험 결과를 통해 알 수 있는 사실로 알맞은 것을 모두 골라 기호를 쓰시오.

> ㄱ 지구의 자전축이 기울어진 채 공전할 때에는 계절의 변화가 생긴다.
> ㄴ 지구의 자전축이 기울어진 채 공전할 때에는 태양의 남중 고도가 변하지 않는다.
> ㄷ 지구의 자전축이 기울어진 채 공전할 때에는 지구의 위치에 따라 태양의 남중 고도가 달라진다.

(   )

1 ( ) 안에 공통으로 들어갈 알맞은 말을 쓰시오.

> 우리의 생활 모습은 ( )에 따라 달라진다. ( )이 달라지면 태양의 높이, 그림자 길이, 기온, 나무나 주변 풍경 의 모습 등이 달라진다.

( )

2 오른쪽 계절에 대한 설명으로 바르지 <u>않은</u> 것은 어느 것입니까?

( )

① 기온이 가장 낮다.
② 나뭇잎이 떨어져 없다.
③ 태양의 높이가 가장 높다.
④ 그림자 길이가 가장 길다.
⑤ 주로 두꺼운 옷을 입고, 눈이 내리기도 한다.

3 태양 고도를 나타내는 부분의 기호를 쓰시오.

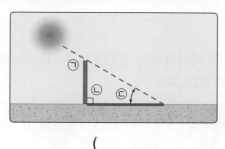

( )

4 ( ) 안에 알맞은 말을 각각 쓰시오.

> 하루 중 태양이 정남쪽에 위치할 때를 (㉠)이라고 하며, 이때의 고도를 태 양의 (㉡)라고 한다.

㉠: ( )
㉡: ( )

5 하루 동안 태양 고도, 그림자 길이, 기온을 측정하 는 방법으로 바르지 <u>않은</u> 것은 어느 것입니까?

( )

① 태양 고도 측정기를 편평한 곳에 놓는다.
② 백엽상에 있는 온도계를 이용하여 기온을 측정 한다.
③ 태양 고도, 그림자 길이, 기온을 각각 다른 시 각에 측정한다.
④ 일정한 시간 간격을 두고 태양 고도, 그림자 길 이, 기온을 측정한다.
⑤ 태양 고도는 그림자 끝과 막대기의 실이 이루 는 각을 측정하여 알 수 있다.

[6~7] 하루 동안 태양 고도, 그림자 길이, 기온 변화를 측 정하여 그래프로 나타낸 것입니다.

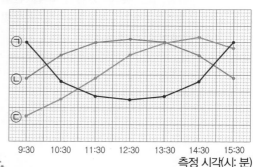

측정 시각(시: 분)

6 위 그래프에 대한 설명으로 바른 것은 어느 것입니 까? ( )

① ㉠은 기온 그래프이다.
② ㉡은 태양 고도 그래프이다.
③ ㉢은 그림자 길이 그래프이다.
④ ㉠과 모양이 비슷한 그래프는 ㉢이다.
⑤ ㉠과 모양이 비슷한 그래프는 ㉡이다.

7 위 그래프를 보고 하루 중 (가) 태양 고도가 가장 높 은 시각과 (나) 그림자 길이가 가장 짧은 시각은 언 제인지 각각 쓰시오.

(가): ( )
(나): ( )

⚠️주의

8 하루 동안 태양 고도, 그림자 길이, 기온 관계를 바르게 나타낸 것은 어느 것입니까? (   )

	태양 고도	그림자 길이	기온
①	낮아진다.	짧아진다.	낮아진다.
②	낮아진다.	길어진다.	높아진다.
③	높아진다.	짧아진다.	낮아진다.
④	높아진다.	짧아진다.	높아진다.
⑤	높아진다.	길어진다.	낮아진다.

9 계절에 따라 태양의 남중 고도가 달라지는 것을 느꼈던 경험을 바르게 말한 친구의 이름을 쓰시오.

> • 영진: 여름에는 저녁 6시에도 밖이 환했는데, 겨울에는 어두웠어.
> • 하늘: 여름에는 낮에 햇빛이 교실 안까지 들어오지 않았지만, 겨울에는 낮에 햇빛이 교실 안까지 들어왔어.

(   )

중요

10 계절별 태양의 위치 변화를 나타낸 것입니다. (가)~(다)에 해당하는 계절을 바르게 선으로 연결하시오.

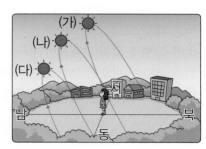

(1) (가) •   • ㉠ 봄, 가을

(2) (나) •   • ㉡ 여름

(3) (다) •   • ㉢ 겨울

11 월별 낮의 길이를 그래프로 나타낸 것입니다. 이 그래프에 대한 설명으로 바른 것을 모두 골라 기호를 쓰시오.

> ㉠ 계절에 따라 낮의 길이가 달라진다.
> ㉡ 낮의 길이는 여름에 가장 길고, 겨울에 가장 짧다.
> ㉢ 낮의 길이는 12~1월에 가장 길고, 6~7월에 가장 짧다.

(   )

✏️서술형

12 태양의 남중 고도가 높아질 때와 낮아질 때 낮의 길이는 어떻게 변하는지 비교하여 쓰시오.

_____

_____

[13~15] 태양의 남중 고도에 따른 기온 변화를 비교하기 위한 실험입니다.

▲ 전등과 모래가 이루는 각이 클 때   ▲ 전등과 모래가 이루는 각이 작을 때

13 위 실험에서 전등과 모래가 이루는 각은 실제로 무엇을 의미합니까? (   )

① 기온   ② 그림자 길이
③ 태양의 온도   ④ 태양의 남중 고도
⑤ 태양과 지구 사이의 거리

14 다음은 앞 **13**번 실험 결과를 나타낸 표입니다. ㉠ 과 ㉡ 중 전등과 모래가 이루는 각이 클 때의 결과 를 나타낸 것은 어느 것인지 기호를 쓰시오.

전등과 모래가 이루는 각	모래의 온도(℃)		
	처음 온도	나중 온도	온도 변화
㉠	23	40	17
㉡	23	58	35

( )

15 앞 **13**번 실험에서 전등과 모래가 이루는 각에 따 라 일정한 면적에 도달하는 태양 에너지양을 바르 게 비교한 것을 골라 기호를 쓰시오.

> ㉠ 전등과 모래가 이루는 각이 클수록 일정 한 면적에 도달하는 태양 에너지양이 많 아진다.
> ㉡ 전등과 모래가 이루는 각이 작을수록 일 정한 면적에 도달하는 태양 에너지양이 많아진다.

( )

서술형

16 여름에는 덥고, 겨울에는 춥습니다. 이처럼 계절에 따라 기온이 달라지는 까닭을 쓰시오.

_____

_____

17 다음은 계절이 변하는 까닭을 알아보기 위해 가설 을 세운 것입니다. ( ) 안에 알맞은 말을 쓰시오.

> 지구의 ( )이 기울어진 채 태양 주 위를 공전하기 때문에 계절이 변할 것이다.

( )

[18~19] 계절이 변하는 원인을 알아보기 위한 실험입니다.

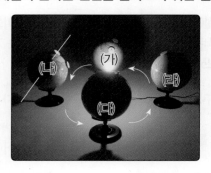

18 위 실험에서 각 지구의의 위치에서 측정해야 하는 것은 무엇입니까? ( )

① 지구의의 온도
② 지구의의 크기
③ 태양의 남중 고도
④ 지구의의 그림자 크기
⑤ 지구의의 자전축 기울기

19 위 실험을 통해 알 수 있는 계절 변화의 원인과 관 계있는 것을 두 가지 고르시오. (,)

① 태양의 크기
② 태양의 온도
③ 지구의 공전
④ 지구 자전축의 기울기
⑤ 태양과 지구 사이의 거리

20 ㉠과 ㉡ 중 북반구에서 태양의 남중 고도가 높은 때 를 나타낸 것의 기호를 쓰시오.

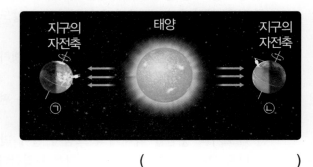

( )

1 계절에 따른 태양의 높이와 그림자 길이를 비교하여 나타낸 표입니다. ㉠~㉢에 해당하는 계절을 각각 쓰시오.

구분	태양의 높이	그림자 길이
봄	여름과 겨울의 중간 정도이다.	여름과 겨울의 중간 정도이다.
㉠	높다.	짧다.
㉡	낮다.	길다.
㉢	여름과 겨울의 중간 정도이다.	여름과 겨울의 중간 정도이다.

㉠: (   )

㉡: (   )

㉢: (   )

2 태양 고도에 대한 설명으로 바른 것을 모두 골라 기호를 쓰시오.

㉠ 단위는 cm나 m를 사용한다.

㉡ 하루 동안 태양 고도는 일정하다.

㉢ 태양이 지표면과 이루는 각의 크기로 나타낸다.

㉣ 태양이 낮게 떠 있을 때보다 태양이 높게 떠 있을 때 태양 고도가 더 높다.

(   )

3 태양 고도 측정기를 이용하여 하루 동안 태양 고도를 측정하는 방법으로 바르지 <u>않은</u> 것은 어느 것입니까? (   )

① 일정한 시간 간격으로 측정한다.

② 실을 잡아당길 때 막대기가 휘어지지 않도록 한다.

③ 막대기의 그림자가 측정기의 눈금과 평행하게 되도록 조정한다.

④ 태양 고도 측정기를 태양 빛이 들지 않는 편평한 곳에 놓고 측정한다.

⑤ 각도기의 중심을 막대기의 그림자 끝에 맞춘 다음 그림자 끝과 실이 이루는 각을 측정한다.

4 하루 중 태양의 남중 고도를 측정하기에 가장 알맞은 때는 언제입니까? (   )

① 기온이 가장 낮은 때

② 기온이 가장 높은 때

③ 그림자 길이가 가장 긴 때

④ 그림자가 정남쪽을 향할 때

⑤ 그림자 길이가 가장 짧은 때

[5~7] 하루 동안 태양 고도, 그림자 길이, 기온 변화를 측정하여 그래프로 나타낸 것입니다.

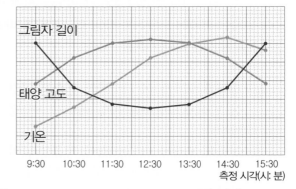

5 위 그래프에 대한 설명으로 바른 것은 어느 것입니까? (   )

① 태양 고도는 오전에 점점 낮아진다.

② 기온은 낮 12시 30분 무렵에 가장 높다.

③ 그림자 길이는 12시 30분 이후 점점 길어진다.

④ 그림자 길이는 오후 2시 30분 무렵에 가장 짧다.

⑤ 태양 고도는 기온보다 더 늦게 최고 높이에 도달한다.

6 위 태양 고도, 그림자 길이, 기온 그래프의 변화 모양이 비슷한 것끼리 바르게 짝 지은 것의 기호를 쓰시오.

㉠ 태양 고도 − 기온

㉡ 기온 − 그림자 길이

㉢ 태양 고도 − 그림자 길이

(   )

7 앞 5번 그래프에서 태양 고도가 가장 높은 때와 기온이 가장 높은 때는 시간적 차이가 있습니다. 그 까닭을 바르게 설명한 친구의 이름을 쓰시오.

> • 재이: 기온을 측정하는 데 시간이 오래 걸리기 때문이야.
> • 성준: 태양 고도가 낮아질수록 지표면이 더 많이 데워지기 때문이야.
> • 예원: 지표면이 데워져 공기의 온도가 높아지는 데에는 시간이 걸리기 때문이야.

(   )

8 하루 동안 태양 고도, 그림자 길이, 기온 변화에 대한 설명으로 바른 것은 어느 것입니까? (   )

① 그림자 길이가 길 때 기온도 높다.
② 태양 고도가 높아지면 기온이 낮아진다.
③ 태양 고도가 가장 높을 때 기온도 가장 높다.
④ 태양 고도가 높아지면 그림자 길이가 짧아진다.
⑤ 하루 동안 태양 고도, 그림자 길이, 기온은 일정하다.

[9~10] 계절별 태양의 위치 변화를 나타낸 것입니다.

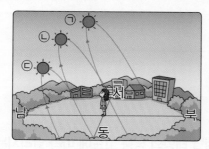

9 위 ㉡에 해당하는 계절을 쓰시오.

(   )

10 위 ㉠~㉢ 중 낮의 길이가 가장 긴 때의 태양의 위치 변화를 나타낸 것의 기호를 쓰시오.

(   )

[11~12] 월별 낮의 길이 그래프를 나타낸 것입니다.

서술형

11 위 그래프를 보고 계절에 따라 낮의 길이는 어떻게 달라지는지 쓰시오.

12 위 월별 낮의 길이 그래프와 모양이 가장 비슷한 그래프의 기호를 쓰시오.

> ㉠ 월별 밤의 길이 그래프
> ㉡ 월별 그림자 길이 그래프
> ㉢ 월별 태양의 남중 고도 그래프

(   )

13 계절에 따른 기온 변화에 대한 설명으로 바른 것을 두 가지 고르시오. (,   )

① 여름에는 얇은 옷을 입고 겨울에는 두꺼운 옷을 입는다.
② 겨울에는 기온이 낮고 여름에는 높으며 봄과 가을에는 여름과 겨울의 중간 정도이다.
③ 계절에 따라 기온이 달라지는 까닭은 계절에 따라 태양의 온도가 달라지기 때문이다.
④ 여름에는 일정한 면적의 지표면에 도달하는 태양 에너지양이 많으므로 지표면이 적게 데워진다.
⑤ 겨울에는 일정한 면적의 지표면에 도달하는 태양 에너지양이 적으므로 지표면이 많이 데워진다.

2. 계절의 변화 **57**

[14~15] 태양의 남중 고도에 따른 기온 변화를 비교하는 실험입니다.

(가)

(나)

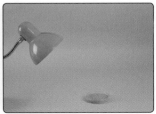

14 위 실험에서 같게 해야 할 조건을 두 가지 쓰시오.

_____

15 위 실험에 대한 설명으로 바른 것을 기호로 쓰시오.

> ㉠ (가)는 여름, (나)는 겨울에 해당한다.
> ㉡ (가)는 태양의 남중 고도가 낮을 때를 나타 낸다.
> ㉢ (나)는 지표면에 도달하는 태양 에너지양 이 많을 때를 나타낸다.

( )

[16~18] 지구의의 자전축이 기울어진 채 공전할 때 태양 의 남중 고도를 측정하였습니다.

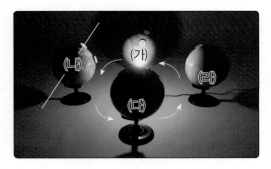

16 위 실험은 무엇을 알아보기 위한 것인지 알맞은 것 을 골라 기호를 쓰시오.

> ㉠ 계절이 변하는 원인
> ㉡ 낮과 밤이 생기는 원인

( )

17 앞 16번 실험에서 지구의의 위치에 따른 태양의 남중 고도에 대한 설명으로 바른 것을 두 가지 고르 시오. (,)

① (가)에서 태양의 남중 고도가 가장 높다.
② (나)에서 태양의 남중 고도가 가장 높다.
③ (다)에서 태양의 남중 고도가 가장 낮다.
④ (라)에서 태양의 남중 고도가 가장 낮다.
⑤ (가), (나), (다), (라)에서 태양의 남중 고도는 모두 같다.

18 앞 16번 실험에서 지구의가 (가)~(라) 중 어느 위 치에 있을 때 낮의 길이가 가장 긴지 기호를 쓰 시오.

( )

✍️ 서술형
19 계절이 변하는 까닭을 다음 단어를 모두 포함하여 설명하시오.

> 자전축   공전 궤도면   공전

_____

_____

20 계절별 태양의 남중 고도에 따라 달라지는 것을 모 두 골라 기호를 쓰시오.

> ㉠ 기온
> ㉡ 낮의 길이
> ㉢ 지구 자전축의 기울기
> ㉣ 태양과 지구 사이의 거리

( )

1 봄, 여름, 가을, 겨울 중 태양의 높이가 가장 높은 계절을 쓰시오.

( )

[2~4] 다음은 하루 동안 태양 고도, 그림자 길이, 기온 변화를 측정하는 실험 방법입니다.

> ㉠ 태양 고도 측정기를 태양 빛이 잘 드는 편평한 곳에 놓는다.
> ㉡ 막대기의 그림자 길이를 측정한다.
> ㉢ 실을 막대기의 그림자 끝에 맞춘 뒤, 그림자와 실이 이루는 각을 측정한다.
> ㉣ 각각 다른 시각에 태양 고도, 그림자 길이, 기온을 측정한다.

2 위 실험에서 잘못된 내용의 기호를 쓰시오.

( )

3 위 실험의 ㉢에서 그림자와 실이 이루는 각은 무엇인지 쓰시오.

( )

4 위 실험에서 막대기의 길이와 태양 고도의 관계를 바르게 설명한 것을 골라 기호를 쓰시오.

> ㉠ 막대기의 길이가 길어지면 태양 고도가 낮아진다.
> ㉡ 막대기의 길이가 길어지면 태양 고도가 높아진다.
> ㉢ 막대기의 길이와 태양 고도는 관계없다.

( )

[5~8] 다음은 하루 동안 태양 고도, 그림자 길이, 기온 변화를 측정하여 나타낸 표입니다.

측정 시각 (시 : 분)	태양 고도(°)	그림자 길이(cm)	기온(℃)
10 : 30	44	10.4	23.7
11 : 30	50	8.4	25.1
12 : 30	52	7.8	25.9
13 : 30	49	8.7	26.8
14 : 30	42	11.1	27.6
15 : 30	33	15.4	27.1

5 하루 동안 태양 고도가 가장 높은 때와 기온이 가장 높은 때의 시간적 차이는 얼마인지 쓰시오.

( )

🖐서술형

6 위 **5**번 정답과 같이 태양 고도가 가장 높은 때와 기온이 가장 높은 때에 시간적 차이가 있는 까닭을 쓰시오.

_____

_____

7 위 표를 보고 16시 30분에 태양 고도와 그림자 길이를 바르게 예상한 친구의 이름을 쓰시오.

> • 현아: 태양 고도는 33°보다 높아지고, 그림자 길이는 15.4 cm보다 길어질 거야.
> • 준기: 태양 고도는 33°보다 낮아지고, 그림자 길이는 15.4 cm보다 짧아질 거야.
> • 자윤: 태양 고도는 33°보다 낮아지고, 그림자 길이는 15.4 cm보다 길어질 거야.

( )

8 시간의 흐름에 따른 측정값의 변화를 쉽게 알아보기 위해 앞 **5**번 표를 그래프로 나타내려고 합니다. 어떤 형태의 그래프가 가장 적당합니까? (   )

① 원그래프　　　② 띠그래프
③ 막대그래프　　④ 그림그래프
⑤ 꺾은선그래프

9 다음과 같은 현상이 일어나는 까닭을 바르게 설명한 것은 어느 것입니까? (   )

> 여름에는 점심에 햇빛이 교실 안까지 들어오지 않았지만, 겨울에는 점심에 햇빛이 교실 안까지 들어왔다.

① 계절에 따라 낮의 길이가 달라지기 때문이다.
② 겨울에는 여름보다 낮의 길이가 길기 때문이다.
③ 겨울에는 여름보다 태양의 남중 고도가 낮기 때문이다.
④ 계절에 관계없이 태양의 남중 고도는 일정하기 때문이다.
⑤ 계절에 따라 태양이 보이기 시작하는 위치가 다르기 때문이다.

10 계절별 태양의 위치 변화를 나타낸 것입니다. ㉢에 해당하는 계절에 대한 설명으로 바른 것은 어느 것입니까? (   )

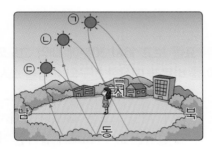

① 기온이 높다.
② 낮의 길이가 길다.
③ 그림자 길이가 길다.
④ 태양의 남중 고도가 높다.
⑤ 일정한 면적의 지표면에 도달하는 태양 에너지양이 많다.

11 월별 낮의 길이를 그래프로 나타낸 것입니다. 이 그래프에 대한 설명으로 바른 것을 두 가지 고르시오. (,   )

① 낮의 길이는 여름에 가장 짧다.
② 낮의 길이는 겨울에 가장 길다.
③ 봄에는 여름보다 낮의 길이가 짧다.
④ 가을에는 여름보다 낮의 길이가 길다.
⑤ 여름에는 겨울보다 더 늦은 시간까지 해가 떠 있다.

서술형

12 가을에서 겨울로 계절이 변할 때 태양의 남중 고도와 낮의 길이는 어떻게 달라지는지 쓰시오.

_____

_____

[13~15] 태양의 남중 고도에 따른 기온 변화를 비교하기 위한 실험입니다.

13 위 실험에서 다르게 해야 할 조건을 쓰시오.

_____

14 위 실험에서 일정한 면적의 지표면에 도달하는 태양 에너지양이 더 많은 경우의 기호를 쓰시오.

(   )

15 앞 13번 실험을 통해 알 수 있는 사실로 바른 것을 두 가지 고르시오. (,   )

① 전등과 모래가 이루는 각에 따라 모래의 온도 변화가 달라진다.
② 전등과 모래 사이의 거리에 따라 모래의 온도 변화가 달라진다.
③ 전등과 모래가 이루는 각이 클 때 모래의 온도 변화가 더 크다.
④ 전등과 모래 사이의 거리가 가까울 때 모래의 온도 변화가 더 크다.
⑤ 전등과 모래가 이루는 각, 전등과 모래 사이의 거리에 관계없이 모래의 온도는 항상 일정하다.

[16~17] 지구의의 자전축이 수직인 채 공전할 때와 기울어진 채 공전할 때, 태양의 남중 고도를 측정하는 실험입니다.

(가)   (나)

▲ 지구의의 자전축이 수직인 채 공전할 때

▲ 지구의의 자전축이 기울어진 채 공전할 때

16 위 실험에서 같게 해야 할 조건을 모두 골라 기호를 쓰시오.

> ㉠ 지구의의 크기
> ㉡ 지구의의 자전축 기울기
> ㉢ 전등과 지구의 사이의 거리
> ㉣ 태양 고도 측정기의 부착 위치

(   )

17 지구의의 위치에 따라 태양의 남중 고도가 달라지는 경우의 기호를 쓰시오.

(   )

[18~20] 지구가 태양 주위를 공전하는 모습을 나타낸 것입니다.

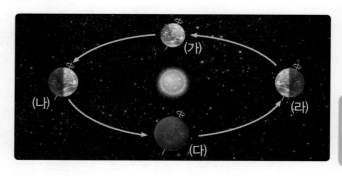

18 지구가 (나) 위치에 있을 때 북반구와 남반구는 각각 어떤 계절인지 쓰시오.

(1) 북반구: (   )
(2) 남반구: (   )

19 위와 같이 지구가 태양 주위를 공전할 때 지구의 위치에 따라 달라지지 <u>않는</u> 것은 무엇입니까?

(   )

① 기온
② 낮의 길이
③ 그림자 길이
④ 태양의 남중 고도
⑤ 지구 자전축의 기울기

서술형

20 만약 지구의 자전축이 수직인 채로 위와 같이 태양 주위를 공전한다면 계절이 변할지 또는 변하지 않을지 쓰고 그렇게 생각하는 까닭을 쓰시오.

(1) 계절의 변화: _____

(2) 그 까닭: _____

_____

1 하루 동안 태양 고도, 그림자 길이, 기온 변화를 나타낸 그래프입니다. 태양 고도와 모양이 비슷한 그래프를 쓰고 하루 동안 태양 고도, 그림자 길이, 기온은 어떤 관계가 있는지 서술하시오.

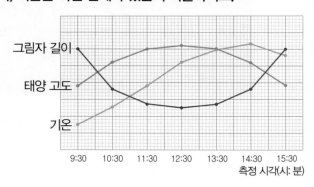

(1) 태양 고도와 모양이 비슷한 그래프: (   )

(2) 태양 고도, 그림자 길이, 기온의 관계: _____

_____

하루 동안 태양 고도, 그림자 길이, 기온 변화

• 태양 고도는 오전에 점점 높아져 낮 12시 30분 무렵에 가장 높고, 이후에는 점점 낮아집니다.
• 그림자 길이는 오전에 점점 짧아져 낮 12시 30분 무렵에 가장 짧고, 이후에는 점점 길어집니다.
• 기온은 오전에 점점 높아져 오후 2시 30분 무렵에 가장 높고, 이후에는 점점 낮아집니다.

2 월별 태양의 남중 고도와 낮의 길이 그래프를 나타낸 것입니다. 태양의 남중 고도와 낮의 길이는 어떤 관계가 있는지 쓰시오.

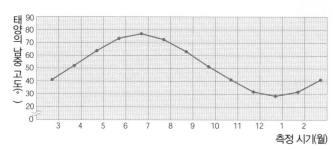

▲ 월별 태양의 남중 고도

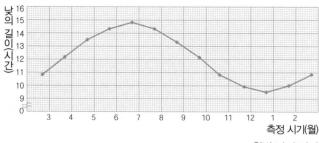

▲ 월별 낮의 길이

계절별 태양의 남중 고도와 낮의 길이 변화

• 여름에는 태양의 남중 고도가 높고, 낮의 길이가 깁니다.
• 겨울에는 태양의 남중 고도가 낮고, 낮의 길이가 짧습니다.

_____

_____

3 태양의 남중 고도에 따른 기온 변화를 비교하는 실험입니다. ㉠과 ㉡ 중 모래의 온도 변화가 더 큰 것의 기호를 쓰고, 그 까닭을 태양의 남중 고도에 따른 태양 에너지양의 변화와 관련지어 쓰시오.

2 단원

㉠

전등
모래
▲ 전등과 모래가 이루는 각이 클 때

㉡
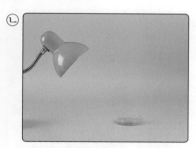
▲ 전등과 모래가 이루는 각이 작을 때

(1) 모래의 온도 변화가 더 큰 것: (   )

(2) 그 까닭: _____

_____

_____

태양의 남중 고도에 따른 기온 변화를 비교하는 실험

• 전등과 모래가 이루는 각은 태양의 남중 고도를 의미합니다.
• 전등과 모래가 이루는 각이 클 때 모래의 온도 변화가 더 큽니다.

4 지구의의 자전축 기울기에 따른 태양의 남중 고도를 측정하는 실험입니다. 각각의 경우에 태양의 남중 고도와 계절의 변화에 대해 설명하시오.

▲ 지구의의 자전축이 수직인 채 공전할 때

▲ 지구의의 자전축이 기울어진 채 공전할 때

(1) 지구의의 자전축이 수직인 채 공전할 때: _____

_____

(2) 지구의의 자전축이 기울어진 채 공전할 때: _____

_____

계절 변화의 원인

• 지구의 자전축은 공전 궤도면에 대해 기울어져 있으며, 지구의 자전축이 기울어진 채 태양 주위를 공전합니다.
• 지구의 위치에 따라 태양의 남중 고도가 달라지기 때문에 계절의 변화가 나타납니다.

3. 연소와 소화

🌼 공기 대포로 촛불 끄기

(1) 공기 대포 만들기 탐구 1

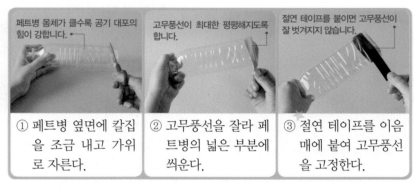

페트병 몸체가 클수록 공기 대포의 힘이 강합니다.

고무풍선이 최대한 평평해지도록 합니다.

절연 테이프를 붙이면 고무풍선이 잘 벗겨지지 않습니다.

① 페트병 옆면에 칼집을 조금 내고 가위로 자른다.

② 고무풍선을 잘라 페트병의 넓은 부분에 씌운다.

③ 절연 테이프를 이음매에 붙여 고무풍선을 고정한다.

(2) 공기 대포로 촛불 끄기: 초에 불을 붙인 뒤 초의 거리와 개수를 다르게 하여 공기 대포로 촛불을 꺼 봅니다. → 촛불 끄기 대회를 해 봅니다.

🌼 물질이 탈 때 어떤 현상이 나타날까요?

(1) 물질이 탈 때 나타나는 현상 관찰하기 탐구 2

구분	초가 탈 때 나타나는 현상	알코올이 탈 때 나타나는 현상
불꽃의 모양, 색깔, 밝기	• 위아래로 길쭉한 모양이다. • 불꽃의 색깔은 노란색, 붉은색이다. ┌•불꽃의 위치에 따라 밝기가 다르다. • 윗부분은 밝고, 아랫부분은 윗부분보다 어둡다.	• 위아래로 길쭉한 모양이다. • 불꽃의 색깔은 푸른색, 붉은색이다. • 불꽃 주변이 밝아진다.
시간에 따라 변하는 모습	• 초가 녹아 촛농이 흘러내리고 흘러내린 촛농이 굳어 고체가 된다. • 초의 길이가 짧아진다.	시간이 지날수록 알코올의 양이 줄어든다.
손을 가까이 했을 때	• 불꽃의 아랫부분이나 옆 부분보다 윗부분이 더 뜨겁다. • 손이 점점 따뜻해진다.	• 불꽃의 아랫부분이나 옆 부분보다 윗부분이 더 뜨겁다. • 손이 점점 따뜻해진다.
★심지와 심지 근처의 변화	• 심지의 윗부분은 검은색이고, 아랫부분은 하얀색이다. • 심지 주변이 움푹 팬다.	•뜨거운 공기는 위로 이동하기 때문입니다. 심지의 윗부분은 검은색이고, 아랫부분은 하얀색이다.

(2) 초와 알코올이 탈 때 나타나는 공통적인 현상

① 불꽃 주변이 밝고 따뜻해집니다.

② 물질이 열과 빛을 내면서 탑니다.

③ 무게나 길이가 줄어들며 물질의 양이 변합니다.

탐구 1 공기 대포를 만들어 촛불 끄기

① 초의 거리를 다르게 하여 공기 대포로 불을 꺼 봅니다.

② 멀리 있는 촛불을 꺼 봅니다.

③ 초의 개수를 다르게 하여 공기 대포로 불을 꺼 봅니다.

④ 촛불을 한 번에 많이 꺼 봅니다.

탐구 2 초와 알코올이 타는 모습

▲ 초가 타는 모습

▲ 알코올이 타는 모습

우리 주변에서 물질이 타면서 발생하는 빛과 열을 이용한 예

- 등불, 석유등, 촛불 등은 빛을 이용해 어두운 곳을 밝힙니다.
- 아궁이에서 나무를 태워 생기는 열로 요리하거나 난방을 할 때 이용합니다.
- 가스레인지의 가스를 태워 요리할 때 이용합니다.
- 모닥불놀이를 할 때 나무를 태워 주변을 밝게 합니다.

초의 연소

- 초에 불을 붙이면 심지 근처에서 불꽃에 의해 초가 녹아 액체로 됩니다.
- 액체 상태의 초는 심지를 타고 올라가 뜨거운 불꽃에 의해 기체로 변합니다.
- 초가 녹아 액체가 되고 심지에서 기체로 변하여 기체 상태로 탑니다.
- 심지가 없는 초에 불을 붙이면 초가 녹기만 하고, 열과 빛을 내면서 타지는 못합니다.
- 초에서 심지는 연료의 공급과 이동을 돕는 역할을 합니다.

개념을 확인해요

3 단원

1 공기 대포를 만들어 촛불 끄기를 할 때 페트병의 몸체가 클수록 공기 대포의 힘이 ☐ 합니다.

2 고체 상태인 초에 불을 붙이면 초가 녹아 액체 상태인 ☐☐ 으로 변합니다.

3 초에 불을 붙인 후 손을 가까이 대어 보면 불꽃의 아랫부분이나 옆부분보다 ☐ 부분이 더 뜨겁습니다.

4 초에 불을 붙인 후 시간이 지날수록 초의 길이는 ☐☐ 집니다.

5 알코올램프에 불을 붙였을 때 불꽃의 색깔은 ☐☐ 색, 붉은색입니다.

6 알코올램프에 불을 붙이면 시간이 지날수록 알코올의 양이 ☐☐☐☐☐ .

7 초, 알코올 등의 물질이 탈 때에는 ☐ 과 ☐ 이 발생합니다.

8 나무, 석유, 가스 등이 탈 때 발생하는 열로 요리하거나 ☐☐ 을 할 때 이용합니다.

3. 연소와 소화

🌸 물질이 타려면 무엇이 필요할까요?

(1) 공기의 양에 따라 초가 타는 시간 비교하기 실험 1

① 작은 양초 두 개에 불을 붙인 뒤 촛불의 크기가 비슷해질 때까지 기다립니다.

② 크기가 다른 투명 아크릴 통으로 촛불을 동시에 덮은 뒤 초가 타는 시간을 비교합니다.

③ 실험 결과: 크기가 큰 아크릴 통 속에 있는 초가 더 오래 탑니다.
└ 큰 아크릴 통 속 공기의 양이 더 많기 때문입니다.

(2) 초가 탈 때 필요한 기체 알아보기 탐구 1

① 초가 타기 전과 타고 난 후의 산소 비율: 초가 타기 전보다 타고 난 후의 산소 비율이 줄었습니다.
└ 기체 검지관이나 디지털 기체 측정기로 산소 비율을 측정할 수 있습니다.

② 초가 타기 전과 타고 난 후의 산소 비율이 달라진 까닭: **초가 탈 때 산소가 필요하기 때문입니다.** 초가 타면서 산소를 사용했기 때문입니다.

③ 공기의 양에 따라 초가 타는 시간이 다른 까닭: 공기의 양이 많으면 산소의 양이 많으므로 초가 더 오래 탑니다.
└ 공기의 양이 적으면 산소의 양이 적으므로 촛불이 빨리 꺼집니다.

(3) 불을 직접 붙이지 않고 물질 태워 보기 실험 2

성냥의 머리 부분 가열하기	성냥의 머리 부분과 나무 부분 가열하기
• 철판을 삼발이에 올려놓고, 성냥의 머리 부분을 잘라 철판 가운데에 놓는다. • 철판의 가운데 부분을 알코올램프로 가열하면서 성냥 머리 부분의 변화를 관찰한다. • 실험 결과: 성냥의 머리 부분에 불이 붙는다. 철판이 뜨거워지면서 성냥의 머리 부분도 뜨거워졌기 때문입니다.	• 성냥의 머리 부분과 나무 부분을 철판의 가운데로부터 같은 거리에 올려놓는다. • 철판의 가운데 부분을 알코올램프로 가열하면서 어떤 것에 먼저 불이 붙는지 관찰한다. • 실험 결과: 성냥의 머리 부분에 먼저 불이 붙는다.

(4) 물질의 연소

① 발화점: 어떤 물질이 불에 직접 닿지 않아도 타기 시작하는 온도

• 발화점은 물질마다 다릅니다.

• 물질이 타려면 온도가 발화점 이상이 되어야 합니다.

② 연소: 물질이 산소와 빠르게 반응하여 빛과 열을 내는 현상

③ 연소가 일어나려면 탈 물질과 산소가 있어야 하고, 온도가 발화점 이상이 되어야 합니다.

③ 물질마다 타기 시작하는 온도(발화점)가 다르기 때문에 불이 붙는 데 걸리는 시간이 다릅니다.

실험 1 공기의 양에 따라 초가 타는 시간 알아보기

▲ 크기가 큰 아크릴 통 속 촛불 　▲ 크기가 작은 아크릴 통 속 촛불

탐구 1 산소 비율을 측정할 수 있는 기체 검지관

기체 채취기의 피스톤을 당기면 기체가 검지관을 통과하면서 검지관의 색깔이 변합니다.

기체 채취기

검지관

실험 2 불을 직접 붙이지 않고 물질 태워 보기

성냥의 머리 부분

▲ 성냥의 머리 부분에 불이 붙습니다.

성냥의 머리 부분　성냥의 나무 부분

▲ 성냥의 머리 부분과 나무 부분 중 머리 부분에 먼저 불이 붙습니다.

직접 불을 붙이지 않고 물질을 태우는 여러 가지 방법

- 성냥의 머리 부분은 발화점이 낮은 인을 발라 놓아 작은 마찰에도 쉽게 불이 붙습니다.
- 볼록 렌즈로 햇빛을 모으면 그 지점의 온도가 올라가면서 발화점에 도달하여 물질에 불이 붙습니다.
- 부싯돌은 불을 일으키는 데 사용하는 돌로, 쇳조각과 부싯돌을 마찰하면 불이 붙습니다.

물질마다 다른 발화점

- 발화점은 물질마다 다릅니다.
- 발화점이 낮은 물질은 쉽게 불이 붙고, 발화점이 높은 물질은 쉽게 불이 붙지 않습니다.
- 여러 가지 물질의 발화점

물질	발화점(℃)
하얀색 인	60
붉은색 인	260
나무(종이)	400~470
숯	360
알코올	482
석탄	330~450

개념을 확인해요

1 촛불의 크기가 비슷한 양초 두 개를 크기가 다른 아크릴 통으로 동시에 덮으면 크기가 □ 아크릴 통 속에 있는 초가 더 오래 탑니다.

2 초가 탈 때 공기 중의 □□ 가 필요합니다.

3 아크릴 통 속에서 초가 타기 전보다 타고 난 후에 산소의 비율이 □□□□□ .

4 성냥의 머리 부분과 나무 부분을 철판의 가운데로부터 같은 거리에 올려놓고, 철판의 가운데 부분을 가열하면 성냥의 □□ 부분에 먼저 불이 붙습니다.

5 어떤 물질이 불에 직접 닿지 않아도 타기 시작하는 온도를 그 물질의 □□□ 이라고 합니다.

6 물질이 산소와 빠르게 반응하여 빛과 열을 내는 현상을 □□ 라고 합니다.

7 연소가 일어나려면 □□□ 과 □□ 가 필요하고, 온도가 발화점 이상이 되어야 합니다.

3. 연소와 소화

🌼 **물질이 연소한 후에는 무엇이 생길까요?**

(1) 초가 연소한 후에 생기는 물질(물) 알아보기 실험1

① 투명한 아크릴 통의 안쪽 벽면에 셀로판테이프로 푸른색 염화 코발트 종이를 붙입니다. →염화 코발트 종이는 핀셋을 사용하여 집습니다.

② 초에 불을 붙이고 아크릴 통으로 촛불을 덮습니다.

③ 촛불이 꺼지면 푸른색 염화 코발트 종이의 색깔 변화를 관찰합니다.

④ 실험 결과

실험 결과	알 수 있는 점
• 아크릴 통 속에 있는 촛불이 꺼지고 연기가 난다. • 푸른색 염화 코발트 종이가 붉게 변한다.	초가 연소한 후 물이 생긴다.

(2) 초가 연소한 후에 생기는 물질(이산화 탄소) 알아보기 실험2

① 초에 불을 붙인 뒤 집기병으로 덮습니다.

② 촛불이 꺼지면 집기병을 조심스레 들어 올려 유리판으로 집기병의 입구를 막습니다.

③ 집기병을 뒤집어서 바로 놓고 식을 때까지 기다립니다.

④ 석회수를 집기병에 붓고 집기병을 살짝 흔들면서 변화를 관찰합니다.

⑤ 실험 결과

실험 결과	알 수 있는 점
석회수가 뿌옇게 흐려진다.	초가 연소한 후 이산화 탄소가 생긴다.

(3) 물질이 연소한 후에 생기는 물질 탐구1

① 물질이 연소하면 연소 전의 물질과는 다른 새로운 물질이 만들어집니다.

② 초가 연소한 후에 푸른색 염화 코발트 종이와 석회수의 색깔 변화를 관찰하는 것으로 물과 이산화 탄소가 생기는 것을 알 수 있습니다.

• 물의 확인: 푸른색 염화 코발트 종이가 물에 닿으면 붉게 변합니다.

• 이산화 탄소의 확인: 석회수가 이산화 탄소와 만나면 뿌옇게 흐려집니다.

실험1 **염화 코발트 종이의 색깔 변화**

• 물 확인에 사용하는 푸른색 염화 코발트 종이는 염화 코발트 용액을 종이에 흡수시켜 말려 놓은 것으로, 물에 닿으면 붉게 변합니다.

• 보관할 때에는 물기가 없는 건조한 곳에 보관해야 합니다. 만약 물기가 있어 붉은색을 띠면 머리 말리개 등으로 물을 증발시킨 뒤에 사용합니다.

▲ 푸른색 염화 코발트 종이의 색깔 변화

실험2 **석회수의 변화**

• 석회수가 뿌옇게 흐려집니다.

• 석회수의 양을 적게 넣거나 뒷면에 검은색 종이를 대고 관찰하면 석회수의 변화를 선명하게 확인할 수 있습니다.

▲ 석회수의 변화

탐구1 **초가 연소한 후에 크기가 줄어든 까닭**

• 초가 다른 물질로 변했기 때문입니다.

• 초가 물과 이산화 탄소로 변했기 때문입니다.

완전 연소와 불완전 연소

- 완전 연소: 산소가 충분하여 연료가 완전히 연소하는 반응입니다. 가정에서 난방을 하거나 요리할 때에 주로 사용하는 천연 가스는 완전 연소하여 모두 수증기와 이산화 탄소와 같은 기체로 바뀝니다.

> 화석 연료＋충분한 산소 ⟶
> 물＋이산화 탄소

- 불완전 연소: 산소가 충분하지 못하여 연료가 완전 연소하지 못하므로 중간 생성물로 바뀌는 현상입니다. 이때 일산화 탄소가 발생하거나 그을음이 생깁니다.

> 화석 연료＋불충분한 산소 ⟶
> 물＋이산화 탄소＋일산화 탄소＋그을음

용 어 풀 이

★ 집기병   화학 실험 기구의 하나로, 기체를 모으는 데 사용하는 유리로 된 병
★ 석회수   수산화 칼슘을 물에 녹인 무색투명한 액체로, 이산화 탄소를 만나면 흰색 앙금인 탄산 칼슘을 생성하기 때문에 용액이 뿌옇게 흐려짐.

개념을 확인해요

3 단원

1 ☐☐☐☐☐☐☐ ☐ 종이는 염화 코발트 용액을 종이에 흡수시켜 말려 놓은 것으로, 물에 닿으면 붉게 변합니다.

2 초가 연소한 후에 푸른색 염화 코발트 종이의 색깔 변화를 관찰하는 것으로 ☐이 생기는 것을 알 수 있습니다.

3 석회수가 ☐☐☐☐☐와 만나면 뿌옇게 흐려집니다.

4 초가 연소한 후에 ☐☐☐의 색깔 변화를 관찰하여 이산화 탄소가 생기는 것을 알 수 있습니다.

5 물질이 ☐☐하면 전의 물질과는 다른 새로운 물질이 만들어집니다.

6 초가 연소한 후에 크기가 줄어든 까닭은 초가 ☐과 ☐☐☐☐로 변했기 때문입니다.

3. 연소와 소화

🌸 불을 끄려면 어떻게 해야 할까요? 탐구 1

(1) 촛불이 꺼지는 까닭과 연소의 조건

촛불을 끄는 방법	촛불이 꺼지는 까닭
촛불을 입으로 불기	탈 물질을 없앤다.
촛불을 집기병으로 덮기	산소 공급을 막는다.
촛불에 분무기로 물 뿌리기	발화점 미만으로 온도를 낮춘다.
촛불을 물수건으로 덮기	산소 공급을 막고, 발화점 미만으로 온도를 낮춘다.
초의 심지를 핀셋으로 집기	탈 물질을 없앤다. ┌→ 심지를 통해서 탈 물질이 이동하지 못합니다.

(2) 소화의 의미 ┌→ 연소가 일어나려면 탈 물질과 산소가 필요하고, 온도가 발화점 이상이 되어야 합니다.

① <u>연소의 조건</u> 중에서 한 가지 이상의 조건을 없애 불을 끄는 것을 소화라고 합니다.

② 여러 가지 소화 방법

구분	불을 끄는 방법
탈 물질 없애기	• 가스레인지의 연료 조절 밸브를 잠근다. • 초의 심지를 자른다. • 낙엽 등 타기 쉬운 물질을 치운다.
산소 공급 막기	• 두꺼운 담요나 뚜껑으로 덮는다. • 흙이나 모래를 뿌린다. • 물수건으로 덮는다.
발화점 미만으로 온도 낮추기	• 물수건으로 덮는다. • 물을 뿌린다.

(3) 불을 끄는 다양한 방법 찾아보기 탐구 2

① 소화 방법은 탈 물질에 따라 다릅니다.

② 나무나 옷에서 화재가 발생하면 물로 불을 끌 수 있습니다.

③ 기름이나 가스, 전기로 생긴 화재는 물로 끄면 불이 더 크게 번지거나 감전의 위험이 있습니다. ─→ 소화기를 사용하거나 모래를 덮는 등 적절한
방법으로 불을 꺼야 합니다.

(4) 분말 소화기 사용 방법

① 소화기를 불이 난 곳으로 옮깁니다.

② 소화기의 안전핀을 뽑습니다.

③ 바람을 등지고 소화기의 고무관이 불 쪽을 향하도록 잡습니다.

④ 소화기의 손잡이를 움켜쥐고 불을 끕니다.

탐구 1 촛불을 끄는 다양한 방법

• 초의 심지를 핀셋으로 집으면 탈 물질이 이동하지 못하기 때문에 촛불이 꺼집니다.

• 촛불을 집기병으로 덮으면 산소가 공급되지 않기 때문에 촛불이 꺼집니다.

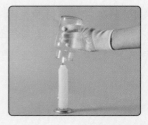

• 촛불에 분무기로 물을 뿌리면 온도가 낮아지기 때문에 촛불이 꺼집니다.

탐구 2 물질에 따른 여러 가지 소화 방법

• 나무, 종이, 옷, 플라스틱류: 물을 뿌려 물질의 온도를 발화점 미만으로 낮춥니다. 담요나 이불 등 두꺼운 천으로 덮습니다. 분말 소화기를 사용합니다.

• 가연성 액체나 천연가스: 분말 소화기를 사용합니다. 이산화 탄소 소화기를 사용합니다.

• 전기 기구나 전선: 콘센트에 연결된 전기 꽂이를 뽑거나 누전 차단기를 내립니다. 이산화 탄소 소화기를 사용합니다.

초의 심지를 핀셋으로 집으면 불이 꺼지는 까닭

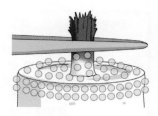

- 고체인 초가 액체로 상태가 변해 심지를 타고 올라간 뒤, 열에 의해 기체로 변할 때 연소가 일어납니다.
- 초가 탈 때 핀셋으로 심지를 집으면 액체인 초가 이동할 수 없기 때문에 기체 물질이 공급되지 못합니다.
- 기체 물질이 공급되지 않으면 탈 물질이 없어지기 때문에 더 이상 연소가 일어나지 않고 촛불이 꺼지게 됩니다.

소화기

가루를 내뿜게 하여 불을 끄는 분말 소화기, 간편하게 사용할 수 있는 분무 소화기, 불이 난 곳에 던져서 사용하는 투척용 소화기 등이 있습니다.

▲ 분무 소화기　　　▲ 투척용 소화기

개념을 확인해요

1 촛불을 집기병으로 덮으면 ☐☐가 공급되지 않기 때문에 촛불이 꺼집니다.

2 촛불에 분무기로 물을 뿌리면 온도가 ☐☐지기 때문에 촛불이 꺼집니다.

3 초의 심지를 핀셋으로 집으면 ☐☐☐이 없어지기 때문에 촛불이 꺼집니다.

4 연소의 조건 중에서 한 가지 이상의 조건을 없애 불을 끄는 것을 ☐☐라고 합니다.

5 기름이나 가스, ☐☐로 생긴 화재는 물로 끄면 불이 더 크게 번지거나 감전이 될 수 있어 위험합니다.

6 ☐☐☐는 화재의 초기 단계에서 불을 끌 수 있는 유용한 도구이므로 사용 방법을 잘 알아두어야 합니다.

7 소화기를 사용할 때에는 소화기를 불이 난 곳으로 옮기고 소화기의 ☐☐☐을 뽑은 뒤, 바람을 등지고 소화기의 고무관이 불 쪽을 향하도록 잡고 손잡이를 움켜쥐고 불을 끕니다.

3. 연소와 소화

🌸 화재가 발생하면 어떻게 해야 할까요?
→ 화재는 사람들의 부주의나 사고 등 다양한 원인으로 발생합니다.

(1) 화재 발생 시 올바르게 대처하는 방법 　탐구 1

▲ 불을 발견하면 "불이야." 라고 큰 소리로 외친다.

▲ 승강기 대신에 계단으로 대피한다.

▲ 젖은 수건으로 코와 입을 막고 몸을 낮춰 이동한다.

▲ 문손잡이가 뜨거우면 문을 열지 않는다.

▲ 나무로 된 가구 밑에 들어가지 않는다.

▲ 아래층에서 불이 나면 옥상이나 높은 곳으로 올라가 구조를 요청한다.

(2) 화재 피해를 줄이기 위한 노력

① 소화기를 준비하고 정기적으로 점검합니다.

② 화재 감지기, 옥내 소화전, 자동 물뿌리개를 설치합니다.

③ 소화기 사용 방법과 소방 기구의 위치를 알아 둡니다.

④ 불에 잘 타지 않는 커튼이나 블라인드, 벽지를 사용합니다.

⑤ 지하철 의자와 손잡이를 불에 잘 타지 않는 소재로 만듭니다.
└→ 여러 사람이 이용하는 공공장소에는 불에 잘 타지 않는 시설물을 사용합니다.

🌸 화재 대피도 그리기

(1) 화재 대피도: 화재가 발생했을 때 신속하게 대피할 수 있는 지도

(2) 화재 대피도 그리기 　탐구 2

① 연소의 조건을 생각하며 화재가 발생했을 때 가장 위험한 곳을 평면도에 표시합니다.

② 소화의 조건을 생각하며 불을 끌 수 있는 시설이나 도구가 있는 곳을 표시합니다.

▲ 화재 대피도 예시

③ 화재가 발생한 장소를 정한 뒤 안전하고 빠르게 대피할 경로를 평면도에 표시합니다.

④ 친구들이 만든 화재 대피도를 살펴보고 직접 화재 대피 훈련을 해 봅니다.

탐구 1 　화재 안전 대책 토의하기

대처 방법	까닭
비상벨을 누르고 119에 신고한다.	비상벨을 눌러 주변 사람에게 알려 대피할 수 있게 하고, 119에 신고하여 도움을 요청할 수 있다.
나무로 된 가구 밑에 들어가지 않는다.	나무는 불에 타기 쉬워서 위험하다. 가구 밑에 숨으면 갇힌 사람을 찾기 어려워 구조하기 힘들다.
젖은 수건으로 코와 입을 막고 몸을 낮춰 이동한다.	유독 가스를 마시는 것을 피할 수 있다.
문손잡이가 뜨거우면 문을 열지 않는다.	문 반대편에 불이 있을 수 있으므로 함부로 문을 열면 안 된다.
아래층에서 불이 나면 옥상이나 높은 곳으로 올라가 구조를 요청한다.	아래층으로 대피하면 위험하므로 외부에 구조를 요청할 수 있는 옥상으로 대피한다.
승강기 대신에 계단으로 대피한다.	화재가 발생하면 정전으로 승강기가 멈춰 갇힐 수 있다.

탐구 2 　화재 대피도에 포함해야 할 내용

• 화재가 잘 발생할 것 같은 장소
• 잘 타는 물질
• 비상구와 방화벽의 위치
• 소화기 위치
• 대피 경로

화재 감지기와 옥내 소화전

- 화재 감지기: 연기나 열을 감지하면 비상벨을 작동시키면서 소방서에 신호를 보냅니다.
- 옥내 소화전: 건물 내부의 복도 또는 실내의 벽면에 설치된 소화전 상자에 호스, 노즐이 함께 들어 있는 것입니다. 2인 1조가 되어 한 명이 호스를 잡고 이동하면 다른 한 명이 밸브를 열어 물을 분사하는 방법으로 사용할 수 있습니다.

▲ 화재 감지기   ▲ 옥내 소화전

방염

목재나 플라스틱처럼 화재의 위험이 높은 물질에 불이 붙기 어렵고 연소 속도를 늦추는 처리나 효과를 하는 것을 말합니다. 화재 초기에 불이 번지는 것을 막거나 지연시켜 화재 진압이나 대피를 위한 시간을 확보하려는 목적으로 사용합니다. 커튼이나 블라인드, 건물의 벽과 바닥재, 지하철 의자와 손잡이, 소방복 등이 방염 소재로 만들어집니다.

용 어 풀 이

- ✦**소화전** 소화 호스를 장치하기 위하여 상수도의 급수관에 설치하는 시설
- ✦**자동 물뿌리개** 물을 흩어서 뿌리는 기구로, 건물의 천장에 설치하여 실내 온도가 70 ℃ 이상이 되면 자동으로 물을 뿜는 자동 소화 장치
- ✦**평면도** 건물의 각 층, 방, 출입구 등의 배치를 나타내기 위하여 건물을 수평 방향으로 절단하여 바로 위에서 내려다본 그림

개념을 확인해요

1 화재가 발생하면 ☐☐☐ 을 눌러 불이 난 것을 주변에 알립니다.

2 화재가 발생하면 ☐☐☐ 에 신고합니다.

3 화재가 발생했을 때 유독 가스가 열에 의해 ☐ 로 가기 때문에 몸을 낮춰 이동해야 합니다.

4 ☐☐☐☐☐ 은 건물 내부의 복도 또는 실내의 벽면에 설치된 소화전 상자에 호스, 노즐이 함께 들어 있는 것입니다.

5 화재가 발생했을 때 신속하게 대피할 수 있는 지도를 ☐☐☐☐☐ 라고 합니다.

6 화재 대피도를 그릴 때 화재가 발생한 장소를 정한 뒤 안전하고 빠르게 대피할 수 있는 경로를 ☐☐☐ 에 표시합니다.

7 화재 대피도에는 화재가 잘 발생할 것 같은 장소, 잘 타는 물질, 대피할 수 있는 ☐☐ ☐ 와 방화벽 위치, 소화기 위치 등을 포함해야 합니다.

핵심 1

초와 알코올이 탈 때에는 불꽃 주변이 밝고 따뜻해지며, 빛과 열이 발생합니다. 또, 물질의 양이 변하기도 합니다.

[1~3] 초와 알코올이 타는 모습입니다.

▲ 초가 타는 모습

▲ 알코올이 타는 모습

1 초가 타는 모습을 관찰한 내용으로 바르지 <u>않은</u> 것은 어느 것입니까? (   )

① 불꽃의 색깔은 푸른색이다.
② 불꽃이 위아래로 길쭉한 모양이다.
③ 불꽃의 위치에 따라 밝기가 다르다.
④ 시간이 지나면서 심지 주변이 움푹 팬다.
⑤ 시간이 지나면서 초가 녹아 촛농이 흘러내린다.

2 초와 알코올이 탈 때 열이 발생하는 것을 알 수 있는 방법은 무엇인지 기호를 쓰시오.

> ㉠ 손을 가까이 해 본다.
> ㉡ 불꽃의 밝기를 관찰한다.
> ㉢ 초와 알코올의 양 변화를 측정한다.

(   )

3 초와 알코올이 탈 때 나타나는 공통적인 현상으로 알맞지 <u>않은</u> 것은 어느 것입니까? (   )

① 불꽃 주변이 밝아진다.
② 불꽃 주변이 따뜻해진다.
③ 물질의 양이 변하지 않는다.
④ 물질이 탈 때 열이 발생한다.
⑤ 물질이 탈 때 빛이 발생한다.

핵심 2

물질이 타려면 산소가 필요합니다. 따라서 크기가 작은 아크릴 통보다 공기의 양이 더 많은 큰 아크릴 통 속에 있는 초가 더 오래 탑니다.

[4~6] 초 두 개에 불을 붙이고 크기가 다른 아크릴 통으로 촛불을 동시에 덮었습니다.

(가)    (나)

4 위 실험에서 두 개의 촛불을 크기가 다른 아크릴 통으로 덮는 까닭은 무엇입니까? (   )

① 공기를 계속 공급하기 위해서
② 공기의 양을 다르게 하기 위해서
③ 공기의 온도를 다르게 하기 위해서
④ 탈 물질의 양을 다르게 하기 위해서
⑤ 탈 물질의 종류를 다르게 하기 위해서

5 위 실험 결과에 대한 설명으로 알맞은 것을 골라 기호를 쓰시오.

> ㉠ (가)와 (나)의 촛불이 동시에 꺼진다.
> ㉡ (가)의 촛불이 (나)의 촛불보다 오래 탄다.
> ㉢ (나)의 촛불이 (가)의 촛불보다 오래 탄다.

(   )

6 위 실험으로 알 수 있는 사실을 설명한 것입니다. (   ) 안에 알맞은 말을 쓰시오.

> 물질이 타려면 (   )가 필요하고, (   )가 부족하면 탈 물질이 남아 있더라도 더 이상 타지 않는다.

(   )

핵심 3

어떤 물질이 불에 직접 닿지 않아도 타기 시작하는 온도를 발화점이라고 하며, 물질마다 발화점이 다릅니다.

[7~8] 오른쪽과 같이 성냥의 머리 부분과 나무 부분을 철판의 가운데로부터 같은 거리에 올려놓고, 철판의 가운데 부분을 가열했습니다.

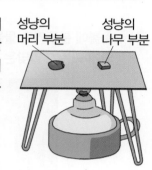

성냥의 머리 부분

성냥의 나무 부분

7 위 실험 결과 성냥의 머리 부분과 나무 부분 중 먼저 불이 붙는 것은 무엇인지 쓰시오.

( )

8 위 7번 실험 결과를 통해 알 수 있는 사실로 알맞은 것을 두 가지 고르시오. (,)

① 물질마다 발화점이 다르다.
② 물질은 직접 불을 붙여야 탄다.
③ 성냥의 머리 부분과 나무 부분의 발화점은 같다.
④ 성냥의 머리 부분이 나무 부분보다 발화점이 높다.
⑤ 성냥의 머리 부분이 나무 부분보다 발화점이 낮다.

9 ( ) 안에 알맞은 말을 쓰시오.

어떤 물질이 불에 직접 닿지 않아도 타기 시작하는 온도를 그 물질의 ( )이라고 한다.

( )

핵심 4

물질이 산소와 빠르게 반응하여 빛과 열을 내는 현상을 연소라고 합니다. 연소가 일어나려면 탈 물질과 산소가 있어야 하고, 온도가 발화점 이상이 되어야 합니다.

10 연소에 대하여 바르게 말한 친구의 이름을 쓰시오.

• 선아: 물질이 산소와 매우 느리게 반응하는 현상이야.
• 재림: 물질이 스스로 빛을 내면서 온도가 낮아지는 현상이야.
• 우영: 물질이 산소와 빠르게 반응하여 빛과 열을 내는 현상이야.

( )

11 연소가 일어나기 위해 필요한 것을 세 가지 고르시오. (, ,)

① 산소
② 탈 물질
③ 이산화 탄소
④ 발화점 미만의 온도
⑤ 발화점 이상의 온도

12 오른쪽과 같이 부채질을 하여 모닥불을 피우는 모습에서 연소의 조건과 관계 <u>없는</u> 내용은 무엇입니까?
( )

① 탈 물질은 나무이다.
② 공기 중에 산소가 있다.
③ 공기 중에 이산화 탄소가 있다.
④ 발화점 이상의 온도에서 연소한다.
⑤ 부채질로 산소를 공급해 주고 있다.

핵심 5

초가 연소한 후에 푸른색 염화 코발트 종이가 붉게 변하고, 석회수가 뿌옇게 흐려지는 것으로 보아 물과 이산화 탄소가 생긴다는 것을 알 수 있습니다.

[13~14] 초가 연소한 후 생기는 물질을 알아보기 위한 실험입니다.

— 푸른색 염화
코발트 종이

13 위 실험 결과 푸른색 염화 코발트 종이의 색깔은 어떻게 됩니까? (   )

① 검게 변한다.
② 붉게 변한다.
③ 노랗게 변한다.
④ 하얗게 변한다.
⑤ 아무런 변화가 없다.

14 위 실험 결과를 통해 알 수 있는 사실로 바른 것은 어느 것입니까? (   )

① 초가 연소한 후 물이 생긴다.
② 초가 연소할 때 물이 필요하다.
③ 초가 연소할 때 산소가 필요하다.
④ 초가 연소한 후 이산화 탄소가 생긴다.
⑤ 초가 연소할 때 높은 온도가 필요하다.

15 초가 연소한 후 생기는 이산화 탄소를 확인할 수 있는 결과는 무엇인지 기호를 쓰시오.

> ㉠ 석회수가 붉게 변한다.
> ㉡ 석회수가 뿌옇게 흐려진다.
> ㉢ 붉은색 염화 코발트 종이가 푸르게 변한다.

(   )

핵심 6

촛불을 입으로 불면 탈 물질이 없어지므로 촛불이 꺼지고, 집기병으로 덮으면 산소가 공급되지 않아서 촛불이 꺼집니다. 또, 분무기로 물을 뿌리면 온도가 낮아지므로 촛불이 꺼집니다.

16 촛불에 분무기로 물을 뿌렸습니다. 이때 촛불은 어떻게 되는지 알맞은 설명에 ○표 하시오.

(1) 촛불이 꺼집니다. (   )
(2) 촛불의 불꽃이 더 커집니다. (   )
(3) 촛불의 온도가 더 높아집니다. (   )

17 위 16번 정답과 같은 변화가 생긴 까닭으로 알맞은 것은 어느 것입니까? (   )

① 탈 물질이 없어지기 때문에
② 새로운 공기(산소)가 공급되기 때문에
③ 발화점 미만으로 온도가 낮아지기 때문에
④ 발화점 이상으로 온도가 높아지기 때문에
⑤ 공기 중의 이산화 탄소가 없어지기 때문에

18 오른쪽과 같이 촛불을 입으로 불면 꺼지는 까닭으로 알맞은 것을 골라 기호를 쓰시오.

> ㉠ 탈 물질을 없앴기 때문에
> ㉡ 산소 공급을 막았기 때문에
> ㉢ 발화점 미만으로 온도를 낮추었기 때문에

(   )

핵심 7

연소의 조건 중에서 한 가지 이상의 조건을 없애 불을 끄는 것을 소화라고 합니다. 탈 물질을 없애거나 산소 공급을 막거나 발화점 미만으로 온도를 낮추면 불을 끌 수 있습니다.

19 ( ) 안에 들어갈 말을 각각 쓰시오.

> 연소가 일어나려면 탈 물질과 산소가 필요하고, 온도가 (㉠) 이상이 되어야 한다. 이 중에서 한 가지 이상의 조건을 없애 불을 끄는 것을 (㉡)라고 한다.

㉠: ( )

㉡: ( )

20 불을 끄기 위한 조건으로 바른 것을 세 가지 고르시오. (, ,)

① 탈 물질을 없앤다.
② 산소 공급을 막는다.
③ 이산화 탄소의 공급을 막는다.
④ 발화점 미만으로 온도를 낮춘다.
⑤ 발화점 이상으로 온도를 높인다.

21 산소 공급을 막아 불을 끄는 예로 알맞은 것은 어느 것입니까? ( )

① 초의 심지를 자른다.
② 불이 난 곳에 물을 뿌린다.
③ 알코올램프의 뚜껑을 덮는다.
④ 낙엽 등 타기 쉬운 물질을 치운다.
⑤ 가스레인지의 연료 조절 밸브를 잠근다.

핵심 8

화재가 발생하면 큰 소리로 "불이야."라고 외치거나 비상벨을 눌러 불이 난 것을 주변에 알립니다. 그리고 젖은 수건으로 코와 입을 막고 몸을 낮춰 대피하며 119에 신고합니다.

22 화재가 발생했을 때의 대처 방법으로 바르지 <u>않은</u> 것을 골라 기호를 쓰시오.

㉠ ▲ 승강기를 이용하여 빠르게 대피한다.

㉡ ▲ 문을 닫고 대피해 화재가 번지지 않도록 한다.

㉢ ▲ 문손잡이가 뜨거우면 문을 열지 않는다.

㉣ ▲ 높은 곳으로 올라가 구조를 요청한다.

( )

23 학교에서 화재가 발생했을 때의 대처 방법으로 바르지 <u>않은</u> 것은 어느 것입니까? ( )

① 119에 신고한다.
② 비상벨을 누른다.
③ 나무로 된 책상 밑에 숨는다.
④ 화재가 발생한 곳을 선생님께 알린다.
⑤ 선생님의 지시에 따라 신속하게 대피한다.

24 화재가 발생했을 때 몸을 낮춰 이동해야 하는 까닭으로 가장 알맞은 것을 골라 기호를 쓰시오.

> ㉠ 불은 위쪽으로만 번지기 때문에
> ㉡ 연기가 바닥을 타고 이동하기 때문에
> ㉢ 유독 가스는 열에 의해 위로 가기 때문에

( )

1 알코올이 탈 때 불꽃의 모양과 색깔, 밝기에 대한 설명으로 바르지 <u>않은</u> 것은 어느 것입니까? (   )

▲ 알코올이 타는 모습

① 불꽃 주변이 밝아진다.
② 불꽃이 바람에 흔들린다.
③ 위아래로 길쭉한 모양이다.
④ 불꽃 색깔은 노란색, 초록색이다.
⑤ 심지 윗부분은 검은색이고 아랫부분은 하얀색이다.

2 위 **1**번 알코올의 불꽃에 손을 가까이 했을 때의 느낌으로 알맞은 것을 골라 기호를 쓰시오.

> ㉠ 손이 점점 차가워진다.
> ㉡ 손이 점점 따뜻해진다.
> ㉢ 손에 열이 느껴지지 않는다.

(   )

3 (   ) 안에 >, <, = 중 알맞은 기호를 쓰시오.

초에 불을 붙이기 전의 초의 무게	( )	촛불을 끈 후의 초의 무게

4 (   ) 안에 알맞은 말을 모두 쓰시오.

> 물질이 탈 때 발생하는 (   )과 (   )을 이용하여 어두운 곳을 밝히거나 주변을 따뜻하게 한다.

(   )

[5~7] 공기의 양에 따라 초가 타는 시간을 비교하기 위한 실험입니다.

㉠   ㉡

5 위 실험을 할 때 다르게 해야 할 조건은 어느 것입니까? (   )

① 초의 크기
② 초의 색깔
③ 아크릴 통의 크기
④ 아크릴 통의 색깔
⑤ 아크릴 통을 덮는 시간

6 위 실험에서 촛불이 먼저 꺼지는 것의 기호를 쓰시오.

(   )

7 다음은 위 **6**번 정답과 같은 결과가 나온 까닭을 설명한 것입니다. (   ) 안에 공통으로 들어갈 알맞은 말을 쓰시오.

> 초가 탈 때 (   )가 필요하며, 공기의 양이 적으면 (   )의 양도 적기 때문에 촛불이 빨리 꺼진다.

(   )

[8~9] 성냥의 머리 부분과 나무 부분을 철판의 가운데로부터 같은 거리에 올려놓고, 철판의 가운데 부분을 가열했습니다.

8 위 실험 결과에 대한 설명으로 알맞은 것을 골라 기호를 쓰시오.

> ㉠ 성냥의 머리 부분에 먼저 불이 붙는다.
> ㉡ 성냥의 나무 부분에 먼저 불이 붙는다.
> ㉢ 성냥의 머리 부분과 나무 부분에 동시에 불이 붙는다.

( )

9 위 **8**번 정답과 같은 결과가 나오는 까닭으로 알맞은 것은 어느 것입니까? ( )

① 물질마다 발화점이 다르기 때문에
② 물질마다 공급되는 공기의 양이 다르기 때문에
③ 물질의 종류에 관계없이 발화점은 일정하기 때문에
④ 성냥의 머리 부분과 나무 부분의 발화점이 같기 때문에
⑤ 성냥의 머리 부분이 나무 부분보다 발화점이 높기 때문에

10 물질이 산소와 빠르게 반응하여 빛과 열을 내는 현상을 무엇이라고 하는지 쓰시오.

( )

11 초가 연소한 후 물이 생기는지 확인하기 위해 사용하는 것은 무엇입니까? ( )

① 석회수
② 거름종이
③ 리트머스 종이
④ 열 변색 붙임 딱지
⑤ 푸른색 염화 코발트 종이

[12~13] 집기병 속에서 초를 연소시킨 후 집기병에 석회수를 붓고 흔들었습니다.

12 위 실험에서 석회수의 변화로 알맞은 것은 어느 것입니까? ( )

① 석회수가 검게 변한다.
② 석회수가 붉게 변한다.
③ 석회수가 뿌옇게 흐려진다.
④ 석회수가 담긴 집기병이 따뜻해진다.
⑤ 석회수에서 기포가 생기며 끓어오른다.

🖊️서술형
13 위 실험 결과를 통해 알 수 있는 사실을 쓰시오.

_____

_____

주의

14 촛불을 입으로 불면 촛불이 꺼지는 것과 같은 원리로 불이 꺼지는 경우에 ○표 하시오.

(1) 촛불을 물수건으로 덮습니다. ( )
(2) 촛불을 집기병으로 덮습니다. ( )
(3) 초의 심지를 핀셋으로 집습니다. ( )

15 불을 끄기 위한 조건을 모두 골라 기호를 쓰시오.

> ㉠ 탈 물질을 없앤다.
> ㉡ 산소 공급을 막는다.
> ㉢ 이산화 탄소를 없앤다.
> ㉣ 발화점 이상으로 온도를 높인다.

( )

16 다음 중 탈 물질을 없애 불을 끄는 예로 알맞은 것은 어느 것입니까? ( )

① 물을 뿌린다.
② 소화기를 사용한다.
③ 두꺼운 담요로 덮는다.
④ 흙이나 모래를 뿌린다.
⑤ 가스레인지의 연료 조절 밸브를 잠근다.

서술형

17 알코올램프의 뚜껑을 덮었을 때 불이 꺼지는 까닭을 연소의 조건과 관련지어 쓰시오.

_____

_____

중요

18 화재가 발생했을 때 대피하는 모습입니다. ㉠과 ㉡ 중 올바른 행동은 어느 것인지 기호를 쓰시오.

㉠

▲ 승강기 대신 계단으로 대피한다.

㉡

▲ 가까운 문을 빨리 열고 대피한다.

( )

19 우리 주변에서 화재 피해를 줄이기 위한 노력으로 바르지 <u>않은</u> 것은 어느 것입니까? ( )

① 방화문을 설치한다.
② 소화기를 정기적으로 점검한다.
③ 소방 시설의 사용 방법을 알아둔다.
④ 평소에 사용하지 않는 비상구 공간에 물건을 보관한다.
⑤ 불이 나기 쉬운 곳에는 불에 잘 타지 않는 소재를 사용한다.

20 화재가 발생했을 때 빠르게 대피하기 위해 만든 지도를 무엇이라고 하는지 쓰시오.

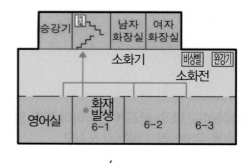

( )

1 초가 타는 모습을 관찰한 내용으로 바른 것을 모두 골라 기호를 쓰시오.

> ㉠ 초가 녹아 촛농이 흘러내린다.
> ㉡ 불꽃의 윗부분은 아랫부분보다 어둡다.
> ㉢ 흘러내린 촛농이 굳어 다시 고체가 된다.
> ㉣ 심지 윗부분은 하얀색이고, 아랫부분은 검은색이다.

( )

2 오른쪽 불꽃의 ㉠～㉢ 위치에 손을 가까이 했을 때 손이 가장 뜨겁게 느껴지는 부분은 어느 곳인지 기호를 쓰시오.

( )

🖐서술형

3 오른쪽과 같이 알코올램프의 알코올이 탈 때 시간이 지날수록 알코올의 양은 어떻게 변하는지 쓰시오.

_____

_____

4 초와 알코올이 탈 때 나타나는 현상으로 바르지 않은 것은 어느 것입니까? ( )

① 열이 발생한다.
② 빛이 발생한다.
③ 주변이 어두워진다.
④ 주변이 따뜻해진다.
⑤ 물질의 양이 변한다.

⚠주의

5 양초 두 개에 불을 붙이고 크기가 다른 아크릴 통으로 촛불을 동시에 덮었습니다. 이 실험에서 알아보고자 한 것은 무엇입니까? ( )

① 초의 크기에 따른 촛불의 밝기 비교
② 공기의 양에 따른 촛불의 밝기 비교
③ 초의 크기에 따라 초가 타는 시간 비교
④ 공기의 양에 따라 초가 타는 시간 비교
⑤ 탈 물질의 종류에 따른 촛불의 색깔 변화

6 초가 타기 전과 타고 난 후의 비커 속 산소 비율을 측정하였더니 다음과 같았습니다. 다음과 같이 산소 비율이 달라진 까닭으로 알맞은 설명을 골라 기호를 쓰시오.

타기 전 산소 비율(%)	타고 난 후 산소 비율(%)
약 21	약 17

> ㉠ 초가 산소를 흡수하기 때문에
> ㉡ 초가 탈 때 산소가 필요하기 때문에
> ㉢ 초가 타는 동안 산소가 아크릴 통 밖으로 빠져 나가기 때문에

( )

🖐서술형

7 철판을 삼발이에 올려놓고, 성냥의 머리 부분을 잘라 철판 가운데에 놓은 후, 알코올램프로 철판의 가운데 부분을 가열하였을 때 변화를 쓰시오.

_____

_____

3
단원

8 볼록 렌즈로 햇빛을 모으거나 부싯돌과 쇳조각을 마찰하면 직접 불을 붙이지 않아도 물질이 타는 까닭은 무엇입니까? (   )

① 물질의 양이 증가하기 때문에
② 물질의 온도가 낮아지기 때문에
③ 물질의 크기가 줄어들기 때문에
④ 물질의 발화점에 도달하기 때문에
⑤ 탈 물질의 종류가 달라지기 때문에

9 다음은 연소의 세 가지 조건을 나타낸 것입니다. 빈 칸에 들어갈 알맞은 말을 쓰시오.

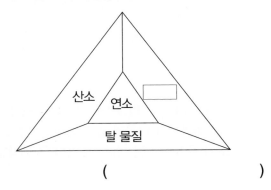

산소 / 연소 / 탈 물질

(   )

[10~11] 오른쪽은 초가 연소한 후 생기는 물질을 알아보기 위해 투명한 아크릴 통의 안쪽 벽면에 푸른색 염화 코발트 종이를 붙이고 색깔 변화를 관찰한 실험입니다.

푸른색 염화 코발트 종이

10 위 실험 결과에 대한 설명으로 바른 것을 골라 기호를 쓰시오.

> ㉠ 푸른색 염화 코발트 종이가 검게 변한다.
> ㉡ 푸른색 염화 코발트 종이가 붉게 변한다.
> ㉢ 푸른색 염화 코발트 종이에 아무런 변화가 없다.

(   )

11 앞 10번 실험 결과로 초가 연소한 후에 어떤 물질이 생기는 것을 알 수 있는지 쓰시오.

(   )

12 초가 연소한 후에 크기가 줄어드는 까닭을 바르게 설명한 친구의 이름을 쓰시오.

> • 현우: 초의 온도가 낮아졌기 때문이야.
> • 미란: 초가 다른 물질로 변했기 때문이야.
> • 도연: 초에서 산소가 빠져 나갔기 때문이야.

(   )

[13~15] 촛대에 초를 세우고 불을 붙인 다음, 다음과 같이 실험했습니다.

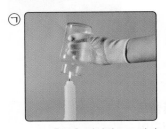

㉠ ▲ 촛불을 집기병으로 덮기   ㉡ ▲ 촛불에 분무기로 물 뿌리기

13 위 ㉠과 같이 촛불을 집기병으로 덮으면 어떻게 됩니까? (   )

① 탈 물질이 날아가 촛불이 꺼진다.
② 산소 공급을 막아 촛불이 꺼진다.
③ 탈 물질이 공급되어 촛불이 더 잘 탄다.
④ 이산화 탄소가 공급되어 촛불이 더 잘 탄다.
⑤ 온도가 발화점 미만으로 낮아져 촛불이 꺼진다.

서술형
14 위 ㉡과 같이 촛불에 분무기로 물을 뿌리면 촛불이 꺼지는 까닭을 쓰시오.

_____

_____

15 앞의 **14번** 정답과 같은 까닭으로 불이 꺼지는 경우는 어느 것입니까? (   )

① 촛불을 입으로 분다.
② 초의 심지를 자른다.
③ 알코올램프의 뚜껑을 덮는다.
④ 불이 난 곳을 물수건으로 덮는다.
⑤ 불이 난 곳에 흙이나 모래를 뿌린다.

16 다음에 해당하는 소화의 조건은 어느 것입니까?
(   )

> • 촛불을 입으로 불어 끈다.
> • 산불이 난 곳의 낙엽을 치우고 땅을 판다.
> • 가스레인지의 연료 조절 밸브를 잠근다.

① 산소를 공급한다.
② 탈 물질을 없앤다.
③ 산소 공급을 막는다.
④ 발화점 미만으로 온도를 낮춘다.
⑤ 발화점 이상으로 온도를 높인다.

주의

17 소화에 대한 설명으로 바른 것을 모두 골라 기호를 쓰시오.

> ㉠ 소화 방법은 탈 물질에 따라 다르다.
> ㉡ 연소의 세 가지 조건 중에서 한 가지 이상의 조건을 없애면 불이 꺼진다.
> ㉢ 기름이나 가스, 전기로 생긴 화재는 물로 꺼야 불을 빠르게 끌 수 있다.

(   )

18 다음은 무엇에 대한 설명입니까? (   )

> • 화재의 초기 단계에서 불을 끌 수 있는 유용한 도구이다.
> • 산소 공급을 막거나 온도를 발화점 미만으로 낮추어 불을 끄는 기구이다.

① 모래   ② 분무기
③ 물수건   ④ 소화기
⑤ 연료 조절 밸브

19 화재가 발생했을 때 대처하는 방법으로 바르지 않은 것은 어느 것입니까? (   )

① 큰 소리로 주변에 알린다.
② 나무로 된 가구 밑에 들어간다.
③ 승강기 대신 계단으로 대피한다.
④ 높은 곳으로 올라가 구조를 요청한다.
⑤ 문손잡이가 뜨거우면 문을 열지 않는다.

20 다음과 같은 화재 대피도에 추가로 포함하는 내용으로 알맞지 <u>않은</u> 것은 어느 것입니까?
(   )

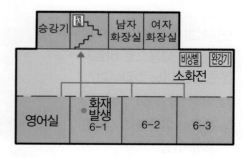

① 대피 경로
② 소화기의 크기
③ 비상구와 방화벽의 위치
④ 대피하고 만날 수 있는 장소
⑤ 화재가 잘 발생할 것 같은 장소

[1~2] 초가 탈 때의 모습입니다.

▲ 초가 타는 모습

서술형

1 위와 같이 초가 탈 때 관찰할 수 있는 현상을 두 가지 이상 쓰시오.

_____

_____

2 초가 탈 때 시간이 지날수록 초의 길이와 무게는 어떻게 됩니까? (   )

① 초의 길이는 짧아지고, 무게는 늘어난다.
② 초의 길이는 짧아지고, 무게는 줄어든다.
③ 초의 길이는 길어지고, 무게는 늘어난다.
④ 초의 길이는 길어지고, 무게는 줄어든다.
⑤ 초의 길이와 무게는 모두 변하지 않는다.

3 오른쪽과 같이 알코올이 탈 때 관찰한 내용으로 바르지 <u>않은</u> 것은 어느 것입니까?
(   )

① 불꽃이 위아래로 길쭉한 모양이다.
② 불꽃의 색깔은 푸른색, 붉은색이다.
③ 불꽃에 손을 가까이 하면 손이 따뜻해진다.
④ 시간이 지나도 알코올의 양은 변하지 않는다.
⑤ 심지 윗부분은 검은색이고, 아랫부분은 하얀색이다.

4 물질이 타면서 빛과 열이 발생하는 경우를 모두 골라 기호를 쓰시오.

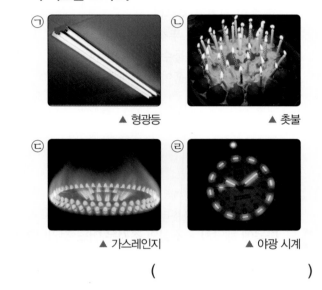

ㄱ ▲ 형광등   ㄴ ▲ 촛불

ㄷ ▲ 가스레인지   ㄹ ▲ 야광 시계

(   )

[5~7] 양초 두 개에 불을 붙이고 크기가 다른 아크릴 통으로 촛불을 동시에 덮었습니다.

(가)   (나)

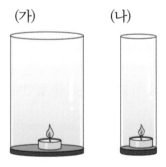

5 위 실험에서 초가 타는 시간에 영향을 줄 것으로 생각한 조건을 골라 기호를 쓰시오.

┌─────────────────────────────┐
│ ㄱ 초의 크기   ㄴ 초의 무게   │
│ ㄷ 공기의 양   ㄹ 탈 물질의 종류 │
└─────────────────────────────┘

(   )

6 위 실험의 (가)와 (나) 중 초가 더 오래 타는 것을 골라 기호를 쓰시오.

(   )

서술형

7 앞의 **6번** 정답과 같은 결과가 나타난 까닭을 쓰시오.

_____

_____

8 오른쪽과 같이 올려놓고 철판의 가운데 부분을 가열했을 때, 성냥의 머리 부분과 나무 부분에 불이 붙는 데 걸리는 시간이 달랐습니다. 그 까닭을 바르게 설명한 친구의 이름을 쓰시오.

성냥의 머리 부분   성냥의 나무 부분

- 우림: 물질마다 발화점이 다르기 때문이야.
- 현서: 물질마다 공급되는 산소의 양이 다르기 때문이야.
- 윤아: 성냥의 머리 부분이 나무 부분보다 발화점이 높기 때문이야.

( )

9 ( ) 안에 알맞은 말을 각각 쓰시오.

연소가 일어나려면 탈 물질과 (㉠)가 있어야 하고, 온도가 (㉡) 이상이 되어야 한다.

㉠: ( )
㉡: ( )

10 집기병 속에서 초를 연소시켰을 때의 변화로 바르지 <u>않은</u> 것은 어느 것입니까? ( )

① 초의 길이가 줄어든다.
② 초의 무게가 줄어든다.
③ 집기병 안의 촛불이 꺼진다.
④ 집기병 속 산소의 양은 변하지 않는다.
⑤ 초가 연소한 후 연기로 집기병이 뿌옇게 흐려진다.

[11~12] 초가 연소한 후 생기는 물질을 알아보기 위한 실험입니다.

▲ 푸른색 염화 코발트 종이의 색깔 변화

▲ 석회수의 변화

11 위 실험에서 푸른색 염화 코발트 종이와 석회수의 변화를 바르게 짝 지은 것은 어느 것입니까?

( )

	푸른색 염화 코발트 종이	석회수
①	검게 변한다.	붉게 변한다.
②	검게 변한다.	뿌옇게 흐려진다.
③	붉게 변한다.	붉게 변한다.
④	붉게 변한다.	뿌옇게 흐려진다.
⑤	변화 없다.	변화 없다.

12 위 실험 결과를 통해 알 수 있는 초가 연소한 후 생기는 두 가지 물질을 쓰시오.

( )

13 오른쪽과 같이 초의 심지를 핀셋으로 집으면 촛불이 꺼지는 까닭은 무엇입니까?

( )

① 산소 공급을 막기 때문에
② 초의 상태가 고체로 변하기 때문에
③ 초가 다른 물질로 변하기 때문에
④ 온도가 발화점 미만으로 낮아지기 때문에
⑤ 심지로 탈 물질이 이동하지 못하기 때문에

[14~15] 불을 끄는 모습입니다.

▲ 알코올램프의 뚜껑 덮기

▲ 가스레인지의 연료 조절 밸브 잠그기

14 위 ㉠에서는 소화의 조건 중 어떤 방법으로 불을 끄는 것입니까? (   )

① 탈 물질 없애기
② 산소 공급 막기
③ 이산화 탄소 공급 막기
④ 발화점 미만으로 온도 낮추기
⑤ 발화점 이상으로 온도 높이기

15 위 ㉡과 같은 방법으로 불을 끄는 경우를 두 가지 고르시오 (,   )

① 촛불을 입으로 분다.
② 초의 심지를 자른다.
③ 두꺼운 담요를 덮는다.
④ 불이 난 곳에 물을 뿌린다.
⑤ 불이 난 곳에 흙이나 모래를 뿌린다.

16 소화기의 사용 순서대로 기호를 쓰시오.

▲ 바람을 등지고 소화기의 고무관이 불 쪽을 향하도록 잡는다.

▲ 소화기의 안전핀을 뽑는다.

▲ 소화기를 불이 난 곳으로 옮긴다.

▲ 소화기의 손잡이를 움켜지고 불을 끈다.

(   )

서술형

17 불을 끄기 위한 조건을 세 가지 쓰시오.

_____

_____

18 화재가 발생했을 때 대피하는 방법으로 바른 것을 모두 골라 기호를 쓰시오.

㉠ 승강기를 이용해 빠르게 대피한다.
㉡ 안전하게 대피한 뒤에 119에 신고한다.
㉢ 화재가 난 곳의 문을 열어서 공기가 잘 통하도록 한다.
㉣ 연기가 새어 들어오면 이불이나 옷을 물에 적셔 틈을 막는다.

(   )

19 연기나 열을 감지하면 비상벨을 작동시켜서 소방서에 신호를 보내는 소방 시설은 무엇입니까?

(   )

① 소화기
② 완강기
③ 스프링클러
④ 옥내 소화전
⑤ 화재 감지기

20 다음은 화재 대피도를 만드는 과정입니다. (   ) 안에 알맞은 말을 각각 쓰시오.

• (㉠   )의 조건을 생각하며 화재가 발생했을 때 가장 위험한 곳을 표시한다.
• (㉡   )의 조건을 생각하며 불을 끌 수 있는 도구가 있는 곳을 표시한다.
• 안전하고 빠르게 대피할 수 있는 경로를 평면도에 표시한다.

㉠: (   )
㉡: (   )

1 초와 알코올이 타는 모습을 관찰한 내용으로 바르지 않은 것은 어느 것입니까? (   )

▲ 초가 타는 모습

▲ 알코올이 타는 모습

① 시간이 지날수록 초의 길이가 짧아진다.
② 알코올 불꽃의 윗부분은 아랫부분이나 옆 부분보다 더 뜨겁다.
③ 알코올 불꽃에 손을 가까이 하면 손이 따뜻해진다.
④ 알코올 심지의 윗부분이 검은색이고, 아랫부분이 하얀색이다.
⑤ 초와 알코올램프에 불을 붙이기 전보다 불을 끈 후에 무게가 늘어난다.

2 다음은 초에 불을 붙였을 때 초의 상태 변화에 대한 설명입니다. (   ) 안에 알맞은 물질의 상태를 각각 쓰시오.

초에 불을 붙이면 심지 근처에서 초가 녹아 (㉠   )로 된다. (㉠   ) 상태의 초는 심지를 타고 올라가 뜨거운 불꽃에 의해 (㉡   )로 변한다.

㉠: (   )
㉡: (   )

📝 서술형

3 물질이 탈 때 관찰할 수 있는 공통적인 현상을 세 가지 쓰시오.

_____

_____

4 우리 주변에서 물질이 타면서 발생하는 빛과 열을 이용한 예로 바르지 않은 것은 어느 것입니까?
(   )

① 어두운 밤에 손전등을 켠다.
② 석유등으로 어두운 곳을 밝힌다.
③ 가스레인지의 가스를 태워 요리할 때 이용한다.
④ 아궁이에서 나무를 태워 생기는 열로 난방을 한다.
⑤ 모닥불놀이를 할 때 나무를 태워 주변을 밝게 한다.

5 오른쪽과 같이 양초 두 개에 불을 붙이고 크기가 다른 아크릴 통으로 촛불을 동시에 덮었습니다. 이 실험에 대한 설명으로 바른 것은 어느 것입니까? (   )

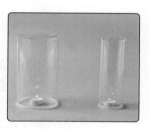

① 두 아크릴 통 속에 있는 초가 동시에 꺼진다.
② 작은 아크릴 통 속에 있는 초가 더 오래 탄다.
③ 두 아크릴 통 속에 들어 있는 공기의 양은 같다.
④ 큰 아크릴 통 속에 들어 있는 공기의 양이 더 많다.
⑤ 공기의 양에 따른 촛불의 밝기를 비교하는 실험이다.

📝 서술형

6 다음은 비커 속 초가 타기 전과 타고 난 후의 비커 속 산소 비율을 측정한 결과입니다. 이 결과를 통해 알 수 있는 사실을 쓰시오.

▲ 초가 타기 전 비커 속 산소 비율

▲ 초가 타고 난 후 비커 속 산소 비율

[7~8] 철판에 성냥의 머리 부분과 나무 부분을 올려놓고 가열했더니 성냥의 머리 부분에 먼저 불이 붙었습니다.

성냥의 머리 부분   성냥의 나무 부분

7 위 실험 결과를 보고, 성냥의 머리 부분과 나무 부분 중 발화점이 더 높은 것은 어느 것인지 쓰시오.

( )

8 위 실험 결과를 통해 알 수 있는 사실로 알맞은 것을 모두 골라 기호를 쓰시오.

> ㉠ 물질마다 발화점이 다르다.
> ㉡ 발화점이 높은 물질일수록 불이 빨리 붙는다.
> ㉢ 물질이 타려면 발화점 이상의 온도가 되어야 한다.

( )

9 연소에 대한 설명으로 바른 것을 두 가지 고르시오. (,)

① 물질이 산소와 느리게 반응하는 현상이다.
② 탈 물질과 산소만 있으면 연소가 일어난다.
③ 물질이 산소와 빠르게 반응하여 빛과 열을 내는 현상이다.
④ 발화점 이상의 온도가 되면 불을 직접 붙이지 않아도 연소가 일어난다.
⑤ 탈 물질, 산소, 발화점 이상의 온도 중 한 가지 조건만 만족해도 연소가 일어난다.

10 초가 연소한 후 생기는 물질을 두 가지 고르시오.

(,)

① 물 ② 산소
③ 질소 ④ 석회수
⑤ 이산화 탄소

11 초가 연소한 후 생긴 물과 이산화 탄소를 확인하는 방법으로 바른 것은 어느 것입니까? ( )

① 물을 확인할 때 석회수를 사용한다.
② 석회수가 이산화 탄소와 만나면 뿌옇게 흐려진다.
③ 붉은색 염화 코발트 종이가 물에 닿으면 푸르게 변한다.
④ 푸른색 염화 코발트 종이가 이산화 탄소와 만나면 붉게 변한다.
⑤ 물을 확인할 때 푸른색 염화 코발트 종이와 붉은색 염화 코발트 종이를 모두 사용할 수 있다.

🖊️ 서술형

12 초가 연소한 후에 크기가 줄어드는 까닭을 쓰시오.

_____

_____

13 초의 심지를 잘라 불을 끄는 것과 같은 원리로 불을 끄는 경우를 두 가지 고르시오. (,)

① 불이 난 곳에 물을 뿌린다.
② 촛불을 입으로 불어서 끈다.
③ 불이 난 곳을 담요로 덮는다.
④ 불이 난 곳에 흙이나 모래를 뿌린다.
⑤ 가스레인지의 연료 조절 밸브를 잠근다.

14 불을 끄는 방법과 소화의 조건을 바르게 짝 지은 것으로 알맞은 것을 모두 골라 기호를 쓰시오.

> ㉠ 촛불을 입으로 불기 – 산소 공급 막기
> ㉡ 촛불을 집기병으로 덮기 – 탈 물질 없애기
> ㉢ 초의 심지를 핀셋으로 집기 – 탈 물질 없애기
> ㉣ 촛불에 분무기로 물 뿌리기 – 발화점 미만으로 온도 낮추기

( )

15 화재가 발생했을 때 산소 공급을 막아 불을 끄는 방법을 바르게 말한 친구의 이름을 쓰시오.

> • 나연: 불이 난 곳에 기름을 뿌리면 돼.
> • 중기: 불이 난 곳에 흙이나 모래를 뿌리면 돼.
> • 소민: 바람을 일으켜 공기가 잘 통하도록 해야 돼.

( )

16 연소의 조건과 소화의 조건에 해당하는 것을 각각 골라 기호를 쓰시오.

> ㉠ 탈 물질을 없앤다.
> ㉡ 탈 물질을 공급한다.
> ㉢ 산소 공급을 막는다.
> ㉣ 산소를 계속 공급한다.
> ㉤ 발화점 이상으로 온도를 높인다.
> ㉥ 발화점 미만으로 온도를 낮춘다.

(1) 연소의 조건: ( )
(2) 소화의 조건: ( )

17 소화기의 사용 방법에 대한 설명으로 알맞지 <u>않은</u> 것은 어느 것입니까? ( )

① 소화기의 안전핀을 뽑고 사용한다.
② 소화기의 손잡이를 움켜쥐며 불을 끈다.
③ 소화기를 불이 난 곳으로 옮겨 사용한다.
④ 소화기의 고무관이 불 쪽을 향하도록 잡는다.
⑤ 바람이 불어오는 쪽을 향하고 서서 불을 끈다.

🖐서술형
18 화재가 발생했을 때의 올바른 대처 방법을 두 가지만 쓰시오.

_____

_____

_____

19 화재 피해를 줄이기 위한 노력으로 알맞은 것을 모두 골라 기호를 쓰시오.

> ㉠ 소화기 사용 방법을 알아 둔다.
> ㉡ 비상구에 물건을 쌓아 놓지 않는다.
> ㉢ 불에 잘 타지 않는 소재를 사용한다.
> ㉣ 소화기는 잘 보이지 않는 곳에 넣어 둔다.

( )

20 다음 설명에 해당하는 소방 시설의 명칭을 쓰시오.

> • 상자에 호스, 노즐이 함께 들어 있으며 밸브를 열어 물을 분사한다.
> • 건물 내부의 복도 또는 실내의 벽면에 설치되어 있다.

( )

1 작은 양초 두 개에 불을 붙이고 크기가 다른 아크릴 통으로 촛불을 동시에 덮었습니다. 이 실험에서 공기의 양에 따라 초가 타는 시간을 비교하여 쓰고 초가 타는 시간이 다른 까닭을 쓰시오.

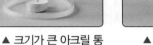
▲ 크기가 큰 아크릴 통　　▲ 크기가 작은 아크릴 통

(1) 초가 타는 시간 비교: _____

_____

(2) 초가 타는 시간이 다른 까닭: _____

_____

_____

초가 탈 때 필요한 기체

- 초가 탈 때 산소가 필요합니다.
- 공기의 양이 많으면 산소의 양이 많으므로 초가 더 오래 탑니다.
- 공기의 양이 적으면 산소의 양이 적으므로 촛불이 빨리 꺼집니다.

2 직접 불을 붙이지 않고 물질을 태우는 여러 가지 방법을 나타낸 것입니다. 이러한 방법으로 물질을 태울 수 있는 까닭을 쓰시오.

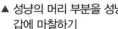
▲ 성냥의 머리 부분을 성냥갑에 마찰하기　▲ 볼록 렌즈로 햇빛 모으기　▲ 부싯돌과 쇳조각 마찰하기

_____

_____

물질의 발화점

- 어떤 물질이 불에 직접 닿지 않아도 타기 시작하는 온도를 발화점이라고 합니다.
- 발화점은 물질마다 다릅니다.
- 물질이 타려면 온도가 발화점 이상이 되어야 합니다.

3 초가 연소한 후 생기는 물질을 알아보기 위한 실험입니다. ㉠과 ㉡의 실험 결과를 각각 쓰고, 초가 연소한 후 생기는 물질이 무엇인지 쓰시오.

> ㉠ 투명한 아크릴 통의 안쪽 벽면에 셀로판테이프로 푸른색 염화 코발트 종이를 붙인 뒤 아크릴 통으로 촛불을 덮고, 푸른색 염화 코발트 종이의 색깔 변화를 관찰한다.
>
> ㉡ 집기병 안에서 초를 연소한 후 집기병에 석회수를 넣고 흔들면서 변화를 관찰한다.

구분	실험 결과	초가 연소한 후에 생기는 물질
㉠		
㉡		

초가 연소한 후에 생기는 물질

• 물질이 연소하면 연소 전의 물질과는 다른 새로운 물질이 만들어집니다.

• 초가 연소한 후에 푸른색 염화 코발트 종이의 색깔 변화와 석회수의 변화를 관찰하여 물과 이산화 탄소가 생기는 것을 확인할 수 있습니다.

3
단원

4 ㉠~㉢에서 불이 꺼지는 까닭을 연소의 조건과 관련지어 쓰시오.

㉠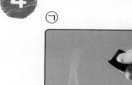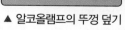

㉡

㉢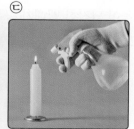

▲ 알코올램프의 뚜껑 덮기

▲ 촛불에 부채로 바람 일으키기

▲ 촛불에 분무기로 물 뿌리기

• ㉠: _____

• ㉡: _____

• ㉢: _____

연소와 소화

• 연소가 일어나려면 탈 물질과 산소가 필요하고, 온도가 발화점 이상이 되어야 합니다.

• 연소의 조건 중에서 한 가지 이상의 조건을 없애 불을 끄는 것을 소화라고 합니다.

4. 우리 몸의 구조와 기능

✿ 인체 모형을 만들고 몸으로 표현하기 실험 1

① 인체 모형을 떼어 냅니다. └─→ 하나씩 떼어 같은 기호끼리 연결하도록 합니다.

② 같은 기호끼리 구멍을 맞대고 똑딱단추로 연결합니다.

③ 갈비뼈 모형의 빗금 부분을 뒤로 접어 셀로판테이프로 인체 모형에 붙입니다.

④ 인체 모형의 동작을 다양하게 만들어 보고 몸으로 표현해 봅니다.

✿ 우리 몸은 어떻게 움직일까요?

(1) 운동 기관: 우리 몸속 기관 중에서 움직임에 관여하는 뼈와 근육을 운동 기관이라고 합니다.
└─→ 우리가 살아가는 데 필요한 일을 하는 몸속 부분을 기관이라고 합니다.

(2) 우리 몸의 뼈 관찰하기

종류	특징
머리뼈	바가지 모양으로 둥글다.
★척추뼈	짧은뼈가 이어져 기둥을 이룬다.
갈비뼈	• 휘어져 있다. • 좌우로 둥글게 연결되어 공간을 만든다.
팔뼈	• 길이가 길다. • 아래쪽 뼈는 긴뼈 두 개로 이루어졌다.
다리뼈	• 팔뼈보다 더 길고 두껍다. • 아래쪽 뼈는 긴뼈 두 개로 이루어졌다.

(3) 근육이 뼈에 어떻게 작용하는지 알아보기 실험 2

① 뼈와 근육 모형에 바람을 불어 넣으면 비닐봉지가 부풀어 오르면서 비닐봉지의 길이가 줄어들어 납작한 빨대가 구부러집니다.

② 납작한 빨대는 뼈 역할을 하고, 비닐봉지는 근육 역할을 합니다.

▲ 바람을 불어 넣기 전   ▲ 바람을 불어 넣은 후

(4) 뼈와 근육이 하는 일 └─→ 뼈는 스스로 움직이는 것이 아니라, 연결된 근육의 길이가 줄어들거나 늘어나면서 움직입니다.

① 뼈는 몸의 형태를 만들고, 몸을 지지하는 역할을 하며, 심장, 폐, 뇌 등을 보호합니다.

② 근육은 길이가 줄어들거나 늘어나면서 뼈를 움직이게 합니다.

실험 1 **인체 모형 만들기**

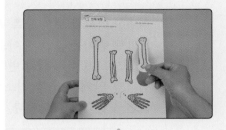

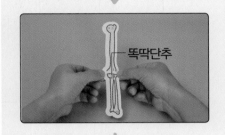

똑딱단추

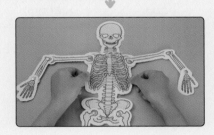

실험 2 **뼈와 근육 모형 만들기**

① 납작한 빨대의 구멍 뚫린 부분을 할핀으로 연결합니다.

② 비닐봉지를 25 cm 길이로 자른 뒤에 막힌 쪽을 셀로판테이프로 감고, 벌어진 쪽은 주름 빨대를 넣어 셀로판테이프로 감습니다.

③ 납작한 빨대의 끝부분과 주름 빨대를 감은 비닐봉지의 끝부분을 맞춘 뒤에 비닐봉지의 양쪽 끝을 셀로판테이프로 감아 납작한 빨대에 고정합니다.

④ 주름 빨대를 짧게 자르고 손 그림을 납작한 빨대에 붙입니다.

우리 몸의 다양한 뼈

우리 몸은 크고 작은 뼈 200여 개가 근육과 힘줄로 단단하게 연결되어 있습니다.

- 머리뼈: 넓적한 뼈가 바가지모양으로 단단하게 연결되어 있으며, 뇌를 보호합니다.
- 척추뼈: 목뼈, 등뼈, 허리뼈, 엉치뼈, 꼬리뼈로 이루어집니다. 이 중 등뼈는 몸을 지지하고 척수를 보호합니다.
- 갈비뼈: 갈비뼈 12쌍은 복장뼈 한 개를 중심으로 좌우로 둥글게 연결되어 큰 공간을 만들며, 이 공간은 심장과 폐를 보호하는 기능을 합니다.
- 팔과 손의 뼈: 관절이 많아 구부리거나 펴는 활동을 자유롭게 할 수 있습니다.
- 다리뼈와 발뼈: 우리 몸에서 운동 범위가 가장 넓습니다.

우리 몸에 뼈와 근육이 있어서 할 수 있는 것

- 다양한 자세로 움직일 수 있습니다.
- 물건을 들어 올릴 수 있습니다.

용어풀이

- ✹ 모형 실물을 모방하여 만든 물건
- ✹ 척추뼈 머리뼈 아래에서 엉덩이 부위까지 33개의 뼈가 이어져 척추를 이룰 때, 그중 하나하나의 뼈를 가리키는 말
- ✹ 지지 무거운 물건을 받치거나 버팀.

개념을 확인해요

1 우리 몸속 기관 중에서 움직임에 관여하는 뼈와 근육을 ☐☐ 기관이라고 합니다.

2 우리 몸을 구성하는 뼈 중에서 바가지 모양으로 둥글며, 뇌를 보호하는 뼈는 ☐☐☐ 입니다.

3 우리 몸을 구성하는 뼈 중에서 짧은뼈가 이어져 기둥을 이루는 것은 ☐☐☐ 입니다.

4 우리 몸을 구성하는 뼈 중에서 휘어져 있으며, 좌우로 둥글게 연결되어 공간을 만드는 것은 ☐☐☐ 입니다.

5 뼈와 근육 모형에서 납작한 빨대는 ☐ 역할을 하고, 비닐봉지는 ☐☐ 역할을 합니다.

6 뼈와 근육 모형에 바람을 불어 넣으면 비닐봉지가 부풀어 오르면서 비닐봉지의 길이가 ☐ ☐☐☐☐ .

7 ☐ 는 몸의 형태를 만들고, 몸을 지지하며 심장, 폐, 뇌 등을 보호합니다.

4 단원

4. 우리 몸의 구조와 기능

🌸 우리가 먹은 음식물은 어떻게 될까요?

(1) 소화와 소화 기관 `탐구 1` `탐구 2`

① 소화는 음식물을 잘게 쪼개는 과정입니다.

② 입, 식도, 위, 작은창자, 큰창자, 항문 등은 소화 기관입니다.

③ 간, 쓸개, 이자는 소화를 도와주는 기관입니다.
  └→ 소화에 직접 관여하지 않습니다.

(2) 소화 기관의 생김새 `탐구 3`

소화 기관	생김새	소화 기관 모형
식도	• 긴 관 모양이다. • 입과 위를 연결한다.	입 식도 위 큰창자 작은창자 항문
위	• 주머니 모양이다. • 식도와 작은창자를 연결한다.	
작은창자	• 꼬불꼬불한 관 모양이다. • 배의 가운데에 있다.	
큰창자	• 굵은 관 모양이다. • 작은창자를 감싸고 있다.	
항문	큰창자와 연결되어 있다.	

(3) 소화 기관이 하는 일

소화 기관	하는 일
입	음식물을 이로 잘게 부수고, 혀로 섞은 뒤 침으로 물러지게 하여 삼킬 수 있도록 한다.
식도	입에서 삼킨 음식물을 위로 이동시킨다.
위	소화를 돕는 액체를 분비하여 음식물과 섞고 음식물을 더 잘게 쪼갠다. └→ 소화를 돕는 액체를 분비합니다.
작은창자	음식물을 잘게 분해하고 영양소를 흡수한다.
큰창자	음식물 찌꺼기의 수분을 흡수한다.
항문	소화되지 않은 음식물 찌꺼기를 배출한다.

(4) 음식물이 소화되는 과정 → 소화는 우리 몸에 필요한 영양소가 들어 있는 음식물을 잘게 쪼개 몸에 흡수될 수 있는 형태로 분해하는 과정입니다.

① 우리 몸 속에 들어간 음식물은 입 → 식도 → 위 → 작은창자 → 큰창자 → 항문의 순서로 이동합니다.

② 음식물은 이동하면서 점차 잘게 쪼개져서 영양소와 수분은 흡수하고 나머지는 항문으로 배출됩니다.

`탐구 1` **음식물을 잘 씹어야 하는 까닭**

• 음식물이 잘게 부서져야 몸에서 흡수가 잘되기 때문입니다.

• 소화가 잘되도록 하기 위해서입니다.

`탐구 2` **소화를 돕는 기관**

• 간: 쓸개즙을 만들어 지방의 분해를 돕고, 영양소를 저장하며, 해독 작용과 살균 작용을 합니다.

• 쓸개: 간 아래쪽에 붙어 있는 작은 주머니로, 간에서 분비하는 쓸개즙의 저장 장소이며, 작은창자에 연결되어 있습니다.

• 이자: 위의 뒤쪽에 위치하며, 여러 가지 소화 효소와 호르몬을 분비합니다.

`탐구 3` **작은창자의 길이**

• 작은창자의 길이는 초식동물이 가장 길고, 그 다음이 잡식동물, 그리고 육식동물이 가장 짧습니다.

• 초식동물이 먹는 식물은 섬유질이 많아서 소화가 어렵고 또 많은 양을 먹어야 하기 때문에 작은창자가 깁니다.

• 육식을 하는 동물은 영양분을 소화, 흡수하기 쉽기 때문에 작은창자의 길이가 짧습니다.

우리 몸의 소화 기관

- 입: 소화가 시작되는 곳이며, 소화 기관 중에서 유일하게 직접 볼 수 있는 기관입니다.
  침은 음식물을 소화하기 쉬운 걸쭉한 상태로 만들고, 혀는 음식물을 굴려 목구멍으로 넘깁니다.
- 식도: 긴 관 모양이고 입과 위를 연결합니다. 위쪽에서부터 차례로 근육을 조였다 풀었다 하면서 음식물을 아래쪽으로 내려보냅니다.
- 위: 위액을 분비하여 음식물과 섞고 단백질을 분해합니다. 위는 몸통 가운데에서 약간 왼쪽으로 치우쳐 있습니다. 음식물이 없을 때에는 주먹 정도의 크기이지만, 음식물이 가득 차면 20배 이상 커집니다.
- 작은창자: 지름 2.5 cm 정도의 작은 관으로 꼬불꼬불하게 꼬여서 배 안에 가득 차 있습니다. 위에서 위액과 고루 섞인 음식물은 작은창자로 내려갑니다. 음식물을 본격적으로 분해하여 음식물에 들어 있는 대부분의 영양소를 흡수하고, 남은 찌꺼기는 큰창자로 보냅니다.
- 큰창자: 길이는 1.5 m 정도로 작은창자의 $\frac{1}{4}$ 정도입니다. 식도, 위, 작은창자를 거쳐 큰창자까지 지난 음식물 찌꺼기는 부피가 줄어 변의 상태로 몸 밖으로 내보내집니다.
- 항문: 큰창자에서 이어져 몸 밖으로 나가는 소화 기관의 마지막 부분으로, 음식물 찌꺼기를 몸 밖으로 배출합니다.

- ☀**분해** 여러 부분이 결합되어 이루어진 것을 낱낱으로 나누는 것
- ☀**흡수** 외부로부터 내부로 물질을 받아들이는 것
- ☀**배출** 안에서 밖으로 밀어 내보냄.

1 우리가 먹은 음식물을 잘게 쪼개는 과정을 ☐☐ 라고 합니다.

2 입, 식도, 위, 작은창자, 큰창자, 항문 등을 ☐☐☐☐ 이라고 합니다.

3 간, 쓸개, 이자는 ☐☐ 를 도와주는 기관입니다.

4 우리 몸의 소화 기관 중 소화를 돕는 액체를 분비하여 음식물과 섞고 음식물을 더 잘게 쪼개는 기관은 ☐ 입니다.

5 우리 몸의 소화 기관 중 음식물을 잘게 분해하고 영양소를 흡수하는 기관은 ☐☐☐ ☐ 입니다.

6 우리 몸속에 들어간 음식물은 입, 식도, ☐, ☐☐☐☐, ☐☐☐, 항문의 순서로 이동합니다.

7 소화되지 않은 음식물 찌꺼기는 ☐☐ 으로 배출됩니다.

4. 우리 몸의 구조와 기능

🌸 **숨을 쉴 때 우리 몸에서는 어떤 일이 일어날까요?**

(1) 호흡과 호흡 기관 `탐구 1`

① 숨을 들이마시고 내쉬는 활동을 호흡이라고 합니다.

② 호흡에 관여하는 코, 기관, 기관지, 폐 등을 호흡 기관이라고 합니다.

(2) 호흡 기관의 생김새 `탐구 2`

호흡 기관	생김새
코	몸 밖에 위치한다.
기관	• 굵은 관처럼 생겼다. • 코에 연결되어 있다.
기관지	• 나뭇가지처럼 생겼다. → 코로 들이마신 공기를 폐에 잘 전달되도록 하기 위해서 기관지는 여러 갈래로 갈라져 있습니다. • 기관과 폐를 연결한다.
폐	• 가슴 부분에 위치하며 좌우 한 쌍으로 부풀어 있는 모양이다. • 기관지와 연결되어 있다.

(3) 호흡 기관이 하는 일

호흡 기관	하는 일
코	공기가 드나드는 곳이다.
기관	공기가 이동하는 통로이다.
기관지	기관과 폐를 연결하며 공기가 이동하는 통로이다.
폐	몸 밖에서 들어온 산소를 받아들이고, 몸 안에서 생긴 이산화 탄소를 몸 밖으로 내보낸다.

(4) 숨을 들이마실 때와 내쉴 때 몸속에서 공기의 이동 `탐구 3`

① 숨을 들이마실 때: 코로 들어온 공기는 기관 → 기관지 → 폐를 거쳐 우리 몸에 필요한 산소를 제공합니다.

> 숨을 들이마실 때 공기의 이동: 코 → 기관 → 기관지 → 폐

② 산소는 몸을 움직이거나 몸속 기관이 일을 하는 데 사용됩니다.

③ 숨을 내쉴 때: 몸속의 공기는 폐 → 기관지 → 기관 → 코를 거쳐 몸 밖으로 나갑니다.

> 숨을 내쉴 때 공기의 이동: 폐 → 기관지 → 기관 → 코

`탐구 1` **호흡할 때 압력의 변화와 공기의 이동**

• 폐는 근육이 없어 스스로 움직일 수 없습니다.

• 폐를 둘러싼 가로막과 갈비뼈가 올라가거나 내려감으로써 폐의 압력이 변합니다.

• 폐의 압력 변화로 인해 공기가 이동하여 숨을 쉴 수 있습니다.

`탐구 2` **호흡 기관**

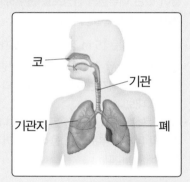

▲ 호흡 기관의 생김새

`탐구 3` **높은 곳에 가면 숨이 가빠지는 까닭**

지표면의 공기에는 우리 몸에 중요한 산소가 21 % 정도 포함되어 있습니다. 그런데 고도가 높아지면 공기가 희박해지고 산소도 줄어듭니다. 따라서 높은 곳에 올라가면 줄어든 산소를 보충하려고 숨을 자주 쉬게 되어서 호흡수가 많아지고 숨이 가빠집니다.

호흡할 때 우리 몸의 변화

- 숨을 들이마실 때에는 갈비뼈가 위로 올라가고 가로막이 아래로 내려가 흉강이 커지고, 흉강 내의 압력이 대기압보다 낮아지기 때문에 공기가 폐로 들어갑니다.
- 공기는 압력이 높은 곳에서 낮은 곳으로 이동하기 때문에 숨을 들이마실 때 압력이 높은 대기의 공기가 압력이 낮은 폐로 이동하는 것입니다.

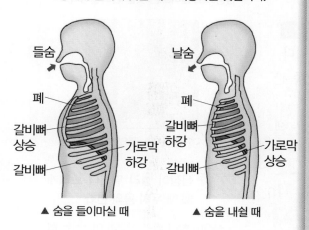

들숨
폐
갈비뼈 상승
갈비뼈
가로막 하강
▲ 숨을 들이마실 때

날숨
폐
갈비뼈 하강
가로막 상승
갈비뼈
▲ 숨을 내실 때

용 어 풀 이

- ✹ **압력** 물체와 물체의 접촉면 사이에 서로 수직으로 미는 힘
- ✹ **가로막** 배와 가슴 사이를 분리하는 근육으로, 횡격막이라고도 함. 가로막의 위쪽은 가슴, 아래쪽은 배로 구분이 됨.
- ✹ **희박** 부족하거나 약함.

개념을 확인해요

1 숨을 들이마시고 내쉬는 활동을 ⬚⬚ 이라고 합니다.

2 호흡에 관여하는 코, 기관, 기관지, 폐 등을 ⬚⬚⬚⬚ 이라고 합니다.

3 호흡 기관 중 몸 밖에 위치하며, 공기가 드나드는 곳은 ⬚ 입니다.

4 호흡 기관 중 굵은 관 모양이며, 공기가 이동하는 통로는 ⬚⬚ 입니다.

5 호흡 기관 중 몸 밖에서 들어온 산소를 받아들이고, 몸 안에서 생긴 이산화 탄소를 몸 밖으로 내보내는 기관은 ⬚ 입니다.

6 숨을 들이마실 때 코로 들어온 공기는 코 → ⬚⬚ → ⬚⬚⬚ → 폐를 거쳐 우리 몸에 필요한 산소를 제공합니다.

7 우리 몸에 들어온 공기 속 ⬚⬚ 는 우리 몸을 움직이거나 몸속 기관이 일을 하는 데 사용됩니다.

4. 우리 몸의 구조와 기능

❀ **혈액은 우리 몸에서 어떻게 이동할까요?**

(1) 순환 기관

  ① 소화로 흡수한 영양소와 호흡으로 얻은 산소는 혈액을 통해 필요한 기관으로 이동합니다.

  ② 혈액의 이동에 관여하는 심장과 혈관을 순환 기관이라고 합니다.

(2) 주입기 실험을 통해 순환 기관이 하는 일 알아보기 [실험 1] [탐구 1]

  ① 물이 반 정도 담긴 수조에 붉은색 식용 색소를 넣어 녹입니다.

  ② 주입기로 붉은 색소 물을 한쪽 관으로 빨아들이고 다른 쪽 관으로 내보냅니다.

  ③ 주입기의 펌프를 빠르게 누르거나 느리게 누르면서 붉은 색소 물이 이동하는 모습을 관찰합니다.

주입기의 펌프	붉은 색소 물의 이동 빠르기	붉은 색소 물의 이동량
빠르게 누를 때	빨라진다.	많아진다.
느리게 누를 때	느려진다.	적어진다.

  ④ 주입기의 펌프와 관, 붉은 색소 물은 우리 몸의 어떤 부분과 같은 역할을 하는지 알아봅니다.

주입기의 펌프	주입기의 관	붉은 색소 물
심장	혈관	혈액

(3) 순환 기관의 생김새와 위치, 각 기관이 하는 일 [탐구 2]

> 순환 기관 모형에서 동맥과 정맥을 구분하기 위해 파란색과 빨간색으로 표현되어 있습니다.

순환 기관	생김새와 위치	하는 일
심장	주먹 모양으로 크기도 자신의 주먹만 하고, 몸통 가운데에서 약간 왼쪽으로 치우쳐 있다.	펌프 작용으로 혈액을 순환시킨다.
혈관	가늘고 긴 관처럼 생겼고, 온몸에 퍼져 있다.	혈액이 이동하는 통로이다.

  ① 심장은 펌프 작용으로 혈액을 온몸으로 보냅니다.

  ② 심장에서 나온 혈액은 온몸을 거쳐 다시 심장으로 돌아오는 순환 과정을 반복합니다.

> • 혈관을 따라 이동하며 우리 몸에 필요한 영양소와 산소를 온몸으로 운반합니다.
> • 심장이 멈춘다면 혈액이 이동하지 못해 몸에 영양소와 산소를 공급하지 못합니다.

주입기 실험으로 순환 기관이 하는 일 알아보기

주입기의 펌프 작용으로 붉은 색소 물이 관을 통해 이동하듯이 심장의 펌프 작용으로 심장에서 나온 혈액이 혈관을 통해 온몸으로 이동하고, 이 혈액은 다시 심장으로 돌아오는 것을 반복합니다.

펌프

관

▲ 주입기 실험

탐구 1 **심장이 빨리 뛰거나 느리게 뛸 때 우리 몸의 변화**

• 심장이 빨리 뛰면 혈액이 이동하는 빠르기가 빨라지고, 혈액의 이동량이 많아집니다.

• 심장이 느리게 뛰면 혈액이 이동하는 빠르기가 느려지고, 혈액의 이동량이 적어집니다.

탐구 2 **순환 기관**

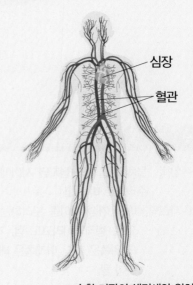

심장

혈관

▲ 순환 기관의 생김새와 위치

● 우리 생활에서 심장이 빠르게 뛰거나 느리게 뛰는 경우

- 운동을 하면 심장이 빠르게 뜁니다.
- 놀라거나 초조하면 심장이 빠르게 뜁니다.
- 휴식을 취하면 심장이 느리게 뜁니다.

● 우리 몸에서 심장이 뛰는 것과 비슷한 움직임을 느낄 수 있는 곳

- 턱 아래쪽의 목 부위, 손목 부위 등에서 심장이 뛰는 것과 비슷한 움직임을 느낄 수 있습니다.
- 맥박은 심장의 펌프 작용에 의한 압력이 동맥에 전달된 것이며 우리 몸의 어느 곳이든지 맥박이 뛰고 있습니다.
- 맥박이 특정 부위에서 잘 느껴지는 까닭은 그 부위를 지나는 동맥과 피부가 가깝기 때문입니다.

용 어 풀 이

✹순환 주기적으로 자꾸 되풀이하여 도는 과정
✹주입기 기름 따위의 액체를 주입하는 데에 쓰는 기구
✹펌프 압력을 통하여 액체, 기체를 빨아올리거나 이동시키는 기계

1 혈액의 이동에 관여하는 심장과 혈관을 [ ] [ ] [ ] [ ]이라고 합니다.

2 주입기 실험에서 주입기의 펌프를 빠르게 누르면 붉은 색소 물이 이동하는 빠르기는 [ ] [ ]지고, 이동량은 [ ] [ ]집니다.

3 주입기 실험에서 주입기의 펌프는 [ ] [ ], 주입기의 관은 [ ] [ ], 붉은 색소 물은 혈액 역할을 합니다.

4 심장은 [ ] [ ] 작용으로 혈액을 온몸에 순환시킵니다.

5 혈관은 온몸에 퍼져 있으며, [ ] [ ]이 이동하는 통로입니다.

6 심장이 느리게 뛰면 우리 몸에서 혈액이 이동하는 빠르기는 [ ] [ ]지고, 혈액의 이동량은 [ ] [ ]집니다.

7 심장은 혈액을 온몸으로 순환시켜 몸에 필요한 영양소와 [ ] [ ]를 운반할 수 있도록 합니다.

4
단원

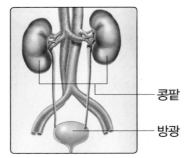

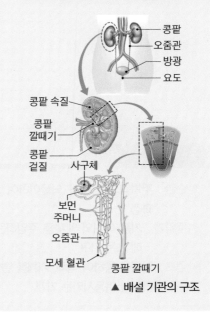

4. 우리 몸의 구조와 기능

🌸 우리 몸은 노폐물을 어떻게 내보낼까요?

(1) 배설과 배설 기관

① 혈액에 있는 노폐물을 몸 밖으로 내보내는 과정을 배설이라고 합니다. → 생명 활동을 유지하는 우리 몸에는 영양소가 만들어질 뿐만 아니라 노폐물이 생깁니다.

② 배설에 관여하는 콩팥, 방광 등을 배설 기관이라고 합니다.

(2) 배설 과정 탐구1

① 콩팥은 혈액에 있는 노폐물을 걸러 냅니다.

② 노폐물이 걸러진 혈액은 다시 혈관을 통해 순환하고, 걸러진 노폐물은 오줌이 되어 방광에 저장되었다가 관을 통해 몸 밖으로 나갑니다.

(3) 배설 기관의 생김새와 위치 탐구2 ─ 콩팥은 혈액을 깨끗하게 하는 거름 장치 역할을 합니다.

① 콩팥: 강낭콩 모양으로 등허리 좌우로 한 쌍이 있습니다.

② 방광: 콩팥과 연결된 방광은 작은 공처럼 생겼습니다.

콩팥

방광

▲ 배설 기관의 생김새와 위치

(4) 배설 과정 역할놀이   노폐물이 많은 혈관에게 받은 노란색 솜 방울은 방광에게 주고,
빨간색 솜 방울은 노폐물을 걸러 낸 혈관에게 줍니다.

기관	하는 일	표현 방법 예
노폐물이 많은 혈액을 보내는 혈관	혈액이 이동하는 통로이다.	빨간색과 노란색 솜 방울을 콩팥에 전달한다.
콩팥	노폐물을 걸러 낸다.	노폐물이 많은 혈액을 보내는 혈관에게 받은 빨간색 솜 방울은 노폐물을 걸러 낸 혈액을 보내는 혈관에 전달하고, 노란색 솜 방울을 방광에 전달한다.
노폐물을 걸러 낸 혈액을 보내는 혈관	혈액이 이동하는 통로이다.	콩팥에게 빨간색 솜 방울을 받는다.
방광	노폐물을 모아 두었다가 몸 밖으로 내보낸다.	노란색 솜 방울을 모으다가 바구니가 차면 변기 바구니에 버린다.

탐구1 **콩팥이 제 기능을 하지 못할 때 우리 몸에 생기는 일**

• 노폐물을 걸러 내지 못해 노폐물이 몸에 쌓이게 되고 병에 걸립니다.

• 노폐물을 걸러 내기 위한 특별한 시술을 받아야 합니다.

탐구2 **콩팥의 역할**

• 콩팥은 혈액에 있는 노폐물을 걸러 낼 뿐만 아니라 쓸모 있는 물질을 다시 혈액으로 돌아가게 합니다.

• 하루 동안 콩팥에서 여과되는 혈액의 양은 약 160 L~180 L에 달하지만 대부분이 혈액으로 다시 흡수되고, 나머지 1 %만 노폐물과 함께 오줌이 됩니다.

• 오줌은 오줌관을 통해 방광으로 들어가고, 방광에 일정량의 오줌이 모이면 방광 벽에 분포한 신경에 의해 오줌이 마렵다고 느끼고 중추 신경계의 명령으로 오줌을 몸 밖으로 배설합니다.

콩팥
오줌관
방광
요도

콩팥 속질
콩팥 깔때기
콩팥 겉질
사구체

보먼 주머니
오줌관
모세 혈관
콩팥 깔때기

▲ 배설 기관의 구조

배설과 배출의 차이

- 배설: 몸에 생긴 노폐물을 땀과 오줌의 형태로 내보내는 것으로, 오줌은 '배설물'입니다.
- 배출: 소화된 음식물 찌꺼기를 몸 밖으로 내보내는 것으로, 대변은 '배출물'입니다.

건강 검진에서 소변 검사를 하는 까닭

소변에는 우리 몸을 돌고 나온 여러 가지 노폐물들이 모여 있습니다. 그러므로 소변에 남아 있는 여러 물질들을 통해 사람의 건강 상태를 쉽고 간단하게 알 수 있기 때문에 소변 검사를 합니다.

- ✸ 노폐물 우리가 섭취한 음식물이 신체의 에너지나 구성 요소로 쓰이고 그 결과 생기는 물질 가운데 생물체에 필요 없는 물질
- ✸ 시술 의료인이 의술, 인술을 베풀기 위하여 또는 아픈 곳의 개선을 목적으로 치료나 수술을 하는 것을 종합적으로 일컫는 말
- ✸ 중추 신경계 우리 몸의 여러 감각 기관에서 받아들인 신경 정보를 모아 통합하고 조정하는 중앙 처리 장치에 해당하는 부분

개념을 확인해요

1 혈액에 생긴 노폐물을 몸 밖으로 내보내는 과정을 ☐☐ 이라고 합니다.

2 배설에 관여하는 콩팥, 방광 등을 ☐☐ ☐☐ 이라고 합니다.

3 배설 기관은 혈액 속에서 노폐물을 걸러 내어 ☐☐ 으로 배설합니다.

4 배설 기관 중 혈액에 있는 노폐물을 걸러 내는 기관은 ☐☐ 입니다.

5 배설 기관 중 콩팥에서 걸러 낸 노폐물을 모아 두었다가 몸 밖으로 내보내는 기관은 ☐ ☐ 입니다.

6 배설 기관인 콩팥은 ☐☐☐ 모양으로 등허리 좌우로 한 쌍이 있습니다.

7 ☐☐ 이 제 기능을 하지 못하면 노폐물을 걸러 내지 못해 몸에 노폐물이 쌓이게 되고 병에 걸립니다.

4단원

4. 우리 몸의 구조와 기능

우리 몸은 자극에 어떻게 반응할까요?

(1) 자극이 전달되고 반응하는 과정(『과학』 90쪽) [탐구 1]

① 공이 날아오는 것을 봅니다.

② 자극을 전달하는 신경계가 자극을 전달합니다.   신경계는 자극을 전달하고 정보를 해석해서 행동을 결정합니다.

③ 행동을 결정하는 신경계가 공을 잡을지 피할지 결정합니다.

④ 명령을 전달하는 신경계가 공을 피하라는(또는 공을 잡으라는) 명령을 전달합니다.

(2) 감각 기관과 자극의 전달 과정 [탐구 2]

① 날아오는 공을 보는 것과 같이 주변으로부터 전달된 자극을 느끼고 받아들이는 기관을 감각 기관이라고 합니다.

② 우리 몸에는 눈, 귀, 코, 혀, 피부 등의 감각 기관이 있습니다.

③ 감각 기관이 받아들인 자극은 온몸에 퍼져 있는 신경계를 통해 전달됩니다.

④ 신경계는 전달된 자극을 해석하여 행동을 결정하고, 운동 기관에 명령을 내리며 운동 기관은 이를 수행합니다.

> 자극이 전달되고 반응하는 과정: 감각 기관 → 자극을 전달하는 신경계 → 행동을 결정하는 신경계 → 명령을 전달하는 신경계 → 운동 기관

(3) 자극이 전달되고 반응하는 과정 역할놀이 [탐구 3]

① 자극이 전달되고 반응하는 과정을 나타내는 데 필요한 역할을 정합니다.

② 각각의 역할을 어떻게 표현할지 생각합니다.

③ 순서대로 자극을 전달하고 그에 알맞은 반응을 합니다.

④ 신경계의 위치를 확인하고 내가 만든 인체 모형을 뒤집어 신경계 그림을 붙입니다.

▲ 자극이 전달되고 반응하는 과정 역할놀이 하기

[탐구 1] **역할놀이 상황을 자극과 반응으로 정리하기**

- 자극: 날아오는 공을 봅니다.
- 반응: 공을 잡습니다.
  공을 피합니다.

[탐구 2] **우리 몸의 감각 기관**

- 눈으로 주변의 사물을 볼 수 있습니다.
- 귀로 소리를 들을 수 있습니다.
- 코로 냄새를 맡을 수 있습니다.
- 혀로 맛을 알 수 있습니다.
- 피부로 온도와 촉감을 느낄 수 있습니다.
- 눈은 시각, 귀는 청각, 코는 후각, 혀는 미각, 피부는 감각으로 자극을 받아들입니다.

[탐구 3] **자극이 전달되고 반응하는 과정을 나타내는 데 필요한 역할과 역할의 표현 예**

- 감각 기관: 신나는 노래가 들립니다.
- 자극을 전달하는 신경계: 소리 자극을 전달합니다.
- 행동을 결정하는 신경계: 전달된 소리 자극을 해석하여 노래에 맞춰 춤을 추겠다고 결정합니다.
- 명령을 전달하는 신경계: 춤을 추라는 명령을 전달합니다.
- 운동 기관: 신나게 춤을 춥니다.

식사를 하는 과정에서 감각 기관이 사용되는 경우

- 눈으로 음식을 봅니다.
- 코로 음식 냄새를 맡습니다.
- 혀로 음식의 맛을 느낍니다.

감각 기관

감각 기관은 외부에서 주어지는 물리적 자극과 화학적 자극을 전기적 신호로 바꾸는 역할을 합니다. 이렇게 발생한 전기적 신호를 뇌로 보내고, 뇌에서 전달된 신호를 해석합니다. 우리가 받아들일 수 있는 감각에는 시각, 청각, 평형 감각, 후각, 미각, 피부 감각 등이 있습니다.

- 시각: 색깔과 명암을 느낄 수 있습니다.
- 청각: 물이나 공기의 진동을 느끼는 감각입니다.
- 평형 감각: 귀에 있는 전정 기관과 반고리관은 평형 감각, 회전 감각을 담당합니다.
- 후각: 기체 물질이 콧물에 녹아 후각 세포를 자극하면 그 물질에 대한 냄새를 느낍니다.
- 미각: 혀의 맛봉오리에서 액체 물질의 화학적 자극으로 단맛, 쓴맛, 신맛, 짠맛, 감칠맛을 느낍니다.
- 피부 감각: 감각 부분에 따라 온점, 냉점, 압점, 촉점, 통점의 감각점으로 나뉩니다.

용어 풀이

- ☀자극 어떠한 작용을 주어 감각이나 마음에 반응이 일어나게 함.
- ☀반응 자극에 대응하여 어떤 현상이 일어남.
- ☀신경계 몸속의 상태와 바깥 환경의 변화에 반응하고 적응하는 데 관여하는 신경 조직으로 이루어진 기관
- ☀감각 눈, 코, 귀, 혀, 피부를 통해 바깥의 어떤 자극을 알아차림.

개념을 확인해요

1 주변으로부터 전달된 자극을 느끼고 받아들이는 기관을 ☐☐☐☐ 이라고 합니다.

2 우리 몸에는 눈, 귀, 코, 혀, ☐☐ 등의 감각 기관이 있습니다.

3 감각 기관이 받아들인 ☐☐ 은 온몸에 퍼져 있는 신경계를 통해 전달됩니다.

4 감각 기관에서 전달된 정보를 해석하여 행동을 결정하고, 운동 기관에 명령을 내리는 기관은 ☐☐☐ 입니다.

5 자극이 전달되고 반응하는 과정은 자극 → ☐ ☐☐☐ → 자극을 전달하는 신경계 → 행동을 결정하는 신경계 → 명령을 전달하는 신경계 → ☐☐☐☐ → 반응입니다.

6 피구 경기를 하는 상황을 자극과 반응으로 정리하면 날아오는 공을 보는 것은 ☐☐ 이고, 공을 잡거나 피하는 것은 ☐☐ 입니다.

7 식사를 하는 과정에서 사용되는 감각 기관 중 ☐ 는 음식의 맛을 느끼는 감각 기관입니다.

4 단원

4. 우리 몸의 구조와 기능

🌸 운동할 때 우리 몸에는 어떤 변화가 나타날까요?

(1) 운동할 때 몸에 나타나는 변화 알아보기 [탐구 1]

① 평상시 상태에서 체온을 재고 1분 동안 맥박 수를 측정합니다.

② 1분 동안 제자리 달리기를 한 뒤에 체온을 재고 1분 동안 맥박 수를 측정합니다.

③ 휴식을 취하며 5분 후 체온을 재고 1분 동안 맥박 수를 측정하여 측정한 결과를 그래프로 나타냅니다. →체온에 비해 맥박 수의 변화가 뚜렷하게 나타납니다.

구분	평상 시	운동 직후	5분 후
체온(℃)	36.7	36.9	36.6
맥박 수(1분당 맥박 수)	65	104	69

• 운동하면 체온이 올라가고 맥박 수가 증가합니다.─┐
운동할 때 심장 박동이 빨라지고, 숨이 가쁘며, 땀이 납니다.

• 운동한 후 휴식을 취하면 체온과 맥박 수가 운동하기 전과 비슷해집니다.

(2) 몸을 움직이기 위해 각 기관이 하는 일

기관	하는 일
운동 기관	영양소와 산소를 이용하여 몸을 움직인다.
소화 기관	음식물을 소화해 영양소를 흡수한다.
호흡 기관	우리 몸에 필요한 산소를 제공하고, 이산화 탄소를 몸 밖으로 내보낸다.
순환 기관	영양소와 산소를 온몸에 전달하고, 이산화 탄소와 노폐물을 호흡 기관과 배설 기관으로 전달한다.
배설 기관	혈액에 있는 노폐물을 걸러 내어 오줌으로 배설한다.
감각 기관	주변의 자극을 받아들인다.

🌸 건강 박람회 열기 →우리가 건강한 생활을 하기 위해서는 몸속의 운동 기관, 소화 기관, 호흡 기관, 순환 기관, 배설 기관, 감각 기관이 서로 영향을 주고받아 제 기능을 해야 합니다.

① 질병을 예방하는 방법과 건강한 생활 습관을 알아보고 이것을 효과적으로 알릴 수 있는 건강 박람회를 열어 봅니다.

② 건강 박람회 열기 [탐구 2]
┌─•생활에서 잘 걸리는 질병을 정하도록 합니다.

• 친구들과 이야기해 본 질병 중 한 가지를 정합니다.

• 모둠별로 홍보물을 만들기 위한 계획을 세웁니다.─┐
발표 대상, 조사 내용 및 방법, 준비물, 홍보물 유형, 역할 분담 등을 정합니다.

• 질병을 예방하는 방법이 잘 드러나도록 홍보물을 만듭니다.

• 건강 박람회를 열고 홍보물을 발표합니다.

[탐구 1] 맥박 수와 체온 측정하기

• 맥박을 측정할 때 엄지손가락 바로 아래 손목을 살짝 누르면 맥박이 뛰는 것을 느낄 수 있습니다.

• 손목 부위 측정이 어려우면 목 부위의 맥박을 측정합니다.

• 체온계를 사용하여 평상시 체온과 운동 후 체온을 측정합니다.

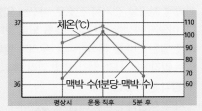

▲ 체온과 맥박 수를 그래프로 나타내기

[탐구 2] 질병 예방 홍보물을 만들기 위한 계획 세우기 예

발표 대상	6학년 학생들
조사 내용	호흡 기관에 문제가 생겼을 때 나타나는 감기의 증상과 원인 조사, 감기를 예방하는 방법 조사
조사 방법	우리 몸을 다룬 책이나 스마트 기기를 사용하여 조사하기
준비물	우리 몸을 다룬 책, 스마트 기기
홍보물 영상	동영상
역할 분담	○○○: 감기의 증상과 원인, 감기를 예방하는 방법 조사 △△△: 감기의 증상과 원인, 감기를 예방하는 방법을 소개하는 원고 쓰기 ◎◎◎: 감기에 대한 동영상 제작 □□□: 감기에 대한 홍보물 발표

심장 박동 수

- 1분 동안 심장이 뛰는 횟수로 정상인은 평상시 약 70회/분이지만 개인마다 차이가 커서 50~100회/분 정도를 정상 범위로 봅니다.
- 일반적으로 신생아는 심장 박동 수가 많고, 운동선수는 심장 박동 수가 적습니다. 심장 박동 수를 변화시키는 요인에는 체온 변화, 운동, 수면, 음식물을 섭취한 상태, 감정 변화 등이 있습니다.

우리 몸의 다양한 질병

- 운동 기관에 문제가 생기면 근육통과 골절이 생깁니다.
- 소화 기관에 문제가 생기면 위장병이나 변비가 생깁니다.
- 호흡 기관에 문제가 생기면 비염, 감기, 천식이 생깁니다.
- 순환 기관에 문제가 생기면 심장병, 고혈압이 생깁니다.
- 배설 기관에 문제가 생기면 방광염에 걸립니다.
- 감각 기관에 문제가 생기면 백내장, 각막염이 생깁니다.

용어풀이

- **맥박** 심장의 박동으로 심장에서 나오는 혈액이 얇은 피부에 분포되어 있는 동맥의 벽에 닿아서 생기는 주기적인 파동
- **박람회** 생산물의 개량·발전 및 산업의 진흥을 꾀하기 위하여 농업, 상업, 공업 등에 관한 물품을 모아 놓고 판매, 선전, 우열 심사를 하는 전람회
- **예방** 질병이나 재해 등이 일어나기 전에 미리 대처하여 막는 일

개념을 확인해요

1 ☐☐ 은 엄지손가락 바로 아래 손목이나 목 부위에서 측정할 수 있습니다.

2 운동하면 체온이 ☐☐ 가고, 맥박 수가 ☐☐ 합니다.

3 운동을 할 때는 평소보다 더 많은 영양소와 산소가 필요하므로 맥박과 호흡이 ☐☐ 집니다.

4 운동을 할 때 운동 기관을 움직이는 데 필요한 영양소와 산소는 소화 기관과 ☐☐ 기관을 통해 얻습니다.

5 운동을 할 때 우리 몸에 들어온 영양소와 산소는 ☐☐ 기관을 거쳐 온몸으로 전달됩니다.

6 몸을 움직일 때 주변의 자극을 받아들이는 기관은 ☐☐ 기관입니다.

7 우리 몸의 ☐☐ 기관에 문제가 생기면 방광염에 걸릴 수 있습니다.

8 건강 박람회 홍보물은 ☐☐ 을 예방하는 방법이 잘 드러나도록 만듭니다.

4
단원

핵심 1

우리 몸속 기관 중에서 움직임에 관여하는 뼈와 근육을 운동 기관이라고 합니다. 뼈는 몸의 형태를 만들어 주고 몸을 지지하며 심장, 폐, 뇌 등을 보호합니다. 근육의 길이가 줄어들거나 늘어나면서 뼈를 움직이게 합니다.

1 뼈와 근육에 대한 설명으로 바르지 <u>않은</u> 것은 어느 것입니까? (   )

① 뼈는 우리 몸의 형태를 만든다.
② 뼈는 종류와 생김새가 다양하다.
③ 뼈는 몸을 지지하며, 내부를 보호한다.
④ 뼈가 움직이면서 근육을 당기거나 밀어 낸다.
⑤ 뼈와 근육이 있어서 다양한 자세로 움직일 수 있다.

2 우리 몸속 기관 중에서 움직임에 관여하는 운동 기관끼리 짝 지은 것은 어느 것입니까? (   )

| ㉠ 입 | ㉡ 뼈 | ㉢ 폐 |
| ㉣ 콩팥 | ㉤ 근육 | ㉥ 식도 |

① ㉠, ㉥   ② ㉡, ㉤
③ ㉢, ㉣   ④ ㉣, ㉤
⑤ ㉤, ㉥

3 우리가 몸을 움직일 수 있는 까닭을 설명한 것입니다. (   ) 안에 공통으로 들어갈 알맞은 말을 쓰시오.

(   )의 길이가 늘어나거나 줄어들면서 (   )과 연결된 뼈가 움직이기 때문에 몸이 움직인다.

(   )

핵심 2

뼈와 근육 모형에 바람을 불어 넣으면 비닐봉지가 부풀어 오르면서 비닐봉지의 길이가 줄어들어 납작한 빨대가 구부러집니다. 이 모형에서 납작한 빨대는 뼈 역할을 하고, 비닐봉지는 근육 역할을 합니다.

[4~6] 납작한 빨대와 주름 빨대, 비닐봉지를 사용하여 다음과 같이 뼈와 근육 모형을 만들었습니다.

4 위 모형에서 굵은 빨대와 비닐봉지는 우리 몸의 어떤 부분과 같은 역할을 하는지 각각 쓰시오.

(1) 납작한 빨대: (   )
(2) 비닐봉지: (   )

5 위 모형에 바람을 불어 넣었을 때 비닐봉지의 길이 변화로 바른 것을 골라 기호를 쓰시오.

㉠ 비닐봉지의 길이가 늘어난다.
㉡ 비닐봉지의 길이가 줄어든다.
㉢ 비닐봉지의 길이는 변하지 않는다.

(   )

6 위 모형을 이용한 실험을 통해 알 수 있는 사실을 두 가지 고르시오. (,   )

① 뼈는 스스로 움직인다.
② 뼈와 근육은 연결되어 있다.
③ 근육의 길이는 변하지 않는다.
④ 뼈가 움직여서 근육이 움직이게 된다.
⑤ 뼈에 연결된 근육이 줄어들거나 늘어나면서 뼈를 움직이게 한다.

음식물을 잘게 쪼개는 과정을 **소화**라고 합니다. 입 → 식도 → 위 → 작은창자 → 큰창자 → 항문을 거쳐 음식물이 소화되고 음식물 찌꺼기가 배출됩니다.

7 소화에 대한 설명입니다. ( ) 안에 알맞은 말을 각각 쓰시오.

> 우리 몸에 필요한 (㉠)가 들어 있는 음식물을 잘게 쪼개어 몸에 흡수될 수 있는 형태로 (㉡)하는 과정이다.

㉠: ( )
㉡: ( )

8 소화 과정을 순서대로 나타낸 것입니다. ( ) 안에 알맞은 기관은 무엇입니까? ( )

> 입 → 식도 → ( ) → 작은창자 → 큰창자 → 항문

① 간 ② 위
③ 콩팥 ④ 쓸개
⑤ 이자

9 우리 몸의 소화 기관 중 무엇에 대한 설명입니까? ( )

> • 꼬불꼬불한 관 모양이다.
> • 음식물을 잘게 분해하고 영양소를 흡수한다.

① 입 ② 위
③ 식도 ④ 큰창자
⑤ 작은창자

숨을 들이마실 때 **공기**는 코 → 기관 → 기관지 → 폐를 거쳐 우리 몸에 필요한 산소를 공급합니다. 숨을 내쉴 때 몸 속의 공기는 폐 → 기관지 → 기관 → 코를 거쳐 몸 밖으로 나갑니다.

10 우리가 숨을 들이마시고 내쉬는 데 관여하는 기관이 <u>아닌</u> 것은 어느 것입니까? ( )

① 코 ② 폐
③ 식도 ④ 기관
⑤ 기관지

11 숨을 들이마실 때 공기의 이동을 나타낸 것입니다. ( ) 안에 알맞은 호흡 기관을 각각 쓰시오.

> 코 → (㉠) → (㉡) → 폐

㉠: ( )
㉡: ( )

12 폐가 하는 일에 대한 설명으로 바른 것은 어느 것입니까? ( )

① 혈액의 노폐물을 걸러 낸다.
② 뼈를 움직일 수 있도록 한다.
③ 혈액을 온몸으로 순환시킨다.
④ 음식물을 분해하여 영양소를 흡수한다.
⑤ 산소를 받아들이고, 이산화 탄소를 몸 밖으로 내보낸다.

핵심 5

주입기의 펌프 작용으로 붉은 색소 물이 관을 통해 이동하듯이 심장은 펌프 작용으로 혈액을 혈관을 통해 온몸으로 순환시킵니다.

[13~14] 오른쪽과 같이 주입기로 붉은 색소 물을 한쪽 관으로 빨아들이고, 다른 쪽 관으로 내보내는 실험을 했습니다.

13 위 실험에서 주입기의 펌프와 주입기의 관, 붉은 색소 물은 우리 몸의 어떤 부분과 같은 역할을 하는지 바르게 선으로 연결하시오.

(1) 주입기의 펌프 ·   · ㉠ 혈관

(2) 주입기의 관 ·   · ㉡ 혈액

(3) 붉은 색소 물 ·   · ㉢ 심장

14 위 실험을 통해 알 수 있는 심장이 하는 일을 설명한 것입니다. ( ) 안에 알맞은 말을 쓰시오.

펌프 작용으로 심장에서 나온 (   )은 혈관을 통해 온몸을 거친 다음에 심장으로 돌아가는 과정을 반복한다.

(　　　　　　　　)

15 심장이 멈춘다면 우리 몸에 어떤 일이 생기는지 한 가지 쓰시오.

_____

_____

핵심 6

콩팥은 혈액에 있는 노폐물을 걸러 냅니다. 노폐물이 걸러진 혈액은 다시 혈관을 통해 순환하고, 걸러진 노폐물은 오줌이 되어 방광에 저장되었다가 관을 통해 몸 밖으로 나갑니다.

16 ( ) 안에 알맞은 말을 각각 쓰시오.

혈액에 있는 (㉠)을 몸 밖으로 내보내는 과정을 배설이라고 하며, 배설에 관여하는 콩팥, 방광 등을 (㉡)이라고 합니다.

㉠: (   )
㉡: (   )

17 콩팥이 하는 일에 대한 설명으로 바른 것은 어느 것입니까? (　　　)

① 몸을 움직이게 한다.
② 혈액의 노폐물을 걸러 낸다.
③ 혈액을 온몸으로 순환시킨다.
④ 몸에 필요한 영양소를 만든다.
⑤ 몸에 필요한 산소를 받아들인다.

18 다음은 우리 몸속에서 노폐물을 걸러 몸 밖으로 내보내는 과정을 나타낸 것입니다. 순서대로 기호를 쓰시오.

㉠ 오줌이 관을 통해 몸 밖으로 나간다.
㉡ 콩팥에서 혈액에 있는 노폐물을 걸러 낸다.
㉢ 걸러진 노폐물은 오줌이 되어 방광에 저장된다.

(　　　　　　　　)

핵심 7

자극이 전달되고 반응하는 과정은 자극 → 감각 기관 → 자극을 전달하는 신경계 → 행동을 결정하는 신경계 → 명령을 전달하는 신경계 → 운동 기관 → 반응**입니다.**

19 뜨거운 물건을 손으로 잡았을 때 자극과 반응을 구분하여 바르게 선으로 연결하시오.

(1) 손에서 뜨거움을 느끼는 것 •

• ㉠ 자극

(2) 물건을 잡은 손을 놓는 것 •

• ㉡ 반응

20 자극이 전달되고 반응하는 과정을 나타낸 것입니다. ( ) 안에 알맞은 기관을 각각 쓰시오.

자극 → (㉠) → 자극을 전달하는 신경계 → 행동을 결정하는 (㉡) → 명령을 전달하는 신경계 → (㉢) → 반응

㉠: ( )
㉡: ( )
㉢: ( )

21 자극이 전달되고 반응하는 과정에 대한 설명입니다. ( ) 안에 공통으로 들어갈 알맞은 기관은 어느 것입니까? ( )

• 감각 기관이 받아들인 자극은 온몸에 퍼져 있는 ( )를 통해 전달된다.
• ( )는 전달된 정보를 해석하여 행동을 결정하고, 운동 기관에 명령을 내린다.

① 근육 ② 혈관
③ 심장 ④ 기관지
⑤ 신경계

핵심 8

운동할 때 **우리 몸은** 심장 박동이 빨라지고, 숨이 가쁘며, 땀이 납니다.

22 운동할 때 우리 몸에 나타나는 변화로 바른 것은 어느 것입니까? ( )

① 호흡이 빨라진다.
② 체온이 낮아진다.
③ 혈액 순환이 느려진다.
④ 심장 박동이 느려진다.
⑤ 몸의 영양소를 적게 사용한다.

23 평상시와 운동 직후, 운동이 끝나고 휴식을 취하며 5분 후의 체온과 맥박 수의 변화를 측정하여 그래프로 나타낸 것입니다. 이 그래프에 대한 설명으로 바른 것을 모두 골라 기호를 쓰시오.

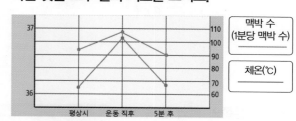

㉠ 운동을 하면 체온이 올라간다.
㉡ 운동을 하면 맥박 수가 감소한다.
㉢ 운동한 뒤 휴식을 취하면 체온과 맥박 수가 운동하기 전과 비슷해진다.

( )

24 운동할 때 몸속 여러 기관이 하는 일에 대한 설명입니다. ( ) 안에 공통으로 들어갈 알맞은 말을 쓰시오.

호흡 기관은 우리 몸에 필요한 ( )를 제공하고, 순환 기관은 영양소와 ( )를 온몸에 전달한다.

( )

1 우리가 살아가는 데 필요한 일을 하는 몸속 부분을 무엇이라고 하는지 쓰시오.

( )

중요

2 ( ) 안에 알맞은 말을 각각 쓰시오.

(㉠)는 우리 몸의 형태를 만들어 주고, 몸을 지지하는 역할을 하며 심장이나 폐, 뇌 등을 보호한다. (㉡)의 길이가 줄어들거나 늘어나면서 (㉠)를 움직이게 한다.

㉠: ( )

㉡: ( )

3 오른쪽의 뼈와 근육 모형에서 납작한 빨대와 비닐봉지는 우리 몸의 어떤 부분과 같은 역할을 하는지 바르게 선으로 연결하시오.

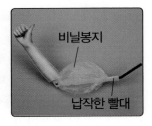
비닐봉지
납작한 빨대

(1) 납작한 빨대 •

(2) 비닐봉지 •

• ㉠ 근육

• ㉡ 뼈

4 우리 몸에 필요한 영양소가 들어 있는 음식물을 잘게 쪼개어 몸에 흡수될 수 있는 형태로 분해하는 과정을 무엇이라고 합니까? ( )

① 순환 ② 호흡
③ 소화 ④ 배설
⑤ 자극

5 소화에 직접 관여하지 않지만 소화를 도와주는 기관은 어느 것입니까? ( )

① 위 ② 간
③ 식도 ④ 큰창자
⑤ 작은창자

6 음식물이 소화되어 배출되는 과정을 바르게 나타낸 것을 골라 기호를 쓰시오.

㉠ 입 → 위 → 식도 → 큰창자 → 작은창자 → 항문
㉡ 입 → 식도 → 작은창자 → 큰창자 → 위 → 항문
㉢ 입 → 식도 → 위 → 작은창자 → 큰창자 → 항문

( )

서술형

7 호흡이 무엇인지 쓰시오.

_____

_____

8 호흡 기관을 모두 골라 기호를 쓰시오.

㉠ 코 ㉡ 폐 ㉢ 심장
㉣ 기관 ㉤ 혈관 ㉥ 기관지

( )

9 다음에서 설명하는 기관은 무엇입니까?
(   )

> • 공기가 이동하는 통로이다.
> • 굵은 관처럼 생겼고, 코에 연결되어 있다.

① 코   ② 폐
③ 기관   ④ 혈관
⑤ 기관지

10 오른쪽은 우리 몸의 어떤 기관을 나타낸 것입니까? (   )

① 운동 기관
② 소화 기관
③ 호흡 기관
④ 순환 기관
⑤ 배설 기관

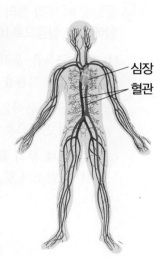

심장
혈관

11 심장에 대한 설명으로 바른 것을 모두 골라 기호를 쓰시오.

> ㉠ 자신의 주먹만 한 크기이다.
> ㉡ 몸통의 한가운데에 위치한다.
> ㉢ 펌프 작용으로 혈액을 순환시킨다.

(   )

12 주입기 실험에서 붉은 색소 물은 우리 몸의 어떤 부분과 같은 역할을 합니까? (   )

펌프
관
붉은 색소 물

① 폐   ② 심장
③ 콩팥   ④ 혈관
⑤ 혈액

13 혈액에 있는 노폐물을 몸 밖으로 내보내는 과정을 무엇이라고 하는지 쓰시오.

(   )

14 배설 과정에 대한 설명입니다. (   ) 안에 알맞은 말을 각각 쓰시오.

> (㉠)은 혈액에 있는 노폐물을 걸러 낸다. 노폐물이 걸러진 혈액은 다시 혈관을 통해 순환하고, 걸러진 노폐물은 오줌이 되어 (㉡)에 저장되었다가 관을 통해 몸 밖으로 나간다.

㉠: (   )
㉡: (   )

15 주변으로부터 전달된 다양한 자극을 느끼고 받아들이는 기관이 <u>아닌</u> 것은 어느 것입니까? (   )

① 눈   ② 귀
③ 코   ④ 뼈
⑤ 피부

16 자극이 전달되고 반응하는 과정을 나타낸 것입니다. ( ) 안에 공통으로 들어갈 알맞은 말을 쓰시오.

> 자극 → 감각 기관 → 자극을 전달하는
> (   ) → 행동을 결정하는 (   )
> → 명령을 전달하는 (   ) → 운동 기
> 관 → 반응

(   )

서술형

17 식사를 하는 과정에서 감각 기관이 사용되는 예를 두 가지 쓰시오.

_____

_____

18 운동할 때 우리 몸에서 나타나는 변화로 바른 것을 모두 골라 기호를 쓰시오.

> ㉠ 체온이 올라간다.
> ㉡ 심장 박동이 느려진다.
> ㉢ 혈액 순환이 느려진다.
> ㉣ 평소보다 영양소와 산소가 많이 필요하다.

(   )

주의

19 운동할 때 우리 몸의 여러 기관이 서로 주고받는 영향에 대한 설명으로 바른 것에 ○표 하시오.

(1) 뼈와 근육을 움직이는 데 필요한 영양소와 산소는 배설 기관을 통해 얻습니다. (   )

(2) 우리 몸에 들어온 영양소와 산소는 순환 기관을 거쳐 온몸으로 전달됩니다. (   )

(3) 운동할 때 우리 몸은 에너지를 내기 위해 많은 이산화 탄소가 필요합니다. (   )

20 건강 박람회 홍보물을 만들 때 주의할 점으로 바르지 <u>않은</u> 것은 어느 것입니까? (   )

① 모둠별로 기관이 겹치지 않도록 조정한다.
② 홍보물을 만들 때 너무 어려운 용어를 사용하지 않는다.
③ 생활에서 잘 걸리는 질병보다는 희귀한 질병을 주제로 정한다.
④ 계획 단계에서 발표 대상을 선정하여 내용의 수준을 결정한다.
⑤ 모둠 구성원이 모두 참여할 수 있도록 적절한 역할 분담을 한다.

1 우리 몸속 뼈의 생김새와 하는 일에 대한 설명으로 바르지 <u>않은</u> 것은 어느 것입니까? (   )

① 뼈는 스스로 움직인다.
② 뼈의 생김새는 다양하다.
③ 뼈는 심장이나 폐, 뇌 등을 보호한다.
④ 척추뼈는 짧은뼈가 이어져 기둥을 이루고 있다.
⑤ 팔뼈와 다리뼈는 길이가 길며 아래쪽 뼈는 긴 뼈 두 개로 이루어져 있다.

2 우리 몸에서 다음과 같은 역할을 하는 기관은 무엇인지 쓰시오.

> 뼈에 연결되어 있으며, 길이가 늘어나거나 줄어들면서 뼈를 움직이게 한다.

(   )

3 우리 몸에 뼈와 근육이 있어서 할 수 있는 것은 무엇입니까? (   )

① 다양한 자세로 움직일 수 있다.
② 우리 몸에 필요한 산소를 제공할 수 있다.
③ 몸속 노폐물을 몸 밖으로 내보낼 수 있다.
④ 우리 몸에 필요한 산소와 영양소를 운반할 수 있다.
⑤ 생명을 유지하는 데 필요한 영양소를 얻을 수 있다.

 주의

4 우리 몸의 소화 기관을 모두 골라 기호를 쓰시오.

㉠ 위	㉡ 간	㉢ 식도
㉣ 이자	㉤ 쓸개	㉥ 작은창자

(   )

중요

5 소화 과정을 순서대로 나타낸 것입니다. (   ) 안에 알맞은 소화 기관을 각각 쓰시오.

> 입 → 식도 → 위 → (㉠   ) → (㉡   ) → 항문

㉠: (   )
㉡: (   )

6 우리 몸의 소화 기관 중 소화를 돕는 액체를 분비하여 음식물과 섞고 음식물을 더 잘게 쪼개는 기관은 무엇입니까? (   )

① 입   ② 위
③ 식도   ④ 큰창자
⑤ 작은창자

7 (   ) 안에 공통으로 들어갈 바른 말을 쓰시오.

> 숨을 들이마시고 내쉬는 활동을 (   ) 이라고 하고, (   )에 관여하는 코, 기관, 기관지, 폐 등을 (   ) 기관이라고 한다.

(   )

8 호흡 기관에 대한 설명으로 바른 것은 어느 것입니까? (   )

① 코는 공기가 드나드는 곳이다.
② 폐는 공기가 이동하는 통로이다.
③ 호흡 기관에는 코, 폐, 심장 등이 있다.
④ 기관은 기관지와 폐 사이를 이어주는 관이다.
⑤ 기관지는 몸 밖에서 들어온 산소를 받아들이고, 이산화 탄소를 몸 밖으로 내보낸다.

9 호흡 기관을 나타낸 것입니다. 각각 알맞은 기관의 이름을 쓰시오.

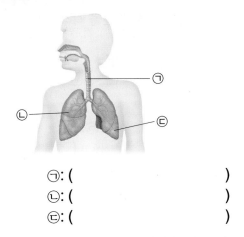

ⓐ: ( )
ⓑ: ( )
ⓒ: ( )

10 혈액의 이동에 관여하는 기관에 대하여 바르게 설명한 친구의 이름을 쓰시오.

- 세윤: 순환 기관이라고 해.
- 민경: 콩팥, 방광 등이 있어.
- 상민: 우리 몸에 필요한 산소를 제공하고, 이산화 탄소를 몸 밖으로 내보내.

( )

중요

11 심장에 대한 설명입니다. ( ) 안에 알맞은 말을 각각 쓰시오.

심장은 (ⓐ) 작용으로 혈액을 온몸으로 보내고, 심장에서 나온 혈액은 온몸을 거쳐 다시 심장으로 돌아오는 (ⓑ) 과정을 반복한다.

ⓐ: ( )
ⓑ: ( )

서술형

12 심장이 빠르게 뛰면 우리 몸에 어떤 일이 일어나는지 다음 단어를 모두 포함하여 쓰시오.

| 혈액 | 빠르기 | 이동량 |

_____

_____

13 다음 기관은 우리 몸에서 어떤 역할을 합니까?

( )

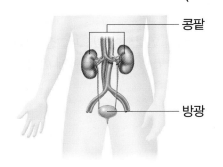

콩팥

방광

① 주변의 자극을 받아들인다.
② 혈액을 온몸으로 순환시킨다.
③ 몸을 지지하며 움직일 수 있게 한다.
④ 음식물을 소화시켜 영양소를 흡수한다.
⑤ 몸속에 생긴 노폐물을 몸 밖으로 내보낸다.

14 다음에서 설명하는 기관은 무엇입니까?

( )

- 강낭콩 모양이다.
- 등허리 좌우로 한 쌍이 있다.
- 혈액에 있는 노폐물을 걸러 낸다.

① 폐 ② 위
③ 심장 ④ 콩팥
⑤ 작은창자

15 방광이 하는 일에 대한 설명으로 바른 것은 어느 것입니까? (   )

① 영양소를 흡수한다.
② 몸을 움직이게 한다.
③ 몸에 산소를 공급한다.
④ 음식물 찌꺼기를 배출한다.
⑤ 노폐물을 모아 두었다가 몸 밖으로 내보낸다.

16 피구 경기를 할 때 우리 몸이 어떤 과정을 거쳐 공을 피하게 되는지 설명한 것입니다. (   ) 안에 알맞은 기관을 각각 쓰시오.

> • (㉠   )으로 날아오는 공을 본다.
> • 신경계는 공이 날아온다는 자극을 전달하고, 공을 잡겠다고 행동을 결정하여, (㉡   )에 공을 잡으라고 명령을 전달한다.

㉠: (   )
㉡: (   )

17 행동과 관련된 감각 기관을 잘못 짝 지은 것은 어느 것입니까? (   )

① 시각: 날아가는 새를 보았다.
② 청각: 휴대 전화 알람 소리를 들었다.
③ 후각: 냉장고에서 꺼낸 음료수 병이 차가웠다.
④ 미각: 점심 시간에 먹은 급식이 매우 맛있었다.
⑤ 피부 감각: 고양이를 만져보니 털이 부드러웠다.

18 다음은 평상시와 운동 직후, 운동이 끝나고 휴식을 취하며 5분 후의 체온과 맥박 수의 변화를 측정하여 그래프로 나타낸 것입니다. 이 그래프를 보고 알 수 있는 사실을 한 가지 쓰시오.

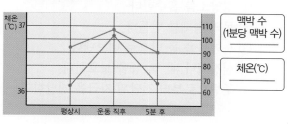

_____

_____

_____

19 몸을 움직이기 위해 각 기관이 하는 일을 설명한 것 중 바르게 않은 것은 어느 것입니까? (   )

① 순환 기관은 주변의 자극을 받아들인다.
② 소화 기관은 음식물을 소화시켜 영양소를 흡수한다.
③ 배설 기관은 혈액 속 노폐물을 걸러 오줌으로 배설한다.
④ 운동 기관을 움직이기 위해서는 영양소와 산소가 필요하다.
⑤ 호흡 기관은 우리 몸에 필요한 산소를 제공하고, 이산화 탄소를 몸 밖으로 내보낸다.

20 모둠별로 만든 건강 박람회 홍보물을 보고 확인해야 할 항목으로 알맞지 않은 것은 어느 것입니까? (   )

① 정보를 전달하기에 적절한 구성인가?
② 질병을 예방하는 방법을 제시했는가?
③ 전문적인 의학 용어를 충분히 사용했는가?
④ 질병에 걸렸을 때 나타나는 증상을 설명했는가?
⑤ 조사한 기관과 관련된 적절한 질병을 조사했는가?

1 뼈가 하는 일에 대한 설명으로 바른 것을 두 가지 고르시오. (,)

① 영양소를 흡수한다.
② 몸의 형태를 만든다.
③ 노폐물을 몸 밖으로 내보낸다.
④ 심장이나 폐, 뇌 등을 보호한다.
⑤ 주변으로부터 전달된 자극을 전달한다.

2 뼈와 근육 모형에 바람을 불어 넣었을 때의 변화를 통해 알 수 있는 사실을 설명한 것입니다. ( ) 안의 알맞은 말에 ○표 하시오.

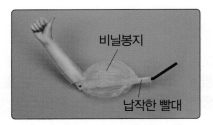

비닐봉지
납작한 빨대

바람을 불어 넣으면 비닐봉지가 부풀어 오르면서 길이가 ㉠ (줄어들어 , 늘어나) 납작한 빨대가 구부러지는 것을 통해 ㉡ (근육 , 뼈)의 길이가 줄어들거나 늘어나면서 ㉢ (근육 , 뼈)이/가 움직이게 된다는 것을 알 수 있다.

3 음식물이 소화되는 과정에 대한 설명으로 바르지 않은 것은 어느 것입니까? ( )

① 소화 기관에는 간, 쓸개, 이자 등이 있다.
② 식도는 입에서 삼킨 음식물을 위로 이동시킨다.
③ 우리 몸속에서 소화되지 않은 음식물 찌꺼기는 항문으로 배출된다.
④ 소화 과정에서 음식물이 점차 잘게 쪼개져서 영양소와 수분이 몸속으로 흡수된다.
⑤ 우리 몸속에 들어간 음식물은 입, 식도, 위, 작은창자, 큰창자, 항문 순서로 이동한다.

4 오른쪽은 우리 몸속의 소화 기관을 나타낸 것입니다. 각 소화 기관의 기호와 이름을 잘못 짝지은 것은 어느 것입니까? ( )

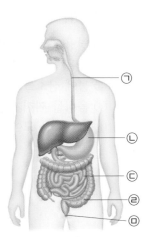

① ㉠ – 식도
② ㉡ – 간
③ ㉢ – 작은창자
④ ㉣ – 큰창자
⑤ ㉤ – 항문

5 위 **4**번에서 ㉠~㉤ 중 음식물 찌꺼기의 수분을 흡수하는 기관을 찾아 기호와 명칭을 쓰시오.

( )

🖊서술형

6 위 **4**번에서 ㉢ 기관이 하는 일을 쓰시오.

_____

_____

7 호흡 기관이 하는 일에 대한 설명으로 바른 것은 어느 것입니까? ( )

① 주변의 자극을 받아들인다.
② 영양소와 산소를 온몸에 전달한다.
③ 음식물을 소화시켜 영양소를 흡수한다.
④ 혈액에 있는 노폐물을 걸러 내어 오줌으로 내보낸다.
⑤ 우리 몸에 필요한 산소를 제공하고, 이산화 탄소를 몸 밖으로 내보낸다.

8 오른쪽은 호흡 기관을 나타낸 것입니다. ㉠~㉣ 중 다음 설명에 해당하는 기관을 찾아 기호와 명칭을 쓰시오.

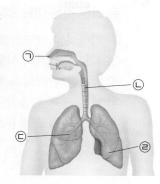

> 기관과 폐를 이어주는 관으로, 공기가 이동하는 통로이다.

( )

9 숨을 들이마실 때와 숨을 내쉴 때 몸속에서 공기의 이동을 나타낸 것입니다. ( ) 안에 알맞은 호흡 기관을 각각 쓰시오.

> • 숨을 들이마실 때: 코 → (㉠) → (㉡) → 폐
> • 숨을 내쉴 때: 폐 → (㉡) → (㉠) → 코

㉠: ( )

㉡: ( )

10 오른쪽과 같이 주입기로 붉은 색소 물을 한쪽 관으로 빨아들이고, 다른 쪽 관으로 내보내는 실험을 했습니다. 이 실험에서 주입기의 펌프는 우리 몸의 어떤 부분과 같은 역할을 하는지 쓰시오.

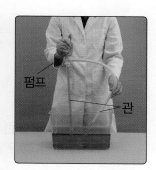

( )

11 앞 **10**번 실험에서 주입기의 펌프를 느리게 누를 때 붉은 색소 물이 이동하는 빠르기와 이동량을 바르게 짝 지은 것은 어느 것입니까? ( )

구분	붉은 색소 물의 이동 빠르기	붉은 색소 물의 이동량
①	빨라진다.	많아진다.
②	빨라진다.	적어진다.
③	느려진다.	많아진다.
④	느려진다.	적어진다.
⑤	변화 없다.	변화 없다.

12 심장이 멈춘다면 우리 몸에서 어떤 변화가 일어나는지 설명한 것입니다. ( ) 안에 알맞은 말을 쓰시오.

> ( )이 이동하지 못해 몸에 영양소와 산소를 공급하지 못한다.

( )

13 배설과 배설 기관에 대한 설명으로 바르지 <u>않은</u> 것은 어느 것입니까? ( )

① 배설 기관에는 콩팥, 방광 등이 있다.
② 콩팥은 혈액에 있는 노폐물을 걸러 준다.
③ 배설 기관은 영양소와 산소를 온몸에 전달한다.
④ 혈액에 있는 노폐물을 몸 밖으로 내보내는 과정을 배설이라고 한다.
⑤ 콩팥에서 걸러진 노폐물은 오줌이 되어 방광에 저장되었다가 몸 밖으로 나간다.

[14~15] 오른쪽은 배설 기관을 나타 낸 것입니다.

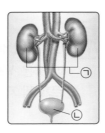

14 위 ㉠과 ㉡ 기관의 이름을 쓰시오.

㉠: (   )

㉡: (   )

15 위 ㉠ 기관에 대한 설명으로 알맞지 않은 것은 어느 것입니까? (   )

① 강낭콩 모양이다.
② 방광과 연결되어 있다.
③ 등허리 좌우로 한 쌍이 있다.
④ 혈액을 온몸으로 순환시킨다.
⑤ 혈액에 있는 노폐물을 걸러 낸다.

서술형

16 친구와 짝을 이루어 자의 위쪽을 잡은 사람이 자를 놓으면 아래쪽에 있는 사람이 엄지손가락과 집게손 가락으로 자를 잡는 놀이를 했습니다. 이 놀이에서 자극과 반응은 무엇인지 각각 쓰시오.

_____

_____

17 여러 가지 우리 몸속 기관이 하는 일에 대한 설명으로 바른 것은 어느 것입니까? (   )

① 위에서는 영양소를 흡수한다.
② 식도는 공기의 이동 통로이다.
③ 방광은 혈액의 노폐물을 걸러 낸다.
④ 뼈는 근육을 움직일 수 있도록 한다.
⑤ 심장은 펌프 작용으로 혈액을 온몸으로 순환시 킨다.

18 율아가 사용한 감각 기관이 아닌 것은 어느 것입니 까? (   )

> 율아는 방에서 책을 읽다가 맛있는 음식 냄새를 맡았다. 아빠께서 부르는 소리를 듣 고 주방으로 갔더니 식탁 위에는 떡볶이가 있었다. 아빠와 함께 떡볶이를 먹었는데, 조 금 매웠지만 맛있었다.

① 눈   ② 코
③ 귀   ④ 혀
⑤ 피부

서술형

19 운동할 때 우리 몸에 나타나는 변화를 두 가지 이상 쓰시오.

_____

_____

20 각각의 기관과 관련 있는 질병을 바르게 짝 지은 것은 어느 것입니까? (   )

① 운동 기관 – 감기   ② 소화 기관 – 위장병
③ 호흡 기관 – 골절   ④ 순환 기관 – 방광염
⑤ 배설 기관 – 심장병

1 우리 몸의 뼈와 근육을 관찰한 결과를 바르게 말한 친구의 이름을 쓰시오.

> • 수한: 뼈의 생김새는 모두 같아.
> • 나은: 뼈와 근육은 서로 분리되어 있어.
> • 강재: 뼈의 종류에 따라 하는 일은 달라.

( )

2 뼈와 근육 모형에 대한 설명으로 바르지 않은 것은 어느 것입니까? ( )

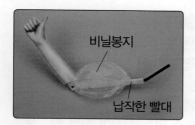

① 비닐봉지는 근육 역할을 한다.
② 납작한 빨대는 뼈 역할을 한다.
③ 모형처럼 근육은 뼈에 연결되어 있다.
④ 모형을 통해 뼈가 움직이면서 근육의 길이가 달라진다는 것을 알 수 있다.
⑤ 모형에 바람을 불어 넣으면 비닐봉지의 길이가 줄어들어 납작한 빨대가 구부러진다.

서술형

3 뼈와 근육은 우리 몸에서 어떤 역할을 하는지 각각 쓰시오.

(1) 뼈: _____

_____

(2) 근육: _____

_____

4 우리 몸속의 소화 기관을 나타낸 것입니다. 각 기관이 하는 일에 대한 설명으로 바른 것은 어느 것입니까? ( )

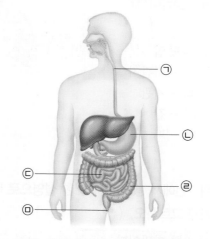

① ㉠ – 음식 찌꺼기의 수분을 흡수한다.
② ㉡ – 소화를 돕는 액체를 분비한다.
③ ㉢ – 음식물이 위로 이동하는 통로이다.
④ ㉣ – 소화되지 않은 음식 찌꺼기를 배출한다.
⑤ ㉤ – 음식물을 잘게 분해하고 영양소를 흡수한다.

서술형

5 음식물이 소화되어 배출되기까지 과정을 순서대로 쓰시오.

입 _____

_____

6 호흡 기관이 하는 일에 대한 설명입니다. ( ) 안에 알맞은 말을 각각 쓰시오.

> • 숨을 들이마실 때 몸속으로 들어온 공기는 우리 몸에 필요한 (㉠)를 제공한다.
> • 숨을 내쉴 때 (㉡)가 포함된 공기를 몸 밖으로 내보낸다.

㉠: ( )
㉡: ( )

7 오른쪽은 우리 몸속 기관을 나타낸 것입니다. 각 기관의 기호와 명칭을 바르게 짝 지은 것은 어느 것입니까? ( )

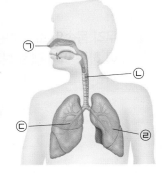

① ㉠ – 입
② ㉡ – 기관지
③ ㉢ – 기관
④ ㉣ – 간
⑤ ㉣ – 폐

8 위 7번에서 ㉣ 기관에 대한 설명으로 바른 것을 두 가지 고르시오. (,)

① 소화 기관이다.
② 기관지와 연결되어 있다.
③ 공기가 이동하는 통로이다.
④ 좌우 한 쌍이며 갈비뼈로 둘러싸여 있다.
⑤ 이산화 탄소를 받아들이고, 산소를 몸 밖으로 내보낸다.

서술형

9 우리가 들이마시거나 내쉬는 공기는 각각 몸속에서 어떤 기관을 거쳐 이동하는지 쓰시오.

(1) 숨을 들이마실 때: _____

_____

(2) 숨을 내쉴 때: _____

_____

10 혈관에 대한 설명으로 바른 것을 두 가지 고르시오.

(,)

① 심장 주변에만 있다.
② 가늘고 긴 관처럼 생겼다.
③ 공기가 이동하는 통로이다.
④ 혈액이 이동하는 통로이다.
⑤ 혈액에 있는 노폐물을 걸러 낸다.

11 친구와 함께 우리 몸속 기관에 관한 다섯 고개 놀이를 한 것입니다. 어떤 기관에 관한 설명인지 쓰시오.

- 첫째 고개: 쉬지 않고 일을 한다.
- 둘째 고개: 자신의 주먹만 한 크기이다.
- 셋째 고개: 몸통 가운데에서 약간 왼쪽으로 치우쳐 있다.
- 넷째 고개: 혈액의 이동에 관여하는 순환 기관 중 하나이다.
- 다섯째 고개: 펌프 작용으로 혈액을 온몸으로 순환시킨다.

( )

서술형

12 오른쪽 주입기 실험에서는 주입기의 펌프 작용으로 붉은 색소 물이 관을 통해 이동합니다. 이 실험을 통해 알 수 있는 심장이 하는 일을 쓰시오.

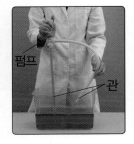

펌프
관

_____

_____

_____

13 상수도의 정화 과정을 나타낸 것입니다. 이 과정에서 하수 처리장과 관련 있는 우리 몸속의 배설 기관은 무엇인지 쓰시오.

상수도 물(깨끗한 물) → 가정 → 더러워진 물 → 하수 처리장 → 찌꺼기는 버리고 정화된 물은 다시 상수도로 보냄.

( )

14 배설 과정 역할놀이에서 배설 과정에 필요한 기관이 하는 일을 나타낸 것입니다. ( ) 안에 알맞은 배설 기관을 각각 쓰시오.

> • 노폐물이 많은 혈액을 보내는 혈관: 빨간 색 솜 방울(혈액)과 노란색 솜 방울(노폐물)을 (㉠)에 전달한다.
> • (㉠): '노폐물이 많은 혈액을 보내는 혈관'에게 받은 빨간색 솜 방울(혈액)은 '노폐물을 걸러 낸 혈액을 보내는 혈관'에 전달하고 노란색 솜 방울(노폐물)은 (㉡)에 전달한다.
> • (㉡): 들고 있는 바구니에 (㉠)에게서 받은 노란색 솜 방울(노폐물)을 계속 모으다가 바구니가 다 차면 변기 바구니에 버린다.

㉠: (   )

㉡: (   )

15 콩팥이 기능을 하지 못할 때 우리 몸에 생기는 변화로 바른 것을 골라 기호를 쓰시오.

> ㉠ 몸에 노폐물이 쌓인다.
> ㉡ 음식물이 잘 소화되지 않는다.
> ㉢ 영양소와 산소가 몸에 공급되지 않는다.

(   )

16 눈가리개로 눈을 가리고 상자 안에 들어 있는 물건을 알아맞히는 놀이를 했습니다. ㉠~㉢에서 사용한 감각 기관을 각각 쓰시오.

행동	감각 기관
㉠ 상자 안 물건을 만져 본다.	
㉡ 상자 안 물건의 냄새를 맡아 본다.	
㉢ 상자를 흔들어 물건에서 나는 소리를 들어 본다.	

17 자극과 반응에 대한 설명으로 바르지 <u>않은</u> 것은 어느 것입니까? (   )

① 감각 기관은 자극을 받아들인다.
② 운동 기관은 전달된 자극에 알맞은 반응을 한다.
③ 주어진 자극에 대해 모든 사람이 같은 반응을 한다.
④ 받아들인 자극은 온몸에 퍼져 있는 신경계를 통해 전달된다.
⑤ 신경계는 전달된 정보를 해석하여 행동을 결정하고, 운동 기관에 명령을 내린다.

[18~19] 운동할 때 몸에 나타나는 변화를 알아보기 위한 실험입니다.

> ㉠ 평상 시 상태에서 체온을 재고 1분 동안 (   ) 수를 측정한다.
> ㉡ 1분 동안 제자리 달리기를 한 뒤에 체온을 재고 1분 동안 (   ) 수를 측정한다.
> ㉢ 휴식을 취하며 5분 후 체온을 재고 1분 동안 (   ) 수를 측정한다.

18 위 실험 과정에서 ( ) 안에 공통으로 들어갈 알맞은 말을 쓰시오.

(   )

19 위 ㉠~㉢ 중 체온이 가장 높은 때를 골라 기호를 쓰시오.

(   )

서술형

20 우리 몸을 건강하게 하기 위한 방법을 두 가지 이상 쓰시오.

_____

_____

1 오른쪽은 호흡 기관을 나타낸 것입니다. ㉠ 기관은 무엇인지 쓰고, 이 기관이 여러 갈래로 갈라져 있는 까닭을 쓰시오.

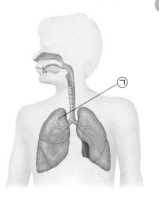

(1) ㉠: (   )

(2) 여러 갈래로 갈라져 있는 까닭:

_____

_____

호흡 기관

• 숨을 들이마시고 내쉬는 활동을 호흡이라고 합니다.

• 호흡에 관여하는 코, 기관, 기관지, 폐 등을 호흡 기관이라고 합니다.

2 오른쪽과 같이 주입기로 붉은 색소 물을 한쪽 관으로 빨아들이고, 다른 쪽 관으로 내보내는 실험을 했습니다. 주입기 실험에서 주입기의 펌프와 관은 순환 기관의 ㉠과 ㉡ 중 어느 것에 해당하는지 각각 기호를 쓰고, 순환 기관이 하는 일은 무엇인지 쓰시오.

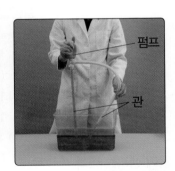

▲ 주입기 실험

순환 기관

• 소화 기관으로 흡수한 영양소와 호흡 기관으로 얻은 산소는 혈액을 통해 이동합니다.

• 혈액의 이동에 관여하는 심장과 혈관을 순환 기관이라고 합니다.

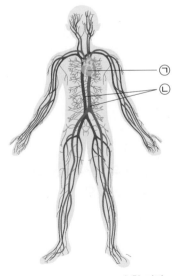

▲ 순환 기관

(1) 주입기의 펌프: (   )

주입기의 관: (   )

(2) 순환 기관이 하는 일: _____

_____

3 오른쪽은 배설 기관을 나타낸 것입니다. 각 기관의 이름을 쓰고, 몸속 노폐물을 내보내는 과정을 쓰시오.

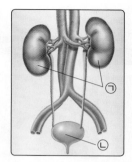

(1) ㉠: (　　　　　　　　)

　　㉡: (　　　　　　　　)

(2) 노폐물을 내보내는 과정:

_____

_____

배설 기관

· 우리 몸이 살아가는 과정에서 생긴 노폐물을 몸 밖으로 내보내는 것을 배설이라고 합니다.

· 배설에 관여하는 콩팥, 방광 등을 배설 기관이라고 합니다.

4 단원

4 신나는 노래 소리를 듣고 춤을 추게 될 때에 자극 전달 과정을 나타낸 것입니다. ㉠과 ㉡에 알맞은 내용을 각각 쓰시오.

자극의 전달과 반응하는 과정

· 감각 기관이 받아들인 자극은 신경계를 통해 전달됩니다.

· 신경계는 전달된 정보를 해석하여 행동을 결정하고, 운동 기관에 명령을 내립니다.

감각 기관: 신나는 노래가 들린다.

⬇

자극을 전달하는 신경계: (　㉠　)

⬇

행동을 결정하는 신경계: 전달된 소리 자극을 해석하여 노래에 맞춰 춤을 추겠다고 결정한다.

⬇

명령을 전달하는 신경계: 춤을 추라는 명령을 전달한다.

⬇

(　㉡　): 신나게 춤을 춘다.

㉠: _____

㉡: _____

5. 에너지와 생활

🌸 과일 전지 만들기

(1) 과일 전지로 시계 작동하기 탐구 1

• 전구보다 적은 양의 전류로도 잘 작동되는 전자시계, 버저, 전자계산기, 멜로디 카드, 발광 다이오드 등을 연결합니다.

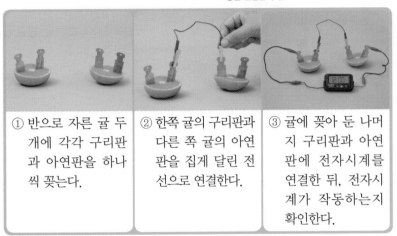

① 반으로 자른 귤 두 개에 각각 구리판과 아연판을 하나씩 꽂는다.

② 한쪽 귤의 구리판과 다른 쪽 귤의 아연판을 집게 달린 전선으로 연결한다.

③ 귤에 꽂아 둔 나머지 구리판과 아연판에 전자시계를 연결한 뒤, 전자시계가 작동하는지 확인한다.

(2) 과일 전지에 연결한 전자시계가 작동하는 까닭

① 과일 전지에서 전기가 발생하기 때문입니다.

② 과일 전지에서 전자시계를 작동하게 하는 에너지가 나왔기 때문입니다.

🌸 에너지는 왜 필요할까요?

• 기계나 동식물은 각각 다른 방법으로 에너지를 얻습니다.

(1) 에너지가 필요한 까닭과 에너지를 얻는 방법 탐구 2 탐구 3

① 기계를 움직이거나 생물이 살아가는 데에는 에너지가 필요합니다.

② 기계, 식물, 동물이 에너지를 얻는 방법

구분	에너지가 필요한 까닭	에너지를 얻는 방법
휴대 전화	전화를 거는 데 필요하다.	콘센트를 연결해 충전한다.
자동차	작동하는 데 필요하다.	자동차에 기름(연료)을 넣는다.
사과나무	자라고 열매를 맺는 데 필요하다.	햇빛으로 광합성을 하여 양분을 만든다.
사람	살아가는 데 필요하다.	여러 음식을 먹어 소화한다.

(2) 식물과 동물이 에너지를 얻는 방법

식물이 에너지를 얻는 방법	동물이 에너지를 얻는 방법
햇빛을 받아 광합성으로 스스로 양분을 만들어 냄으로써 에너지를 얻는다.	다른 생물을 먹어 얻은 양분으로 에너지를 얻는다.

탐구 1 **여러 가지 과일 전지**

레몬, 오렌지, 사과 등과 같은 과즙이 풍부한 과일이나 감자, 고구마, 가지, 호박, 토마토 등과 같은 채소를 이용하여 전지를 만들 수 있습니다.

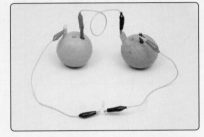

▲ 오렌지 전지

탐구 2 **자동차를 움직이는 데 필요한 에너지를 얻는 방법**

• 주유소에 갑니다.
• 주유한 기름(연료)으로부터 에너지를 얻습니다.
• 액화 석유 가스[LPG]를 충전해 에너지를 얻습니다.
• 전기 충전기로 전기를 충전해 움직이는 전기 자동차도 있습니다.

탐구 3 **전기나 기름에서 더는 에너지를 얻을 수 없게 된다면 우리 생활에서 발생할 수 있는 어려움** 예

• 자동차를 탈 수 없어 걸어 다녀야 합니다.
• 휴대 전화를 사용할 수 없습니다.
• 밤에 전등을 켤 수 없어 깜깜하게 생활하게 됩니다.
• 겨울에 난방을 할 수도 없고, 여름에 선풍기나 에어컨을 켤 수도 없습니다.

에너지

에너지[Energy]는 '내재된 힘'이라는 뜻의 그리스 어인 '에르곤[Ergon]'에서 유래한 말입니다. 사람이 나 물체가 '일을 할 수 있는 힘(능력)'을 가지고 있을 때 에너지를 가졌다고 말합니다.

식물과 동물이 에너지를 얻는 방법

• 생태계에서 생산자인 식물은 태양의 빛에너지를 공급받아 광합성을 통해 양분을 스스로 만들어 냅니다. 이 양분으로 생명 활동에 필요한 에너지 를 얻습니다.
• 생태계에서 소비자인 동물은 다른 생물을 먹이로 먹고, 이를 소화하는 과정에서 살아가는 데 필요 한 에너지를 얻습니다.

▲ 식물이 에너지를 얻는 방법

▲ 동물이 에너지를 얻는 방법

용어풀이

⁂ **전지** 화학 반응, 방사선, 온도 차, 빛 따위 로 전극 사이에 전기 에너지를 발생 시키는 장치
⁂ **에너지** 일을 할 수 있는 능력
⁂ **충전** 충전기 등에 전기 에너지를 축적하 는 일

개념을 확인해요

1 귤, 레몬, 사과 등의 ☐☐을 이용하여 전 지를 만들 수 있습니다.

2 과일 전지에 연결한 전자시계가 작동하는 까닭 은 과일 전지에서 전자시계를 작동하게 하는 ☐☐☐가 나왔기 때문입니다.

3 휴대 전화나 자동차와 같은 기계는 ☐ ☐나 기름 등에서 에너지를 얻습니다.

4 사람은 음식을 먹고 ☐☐시켜서 필요한 에너지를 얻습니다.

5 벼, 나무 등의 식물은 햇빛을 받아 ☐☐ ☐으로 스스로 양분을 만들어 냄으로써 에너 지를 얻습니다.

6 토끼, 사자 등의 동물은 다른 생물을 먹어 얻은 ☐☐으로 에너지를 얻습니다.

7 생태계에서 생산자인 ☐☐은 광합성을 통해 양분을 얻고, 소비자인 ☐☐은 다 른 생물을 먹음으로써 양분을 얻습니다.

5
단원

5. 에너지와 생활

🌀 에너지에는 어떤 것이 있을까요?

(1) 우리 주변에서 다양한 형태의 에너지 찾아보기 **탐구 1**

높은 곳에 있는 물체가 가진
위치 에너지

주위를 밝게 비추는
빛에너지

전기 기구를 작동하게 하는
전기 에너지

생물의 생명 활동에 필요한
화학 에너지

움직이는 물체가 가진
운동 에너지

물체의 온도를 높이는
열에너지

(2) 교실과 놀이터에서 여러 가지 에너지 형태 찾아보기 **탐구 2**

구분	교실	놀이터
열에너지	온풍기의 따뜻한 바람	사람의 체온
전기 에너지	온풍기, 전등	스마트 기기
빛에너지	전등 불빛, 햇빛	햇빛, 스마트 기기 화면
화학 에너지	화분의 식물, 사람	나무
운동 에너지	움직이는 사람	움직이는 그네, 뛰어가는 사람
위치 에너지	천장에 달린 작품	미끄럼틀 위에 있는 사람

(3) 6학년 2학기 '과학'에서 각 단원의 내용과 관련된 에너지의 형태

단원명	내용	에너지 형태	단원명	내용	에너지 형태
전기의 이용	전지	화학 에너지, 전기 에너지	계절의 변화	태양	빛에너지
	전구	빛에너지, 전기 에너지		지구의 공전	운동 에너지
연소와 소화	연소	빛에너지, 열에너지	우리 몸의 구조와 기능	근육과 뼈의 움직임	운동 에너지
	성냥	화학 에너지, 열에너지		소화	화학 에너지

탐구 1 에너지의 형태 확인하기

• 에너지의 형태: 열에너지, 전기 에너지, 빛에너지, 화학 에너지, 운동 에너지, 위치 에너지 등 다양한 형태가 있습니다.

• 옷의 주름을 펴 주는 다리미의 열과 같이 물체의 온도를 높여 주거나, 음식이 익게 해 주는 에너지는 열에너지입니다.

• 전등, 텔레비전, 시계 등 우리가 생활에서 이용하는 여러 전기 기구들을 작동하게 하는 에너지는 전기 에너지입니다.

• 전등의 불빛처럼 어두운 곳을 밝게 비춰 주는 에너지는 빛에너지입니다.

• 화분의 식물이나 사람 등의 생명 활동에 필요하며, 물질이 가진 잠재적 에너지는 화학 에너지입니다.

• 뛰어다니는 강아지와 같이 움직이는 물체가 가진 에너지는 운동 에너지입니다.

• 스키 점프하여 높이 떠오른 운동 선수, 벽에 달린 시계와 같이 높은 곳에 있는 물체가 중력에 의해 가지는 잠재적인 에너지는 위치 에너지입니다.

탐구 2 우리 주변에서 다양한 형태의 에너지 찾아보기

전기 에너지	가로등, 신호등, 전동 킥보드, 전기 자전거 등
빛에너지	햇빛, 신호등, 가로등, 간판 불빛, 전광판 등
화학 에너지	나무, 음식점의 음식 등
운동 에너지	움직이는 자동차와 자전거, 걸어가는 사람 등

소리 에너지와 핵에너지

- 소리 에너지: 물체의 진동에서 발생하는 에너지로, 우리가 소리를 들을 수 있는 것은 공기로 전파된 진동이 고막을 진동시키기 때문입니다. 소리 또한 에너지이므로 큰 소리는 고막을 손상시키고 귀를 아프게 할 수 있습니다.
- 핵에너지: 원자핵이 핵분열 또는 핵융합할 때 만들어지는 에너지로, 원자력 발전 등에 이용됩니다.

에너지 자원

- 사람에게 필요한 에너지를 얻을 수 있는 자원을 에너지 자원이라고 합니다.
- 에너지 자원의 종류에는 사용하면 양이 줄어들어 없어지는 고갈 에너지와 고갈 에너지를 대신하는 대체 에너지가 있습니다.
- 석유는 고갈 에너지 자원이고, 바람은 대체 에너지 자원입니다.

▲ 석유(석유 시추선)

▲ 바람(풍력 발전소)

용 어 풀 이

- ✴온풍기 따뜻해진 공기를 실내로 돌게 하여 덥히는 기구
- ✴잠재 겉으로 드러나지 않고 속에 잠겨 있거나 숨어 있음.
- ✴중력 지구 위의 물체가 지구로부터 받는 힘

개념을 확인해요

1 물체의 온도를 높여 주거나, 음식이 익게 해 주는 에너지는 ☐☐☐☐ 입니다.

2 높은 곳에 있는 물체가 중력에 의해 가지는 잠재적인 에너지는 ☐☐☐☐☐ 입니다.

3 움직이는 물체가 가진 에너지는 ☐☐ ☐☐☐ 입니다.

4 우리가 생활에서 이용하는 여러 전기 기구들을 작동하게 하는 에너지는 ☐☐☐ ☐☐ 입니다.

5 어두운 곳을 밝게 비춰 주는 에너지는 ☐ ☐☐☐ 입니다.

6 교실에서 천장에 달린 작품이 가진 에너지는 ☐☐☐☐☐ 입니다.

7 놀이터에서 움직이는 그네와 뛰어가는 사람이 가진 에너지는 ☐☐☐☐☐ 입니다.

5
단원

5. 에너지와 생활

🌸 에너지의 형태가 바뀌는 예를 찾아볼까요?

(1) 에너지 전환

① 다양한 형태의 에너지는 다른 형태로 바뀔 수 있습니다.

② 에너지의 형태가 바뀌는 것을 에너지 전환이라고 합니다.

③ 에너지 전환을 이용해 우리는 필요한 형태의 에너지를 얻을 수 있습니다.

(2) 우리 주변에서 에너지의 형태가 바뀌는 예 찾아보기 탐구 1

구분	에너지의 형태가 바뀌는 과정
움직이는 롤러코스터	롤러코스터는 전기 에너지로 출발하거나 멈춘다. 높은 곳에서 낮은 곳으로 내려갈 때에는 위치 에너지가 운동 에너지로 바뀌며, 낮은 곳에서 높은 곳으로 올라갈 때에는 운동 에너지가 위치 에너지로 바뀐다. 전기 에너지 → 운동 에너지 → 위치 에너지
움직이는 범퍼카	범퍼카는 전기를 이용해 자동차를 움직이는 놀이 기구이므로, 이 과정에서 전기 에너지는 운동 에너지로 바뀐다. → 움직이는 놀이 기구나 사람들은 운동 에너지와 관련이 있습니다. 전기 에너지 → 운동 에너지
달리는 아이	화학 에너지가 운동 에너지로 바뀐다. 화학 에너지 → 운동 에너지
떠오르는 열기구	열기구는 연료의 화학 에너지가 불의 열에너지로 형태가 바뀌며, 공기를 데운 이 열에너지는 열기구의 운동 에너지, 위치 에너지로 바뀐다. 화학 에너지 → 열에너지 → 운동 에너지 → 위치 에너지
떨어지는 낙하 놀이 기구	꼭대기에 올라가 있던 낙하 놀이 기구가 떨어질 때 놀이 기구에 타고 있던 사람의 위치 에너지는 운동 에너지로 바뀐다. 위치 에너지 → 운동 에너지
반짝이는 전광판	반짝이는 전광판은 전기 에너지가 빛에너지로 바뀐다. 전기 에너지 → 빛에너지
광합성을 하는 나무	나무는 햇빛을 받아 광합성을 함으로써 양분을 만들어 에너지를 얻는다. 즉, 광합성으로 태양의 빛에너지가 나무의 화학 에너지로 바뀐다. 빛에너지 → 화학 에너지

탐구 1 **자연 현상이나 우리 생활에서 에너지 전환이 일어나는 예**

• 탄소봉에 불을 붙여 불꽃놀이를 할 때 빛과 열이 나는 현상은 탄소봉의 화학 에너지가 빛에너지와 열에너지로 전환되어 일어난 현상입니다.

• 높이 던져 올린 공은 위치 에너지를 가지고 있습니다. 그 공이 다시 떨어지는 과정에서 위치 에너지는 운동 에너지로 전환됩니다.

• 폭포수가 떨어질 때 위치 에너지가 운동 에너지로 전환됩니다.

에너지 보존 법칙

- 에너지는 한 형태에서 다른 형태로 전환되거나 한 곳에서 다른 곳으로 전달될 수는 있지만, 새로 생성되거나 소멸되지 않습니다. 이를 '에너지 보존 법칙'이라고 합니다.
- 공기 저항이나 마찰이 있을 때 운동하는 물체의 역학적 에너지(위치 에너지, 운동 에너지) 중 일부는 열에너지로 전환되므로 역학적 에너지는 보존되지 않습니다. 그러나 역학적 에너지와 열에너지의 합은 항상 일정하게 보존됩니다.

다른 에너지를 전환하여 사용하는 예

전기 에너지 → 열에너지	전기 난로, 전기 밥솥, 헤어드라이어 등
화학 에너지 → 열에너지	석유 난로, 모닥불, 가스 레인지 등
전기 에너지 → 운동 에너지	선풍기, 믹서, 세탁기 등
화학 에너지 → 운동 에너지	자동차, 비행기, 배 등
위치 에너지 → 운동 에너지	폭포수, 물레방아 등

용어풀이

- ✹ 범퍼카 서로 부딪치면서 놀 수 있도록 만든 작은 전기 자동차. 일반적으로 유원지에 일정한 공간을 만들어 놓고 그 안에서 운전하도록 만들어 놓은 자동차를 말함.
- ✹ 낙하 높은 곳에서 낮은 곳으로 떨어짐.
- ✹ 전광판 여러 개의 전구를 평면에 배열하고 전류를 통하여 그림이나 문자 따위가 나타나도록 만든 판

개념을 확인해요

1 롤러코스터가 낮은 곳에서 높은 곳으로 올라갈 때에는 운동 에너지가 ☐☐☐☐ ☐로 바뀝니다.

2 전기를 이용해 움직이는 놀이 기구인 범퍼카는 전기 에너지가 ☐☐☐☐☐ 로 바뀝니다.

3 꼭대기에 올라가 있던 낙하 놀이기구가 떨어질 때, 놀이기구에 타고 있던 사람의 ☐☐ ☐☐☐가 운동 에너지로 바뀝니다.

4 반짝이는 전광판은 전기 에너지가 ☐☐ ☐☐로 바뀐 것입니다.

5 나무는 햇빛을 받아 광합성을 함으로써 태양의 빛에너지가 나무의 ☐☐☐☐ ☐로 바뀝니다.

6 에너지의 형태가 바뀌는 것을 ☐☐ ☐☐☐이라고 합니다.

7 탄소봉에 불을 붙여 불꽃놀이를 할 때 탄소봉의 화학 에너지가 ☐☐☐☐와 ☐☐☐☐로 전환됩니다.

5. 에너지와 생활

❀ 우리가 이용하는 에너지는 무엇으로부터 전환되었을까요?

(1) 태양광 해파리로 에너지 전환 과정 알아보기 실험 1

① 얇은 종이를 길게 찢거나 잘라서 양면 테이프로 프로펠러 날개에 붙입니다.

② 태양 전지의 전선과 전동기를 집게 달린 전선으로 연결합니다.

③ 전동기(태양 전지용)의 축에 ①의 프로펠러를 끼워 태양광 해파리를 완성합니다.

④ 태양 전지가 태양을 향하도록 놓고, 태양광 해파리의 움직임을 관찰합니다.

⑤ 태양 전지가 태양을 향할 때와 태양을 향하지 않을 때 태양광 해파리의 움직임

태양 전지가 태양을 향할 때	태양 전지가 태양을 향하지 않을 때
돌아간다.	천천히 돌거나 돌지 않는다.

⑥ 태양광 해파리를 움직이게 한 에너지 전환 과정

태양의 빛에너지 —태양 전지→ 전기 에너지 —전동기→ 운동 에너지

(2) 우리 주변의 에너지 전환 과정 탐구 1

① 사람의 운동 에너지는 음식을 먹음으로써 얻게 된 화학 에너지로부터 전환되었습니다. →동물이 살아가는 데 필요한 화학 에너지는 식물이나 다른 동물을 먹이로 먹어 얻습니다.

② 식물은 광합성으로 태양의 빛에너지를 전환하여 살아가는 데 필요한 화학 에너지를 얻었습니다.

③ 태양 전지의 전기 에너지는 태양의 빛에너지로부터 전환되었습니다.

④ 수력 발전소에서는 물의 위치 에너지가 전환되어 전기 에너지를 얻습니다.

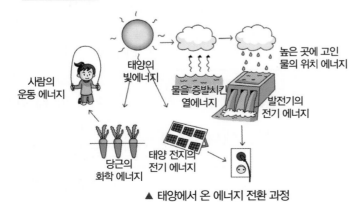

▲ 태양에서 온 에너지 전환 과정

실험 1 태양광 해파리 만드는 과정

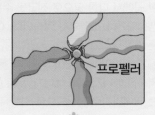
프로펠러

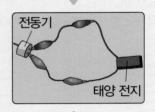
전동기
태양 전지

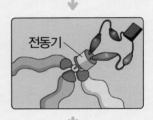
전동기

태양 전지
전동기

탐구 1 에너지의 근원

• 지구에서 일어나는 현상 중에는 화산이나 지진처럼 지구 내부의 에너지에 의해 일어나는 현상, 태양과 달의 인력에 의한 현상도 일부 있지만, 대부분은 태양에서 온 빛에너지로 인해 일어납니다. 즉 태양은 주된 에너지원입니다.

• 태양에서 온 에너지는 식물의 광합성 과정을 통해 화학 에너지로 저장된 뒤 다른 생물의 먹이가 되면서 체온을 일정하게 유지하는 열에너지와 몸을 움직이는 운동 에너지 등으로 전환됩니다.

물의 순환

땅과 바다의 물은 태양 에너지에 의해 증발하여 수증기가 되며, 증발한 수증기는 하늘에 올라가 구름이 됩니다. 구름에서 비가 내리면 다시 지상의 물이 되어 강과 바다로 흘러가며, 이 과정이 반복되어 물은 순환합니다.

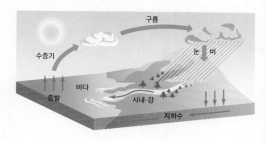

태양광 발전

태양 전지를 이용해 태양의 빛에너지를 전기 에너지로 전환하는 발전 기술입니다.

▲ 태양 전지가 설치된 집   ▲ 태양 전지가 설치된 가
로등

용 어 풀 이

✦ **태양광** 태양의 빛
✦ **태양 전지** 태양의 빛에너지를 전기로 바꾸는 장치
✦ **전동기** 전기 에너지로부터 회전력을 얻는 기계로, 전류와 고정자의 자기장 사이에 작용하는 힘에 의하여 회전력이 발생함.

개념을 확인해요

1 태양 전지가 태양을 향하도록 하면 태양광 해파리는 ☐☐☐☐☐.

2 태양광 해파리에서 태양의 빛에너지가 태양 전지를 통해 ☐☐ 에너지로 전환됩니다.

3 태양광 해파리에서 태양 전지의 전기 에너지는 전동기를 작동시켜 태양광 해파리를 움직이게 하는 ☐☐ 에너지로 전환됩니다.

4 식물은 광합성으로 태양의 빛에너지에서 ☐☐ 에너지를 얻습니다.

5 동물이 먹이로 먹은 식물의 화학 에너지는 동물의 열에너지나 운동 에너지로 ☐☐ 됩니다.

6 수력 발전소에서는 물의 ☐☐ 에너지가 전환되어 전기 에너지를 얻습니다.

7 우리가 생활에서 이용하는 에너지는 대부분 ☐☐ 의 빛에너지로부터 에너지의 형태가 전환된 것입니다.

5. 에너지와 생활

에너지를 효율적으로 이용하려면 어떻게 해야 할까요?

☆⌐ 우리가 에너지를 얻기 위해서는 자원이 필요합니다.

(1) 에너지를 효율적으로 이용하는 예 조사하기 **탐구 1** → 에너지 소비 효율 등급이 1등급인 제품이 에너지를 가장 효율적으로 이용하는 제품입니다.

① 에너지 효율 표시가 붙어 있는 전기 기구 조사하기

에너지 소비 효율 등급	에너지 절약
전기밥솥(1등급), 냉장고(1등급), 냉방기(2등급), 공기 청정기(2등급)	전자레인지, 컴퓨터

② 건축물에서 에너지를 효율적으로 이용하는 예

- 이중창을 설치해 건물 안의 열에너지가 빠져나가지 않도록 합니다.
- 건물의 외벽을 두껍게 만들고 단열재를 사용하여 바깥 온도의 영향을 차단합니다.
- 태양열을 난방에 이용할 수 있습니다.

③ 식물이나 동물이 환경에 적응하여 에너지를 효율적으로 이용하는 예

예	에너지를 효율적으로 이용하는 방법
겨울눈	겨울눈의 비늘은 추운 겨울에 어린싹이 열에너지를 빼앗겨 어는 것을 막아 준다.⌐ ☆ 북극곰의 털과 지방, 황제펭귄이 열을 빼앗기지 않도록 서로 모여 있는 허들링도 비슷한 원리입니다.
겨울잠	동물은 먹이를 구하기 어려운 겨울 동안 자신의 화학 에너지를 더 효율적으로 이용하고자 겨울잠을 자기도 한다.⌐

식물이 가을철 낙엽을 떨어뜨리는 것도 비슷한 원리입니다.

(2) 에너지를 가장 효율적으로 이용하는 전등 **탐구 2**

① 전등은 전기 에너지를 빛에너지로 전환해 이용하는 기구이지만, 전기 에너지의 일부는 열에너지로도 전환됩니다.

② 발광 다이오드[LED]등은 다른 전등에 비해 열에너지로 전환되어 손실되는 에너지의 양이 적습니다.

③ 발광 다이오드[LED]등 〉형광등 〉백열등의 순서로 에너지 효율이 높습니다.

우리 학교의 에너지 이용 실태 취재하기 **탐구 3**

① 우리 학교의 에너지 이용 실태를 취재합니다.

② 에너지를 더욱 효율적으로 이용하는 방법을 제안합니다.

③ 영상 구성 계획 및 대본을 만들어 봅니다.

④ 역할을 나누어 영상을 제작합니다.

탐구 1 에너지를 효율적으로 이용하는 전기 기구임을 알려주는 표시

- 에너지를 효율적으로 이용하는 정도를 1~5등급으로 나타낸 '에너지 소비 효율 등급' 표시가 있습니다.
- 대기 전력 기준을 만족한 전기 기구에 붙인 '에너지 절약' 표시가 있습니다.
- 고효율 기준을 만족한 제품에 주는 '고효율 에너지 기자재 인증' 표시가 있습니다.

탐구 2 에너지를 효율적으로 이용했을 때의 좋은 점

- 전기 에너지를 공급하는 발전 과정에서 생태계에 영향을 미치거나 환경 오염이 발생하기도 하므로 에너지를 효율적으로 이용하면 환경을 보호할 수 있습니다.
- 의도하지 않은 방향으로 전환되는 에너지의 양을 줄일 수 있습니다.
- 같은 효과를 내는 데 필요한 전기 에너지의 양이 줄어들게 되므로 전기 에너지를 아낄 수 있습니다.

탐구 3 에너지 자립 마을

- 에너지 자립 마을에서는 에너지 아껴 쓰기, 에너지 효율적으로 이용하기, 전기 에너지 직접 얻기 등의 노력으로 전기 에너지 이용량을 줄이고, 자연환경 보전에 도움을 주고 있습니다.
- 이러한 노력으로 전기 이용료를 줄이고 낭비되는 에너지 이용량을 줄이며 에너지 고갈 및 환경 오염을 막을 수 있습니다.

에너지 효율 관리를 위한 노력

- 에너지 소비 효율 등급 표시 제도: 제품의 효율 성능을 신고하고, 1~5등급으로 에너지 소비 효율 등급 표시를 부착하도록 하며, 최저 소비 효율 기준에 미치지 못한 제품은 생산과 판매를 금지하는 의무적인 제도입니다.

▲ 에너지 소비 효율 등급
표시

▲ 대기 전력 경고 표시

- 대기 전력 저감 프로그램: 전기 기구를 사용하지 않을 때 소비되는 대기 전력을 최소화하기 위하여 일정 기준에 미달하는 제품에는 대기 전력 경고 표시를 부착해야 하는 의무적인 제도입니다. 일정 기준을 만족한 제품은 에너지 절약 표시를 부착할 수 있습니다.
- 고효율 에너지 기자재 인증 제도: 에너지 효율 및 품질 시험 결과가 일정 기준을 만족하는 제품을 인증하고, 인증서를 발급하는 자발적인 제도입니다.

에너지절약

고효율기자재

▲ 에너지 절약 표시

▲ 고효율 에너지 기자재
인증 표시

용어풀이

- ✹효율 들인 노력과 얻은 결과의 비율
- ✹단열재 보온을 하거나 열을 차단할 목적으로 쓰는 재료
- ✹취재 작품이나 기사에 필요한 재료나 제재를 조사하여 얻음.
- ✹자립 남에게 속하거나 의지하지 아니하고 스스로 서는 것

개념을 확인해요

1 에너지 소비 효율 등급이 1등급인 냉장고와 2등급인 세탁기 중에서 에너지를 더 효율적으로 이용하는 제품은 ☐☐☐ 입니다.

2 이중창을 설치해 건물 안의 열에너지를 빠져나가지 않도록 하여 ☐☐☐ 효율을 높일 수 있습니다.

3 ☐☐☐ 의 비늘은 추운 겨울에 어린 싹이 열에너지를 빼앗겨 어는 것을 막아 줍니다.

4 동물은 먹이를 구하기 어려운 겨울 동안 자신의 화학 에너지를 더 효율적으로 이용하고자 ☐ ☐☐ 을 자기도 합니다.

5 백열등, 형광등, 발광다이오드[LED]등 중 에너지를 가장 효율적으로 이용하는 전등은 전기 에너지가 빛에너지로 전환되는 비율이 ☐☐ 발광 다이오드[LED]등입니다.

6 에너지를 효율적으로 이용하면 전기 에너지를 공급하는 발전 과정에서 발생하는 ☐☐ ☐☐ 을 줄일 수 있습니다.

7 우리 학교의 에너지 이용 실태를 취재할 때 먼저 모둠별로 취재할 ☐☐ 를 정해야 합니다.

핵심 1

과일 전지에 전자시계를 연결하면 시계가 작동하는데, 그 까닭은 과일 전지에서 전자시계를 작동하게 하는 에너지가 나왔기 때문입니다.

[1~3] 오른쪽과 같이 귤을 이용하여 만든 과일 전지에 전자시계를 연결했습니다.

1 위 과일 전지를 만드는 데 필요한 준비물을 모두 골라 기호를 쓰시오.

> ㉠ 비커   ㉡ 전지   ㉢ 구리판
> ㉣ 아연판   ㉤ 집게 달린 전선

(   )

2 위 실험에 대한 설명으로 바르지 <u>않은</u> 것은 어느 것입니까? (   )

① 사용한 과일은 실험 후 먹을 수 있다.
② 과즙이 풍부한 다른 과일을 이용할 수 있다.
③ 금속판을 고운 사포로 깨끗이 닦아 사용한다.
④ 실험 후 금속판에 묻은 물기를 닦아 내고 건조한 상태로 보관한다.
⑤ 적은 양의 전류로도 잘 작동되는 버저, 전자계산기 등을 연결할 수 있다.

3 과일 전지에 연결한 전자시계가 작동하는 까닭을 설명한 것입니다. ( ) 안에 알맞은 말을 쓰시오.

> 과일 전지에서 전기가 발생하며 전자시계를 작동하게 하는 (   )이/가 나왔기 때문이다.

(   )

핵심 2

기계나 생물은 각각 다른 방법으로 에너지를 얻습니다. 기계는 전기나 기름 등에서 에너지를 얻고, 식물은 햇빛을 받아 스스로 양분을 만들어 에너지를 얻으며, 동물은 식물이나 다른 동물을 먹고 에너지를 얻습니다.

4 ( ) 안에 알맞은 말을 쓰시오.

> 기계를 움직이거나 생물이 살아가는 데에는 (   )가 필요하다.

(   )

5 햇빛을 받아 스스로 양분을 만들어 에너지를 얻는 생물을 모두 고른 것은 어느 것입니까? (   )

> ㉠ 벼   ㉡ 토끼   ㉢ 까치
> ㉣ 민들레   ㉤ 호랑이   ㉥ 소나무

① ㉠, ㉢, ㉣   ② ㉠, ㉣, ㉥
③ ㉡, ㉢, ㉤   ④ ㉢, ㉣, ㉤
⑤ ㉣, ㉤, ㉥

6 각각의 생물이 에너지를 얻는 방법을 바르게 선으로 연결하시오.

(1) 뱀 •

(2) 토끼풀 •

(3) 다람쥐 •

(4) 개나리 •

• ㉠ 햇빛을 받아 스스로 양분을 만들어 에너지를 얻는다.

• ㉡ 다른 생물을 먹고 에너지를 얻는다.

에너지의 **형태에는** 열에너지, 전기 에너지, 빛에너지, 화학 에너지, 운동 에너지, 위치 에너지 **등이 있습니다.**

7 다양한 형태의 에너지에 대한 설명으로 바른 것은 어느 것입니까? (   )

① 열에너지는 주위를 밝게 비추는 에너지이다.
② 빛에너지는 물체의 온도를 높이는 에너지이다.
③ 화학 에너지는 움직이는 물체가 가지는 에너지이다.
④ 위치 에너지는 높은 곳에 있는 물체가 가진 에너지이다.
⑤ 운동 에너지는 생물의 생명 활동에 필요한 잠재적인 에너지이다.

8 다음 두 사진과 공통으로 관련된 에너지 형태는 무엇입니까? (   )

▲ 화분의 식물   ▲ 음식

① 빛에너지   ② 열에너지
③ 화학 에너지   ④ 위치 에너지
⑤ 운동 에너지

9 천장에 달린 작품과 같은 형태의 에너지를 가지고 있는 것은 어느 것입니까? (   )

① 걸어가는 사람
② 뜨거운 다리미
③ 가스레인지의 불꽃
④ 광합성을 하는 나무
⑤ 미끄럼틀 위에 있는 사람

에너지의 형태가 바뀌는 것을 에너지 전환**이라고 합니다.** 에너지 전환을 이용해 우리는 필요한 형태의 에너지를 얻을 수 있습니다.

10 열기구에서 일어나는 에너지 전환 과정을 설명한 것입니다. (   ) 안에 들어갈 알맞은 에너지의 형태를 각각 쓰시오.

> 열기구 연료의 (㉠   ) 에너지는 불의 열에너지로 형태가 바뀌며, 공기를 데운 이 열에너지는 열기구의 운동 에너지와 (㉡   ) 에너지로 바뀐다.

㉠: (   )
㉡: (   )

5
단원

11 솔미가 언덕 위에서 눈썰매를 타고 내려올 때 나타나는 에너지 전환 과정입니다. (   ) 안에 들어갈 에너지를 쓰시오.

> 솔미의 위치 에너지 → 솔미의 (   )

(   )

12 우리 주변에서 에너지의 형태가 바뀌는 예를 바르게 나타낸 것을 골라 기호를 쓰시오.

> ㉠ 반짝이는 전광판: 전기 에너지 → 빛에너지
> ㉡ 달리는 아이: 운동 에너지 → 화학 에너지
> ㉢ 광합성을 하는 나무: 위치 에너지 → 열에너지

(   )

핵심 5

태양광 해파리를 움직이게 한 에너지 전환 과정은 태양의 빛에너지가 태양 전지를 통해 전기 에너지로 전환되고, 전기 에너지는 전동기를 작동시켜 태양광 해파리를 움직이게 하는 운동 에너지로 전환된 것입니다.

[13~15] 태양광 해파리로 에너지 전환 과정을 알아보려고 합니다.

> ㉠ 얇은 종이를 길게 찢거나 잘라서 양면테이프로 프로펠러 날개에 붙인다.
> ㉡ 태양 전지의 전선과 전동기를 집게 달린 전선으로 연결한다.
> ㉢ 전동기의 축에 얇은 종이를 날개에 붙인 프로펠러를 끼워 태양광 해파리를 완성한다.
> ㉣ 태양 전지가 태양을 향하도록 놓고 태양광 해파리의 움직임을 관찰한다.

13 위 실험에 필요한 준비물이 아닌 것은 어느 것입니까? (   )

① 전동기 　　② 프로펠러
③ 태양 전지 　　④ 스포이트
⑤ 얇은 종이

14 위 실험의 ㉣ 과정에서 태양광 해파리의 움직임으로 알맞은 것에 ○표 하시오.

(1) 돌아갑니다. 　　　　　　　　　(   )
(2) 돌지 않습니다. 　　　　　　　(   )
(3) 좌우로 왔다갔다 합니다. 　　(   )

15 태양광 해파리가 작동할 때의 에너지 전환 과정입니다. (   ) 안에 알맞은 에너지 형태를 각각 쓰시오.

㉠: (　　　　　　　　)
㉡: (　　　　　　　　)

핵심 6

식물은 태양의 빛에너지를 이용해 화학 에너지를 만듭니다. 우리가 생활에서 이용하는 에너지는 대부분 태양의 빛에너지로부터 에너지의 형태가 전환된 것입니다.

16 (   ) 안에 공통으로 들어갈 에너지의 형태로 알맞은 것은 어느 것입니까? (   )

> • 사람은 음식을 먹음으로써 (   )를 얻는다.
> • 식물은 광합성으로 태양의 빛에너지를 (   )로 전환한다.

① 열에너지 　　② 위치 에너지
③ 운동 에너지 　　④ 화학 에너지
⑤ 전기 에너지

17 에너지 전환 과정을 나타낸 그림에서 ㉠에 들어갈 내용으로 바른 것은 어느 것입니까? (   )

▲ 달리는 아이　　▲ 식물　　▲ 태양 전지

① 태양 　　② 전기
③ 석유 　　④ 석탄
⑤ 공기

18 에너지 전환 과정에 대한 설명입니다. (   ) 안에 알맞은 말을 쓰시오.

> 식물과 동물이 에너지를 얻는 과정을 포함한 우리 생활에서 이용하는 에너지는 (   )의 빛에너지로부터 에너지의 형태가 전환된 것이다.

(　　　　　　　　)

사람들은 에너지를 효율적으로 이용하기 위해 에너지 효율이 높은 전기 기구를 사용하고 건물에는 단열을 위해 이중창을 설치합니다. 식물의 겨울눈과 동물의 겨울잠도 에너지를 효율적으로 이용하는 예입니다.

19 다음 표시를 보고 알 수 있는 사실로 가장 알맞은 것을 골라 기호를 쓰시오.

▲ 고효율 에너지 기자재 인증 표시

▲ 에너지 소비 효율 등급 표시

> ㉠ 에너지를 많이 사용하는 제품임을 알려 준다.
> ㉡ 에너지를 효율적으로 이용하는 제품임을 알려 준다.
> ㉢ 에너지가 필요하지 않은 제품임을 알려 준다.

(   )

20 내부의 열이 외부로 빠져나가지 않도록 하여 에너지 효율을 높이는 방법과 관련이 <u>없는</u> 것은 어느 것입니까? (   )

① 단열재   ② 이중창
③ 뽁뽁이   ④ 문풍지
⑤ 태양 전지

21 식물이나 동물이 환경에 적응하여 에너지를 효율적으로 이용하는 예가 <u>아닌</u> 것은 어느 것입니까?

(   )

① 북극곰의 털
② 장미의 가시
③ 목련의 겨울눈
④ 다람쥐의 겨울잠
⑤ 가을날 낙엽을 떨어뜨리는 은행나무

백열등, 형광등, 발광 다이오드[LED]등과 같은 전등은 전기 에너지가 빛에너지와 열에너지로 전환됩니다. 발광 다이오드[LED]등은 다른 전등에 비해 열에너지로 전환되어 손실되는 에너지의 양이 적습니다.

[22~23] 백열등, 형광등, 발광 다이오드[LED]등의 에너지 효율을 비교하여 나타낸 것입니다.

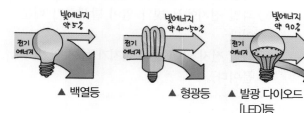

▲ 백열등   ▲ 형광등   ▲ 발광 다이오드 [LED]등

22 위 전등을 사용할 때 전기 에너지는 빛에너지 외에 어떤 에너지로도 전환됩니까? (   )

① 열에너지   ② 위치 에너지
③ 운동 에너지   ④ 화학 에너지
⑤ 전기 에너지

23 위의 백열등, 형광등, 발광 다이오드[LED]등 중 에너지를 가장 효율적으로 이용하는 전등은 어느 것인지 쓰시오.

(   )

24 전구의 에너지 효율을 비교하기 위한 표입니다. 전구 (가), (나), (다) 중 에너지를 가장 효율적으로 이용하는 전구는 어느 것인지 쓰시오.

구분	비교 결과
사용한 전기 에너지의 양	(가)>(나)>(다)
빛의 밝기	(가)=(나)=(다)

(   )

5 단원

1 오른쪽과 같이 과일 전지에 연결한 전자시계가 작동하는 까닭으로 알맞은 것을 골라 기호를 쓰시오.

⊙ 과일 전지에서 전기가 발생하기 때문이다.
ⓒ 과일 전지에서 빛과 열이 발생하기 때문이다.
ⓒ 과일 전지 안에 실제 전지가 들어 있기 때문이다.

( )

2 전기나 기름 등에서 에너지를 얻는 것을 두 가지 고르시오. (,)

① 사람
② 호랑이
③ 자동차
④ 사과나무
⑤ 휴대 전화

3 햇빛을 이용하여 스스로 양분을 만드는 생물을 모두 골라 기호를 쓰시오.

⊙

▲ 뱀

ⓒ

▲ 벚나무

ⓒ

▲ 다람쥐

ⓔ

▲ 강아지풀

( )

4 동물이 에너지를 얻는 방법으로 알맞은 것은 어느 것입니까? ( )

① 전기를 충전한다.
② 비료로 양분을 보충한다.
③ 주유소에서 기름을 넣는다.
④ 햇빛을 받아 광합성을 한다.
⑤ 다른 식물이나 동물을 먹는다.

5 물체의 온도를 높여 주거나 음식이 익게 해 주는 에너지의 형태는 어느 것입니까? ( )

① 빛에너지
② 열에너지
③ 운동 에너지
④ 위치 에너지
⑤ 화학 에너지

6 보기 와 공통으로 관련된 에너지의 형태는 어느 것입니까? ( )

보기
햇빛, 전등 불빛, 스마트 기기 화면

① 빛에너지
② 전기 에너지
③ 화학 에너지
④ 위치 에너지
⑤ 운동 에너지

7 전기 에너지와 관련이 <u>없는</u> 것은 어느 것입니까?
( )

① 전등
② 에어컨
③ 신호등
④ 바람개비
⑤ 전동 킥보드

8 놀이터에서 볼 수 있는 모습과 에너지의 형태를 나타낸 것입니다. 관계있는 것끼리 바르게 선으로 연결하시오.

(1)

▲ 움직이는 그네

• ㉠ 위치 에너지

(2)

▲ 미끄럼틀 위의 사람

• ㉡ 운동 에너지

9 에너지에 대한 설명으로 바른 것에 ○표, 바르지 않은 것에 ×표 하시오.

(1) 에너지에는 다양한 형태가 있습니다.
( )

(2) 에너지는 다른 형태로 바뀔 수 없습니다.
( )

(3) 사람들은 생활하면서 다양한 형태의 에너지를 이용합니다. ( )

10 전기다리미에서 에너지의 형태가 바뀌는 과정을 나타낸 것입니다. ( ) 안에 들어갈 에너지 형태로 가장 알맞은 것은 어느 것입니까? ( )

전기 에너지 → ( )

① 빛에너지
② 열에너지
③ 운동 에너지
④ 위치 에너지
⑤ 화학 에너지

11 오른쪽과 같이 꼭대기에 올라가 있던 낙하 놀이 기구가 떨어질 때, 놀이 기구에 타고 있던 사람의 에너지 전환 과정을 바르게 나타낸 것은 어느 것입니까?
( )

① 빛에너지 → 위치 에너지
② 열에너지 → 전기 에너지
③ 화학 에너지 → 위치 에너지
④ 운동 에너지 → 위치 에너지
⑤ 위치 에너지 → 운동 에너지

12 광합성을 하는 나무에서 에너지의 형태가 바뀌는 과정을 설명한 것입니다. ( ) 안에 들어갈 에너지 형태로 가장 알맞은 것은 어느 것입니까?
( )

나무는 햇빛을 받아 광합성을 함으로써 필요한 ( )를 얻는다.

① 빛에너지
② 열에너지
③ 운동 에너지
④ 위치 에너지
⑤ 화학 에너지

서술형

13 범퍼카는 전기를 이용해 자동차를 움직이는 놀이 기구입니다. 범퍼카가 움직이는 과정에서 에너지 형태가 어떻게 바뀌는지 쓰시오.

주의

14 높이 던져 올린 공은 위치 에너지를 가지고 있습니다. 공이 다시 떨어지는 과정에서 위치 에너지는 어떤 에너지로 전환됩니까? (　　　)

① 열에너지
② 빛에너지
③ 운동 에너지
④ 화학 에너지
⑤ 전기 에너지

15 오른쪽의 태양광 해파리에서 태양을 향하도록 놓은 ㉠은 무엇입니까?

(　　　)

① 종이
② 전등
③ 전동기
④ 태양 전지
⑤ 집게 달린 전선

16 위 15번 ㉠에서의 에너지 전환 과정을 바르게 나타낸 것은 어느 것입니까? (　　　)

① 빛에너지 → 위치 에너지
② 빛에너지 → 전기 에너지
③ 화학 에너지 → 운동 에너지
④ 화학 에너지 → 전기 에너지
⑤ 위치 에너지 → 운동 에너지

17 (　　) 안에 공통으로 들어갈 말은 어느 것입니까?

(　　　)

- 식물은 (　　　)의 빛에너지를 이용해 필요한 양분을 얻는다.
- 우리는 (　　　)(으)로부터 온 빛에너지를 여러 가지 형태로 전환하여 생활에 이용한다.

① 물
② 달
③ 전기
④ 공기
⑤ 태양

서술형

18 오른쪽은 우리가 사용하는 전기 기구에서 볼 수 있는 표시입니다. 이 숫자 표시가 있는 전기 기구의 공통점을 쓰시오.

_____

_____

19 에너지를 효율적으로 이용하는 예가 **아닌** 것을 골라 기호를 쓰시오.

▲ 겨울잠

▲ 겨울눈

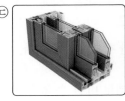
▲ 이중창

▲ 백열등

(　　　　　)

20 학교에서 에너지를 효율적으로 이용하는 방법을 바르게 제안한 친구의 이름을 쓰시오.

- 보라: 교실의 창은 이중창보다는 단창을 설치하는 것이 좋아.
- 우영: 에어컨은 에너지 소비 효율 등급이 5등급인 제품을 구입해야 해.
- 수민: 화장실에는 사람의 움직임을 감지해 불이 자동으로 켜지는 전등을 설치해.

(　　　　　)

1 과일 전지를 만들어 시계를 작동시키는 방법입니다. 순서대로 기호를 쓰시오.

> ㉠ 귤에 꽂아 둔 나머지 구리판과 아연판에 전자시계를 연결한 뒤, 전자시계가 작동하는지 확인한다.
> ㉡ 반으로 자른 귤 두 개에 각각 구리판과 아연판을 하나씩 꽂는다.
> ㉢ 한쪽 귤의 구리판과 다른 쪽 귤의 아연판을 집게 달린 전선으로 연결한다.

( )

서술형

2 사람은 에너지를 어떻게 얻는지 한 가지 쓰시오.

_____

_____

중요

3 에너지를 얻는 방법에 대해 바르게 설명한 친구의 이름을 쓰시오.

> • 푸름: 기계는 전기에서만 에너지를 얻어.
> • 수영: 식물은 햇빛을 받아 스스로 양분을 만들어.
> • 동해: 동물은 광합성을 하고 비료를 이용해 에너지를 얻어.

( )

4 생물이 살아가는 데 필요한 에너지를 얻는 방법이 나머지와 <u>다른</u> 것은 어느 것입니까? ( )

① 벼
② 개구리
③ 감나무
④ 토끼풀
⑤ 민들레

5 전기나 기름에서 에너지를 얻을 수 없게 될 때 우리 생활에서 발생할 수 있는 어려움으로 바르지 <u>않은</u> 것은 어느 것입니까? ( )

① 식물이 자라지 않는다.
② 자동차를 움직일 수 없다.
③ 휴대 전화를 사용할 수 없다.
④ 선풍기나 에어컨을 켤 수 없다.
⑤ 공장에서 기계로 물건을 만들어 낼 수 없다.

6 다음 설명에 해당하는 에너지의 형태는 어느 것입니까? ( )

> • 물질이 가진 잠재적인 에너지이다.
> • 식물이나 사람 등의 생명 활동에 필요하다.

① 빛에너지
② 열에너지
③ 운동 에너지
④ 전기 에너지
⑤ 화학 에너지

7 태양, 가로등 불빛, 텔레비전 화면과 관련된 공통된 에너지 형태를 쓰시오.

( )

[8~10] 다음은 우리 주변에서 볼 수 있는 것입니다.

▲ 뛰어다니는 강아지

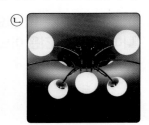
▲ 불이 켜져 있는 전등

▲ 햇빛

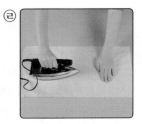
▲ 켜져 있는 다리미

8 운동 에너지를 가지고 있는 것을 찾아 기호를 쓰시오.

( )

9 빛에너지를 가지고 있는 것을 모두 찾아 기호를 쓰시오.

( )

10 전기 에너지를 이용하는 것을 모두 찾아 기호를 쓰시오.

( )

11 현준이가 점심을 먹은 뒤 운동장에서 달리기를 했을 때 나타나는 에너지 전환 과정을 설명한 것입니다. ( ) 안에 알맞은 에너지 형태를 쓰시오.

현준이의 ( ) → 현준이의 운동 에너지

( )

중요

12 오른쪽 전기난로에서 전기 에너지는 어떤 형태의 에너지로 전환되는지 모두 골라 기호를 쓰시오.

| ㉠ 빛에너지 | ㉡ 열에너지 |
| ㉢ 화학 에너지 | ㉣ 위치 에너지 |

( )

주의

13 다음과 같은 에너지 전환이 일어나는 예는 어느 것입니까? ( )

빛에너지 → 전기 에너지

① 전광판
② 신호등
③ 범퍼카
④ 손난로
⑤ 태양 전지

14 에너지 전환 과정을 나타낸 것입니다. ㉠~㉤에 알맞은 에너지의 형태를 바르게 짝 지은 것은 어느 것입니까? ( )

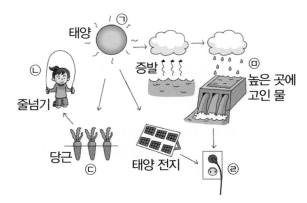

① ㉠ - 운동 에너지
② ㉡ - 전기 에너지
③ ㉢ - 전기 에너지
④ ㉣ - 운동 에너지
⑤ ㉤ - 위치 에너지

[15~17] 태양광 해파리를 만드는 과정을 순서 없이 나열한 것입니다.

> ⊙ 태양 전지의 전선과 전동기를 집게 달린 전선으로 연결한다.
> ⓛ 얇은 종이를 길게 찢거나 잘라서 양면테이프로 프로펠러 날개에 붙인다.
> ⓒ 전동기의 축에 얇은 종이를 붙인 프로펠러를 끼워 태양광 해파리를 완성한다.

15 위 실험 과정을 순서대로 기호를 쓰시오.

( )

서술형
16 위와 같이 태양광 해파리를 만든 다음, 태양 전지가 태양을 향하도록 놓았더니 태양광 해파리가 돌아갔습니다. 이때 태양 전지를 손으로 가리면 태양광 해파리는 어떻게 되는지 쓰시오.

_____

_____

17 위의 태양광 해파리를 움직이게 할 때 에너지를 전환시키는 부분을 두 가지 고르시오. (,)

① 전선   ② 전동기
③ 얇은 종이   ④ 프로펠러
⑤ 태양 전지

응용
18 에너지를 효율적으로 이용하는 전기 기구로 볼 수 없는 것은 어느 것입니까? ( )

① 에너지 절약 표시가 있는 전자레인지
② 에너지 소비 효율 등급이 1등급인 냉장고
③ 에너지 소비 효율 등급이 2등급인 에어컨
④ 에너지 소비 효율 등급이 5등급인 전기밥솥
⑤ 고효율 에너지 기자재 인증 표시가 있는 전등

[19~20] 백열등, 형광등, 발광 다이오드[LED]등의 에너지 효율을 비교하여 나타낸 것입니다.

▲ 백열등   ▲ 형광등   ▲ 발광 다이오드[LED]등

중요
19 위 자료에 대한 설명으로 바른 것을 모두 골라 기호를 쓰시오.

> ⊙ 전등은 전기 에너지를 모두 빛에너지로 전환하여 이용한다.
> ⓛ 전등의 종류에 따라 전기 에너지가 빛에너지로 전환되는 비율이 다르다.
> ⓒ 전기 에너지가 빛에너지로 전환되는 비율이 높은 전등일수록 에너지 효율이 높다.

( )

20 위 자료를 보고 백열등, 형광등, 발광 다이오드[LED]등 중 에너지 효율이 가장 높은 것을 쓰시오.

( )

1 오른쪽은 과일 전지에 전자시계를 연결한 모습입니다. 이 실험에 대해 잘못 설명한 것의 기호를 쓰시오.

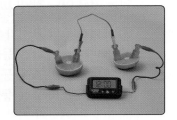

⊙ 과일 전지에서 전기가 발생하기 때문에 전자시계가 작동해.
ⓒ 더 높은 전압을 얻으려면 과일 조각을 여러 개 병렬로 연결하면 돼.
ⓒ 과즙이 풍부한 다른 과일이나 채소를 사용할 수 있어.

( )

[2~4] 우리 생활에서 사용하는 기계나 주변에서 볼 수 있는 동식물입니다.

⊙ 사람   ⓒ 자동차   ⓒ 소나무
ⓔ 메뚜기   ⓐ 토끼풀   ⓑ 휴대 전화

2 위 ⊙~ⓑ 중 다음과 같은 방법으로 에너지를 얻는 것을 찾아 기호를 쓰시오.

• 주유한 기름(연료)에서 에너지를 얻는다.
• 액화 석유 가스[LPG]를 충전해 에너지를 얻는다.
• 전기 충전소에서 전기를 충전해 에너지를 얻기도 한다.

( )

3 위 ⊙~ⓑ 중 다른 생물을 먹어 얻은 양분으로 에너지를 얻는 것을 모두 찾아 기호를 쓰시오.

( )

4 앞의 ⊙~ⓑ 중 햇빛을 받아 스스로 양분을 만들어 에너지를 얻는 것을 모두 찾아 기호를 쓰시오.

( )

서술형
5 전기나 기름에서 더는 에너지를 얻을 수 없게 된다면 우리 생활에서 어떤 어려움이 발생할 수 있을지 두 가지 쓰시오.

_____

_____

6 에너지의 형태에 대해 잘못 설명한 것은 어느 것입니까? ( )

① 움직이는 물체가 가지는 에너지는 운동 에너지이다.
② 물체의 온도를 높여 주는 에너지는 열에너지이다.
③ 어두운 곳을 밝게 비춰 주는 에너지는 빛에너지이다.
④ 생물의 생명 활동에 필요한 잠재적인 에너지는 화학 에너지이다.
⑤ 위치를 이동하고 있는 물체가 가지는 에너지는 위치 에너지이다.

7 각각의 상황과 관련된 에너지 형태를 잘못 짝 지은 것은 어느 것입니까? ( )

① 화분의 식물 – 화학 에너지
② 작동 중인 온풍기 – 빛에너지
③ 움직이는 자전거 – 운동 에너지
④ 천장에 달린 작품 – 위치 에너지
⑤ 화면이 켜진 텔레비전 – 전기 에너지

8 마라톤 대회에서 달리는 선수와 같은 형태의 에너지를 가지고 있는 것을 모두 골라 기호를 쓰시오.

> ㉠ 공원의 나무
> ㉡ 움직이는 기차
> ㉢ 헤엄치는 물고기
> ㉣ 높은 곳에 멈춰 있는 놀이 기구

(   )

9 올라갔다가 내려오는 시소와 관련된 에너지 형태를 두 가지 고르시오. (,   )

① 빛에너지   ② 열에너지
③ 전기 에너지   ④ 운동 에너지
⑤ 위치 에너지

10 (   ) 안에 공통으로 들어갈 알맞은 말을 쓰시오.

> 에너지의 형태가 바뀌는 것을 에너지
> (   )이라고 한다. 에너지 (   )
> 을 이용해 우리는 필요한 형태의 에너지를
> 얻을 수 있다.

(   )

11 열기구는 연료를 태우며 피운 불로 큰 풍선 안의 공기를 데움으로써 가벼워진 공기를 이용해 높은 곳으로 올라갈 수 있게 만들어진 장치입니다. 열기구에서 일어나는 에너지 전환 과정에서 (   ) 안에 알맞은 말을 각각 쓰시오.

> 연료의 화학 에너지 → 불의 (㉠   )
> 에너지 → 열기구의 (㉡   ) 에너지 + 운
> 동 에너지

㉠: (   )
㉡: (   )

12 다음 에너지 전환 과정에 알맞은 예를 **보기** 에서 골라 기호를 쓰시오.

> **보기**
> ㉠ 선풍기   ㉡ 가로등
> ㉢ 손난로   ㉣ 전기 주전자

(1) 화학 에너지 → 열에너지
(   )
(2) 전기 에너지 → 운동 에너지
(   )

서술형

13 다음과 같이 탄소봉에 불을 붙여 불꽃놀이를 할 때 일어나는 에너지 전환 과정을 쓰시오.

_____

_____

14 우리가 생활에서 이용하는 에너지는 무엇으로부터 에너지의 형태가 전환된 것인지 바르게 설명한 것을 골라 기호를 쓰시오.

> ㉠ 식물은 광합성을 통해 태양의 빛에너지를 전기 에너지로 전환한다.
> ㉡ 동물이 먹이로 먹은 식물의 화학 에너지는 동물의 운동 에너지 등으로 전환된다.
> ㉢ 사람들은 태양으로부터 온 빛에너지를 모두 전기 에너지로 전환해 사용한다.

(   )

[15~16] 오른쪽과 같은 태양광 해파리를 만들었습니다.

🖊서술형

15 위 태양광 해파리를 움직이게 하려면 어떻게 해야 하는지 쓰시오.

_____

_____

16 위 태양광 해파리를 움직이게 한 에너지 전환 과정을 나타낸 것입니다. ( ) 안에 알맞은 말을 각각 쓰시오.

태양의 빛에너지

↓ (㉠)

전기 에너지

↓ 전동기

(㉡) 에너지

㉠: (   )

㉡: (   )

17 건축물에서 에너지를 효율적으로 이용하는 방법으로 알맞지 않은 것은 어느 것입니까? (   )

① 이중창을 설치한다.
② 단열재를 사용한다.
③ 창문을 최대한 크게 만든다.
④ 건물의 외벽을 두껍게 만든다.
⑤ 단열 유리를 사용한 창문을 설치한다.

18 식물이나 동물이 환경에 적응하여 에너지를 효율적으로 이용하는 방법을 설명한 것입니다. ( ) 안에 알맞은 말을 각각 쓰시오.

• (㉠)의 비늘은 추운 겨울에 어린싹이 열에너지를 빼앗겨 어는 것을 막아 준다.
• 동물은 먹이를 구하기 어려운 겨울 동안 자신의 화학 에너지를 더 효율적으로 이용하고자 (㉡)을 자기도 한다.

㉠: (   )

㉡: (   )

19 에너지를 효율적으로 이용했을 때 좋은 점을 모두 골라 기호를 쓰시오.

㉠ 전기 에너지를 마음껏 사용할 수 있다.
㉡ 난방비를 줄이고 자원을 아낄 수 있다.
㉢ 전기 에너지를 만드는 과정에서 일어나는 환경 오염을 줄일 수 있다.

(   )

20 백열등, 형광등, 발광 다이오드[LED]등의 에너지 효율을 비교하여 나타낸 것입니다. 각 전등의 전기 에너지는 어떠한 형태의 에너지로 전환되는지 쓰시오.

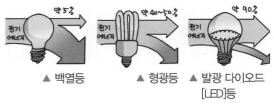

▲ 백열등   ▲ 형광등   ▲ 발광 다이오드
[LED]등

전기 에너지 → (   )에너
지 + (   )에너지

1 필요한 에너지를 얻는 방법에 대한 설명으로 바른 것은 어느 것입니까? ( )

① 사람은 음식을 먹어 소화시킨다.
② 휴대 전화는 기름(연료)을 넣는다.
③ 사과나무는 먹이를 먹어 소화시킨다.
④ 고양이는 햇빛을 받아 양분을 만든다.
⑤ 자동차는 햇빛을 받아 광합성으로 스스로 전기를 얻는다.

2 다음과 같은 방법으로 에너지를 얻는 것은 어느 것입니까? ( )

> • 태양의 빛에너지를 이용한다.
> • 광합성을 하여 스스로 양분을 만든다.

① 사람 ② 붕어
③ 지렁이 ④ 민들레
⑤ 코끼리

🖊 서술형
3 다음 사진을 참고하여 식물과 동물이 에너지를 얻는 방법을 비교하여 쓰시오.

▲ 식물

▲ 동물

_____

_____

[4~5] 놀이터에서 다양한 에너지 형태를 찾아 표로 나타낸 것입니다.

에너지의 형태	예
(㉠)	사람의 체온
전기 에너지	스마트 기기
빛에너지	햇빛
화학 에너지	나무
운동 에너지	(㉢)
(㉡)	미끄럼틀 위에 있는 사람

4 위 ㉠, ㉡에 알맞은 에너지 형태를 각각 쓰시오.

㉠: ( )
㉡: ( )

5 위 ㉢에 알맞은 운동 에너지의 예를 한 가지 쓰시오.

( )

6 다음 글의 밑줄 친 부분과 관련된 에너지 형태는 무엇입니까? ( )

> 어제 누나가 멋진 미술 작품을 완성했다. 엄마께서 누나의 작품을 액자에 넣어 거실 벽에 걸어 놓았는데 정말 멋있었다.

① 빛에너지 ② 화학 에너지
③ 전기 에너지 ④ 위치 에너지
⑤ 운동 에너지

7 '계절의 변화' 단원에서 배운 내용과 관련된 에너지 형태를 빈칸에 각각 쓰시오.

단원명	내용	에너지 형태
계절의 변화	태양	
	지구의 공전	

8 보기와 공통으로 관련된 에너지 형태에 대한 설명으로 바른 것은 어느 것입니까? (   )

> 보기
> 광합성을 하는 나무, 학교 급식

① 주위를 밝게 비추는 에너지이다.
② 물체의 온도를 높이는 에너지이다.
③ 움직이는 물체가 가지는 에너지이다.
④ 생물의 생명 활동에 필요한 에너지이다.
⑤ 높은 곳에 있는 물체가 가진 에너지이다.

9 에너지 전환 과정을 바르게 나타낸 것은 어느 것입니까? (   )

① 가로등 불빛: 전기 에너지 → 위치 에너지
② 돌아가는 선풍기: 운동 에너지 → 전기 에너지
③ 폭포에서 떨어지는 물: 운동 에너지 → 위치 에너지
④ 물을 끓이는 전기 주전자: 전기 에너지 → 열에너지
⑤ 언덕을 올라가는 자동차: 위치 에너지 → 운동 에너지

[10~11] 롤러코스터의 에너지 전환 과정을 설명한 것입니다.

> • 롤러코스터는 (㉠) 에너지로 출발하거나 멈춘다.
> • 롤러코스터가 출발할 때 (㉠) 에너지는 (㉡) 에너지와 위치 에너지로 바뀌며, 달리는 중 철길의 높낮이가 달라짐에 따라 (㉡) 에너지와 위치 에너지는 서로 바뀐다.

10 위 ㉠~㉡에 알맞은 말을 각각 쓰시오.

㉠: (   )
㉡: (   )

서술형

11 앞의 10번 정답을 참고하여 움직이는 롤러코스터가 높은 곳에서 낮은 곳으로 내려갈 때와 낮은 곳에서 높은 곳으로 올라갈 때의 에너지 전환 과정을 각각 쓰시오.

(1) 높은 곳에서 낮은 곳으로 내려갈 때: ＿＿＿＿＿

＿＿＿＿＿＿＿＿＿＿＿＿＿＿＿＿＿＿＿＿

(2) 낮은 곳에서 높은 곳으로 올라갈 때: ＿＿＿＿＿

＿＿＿＿＿＿＿＿＿＿＿＿＿＿＿＿＿＿＿＿

12 태양 전지와 풍력 발전기는 어떤 형태의 에너지를 전기 에너지로 전환한 것인지 보기에서 각각 골라 기호를 쓰시오.

> 보기
> ㉠ 빛에너지   ㉡ 화학 에너지
> ㉢ 운동 에너지   ㉣ 위치 에너지

▲ 태양 전지
(   )

▲ 풍력 발전
(   )

13 손전등에서 일어나는 에너지 전환 과정을 나타낸 것입니다. ( ) 안에 알맞은 말을 각각 쓰시오.

| 전지: (   ) 에너지 → 전기 에너지 |
| 전구: 전기 에너지 → (   )에너지 |

[14~15] 태양광 해파리로 에너지 전환 과정을 알아보려고 합니다.

> ⊙ 얇은 종이를 길게 찢거나 잘라서 양면테이프로 프로펠러 날개에 붙인다.
> ⓛ 태양 전지의 전선과 전동기를 집게 달린 전선으로 연결한다.
> ⓒ 전동기의 축에 ⊙의 프로펠러를 끼워 태양광 해파리를 완성한다.
> ⓒ 태양 전지가 태양을 향하도록 놓고 태양광 해파리의 움직임을 관찰한다.

14 위 실험에 대한 설명으로 바르지 <u>않은</u> 것은 어느 것입니까? (   )

① 태양 전지가 태양을 정면으로 향하도록 한다.
② 얇은 종이 대신 알루미늄 포일을 사용할 수 있다.
③ 태양광 해파리가 돌아가는 속도는 항상 일정하다.
④ 기상 상황이 좋지 않을 때에는 태양 대신 전등을 사용할 수 있다.
⑤ 종이가 무거우면 프로펠러가 움직이지 못하므로 얇은 종이를 사용해야 한다.

서술형

15 위 실험에서 태양 전지가 태양을 향할 때 태양광 해파리의 움직임을 쓰시오.

_____

_____

16 다음 설명 중 바른 것에 ○표, 바르지 <u>않은</u> 것에 ×표 하시오.

(1) 우리 생활의 에너지 전환 과정은 태양에서 공급된 에너지에서 시작됩니다. (   )
(2) 동물의 먹이가 가진 화학 에너지는 태양의 빛 에너지로부터 얻은 것입니다. (   )
(3) 식물은 다른 동물을 먹이로 먹어 화학 에너지를 얻습니다. (   )

17 식물이나 동물이 환경에 적응하여 에너지를 효율적으로 이용하는 예로 알맞지 <u>않은</u> 것은 어느 것입니까? (   )

① 북극곰의 털
② 장미의 가시
③ 목련의 겨울눈
④ 다람쥐의 겨울잠
⑤ 황제펭귄이 열을 빼앗기지 않도록 서로 모여 있는 것

[18~19] 종류가 다른 전구 (가), (나), (다)의 에너지 효율을 비교하기 위한 표입니다.

구분	비교 결과
사용한 전기 에너지의 양	(가)=(나)=(다)
빛에너지로 전환된 비율	(가)<(나)<(다)

18 위 전구 (가), (나), (다) 중 의도하지 않은 방향으로 에너지가 전환된 비율이 가장 낮은 것은 어느 것인지 쓰시오.

(   )

19 위 전구 (가), (나), (다)의 에너지 효율을 등호 또는 부등호를 사용하여 비교하시오.

(   )

20 에너지를 효율적으로 이용하는 건축물을 만들기 위한 계획을 바르게 말한 친구는 누구입니까?

(   )

① 연경: 창문은 이중창보다는 단창을 설치해야 돼.
② 예담: 전등은 발광 다이오드[LED]등보다 백열등을 설치하는 것이 좋아.
③ 준서: 공기 청정기는 에너지 소비 효율 등급이 5등급인 제품으로 설치해.
④ 수호: 바깥 온도와의 차이를 줄일 수 있도록 외벽을 두껍지 않게 만들어야 해.
⑤ 민진: 건물에 단열재를 사용해서 바깥 온도의 영향을 적게 받도록 만들어야 해.

5
단원

 1 다음 사진에서 에너지 형태를 세 가지 이상 찾아 관련된 상황과 함께 쓰시오.

_____

_____

에너지의 형태

• 에너지 형태에는 열에너지, 전기 에너지, 빛에너지, 화학 에너지, 운동 에너지, 위치 에너지 등이 있습니다.
• 우리는 생활하면서 다양한 형태의 에너지를 이용합니다.

2 여러 가지 물체에서 에너지 전환 과정을 쓰시오.

  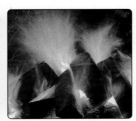

(1) 움직이는 범퍼카: _____

_____

(2) 떨어지는 낙하 놀이 기구: _____

_____

(3) 타오르는 모닥불: _____

_____

에너지 전환

• 에너지의 형태가 바뀌는 것을 에너지 전환이라고 합니다.
• 에너지를 전환함으로써 우리는 필요한 형태의 에너지를 얻을 수 있습니다.

3 우리가 생활에서 이용하는 에너지의 전환 과정을 나타낸 그림입니다. 에너지가 전환되는 과정을 두 가지 이상 쓰시오.

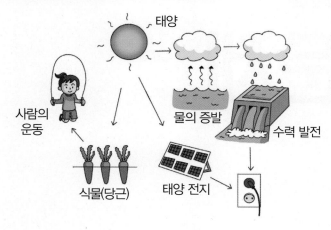

태양

물의 증발

수력 발전

사람의 운동

식물(당근) 태양 전지

_____

_____

_____

_____

에너지의 전환

• 식물은 태양의 빛에너지를 이용해 화학 에너지를 만듭니다.

• 태양의 빛에너지를 전기 에너지로 전환시킬 수 있습니다.

• 우리가 이용하는 에너지는 대부분 태양의 빛에너지로부터 에너지의 형태가 전환된 것입니다.

5 단원

4 에너지를 효율적으로 이용하는 사례를 나타낸 것입니다. 이와 같이 에너지를 효율적으로 이용했을 때의 좋은 점을 두 가지 이상 쓰시오.

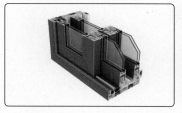

▲ 이중창

▲ 발광 다이오드[LED]등

_____

_____

_____

에너지를 효율적으로 이용하는 방법

• 건축물을 지을 때에는 에너지가 불필요하게 빠져나가지 않도록 단창보다는 이중창을 설치합니다.

• 발광 다이오드[LED]등과 같이 에너지를 효율적으로 이용하는 전기 기구를 사용합니다.

100점
예상문제

과학 6-2

5~6 학년군

1 다음에서 설명하는 것은 무엇인지 쓰시오.

> 철, 구리, 알루미늄, 흑연 등과 같이 전류가 잘 흐르는 물질이다.

(   )

2 전지, 전선, 전구를 연결한 전기 회로입니다. 전구에 불이 켜지는 전기 회로의 기호를 모두 쓰시오.

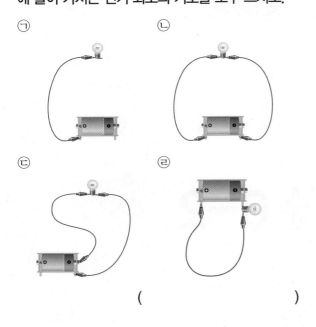

(   )

3 다음 전기 회로에서 전류를 흐르게 하거나, 흐르지 않게 할 수 있는 전기 부품의 기호와 명칭을 쓰시오.

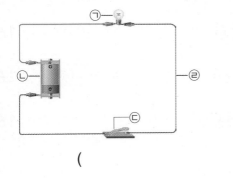

(   )

[4~6] 전지의 연결 방법에 따른 전구의 밝기를 관찰하는 실험입니다.

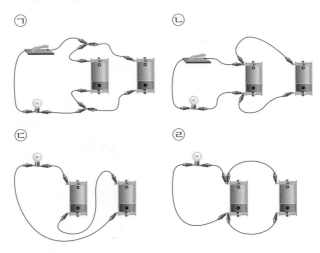

4 전구의 밝기가 가장 밝은 전기 회로의 기호를 쓰시오.

(   )

5 위 실험에서 전구의 밝기를 비교하였을 때 알 수 있는 사실은 무엇입니까? (   )

① 전구를 직렬연결한 전기 회로의 전구의 밝기가 더 밝다.
② 전지를 직렬연결한 전기 회로의 전구의 밝기가 더 밝다.
③ 전지를 병렬연결한 전기 회로의 전구의 밝기가 더 밝다.
④ 전구를 병렬연결한 전기 회로의 전구의 밝기가 더 밝다.
⑤ 전지의 연결 방법에 따라 전구의 밝기가 달라지지 않는다.

6 위 ㉠ 전기 회로의 전지 끼우개에서 전지 한 개를 빼고 스위치를 닫으면 전구의 불은 어떻게 되는지 쓰시오.

7 다음 전기 회로에서 전지와 전구는 직렬연결과 병렬연결 중 어떤 방법으로 연결되었는지 각각 쓰시오.

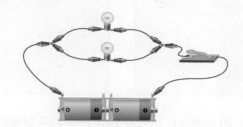

(1) 전지의 연결 방법: (   )
(2) 전구의 연결 방법: (   )

8 위 **7**번 회로에서 한 전구 불이 꺼지면 나머지 전구 불은 어떻게 되는지 쓰시오.

_____

_____

9 전구의 연결 방법에 대한 설명으로 바른 것은 ○표, 바르지 않은 것은 ×표를 하시오.

(1) 전구 두 개 이상을 한 줄로 연결하는 방법을 전구의 병렬연결이라고 합니다.   (   )

(2) 전구 두 개를 병렬연결한 전기 회로의 전구보다 전구 두 개를 직렬연결한 전기 회로의 전구가 더 어둡습니다.   (   )

10 전류가 흐르는 전선을 나침반 주위에 놓으면 나침반 바늘이 움직이는데 전류가 흐르는 전선 주위에 어떤 성질이 나타나기 때문인지 쓰시오.

(   )

11 전자석에 대한 설명 중 바르지 않은 것의 기호를 쓰시오.

> ⊙ 전류가 흐를 때에만 자석의 성질이 나타난다.
> ⓒ 전기 회로에서 전류의 방향이 바뀌면 전자석의 극도 바뀐다.
> ⓒ 전기 회로에서 직렬로 연결된 전구의 개수를 다르게 하여 전자석의 세기를 조절할 수 있다.

(   )

2 계절의 변화

[12~14] 다음은 태양 고도, 그림자 길이, 기온의 관계를 나타낸 그래프입니다.

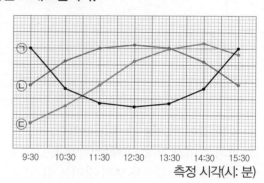

측정 시각(시: 분)

12 위 그래프 중 기온을 나타낸 것의 기호를 쓰시오.

(   )

13 위 그래프를 보았을 때 하루 중 그림자 길이가 가장 짧은 때는 언제인지 쓰시오.

(   )

14 위 그래프를 통해 알 수 있는 점을 바르게 설명한 것에 ○표 하시오.

(1) 태양 고도가 높아질수록 기온은 점점 낮아집니다.
(   )

(2) 하루 동안 기온이 가장 높게 나타나는 시각은 태양이 남중한 시각보다 약 두 시간 정도 뒤입니다.
(   )

15 겨울철 태양의 위치 변화를 나타낸 것의 기호를 쓰시오.

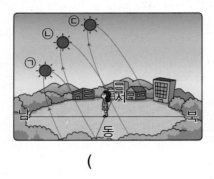

(   )

16 다음은 어느 지역의 월별 낮의 길이를 나타낸 그래프입니다. 이 그래프에 대한 설명으로 바른 것은 어느 것입니까? (   )

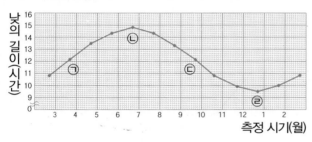

① 낮의 길이가 가장 긴 때는 ㉠이다.
② 밤의 길이가 가장 긴 때는 ㉡이다.
③ ㉡에서 ㉣로 갈수록 낮의 길이는 길어진다.
④ ㉠에서 ㉡으로 갈수록 낮의 길이는 짧아진다.
⑤ ㉠과 ㉢의 계절에는 낮과 밤의 길이가 비슷하다.

17 다음 (   ) 안에 들어갈 알맞은 계절을 차례로 쓰시오.

> 태양의 남중 고도가 가장 높은 (   )에는 낮의 길이가 가장 길고 태양의 남중 고도가 가장 낮은 (   )에는 낮의 길이가 가장 짧다.

(   )

[18~19] 태양의 남중 고도에 따른 기온 변화를 비교하기 위해 전등으로 모래를 담은 페트리 접시를 비추었습니다.

(가)   (나)

18 위 실험에서 다르게 해야 할 조건은 무엇입니까? (   )

① 모래의 양
② 전등의 크기
③ 페트리 접시의 크기
④ 전등과 모래가 이루는 각
⑤ 전등에 사용하는 전구의 종류

19 위 실험에서 여름철 태양의 남중 고도에 해당하는 모습은 어느 것인지 기호를 쓰시오.

(   )

20 지구의 자전축이 공전 궤도면에 대해 기울어진 채 태양 주위를 공전할 때 변하는 것이 아닌 것은 무엇입니까? (   )

① 기온
② 계절
③ 낮의 길이
④ 태양의 남중 고도
⑤ 지구 자전의 방향

1 전기의 이용

1 다음 ( ) 안에 알맞은 말을 쓰시오.

> 종이, 유리, 비닐, 나무 등과 같이 전류가 잘
> 흐르지 않는 물질을 (   )라고 한다.

( )

2 스위치를 닫았을 때 전기 회로에 흐르는 전류의 흐름을 화살표로 표시하시오.

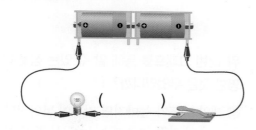

( )

3 위 **2**번 전구에 불이 켜졌을 때, 바른 설명이 <u>아닌</u> 것은 무엇입니까? ( )

① 전구와 전구 끼우개의 도체 부분이 연결되어 있다.
② 전구 끼우개와 스위치의 도체 부분이 연결되어 있다.
③ 전지의 극과 전지 끼우개의 도체 부분이 연결되어 있다.
④ 집게 달린 전선과 전구 끼우개의 도체 부분이 연결되어 있다.
⑤ 스위치와 전구 끼우개의 부도체 부분이 서로 연결되어 있다.

4 위 **2**번 전기 회로는 전지가 직렬연결과 병렬연결 중 어떤 방법으로 연결되었는지 쓰시오.

( )

[5~6] 다음 전기 회로를 보고 물음에 답하시오.

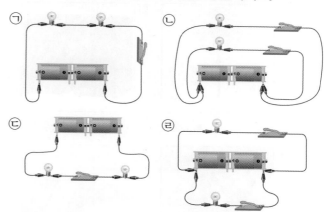

5 전구의 밝기가 밝은 전기 회로의 기호를 모두 쓰시오.

( )

6 장식용 나무에 설치된 전구 중 일부만 불이 켜져 있었다면 불이 켜진 전구와 불이 꺼진 전구는 위 회로 중 어느 전기 회로와 같은 방법으로 연결된 것인지 모두 기호를 쓰시오.

( )

서술형

7 전류가 흐르는 전선 주위에서 나침반 바늘이 움직이는 까닭을 쓰시오.

_____

_____

8 다음에서 설명하는 것은 무엇인지 쓰시오.

> • 영구 자석과 달리 전류가 흐를 때에만 자석의 성질이 나타난다.
> • 직렬로 연결된 전지의 개수를 다르게 해 세기를 조절할 수 있다.

( )

9 우리 생활에서 전자석을 이용한 예가 <u>아닌</u> 것은 어느 것입니까? ( )

①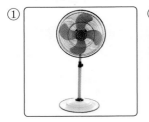
▲ 선풍기

②
▲ 스피커

③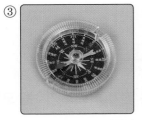
▲ 나침반

④
▲ 자기 부상 열차

10 전기를 절약하거나 안전하게 사용하는 사람은 누구입니까? ( )

① 진: 전선을 잡아당겨 플러그를 뽑는다.
② 지민: 물 묻은 손으로 전기 제품을 만진다.
③ 지훈: 부채나 선풍기보다 에어컨을 사용한다.
④ 정국: 콘센트 한 개에 플러그 여러 개를 꽂는다.
⑤ 재환: 사용하지 않는 전기 제품의 플러그는 뽑아 놓는다.

2 계절의 변화

11 태양 고도는 지표면과 태양이 이루는 각의 크기로 나타냅니다. 다음에서 태양 고도는 얼마인지 쓰시오.

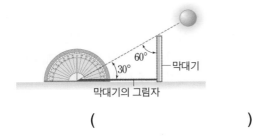

( )

12 다음은 태양 고도와 그림자 길이, 기온의 관계를 나타낸 그래프입니다. 그림자의 길이 변화를 나타낸 것의 기호를 쓰시오.

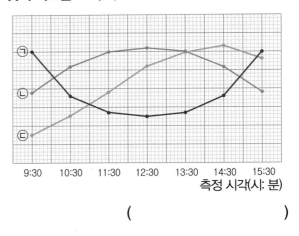

( )

13 위 12번 그래프를 통해 알 수 있는 점을 바르게 설명한 것은 무엇입니까? ( )

① 태양 고도가 높아지면 기온이 낮아진다.
② 기온이 가장 높은 때는 낮 12시 30분 무렵이다.
③ 태양 고도가 높아지면 그림자 길이는 짧아진다.
④ 태양 고도가 가장 높은 때는 14시 30분 무렵이다.
⑤ 그림자 길이가 가장 긴 때는 낮 12시 30분 무렵이다.

14 월별 낮의 길이를 나타낸 그래프입니다. 바른 설명은 어느 것입니까? ( )

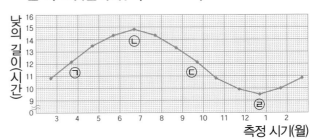

① 낮의 길이가 가장 긴 때는 ㉠이다.
② 밤의 길이가 가장 긴 때는 ㉡이다.
③ ㉡에서 ㉣로 갈수록 낮의 길이는 길어진다.
④ 낮과 밤의 길이가 비슷한 때는 ㉠과 ㉢이다.
⑤ ㉠에서 ㉡으로 갈수록 낮의 길이는 짧아진다.

15 전등과 모래가 이루는 각을 다르게 하고 전등을 켜서 모래의 온도 변화를 비교해 보았습니다. 온도 변화가 더 큰 경우는 어느 것인지 기호를 쓰시오.

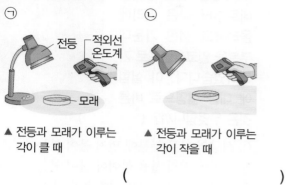

▲ 전등과 모래가 이루는 각이 클 때

▲ 전등과 모래가 이루는 각이 작을 때

(   )

16 태양의 남중 고도와 계절을 바르게 선으로 연결하시오.

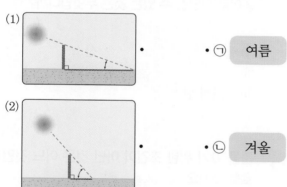

(1) · · ㉠ 여름

(2) · · ㉡ 겨울

17 태양의 남중 고도가 높을 때 기온이 높은 까닭을 쓰시오.

_____

_____

_____

[18~19] 계절이 변화하는 원인을 알아보기 위해 지구의의 자전축을 기울여 놓고 전등 주위를 공전시켜 보았습니다.

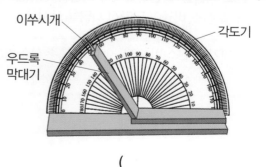

18 위 활동에서 우리나라의 계절이 여름일 때 지구의의 위치는 어디인지 기호를 쓰시오.

(   )

19 위 활동에서 지구의의 위치에 따라 북반구에서의 태양의 남중 고도 변화에 대한 설명으로 바른 것은 무엇입니까? (   )

① (가)에서의 태양의 남중 고도가 가장 높다.
② (나)에서의 태양의 남중 고도가 가장 높다.
③ (다)에서의 태양의 남중 고도가 가장 높다.
④ (라)에서의 태양의 남중 고도가 가장 높다.
⑤ (가), (나), (다), (라)에서 태양의 남중 고도는 모두 같다.

20 다음은 무엇을 측정하기 위해 만든 것인지 쓰시오.

이쑤시개

우드록
막대기

각도기

(   )

100점 예상 문제

3 연소와 소화

1 초와 알코올이 탈 때 나타나는 공통적인 현상이 아닌 것은 어느 것입니까? (   )

① 열이 발생한다.
② 빛이 발생한다.
③ 검은색 재가 생긴다.
④ 불꽃 주변이 밝아진다.
⑤ 불꽃 주변이 따뜻해진다.

2 크기가 다른 투명한 아크릴 통으로 촛불을 동시에 덮은 뒤 초가 타는 시간을 비교하는 실험은 무엇을 알아보기 위한 것인지 알맞은 내용의 기호를 쓰시오.

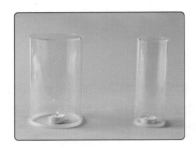

(가) 물질이 타려면 무엇이 필요할까?
(나) 물질이 탈 때 어떤 현상이 발생할까?
(다) 초의 크기에 따라 초가 타는 시간은 어떻게 다를까?

(   )

<서술형>

3 초를 비커 속에 넣고 초가 타기 전과 타고 난 후의 산소 비율을 측정하였더니 다음과 같았습니다. 비커 속 산소 비율이 달라진 까닭을 쓰시오.

타기 전 산소 비율(%)	타고 난 후 산소 비율(%)
약 21	약 17

4 성냥의 머리 부분과 나무 부분을 철판의 가운데로부터 같은 거리에 올려놓고 철판 가운데 부분을 알코올램프로 가열하였습니다. 이 실험에 대한 설명으로 바른 것은 무엇입니까? (   )

성냥의 머리 부분   성냥의 나무 부분

① 성냥의 나무 부분에 먼저 불이 붙는다.
② 물질에 직접 불을 붙여야 불이 붙는다.
③ 성냥의 머리 부분의 발화점이 더 높다.
④ 물질이 타려면 온도가 발화점 이상이 되어야 한다.
⑤ 성냥의 머리 부분과 나무 부분에 동시에 불이 붙는다.

5 초가 연소한 후 생기는 물질 중 푸른색 염화 코발트 종이로 확인할 수 있는 것은 무엇입니까?

(   )

① 물   ② 산소
③ 수소   ④ 석회수
⑤ 이산화 탄소

6 불을 끄기 위한 조건이 아닌 것은 어느 것인지 기호를 쓰시오.

㉠ 탈 물질을 없앤다.
㉡ 산소 공급을 막는다.
㉢ 발화점 이상으로 온도를 높인다.

(   )

<서술형>

7 화재가 발생했을 때 실천해야 할 올바른 행동을 한 가지 이상 쓰시오.

8 ㉠과 ㉡에 알맞은 말을 쓰시오.

> • (㉠)는/은 우리 몸의 형태를 만들어 주고 몸을 지지하는 역할을 하며 심장이나 폐, 뇌 등을 보호한다.
> • (㉡)의 길이가 줄어들거나 늘어나면서 (㉠)를/을 움직이게 한다.

㉠: (   )

㉡: (   )

9 오른쪽 소화 기관 중 위에 해당하는 곳의 기호를 쓰시오.

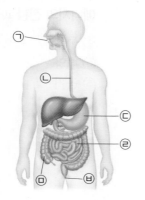

(   )

서술형

10 음식물이 소화되는 과정을 차례로 쓰시오.

입 _____

11 다음 중 호흡 기관이 아닌 것은 어느 것입니까?

(   )

① 코
② 귀
③ 폐
④ 기관
⑤ 기관지

[12~13] 주입기를 사용하여 순환 기관이 하는 일을 알아보는 실험입니다.

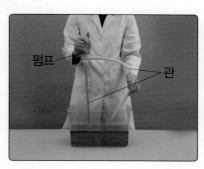

12 주입기의 펌프 부분은 우리 몸의 어느 부분과 같은 역할을 합니까? (   )

① 정맥
② 동맥
③ 심장
④ 혈관
⑤ 모세혈관

13 위 실험에서 주입기 펌프를 빠르게 누를 때 색소 물의 이동량과 색소 물의 이동 빠르기를 설명한 것입니다. 알맞은 말에 ○표 하시오.

> 주입기를 수조에 넣고 펌프를 빠르게 누르면 붉은 색소 물의 이동량이 (적어 , 많아)지고, 붉은 색소 물의 이동 빠르기가 (느려 , 빨라)진다.

14 오른쪽은 우리 몸의 배설 기관을 나타낸 것입니다. ㉠기관의 명칭은 무엇입니까?

(   )

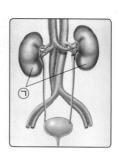

① 항문
② 콩팥
③ 방광
④ 큰창자
⑤ 기관지

15 다음 밑줄 친 부분과 관련있는 감각 기관은 무엇입니까? (   )

> 아빠 생신을 맞아 우리 가족은 모두 함께 음식을 준비하였다. 미역국도 끓이고 아빠가 좋아하시는 튀김 요리도 하였더니 집안에 <u>고소한 냄새가 가득 찼다.</u>

① 눈
② 코
③ 혀
④ 귀
⑤ 피부

5 에너지와 생활

16 자동차, 식물, 동물이 에너지를 얻는 방법을 바르게 연결하시오.

(1)

• ㉠ 햇빛을 받아 양분을 만들어 얻는다.

(2)

• ㉡ 다른 생물을 먹어서 얻는다.

(3)

• ㉢ 전기나 기름 등에서 얻는다.

17 굴러가는 축구공과 같은 형태의 에너지를 가지고 있는 것은 무엇입니까? (   )

① 달리는 자동차
② 불이 꺼진 전구
③ 가스레인지 불꽃
④ 책상 위에 놓인 농구공
⑤ 장난감 인형 안의 전지

18 전기주전자는 전기 에너지를 어떤 형태의 에너지로 전환하는 것인지 쓰시오.

전기 에너지 → (   )

19 식물과 동물이 에너지를 얻는 과정을 포함한 우리가 사용하는 모든 에너지는 무엇으로부터 공급된 에너지의 전환 과정입니까? (   )

① 물
② 구름
③ 태양
④ 암석
⑤ 공기

20 에너지를 효율적으로 이용하는 예가 <u>아닌</u> 것은 무엇입니까? (   )

①
▲ 겨울눈

②
▲ 겨울잠

③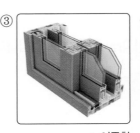
▲ 이중창

④
▲ 백열등

3 연소와 소화

1 물질이 빛과 열을 발생하며 타는 현상이 <u>아닌</u> 것은 무엇인지 기호를 쓰시오.

> ㉠ 나무가 탈 때
> ㉡ 보름달이 밝게 빛날 때
> ㉢ 숯불구이 화로를 켰을 때
> ㉣ 가스레인지의 가스에 불을 붙였을 때

(   )

2 크기가 다른 투명한 아크릴 통으로 촛불을 동시에 덮은 뒤 초가 타는 시간을 비교하였더니 (나)의 촛불이 더 먼저 꺼졌습니다. 이것으로 알 수 있는 사실을 쓰시오.

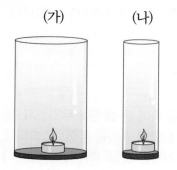

_____

_____

_____

3 다음 (   ) 안에 알맞은 말을 쓰시오.

> 어떤 물질이 불에 직접 닿지 않아도 타기 시작하는 온도를 그 물질의 (   )이라고 한다.

(   )

[4~5] 초가 연소한 후에 생기는 물질을 알아보기 위한 실험을 하였습니다.

(가)

▲ 촛불이 꺼진 후 푸른색 염화 코발트 종이의 색깔 변화 확인하기

(나)

▲ 집기병 속에서 초를 연소시키고 집기병에 석회수를 부어서 석회수의 변화 확인하기

4 (나) 실험에서 석회수가 뿌옇게 흐려지는 것으로, 물질이 연소한 후 무엇이 생기는 것을 알 수 있는지 쓰시오.

(   )

5 (가)와 (나) 실험에 대한 설명으로 바르지 <u>않은</u> 것은 무엇입니까? (   )

① 초가 연소한 후 새로운 물질이 생긴다.
② 석회수로 이산화 탄소를 확인할 수 있다.
③ 푸른색 염화 코발트 종이로 물을 확인할 수 있다.
④ 초가 연소하여 생긴 새로운 물질은 눈에 잘 보인다는 것을 알 수 있다.
⑤ 초가 연소한 후 크기가 줄어드는 것은 물과 이산화 탄소로 변했기 때문이다.

6 각각의 상황과 소화의 조건을 바르게 선으로 연결하시오.

(1) 촛불을 입으로 불기   •   • (가) 탈 물질 없애기

(2) 촛불에 분무기로 물 뿌리기   •   • (나) 발화점 미만으로 온도 낮추기

7 소화기 사용 방법을 순서에 맞도록 기호를 쓰시오.

> ㉠ 소화기의 손잡이를 움켜쥐고 불을 끈다.
> ㉡ 소화기의 안전핀을 뽑는다.
> ㉢ 소화기를 불이 난 곳으로 옮긴다.
> ㉣ 바람을 등지고 소화기의 고무관이 불 쪽을 향하도록 잡는다.

( )

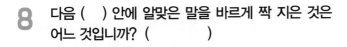

8 다음 ( ) 안에 알맞은 말을 바르게 짝 지은 것은 어느 것입니까? ( )

> 우리가 살아가는 데 필요한 일을 하는 몸속 부분을 (㉠)이라고 한다. (㉡)는/은 몸을 지지하고 심장이나 폐, 뇌 등을 보호하며 (㉢)은/는 길이가 줄어들거나 늘어나면서 (㉡)를/을 움직이게 한다.

	㉠	㉡	㉢
①	기관	뼈	근육
②	뼈	기관	근육
③	근육	기관	뼈
④	기관	근육	뼈
⑤	뼈	근육	기관

9 음식물을 잘게 분해하고 영양소를 흡수하는 역할을 하는 소화 기관은 어느 곳입니까? ( )

① 입   ② 간
③ 식도   ④ 큰창자
⑤ 작은창자

서술형

10 기관지가 여러 갈래로 갈라져 있는 까닭을 쓰시오.

_____

_____

11 우리 몸속 기관에 대한 다섯 고개 놀이를 하였습니다. 다음은 어떤 기관에 대한 설명인지 쓰시오.

> • 첫째 고개: 순환 기관이다.
> • 둘째 고개: 펌프 작용을 한다.
> • 셋째 고개: 자신의 주먹 정도의 크기이다.
> • 넷째 고개: 혈액을 온몸으로 보낸다.
> • 다섯째 고개: 운동을 하면 이것이 빠르게 뛴다.

( )

12 우리가 생활에서 사용하는 상수도의 정화 과정을 나타낸 것입니다. 이 과정 중 우리 몸속의 콩팥과 같은 역할을 하는 것은 무엇인지 쓰시오.

> 상수도 물(깨끗한 물) → 가정 → 더러워진 물 → 하수 처리장 → 찌꺼기는 버리고 정화된 물은 다시 상수도로 보낸다.

( )

13 상자 속에 든 물건이 무엇인지 알아보기 위해 상자를 흔들어 소리를 들어보았습니다. 어떤 감각 기관을 사용한 것입니까? ( )

① 귀   ② 코
③ 혀   ④ 눈
⑤ 피부

14 운동할 때 몸속 여러 기관이 서로 어떻게 관련되어 있는지 각각의 기능을 바르게 연결하시오.

(1) 순환 기관 •

    • ㉠ 산소를 제공하고 이산화 탄소를 몸 밖으로 내보낸다.

(2) 호흡 기관 •

    • ㉡ 산소와 영양소를 온몸으로 공급한다.

5 에너지와 생활

15 우리 주변의 다양한 형태의 에너지입니다. 어떤 에너지인지 각각 쓰시오.

(가)

▲ 스키 점프하는 사람이 갖는 에너지

(   )

(나)

▲ 뜨거운 다리미가 갖는 에너지

(   )

16 물레방아는 높은 곳에 있는 물이 떨어지는 힘을 이용해 곡식을 찧는 기구입니다. 물레방아는 물의 위치 에너지를 어떤 에너지로 전환시켜 사용하는 예입니까?

(   )

▲ 물레방아

① 열에너지
② 빛에너지
③ 위치 에너지
④ 전기 에너지
⑤ 운동 에너지

17 선풍기와 세탁기의 에너지 전환 과정을 바르게 설명한 친구의 이름을 쓰시오.

> • 청민: 위치 에너지를 운동 에너지로 전환시켜.
> • 지우: 전기 에너지를 운동 에너지로 전환시켜.
> • 준하: 전기 에너지를 빛에너지로 전환시켜.
> • 민찬: 태양 에너지를 열에너지로 전환시켜.

(   )

18 우리가 이용하는 에너지의 전환 과정을 나타낸 것입니다. ㉠에 알맞은 에너지는 무엇인지 쓰시오.

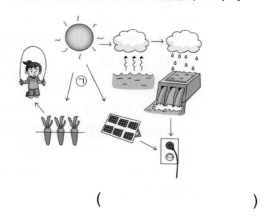

(   )

19 여러 가지 에너지에 대한 설명으로 바르지 않은 것은 어느 것입니까? (   )

① 사람이 움직일 때 운동 에너지를 갖는다.
② 높은 곳에 있는 물체는 위치 에너지를 갖는다.
③ 식물은 광합성으로 태양의 빛에너지에서 화학 에너지를 얻는다.
④ 수력 발전소에서는 물의 위치 에너지로 전기 에너지를 얻는다.
⑤ 미끄럼틀 위로 올라갈 때 위치 에너지는 운동 에너지로 전환된다.

20 에너지를 효율적으로 이용하는 방법을 바르게 이야기 한 친구는 누구입니까? (   )

① 민주: 바깥 온도에 영향을 많이 받는 집을 지어야 해.
② 수아: 창문은 이중창 대신 간편한 단창으로 설치하는 게 좋아.
③ 지안: 전자 제품은 에너지 효율 등급 표시가 5등급인 제품을 사용해야 해.
④ 시현: 창문으로 빠져나가는 열의 양을 줄일 수 있도록 단열 커튼을 설치하는 게 좋아.
⑤ 예나: 발광 다이오드[LED]등 대신 형광등으로 전등을 교체하면 에너지를 효율적으로 사용할 수 있어.

100점 예상 문제

 1 전기의 이용

1 전기 회로에서 전구에 불이 켜지는 조건으로 바른 것을 두 가지 고르시오. (,   )

① 전구와 전선만 있으면 된다.
② 전기 부품의 도체끼리 연결해야 한다.
③ 전기 회로의 스위치를 닫지 않아야 한다.
④ 전선은 전지의 (+)극에만 연결하면 된다.
⑤ 전구는 전지의 (+)극과 전지의 (−)극에 각각 연결해야 한다.

2 다음 전기 회로 중 전구의 밝기가 <u>다른</u> 하나는 어느 것입니까? (   )

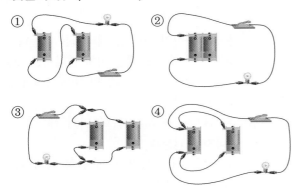

3 전류가 흐르는 전선을 나침반 주위에 놓으면 나침반 바늘이 움직입니다. 나침반 바늘을 반대 방향으로 움직이게 하는 방법으로 바른 것에 ○표 하시오.

(1) 스위치를 반대로 연결합니다.   (   )
(2) 전구의 극을 반대로 연결합니다.   (   )
(3) 전지 두 개를 직렬로 연결합니다.   (   )

서술형

4 전자석과 영구 자석의 차이점을 한 가지 쓰시오.

_____

 2 계절의 변화

[5~6] 태양 고도, 그림자 길이, 기온 관계를 나타낸 그래프입니다.

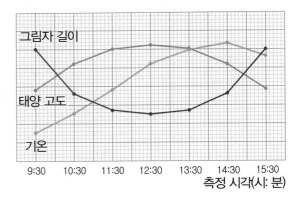

5 태양 고도 그래프와 모양이 비슷한 그래프는 어떤 것인지 쓰시오.

(   ) 그래프

6 태양 고도와 그림자 길이, 기온의 관계에 대한 설명으로 바른 것은 어느 것입니까? (   )

① 기온이 높아지면 그림자의 길이가 길어진다.
② 태양 고도가 가장 높을 때 기온도 가장 높다.
③ 그림자 길이가 가장 짧을 때 기온은 가장 높다.
④ 태양 고도가 높아지면 그림자 길이는 짧아진다.
⑤ 하루 동안 태양 고도와 그림자 길이, 기온은 일정하다.

7 태양의 남중 고도가 가장 높고 낮의 길이가 가장 긴 계절을 쓰시오.

(   )

서술형

8 계절이 변하는 까닭은 무엇인지 쓰시오.

_____

3 연소와 소화

9 양초 두 개에 불을 붙인 뒤 크기가 다른 아크릴 통으로 촛불을 동시에 덮었을 때의 결과로 바른 것의 기호를 쓰시오.

> ㉠ 촛불이 꺼지지 않는다.
> ㉡ 동시에 촛불이 꺼진다.
> ㉢ 크기가 큰 아크릴 통 속에 있는 초가 더 오래 탄다.
> ㉣ 크기가 작은 아크릴 통 속에 있는 초가 더 오래 탄다.

(   )

10 성냥의 머리 부분과 나무 부분을 철판의 가운데로부터 같은 거리에 올려놓고 철판의 가운데 부분을 알코올램프로 가열하였더니 성냥의 머리 부분이 먼저 불이 붙었습니다. 다음 (   ) 안에 알맞은 말을 쓰시오.

> 어떤 물질이 불에 직접 닿지 않아도 타기 시작하는 온도를 그 물질의 (㉠)이라고 하고 위 실험에서 (㉠)이 더 높은 것은 성냥의 (㉡) 부분이다.

㉠: (   )
㉡: (   )

11 초가 연소한 후 물이 생긴 것을 확인하는 방법으로 바른 것은 어느 것입니까? (   )

① 석회수를 넣어 본다.
② 이산화 탄소를 넣어 본다.
③ 푸른색 리트머스 종이의 색깔 변화를 관찰한다.
④ 푸른색 염화 코발트 종이의 색깔 변화를 관찰한다.
⑤ 붉은색 염화 코발트 종이의 색깔 변화를 관찰한다.

12 촛불을 입으로 불어서 끄는 것은 어떤 연소의 조건을 없애서 불을 끄는 것입니까? (   )

① 탈 물질을 없앤다.
② 산소 공급을 막는다.
③ 이산화 탄소의 공급을 막는다.
④ 발화점 미만으로 온도를 높인다.
⑤ 발화점 미만으로 온도를 낮춘다.

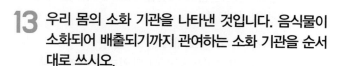

4 우리 몸의 구조와 기능

13 우리 몸의 소화 기관을 나타낸 것입니다. 음식물이 소화되어 배출되기까지 관여하는 소화 기관을 순서대로 쓰시오.

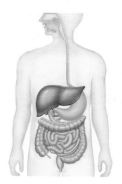

입 _____

14 순환 기관의 생김새와 하는 일을 알아보기 위한 실험에서 주입기의 펌프와 관, 붉은 색소 물은 우리 몸의 어떤 부분과 같은 역할을 하는지 쓰시오.

⑴ 주입기의 펌프: (   )
⑵ 주입기의 관: (   )
⑶ 붉은 색소 물: (   )

15 우리 몸속에서 노폐물을 걸러 몸 밖으로 내보내는 과정을 나타낸 것입니다. 순서대로 기호를 쓰시오.

> ㉠ 오줌이 관을 통해 몸 밖으로 나간다.
> ㉡ 콩팥에서 혈액에 있는 노폐물을 걸러 낸다.
> ㉢ 노폐물을 포함한 오줌이 방광에 저장된다.

( )

16 행동과 관련된 감각 기관을 바르게 짝 지은 것은 어느 것입니까? ( )

① 시각: 수아는 노래를 듣고 있다.
② 청각: 지연이는 급식이 맛있다고 생각했다.
③ 후각: 청민이는 엄마가 부르는 소리를 들었다.
④ 피부 감각: 지우는 고양이 털이 부드럽게 느껴졌다.
⑤ 미각: 나래는 옆집에서 고기를 굽는 것을 냄새로 알 수 있었다.

5 에너지와 생활

17 보 기 의 생물 중 살아가는 데 필요한 에너지를 태양의 빛에너지로부터 직접 얻는 생물끼리 바르게 짝 지은 것은 어느 것입니까? ( )

> **보 기**
> ㉠ 벼   ㉡ 뱀
> ㉢ 매   ㉣ 토끼
> ㉤ 감나무   ㉥ 다람쥐

① ㉠, ㉥   ② ㉤, ㉥
③ ㉡, ㉤   ④ ㉠, ㉤
⑤ ㉣, ㉥

18 태양의 빛에너지가 화학 에너지로 전환된 예는 어느 것입니까? ( )

▲ 사과나무

▲ 폭포의 떨어지는 물

▲ 움직이는 롤러코스터

▲ 떠오르는 열기구

19 에너지의 전환에 대한 설명으로 바르지 <u>않은</u> 것은 어느 것입니까? ( )

① 움직이는 지하철은 전기 에너지를 운동 에너지로 전환시킨다.
② 식물은 태양 에너지를 받아서 광합성을 통해 화학 에너지를 얻는다.
③ 전기난로의 전기 에너지는 열에너지로 전환되어 따뜻하게 느끼게 한다.
④ 달리는 사람은 음식물이 가진 화학 에너지를 운동 에너지로 전환시킨다.
⑤ 높은 곳에서 떨어지는 물레방아의 물은 화학 에너지가 운동 에너지로 전환되는 것이다.

20 에너지 효율이 높은 상품이 있는 상점을 '에너지 슈퍼마켓'이라고 합니다. '에너지 슈퍼마켓'에서 팔 수 있는 상품으로 적당하지 <u>않은</u> 것은 무엇인지 기호를 쓰시오.

> ㉠ 백열등
> ㉡ 단열재
> ㉢ 발광 다이오드[LED]등

( )

---

1 전기의 이용

1 도체로만 이루어진 물체는 어느 것입니까?
( )

① 전구　　　　② 전선
③ 쇠 클립　　　④ 스위치
⑤ 전지 끼우개

2 전기 회로의 스위치를 닫았을 때 전구의 밝기가 가장 어두운 회로는 어느 것입니까? ( )

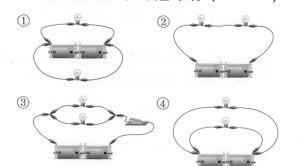

서술형

3 전류가 흐르는 전선을 나침반에 가까이 가져가면 바늘이 움직입니다. 나침반 바늘을 반대 방향으로 움직이게 하는 방법을 한 가지 쓰시오.

_____

_____

4 우리 생활에서 전자석을 이용하는 예가 <u>아닌</u> 것은 어느 것입니까? ( )

① 나침반　　　② 세탁기
③ 선풍기　　　④ 스피커
⑤ 머리 말리개

---

2 계절의 변화

5 오전 11시 무렵에 태양 고도와 그림자 길이를 측정하고 한 시간이 지난 뒤 태양 고도와 그림자 길이를 측정했을 때의 변화로 바른 것은 어느 것입니까?
( )

① 태양 고도와 그림자의 길이는 변하지 않는다.
② 태양 고도는 높아지고, 그림자 길이는 길어진다.
③ 태양 고도는 높아지고, 그림자 길이는 짧아진다.
④ 태양 고도는 낮아지고, 그림자 길이는 길어진다.
⑤ 태양 고도는 낮아지고, 그림자 길이는 짧아진다.

[6~7] 계절별 태양의 위치 변화를 나타낸 것입니다.

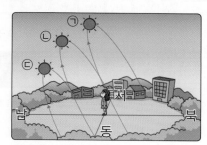

6 위 ㉠, ㉡, ㉢에 해당하는 계절을 각각 쓰시오.

㉠: ( )
㉡: ( )
㉢: ( )

7 위 ㉢에 해당하는 계절에 대한 설명으로 바른 것은 어느 것입니까? ( )

① 기온이 가장 높다.
② 그림자 길이가 가장 짧다.
③ 낮과 밤의 길이가 비슷하다.
④ 태양의 남중 고도가 가장 높다.
⑤ 지표면에 도달하는 태양 에너지양이 가장 적다.

100점
예상
문제

8 ( ) 안에 알맞은 말을 보기 에서 찾아 쓰시오.

보 기

여름	겨울	남중 고도
기온	낮의 길이	그림자 길이

(1) ( )에는 태양의 ( )가
높고 ( )이 높습니다.

(2) ( )에는 태양의 ( )가
낮고 ( )가 짧습니다.

3 연소와 소화

9 다음은 초가 타기 전과 타고 난 후의 산소 비율을
측정한 결과입니다. 이것으로 알 수 있는 사실은 무
엇인지 쓰시오.

▲ 초가 타기 전 비커 속 산소의 비율

▲ 초가 타고 난 후 비커 속 산소의 비율

_____

_____

10 물질이 연소한 후 생기는 물질과 확인하는 방법을 바
르게 짝 지은 것을 모두 고르시오. (,)

구분	생기는 물질	확인하는 방법
①	산소	석회수가 뿌옇게 흐려진다.
②	이산화 탄소	석회수가 푸르게 변한다.
③	이산화 탄소	석회수가 뿌옇게 흐려진다.
④	물	푸른색 염화 코발트 종이가 붉게 변한다.
⑤	물	붉은색 염화 코발트 종이가 푸르게 변한다.

11 알코올램프의 뚜껑을 닫았을 때 불이 꺼지는 까닭
과 관계 있는 것은 무엇입니까? ( )

① 산소 공급하기
② 산소 공급 막기
③ 탈 물질 없애기
④ 발화점 미만으로 온도 낮추기
⑤ 발화점 이상으로 온도 높이기

12 화재가 발생했을 때 대처하는 방법으로 바른 것에
모두 ○표 하시오.

(1) 젖은 수건으로 코와 입을 막고 대피합니다.
( )

(2) 빠르게 대피하기 위해 승강기를 이용합니다.
( )

(3) 문손잡이가 뜨거우면 문 반대편에 불이 있을
수 있으므로 함부로 문을 열지 않습니다.
( )

4 우리 몸의 구조와 기능

13 음식물이 소화되는 과정을 순서대로 적은 것입니
다. ( ) 안에 알맞은 기관을 쓰시오.

입 → 식도 → (㉠) → 작은 창자 →
(㉡) → 항문

㉠: ( )
㉡: ( )

14 오른쪽 호흡 기관의 명칭을
각각 바르게 쓰시오.

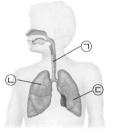

㉠: ( )
㉡: ( )
㉢: ( )

15 여러 가지 기관에 대한 설명으로 바르지 <u>않은</u> 것은 어느 것입니까? ( )

① 기관지는 공기의 이동 통로이다.
② 콩팥은 혈액의 노폐물을 걸러 낸다.
③ 작은창자에서는 영양소를 흡수한다.
④ 뼈는 근육을 움직일 수 있도록 한다.
⑤ 심장은 펌프 작용을 하여 혈액을 온몸으로 순환시킨다.

16 지우네 반은 체육 시간에 피구 경기를 하였습니다. 각각의 경우에 사용되는 감각 기관을 바르게 연결하시오.

(1) 피구공을 만져보니 표면이 매끈했다. •

(2) 친구가 던진 공이 멀리서 날아오는 것을 보았다. •

(3) 선생님께서 호루라기를 불어 끝나는 신호를 알려주었다. •

 •(가) 눈
 •(나) 귀
 •(다) 피부

5   에너지와 생활

17 여러 가지 에너지의 형태에 대한 설명으로 바른 것은 어느 것입니까? ( )

① 운동 에너지는 주위를 밝게 비추는 에너지이다.
② 빛에너지는 움직이는 물체가 가지는 에너지이다.
③ 위치 에너지는 물체의 온도를 높이는 에너지이다.
④ 화학 에너지는 생물의 생명 활동에 필요한 에너지이다.
⑤ 열에너지는 높은 곳에 있는 물체가 가지는 에너지이다.

18 스키 점프하여 높이 떠오른 운동 선수와 같은 형태의 에너지를 갖는 것은 무엇입니까? ( )

▲ 곡식

▲ 책상 위의 물건

▲ 불이 켜진 전구

▲ 촛불

19 태양광 해파리가 움직일 때의 에너지 전환 과정입니다. ( ) 안에 알맞은 에너지 형태를 쓰시오.

태양의 (㉠)에너지
↓ 태양 전지
(㉡) 에너지
↓ 전동기
(㉢) 에너지

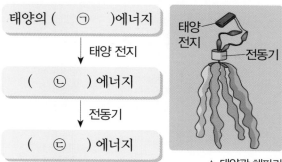
▲ 태양광 해파리

㉠: ( )
㉡: ( )
㉢: ( )

서술형

20 식물이나 동물이 환경에 적응하여 에너지를 효율적으로 이용하는 예를 한 가지 이상 쓰시오.

_____

_____

_____

_____

100점
예상
문제

메모 Memo

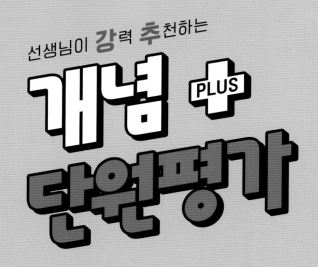

선생님이 강력 추천하는

개념 PLUS
단원평가

9종 검정 교과서

완벽 분석

종합평가

과학

6·2

5~6학년군

교육의 길잡이·학생의 동반자
(주)교학사

1 전기 부품에 대한 설명으로 바른 것을 모두 고르시오.
(,   )

① 전지−(+)극과 (−)극이 있다.
② 전구−전기 회로에 전기를 흐르게 한다.
③ 스위치−전기가 흐르는 길을 끊거나 연결한다.
④ 전구 끼우개−전구를 돌려 끼워 넣어 전구에 전기가 흐르지 않게 한다.
⑤ 집게 달린 전선−전선을 쉽게 연결할 수 있도록 전지를 넣어 사용한다.

2 여러 가지 전기 부품을 연결하여 전기 회로를 만들었습니다. 전구에 불이 켜지는 전기 회로의 기호를 쓰시오.

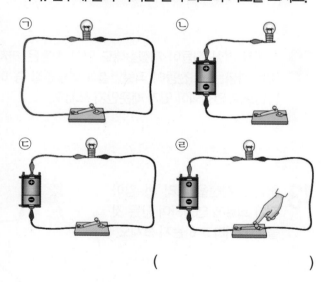

(   )

3 전구의 모습을 관찰하였습니다. 전구의 각 부분에서 전기가 흐르지 않는 곳의 기호를 쓰시오.

(   )

🔍 **관련 교과서 돋보기**

전기 부품이 전기가 잘 흐르는 물질과 전기가 잘 흐르지 않는 물질로 이루어져 있는 까닭
• 전기 부품의 모든 부분에 전기가 흐르면 감전 위험이 있습니다.
• 전기 회로가 제대로 작동하지 않을 가능성이 있기 때문입니다.

4 전기 회로에서 전구에 불이 켜지는 조건을 바르게 말한 친구는 누구인지 쓰시오.

• 영미: 전구, 전선, 전지를 끊어지지 않게 연결해야 해.
• 진우: 전지의 (+)극에 전구와 연결되는 두 전선을 모두 연결해야지.
• 수민: 전기 회로의 스위치는 윗부분과 아랫부분이 닿지 않게 벌어져 있어야 해.

(   )

5 전기 회로에 연결한 전지의 수에 따른 전구의 밝기를 비교할 때 다르게 해야 할 조건은 어느 것입니까?
(   )

① 전지의 수   ② 전구의 수
③ 전구의 종류   ④ 전지의 종류
⑤ 집게 달린 전선의 길이

6 전지의 수에 따른 전구의 밝기에 대한 설명입니다. 알맞은 말에 ○표 하시오.

• 전기 회로에서 전지 두 개를 연결하면 전지 한 개를 연결할 때보다 전구의 밝기가 더 (밝아질 , 어두워질) 수 있다.
• 전구의 밝기를 밝게 하기 위해서는 두 전지를 (같은 , 다른) 극끼리 연결해야 한다.

7 전지를 전구에 전선으로 연결한 모습입니다. 전구가 더 밝은 전기 회로의 기호를 쓰시오.

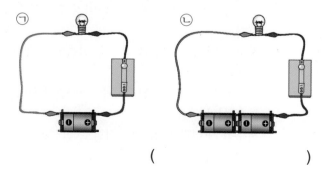

(   )

서술형

8 손전등의 모습에서 전지를 두 개 사용하는 손전등이 전지 한 개를 사용하는 손전등보다 어떤 점이 좋은지 한 가지 쓰시오.

_____

_____

9 전기 회로에서 전구의 연결 방법을 쓰시오.

(1)   (2)

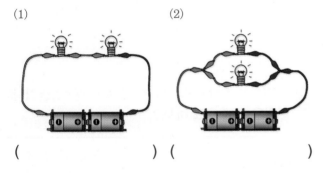

(   ) (   )

10 전구의 병렬연결에 대해 바르게 설명한 것은 어느 것입니까? (   )

① 전기 회로에서 전구 두 개 이상을 한 줄로 연결한다.

② 전구 한 개의 불이 꺼지면 나머지 전구의 불도 꺼진다.

③ 전구의 밝기가 전구를 직렬로 연결했을 때보다 더 어둡다.

④ 장식용 나무에 설치된 전구는 전구를 병렬로 연결한 예이다.

⑤ 전구를 병렬로 연결하면 직렬로 연결했을 때보다 전지를 더 오래 사용할 수 있다.

11 전기 회로에서 전구의 밝기가 가장 어두운 것을 골라 기호를 쓰시오.

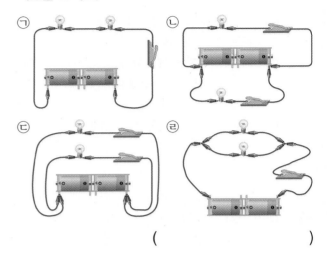

(   )

12 집에서 거실 전등이 꺼졌는데도 안방 전등은 꺼지지 않는 까닭은 두 전등이 직렬연결과 병렬연결 중 어떤 방법으로 연결되어 있기 때문인지 쓰시오.

(   )

13 철심에 전선을 여러 번 감아 전기 회로에 연결하여 만든 것을 무엇이라고 하는지 쓰시오.

(   )

14 전자석의 양 끝에 놓인 나침반 바늘이 다음과 같이 나타날 때 전자석 ㉠과 ㉡ 부분의 극을 쓰시오.

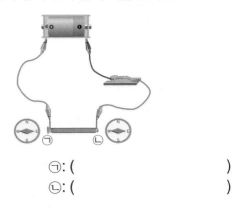

㉠: (   )

㉡: (   )

15 전자석의 특성을 바르게 설명한 것을 모두 고르시오.
(, ,)

① 전자석은 자석의 극을 바꿀 수 없다.
② 전자석은 자석의 세기를 조절할 수 있다.
③ 전자석의 양 끝에 철로 된 물체가 붙는다.
④ 전자석은 양 끝이 모두 N극으로 나타난다.
⑤ 전자석은 전기가 흐를 때에만 자석의 성질이 나타난다.

관련 교과서 돋보기

영구 자석과 전자석의 성질 비교하기

구분	영구 자석	전자석
극	바꿀 수 없다.	바꿀 수 있다.
세기	세기가 일정하다.	전지의 개수에 따라 세기를 조절할 수 있다.
특징	항상 자석의 성질을 지닌다.	전기가 흐를 때에만 자석의 성질이 나타난다.

16 전자석을 이용하는 예로 바르지 <u>않은</u> 것은 어느 것입니까? ( )

① 선풍기
② 스피커
③ 냉장고 문
④ 전동 휠체어
⑤ 자기 부상 열차

17 나침반(㉠)과 전자석 기중기(㉡)에 대한 설명으로 바른 것은 어느 것입니까? ( )

① ㉠과 ㉡은 모두 자석의 성질을 가지지 않는다.
② ㉠은 전자석을, ㉡은 영구 자석을 이용한 예이다.
③ ㉠에는 철이 달라붙고, ㉡에는 고무가 달라붙는다.
④ ㉠은 자석의 세기를 바꿀 수 있지만, ㉡은 자석의 세기를 바꿀 수 없다.
⑤ ㉠은 항상 자석의 성질을 가지지만, ㉡은 전기가 흐를 때에만 자석의 성질이 나타난다.

18 전기를 절약하고 안전하게 사용하는 방법을 토의하였습니다. 잘못 말한 친구는 누구인지 쓰시오.

• 현우: 플러그를 뽑을 때는 머리를 잡고 뽑아야 해.
• 선재: 환기를 위해 에어컨을 틀어 놓고 창문을 열어야 하지.
• 도영: 물이 닿을 수 있는 곳에서는 전기 기구를 사용하면 안 돼.

( )

서술형

19 친구가 전기를 위험하게 사용하는 모습을 한 가지 쓰시오.

_____

_____

20 그림과 같이 전기를 사용할 때 발생할 수 있는 문제점은 어느 것입니까? ( )

① 소음의 발생한다.
② 화상의 위험이 있다.
③ 감전의 위험이 있다.
④ 전기 에너지가 낭비된다.
⑤ 전기 요금이 적게 나온다.

1 하루 동안 태양의 높이 변화에 대한 설명입니다. 알맞은 말에 ○표 하시오.

> 태양의 높이는 태양이 지표면과 이루는 각으로 나타낼 수 있는데, 태양이 지표면과 이루는 각을 태양 (기온 , 고도)(이)라고 한다.

🔍 **관련 교과서 돋보기**

하루 동안 태양의 움직임과 그림자
• 태양이 동쪽 지평선에서 떠서 남쪽을 지나 서쪽 지평선으로 집니다.
• 하루 동안 태양의 높이와 방향의 변화에 따라 그림자의 길이와 방향이 달라집니다.

2 태양의 높이를 측정하기 위해 각도기로 어느 부분을 측정해야 하는지 기호를 쓰시오.

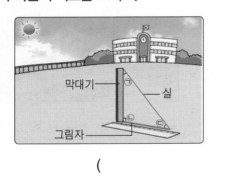

(   )

3 하루 동안 태양 고도, 그림자 길이, 기온을 측정할 때 필요한 도구가 <u>아닌</u> 것은 어느 것입니까? (   )

① 자   ② 실
③ 전등   ④ 각도기
⑤ 온도계

4 태양의 남중 고도에 대한 설명으로 바른 것을 모두 고르시오. (,   )

① 오전 6시 30분 무렵의 태양 고도이다.
② 태양이 정남쪽에 있을 때의 태양 고도이다.
③ 그림자가 서쪽을 향할 때의 태양 고도이다.
④ 계절에 따라 태양의 남중 고도는 변화한다.
⑤ 하루 중 기온이 가장 높을 때의 태양 고도이다.

[5~6] 하루 동안의 태양 고도, 그림자 길이, 기온을 측정하여 꺾은선그래프로 나타내었습니다.

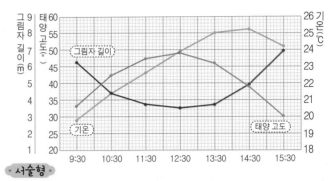

✏️ **서술형**

5 꺾은선그래프를 통해 알 수 있는 태양 고도와 그림자 길이와의 관계를 쓰시오.

_____

_____

6 위 **5**번 꺾은선그래프를 보고 알맞은 시각을 쓰시오.

(1) 하루 동안 기온이 가장 높은 시각:

(   )

(2) 하루 동안 태양의 고도가 가장 높은 시각:

(   )

7 하루 동안 그림자 길이와 방향을 측정한 모습입니다. ㉠~㉢에 대한 설명으로 바른 것은 어느 것입니까?

(   )

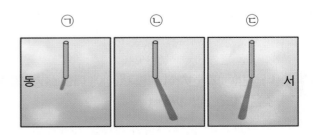

① ㉡은 기온이 가장 높은 때이다.
② ㉢은 태양 고도가 가장 높은 때이다.
③ ㉠은 태양이 남중했을 때의 모습이다.
④ 시간의 순서대로 나열하면 ㉢-㉠-㉡ 순이다.
⑤ ㉡은 태양이 서쪽에, ㉢은 태양이 동쪽에 있을 때이다.

• 서술형 •

8 하루 동안 태양 고도가 가장 높은 시각과 기온이 가장 높은 시각이 다른 까닭을 쓰시오.

_____

_____

9 월별로 측정한 태양의 남중 고도를 꺾은선그래프로 바르게 나타낸 것의 기호를 쓰시오.

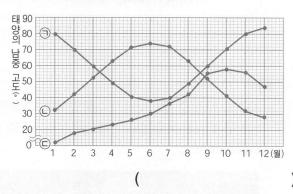

(　　　　　　)

10 계절에 따른 태양의 남중 고도 변화입니다. 각 기호에 맞는 계절을 쓰시오.

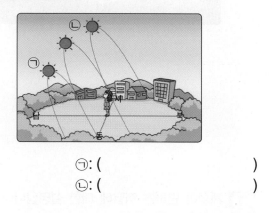

㉠: (　　　　　　)
㉡: (　　　　　　)

11 계절에 따른 낮과 밤의 길이를 바르게 설명한 것은 어느 것입니까? (　　　　)

① 봄에 낮의 길이가 가장 길다.
② 겨울에 밤의 길이가 가장 길다.
③ 여름에 낮의 길이가 가장 짧다.
④ 태양의 남중 고도가 높을수록 낮의 길이는 짧다.
⑤ 태양의 남중 고도가 높을수록 밤의 길이는 길다.

12 계절별 태양의 남중 고도 변화와 기온 변화에 대한 설명입니다. ( ) 안에 알맞은 계절을 쓰시오.

> 태양의 남중 고도가 높은 (㉠)에는 기온이 높고, 태양의 남중 고도가 낮은 (㉡)에는 기온이 낮다.

㉠: (　　　　　　)
㉡: (　　　　　　)

13 태양의 남중 고도에 따른 기온 변화를 알아보는 실험입니다. 실험에서 다르게 해야 할 조건은 무엇입니까? (　　　　)

① 전등의 종류
② 온도계의 종류
③ 전등과 모래 사이의 거리
④ 전등과 모래가 이루는 각
⑤ 페트리 접시에 담긴 모래의 양

14 태양 고도에 따른 태양 에너지양의 변화를 알아보는 실험입니다. 그림자 보기 막대의 그림자가 짧아질수록 프로펠러의 회전 빠르기는 어떻게 되는지 •보기•에서 골라 기호를 쓰시오.

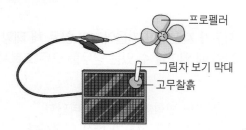

┌─ 보기 ─────────────────────┐
㉠ 멈춘다.　　　　　　㉡ 더 빨라진다.
㉢ 더 느려진다.　　　　㉣ 변하지 않는다.
└───────────────────────────┘

(　　　　　　)

15 계절에 따라 기온이 달라지는 까닭은 계절에 따라 무엇이 달라지기 때문입니까? (　　　)

① 지구의 온도
② 태양의 남중 고도
③ 태양과 지구 사이의 거리
④ 지구 전체가 받는 태양 에너지양
⑤ 지구를 덮고 있는 공기층의 두께

🔍 관련 교과서 돋보기

태양광 발전을 할 때 계절에 따라 태양 전지판 각도를 조절해야 하는 까닭

• 태양의 남중 고도가 높아지면 일정한 면적의 전지판에 도달하는 태양 에너지양이 많아집니다.
• 계절에 따라 태양의 남중 고도가 달라지므로 태양과 태양 전지판이 이루는 각이 커지도록 태양 전지판의 각도를 조절해야 합니다.

16 계절별 태양이 남중한 모습입니다. 설명이 바르면 ○표, 바르지 <u>않으면</u> ×표 하시오.

(1) ㉢일 때 낮의 길이가 가장 길다. (　　　)
(2) ㉠은 일정한 면적의 지표면에 도달하는 태양 에너지양이 가장 많은 계절의 모습이다. (　　　)

17 지구가 자전축이 기울어지지 않은 채 태양 주위를 공전할 때 일어날 수 있는 경우를 모두 고르시오.
(　　,　　)

① 계절의 변화가 뚜렷이 나타난다.
② 태양의 남중 고도가 항상 일정하다.
③ 일 년 내내 낮과 밤의 길이가 달라지지 않는다.
④ 월별로 태양이 남중할 때의 그림자 길이가 달라진다.
⑤ 계절에 따라 일정한 면적의 지표면이 받는 태양 에너지양이 달라진다.

18 계절의 변화가 생기는 까닭을 알아보기 위해 지구본을 이용해 실험을 하려고 합니다. 다르게 해야 할 조건을 기호로 쓰시오.

┌─────────────────────────┐
│ ㉠ 전등의 크기
│ ㉡ 지구본의 크기
│ ㉢ 태양 고도 측정기의 위치
│ ㉣ 지구본의 자전축 기울기
│ ㉤ 전등과 지구본과의 거리
│ ㉥ 지구본을 회전시키는 방향
└─────────────────────────┘

(　　　　　　)

• 서술형 •

19 지구의 위치 중 우리나라가 여름일 때의 기호를 쓰고, 남반구에 있는 뉴질랜드의 계절은 우리나라와 어떻게 다른지 쓰시오.

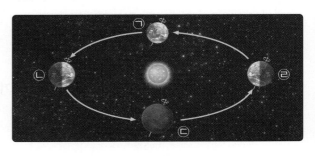

20 계절이 변하는 까닭에 대한 설명입니다. (　　) 안에 알맞은 말을 쓰시오.

┌─────────────────────────┐
│ 　지구가 (　㉠　)(이)가 일정한 방향으로 기울
│ 어진 채 태양 주위를 (　㉡　)하기 때문에 지구
│ 의 위치에 따라 태양의 남중 고도가 달라져 계절
│ 이 변한다.
└─────────────────────────┘

㉠: (　　　　　　)
㉡: (　　　　　　)

1 초가 타는 모습을 관찰하여 바르게 말한 친구는 누구인지 쓰시오.

- 진구: 불꽃의 색깔이 한 가지야.
- 상철: 시간이 지날수록 초의 길이가 길어져.
- 미연: 불꽃의 위치가 달라도 밝기가 일정해.
- 도연: 불꽃에 손을 가까이 대니 손이 따뜻해져.

(   )

2 양초와 알코올이 탈 때 나타나는 공통적인 현상으로 바른 것은 어느 것입니까? (   )

① 주위가 어두워진다.
② 불꽃의 색깔이 모두 푸른색이다.
③ 양초와 알코올의 양이 줄어든다.
④ 타기 전보다 주위의 온도가 내려간다.
⑤ 불꽃의 모양이 옆으로 길쭉한 모양이다.

3 타면서 빛과 열이 발생하는 물질을 무엇이라고 하는지 쓰시오.

(   )

🔍 관련 교과서 돋보기

물질이 탈 때 나타나는 공통적인 현상
• 빛이 나 주변이 밝아집니다.
• 열이 나 주변이 따뜻해집니다.

4 우리 주변에서 물질이 타면서 발생하는 빛과 열을 이용하는 예가 아닌 것은 어느 것입니까? (   )

① 정전되었을 때 촛불을 밝힌다.
② 밤에 야영장에서 장작불을 피운다.
③ 기름이나 가스를 태워 음식을 조리한다.
④ 추운 겨울에 보일러를 틀어 방안을 따뜻하게 한다.
⑤ 손이 시릴 때 주머니 난로를 흔들어 손을 따뜻하게 한다.

5 크기가 같은 세 개의 초에 동시에 불을 붙인 후 다음과 같이 실험하였습니다. 불이 먼저 꺼지는 것부터 순서대로 기호를 쓰시오.

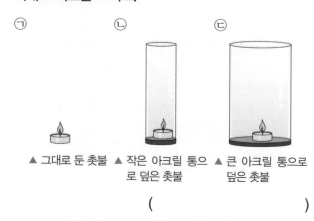

ㄱ   ㄴ   ㄷ

▲ 그대로 둔 촛불   ▲ 작은 아크릴 통으로 덮은 촛불   ▲ 큰 아크릴 통으로 덮은 촛불

(   )

6 기체 채취기와 검지관을 이용하여 비커 안의 산소 비율을 측정하였습니다. 초가 타기 전과 탄 후의 산소 비율을 비교하여 <, =, >로 표시하시오.

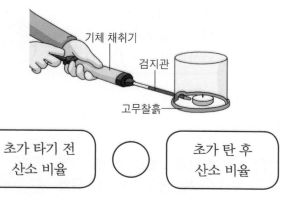

기체 채취기
검지관
고무찰흙

초가 타기 전 산소 비율   ◯   초가 탄 후 산소 비율

7 철판에 성냥의 머리 부분과 나무 부분을 올려놓은 후, 철판의 가운데 부분을 가열하는 실험은 무엇을 알아보기 위한 것입니까? (   )

성냥의 머리 부분   성냥의 나무 부분

① 불꽃의 모양과 색깔의 변화
② 물질이 탈 때 필요한 탈 물질
③ 물질의 종류에 따른 불꽃의 밝기 비교
④ 물질이 탈 때 산소의 양이 미치는 영향
⑤ 물질의 종류에 따른 타기 시작하는 온도

8 연소를 바르게 설명한 것은 어느 것입니까?

( )

① 연소가 일어나기 위해서는 탈 물질만 필요하다.
② 물질을 발화점 미만으로 가열해야 불이 붙는다.
③ 물질이 연소하기 위해서는 반드시 불을 붙여야 한다.
④ 물질이 연소하면 공기 중의 이산화 탄소 비율이 줄어든다.
⑤ 물질이 산소와 빠르게 반응하여 빛과 열을 내는 현상을 말한다.

9 실험 목적에 맞는 실험 재료를 선으로 연결하시오.

(1) 연소 후 물이 생성되는지 알아보기 •

• ㉠ 석회수

(2) 연소 후 이산화 탄소가 생성되는지 알아보기 •

• ㉡ 푸른색 염화 코발트 종이

10 푸른색 염화 코발트 종이를 안에 붙인 아크릴 통으로 양초를 덮었습니다. 양초가 연소 후 푸른색 염화 코발트 종이의 색깔 변화를 쓰시오.

푸른색 → ( )

11 위 10번 실험을 통해 초가 연소한 후 무엇이 생성되는 것을 알 수 있는지 쓰시오.

( )

12 앞 10번 실험에서 아크릴 통 안에 습도계를 넣고 습도를 측정했을 때 습도를 비교하여 <, =, >로 표시하시오.

아크릴 통으로 덮기 전의 습도 촛불이 꺼진 후 아크릴 통 안의 습도

13 초가 연소한 후 생성되는 물질을 모두 고르시오.

(,)

① 물   ② 수소
③ 산소   ④ 이산화 탄소
⑤ 과산화 수소수

> 🔍 **관련 교과서 돋보기**
>
> 철 솜을 가열할 때 생기는 물질 알아보기
> • 푸른색 염화 코발트 종이: 색깔이 변하지 않습니다.
> • 석회수: 뿌옇게 흐려지지 않습니다.
> → 철 솜을 가열할 때 물과 이산화 탄소가 생기지 않습니다. 모든 물질이 연소한 후에 물과 이산화 탄소가 생기는 것은 아닙니다.

14 촛불을 끄는 방법을 연소의 조건과 관련지어 바르게 설명한 것은 어느 것입니까? ( )

① 촛불을 물수건으로 덮는 것은 탈 물질을 없애는 것이다.
② 촛불을 집기병으로 덮는 것은 탈 물질을 없애는 것이다.
③ 촛불의 심지를 핀셋으로 집는 것은 산소 공급을 막는 것이다.
④ 촛불을 입으로 부는 것은 발화점 미만으로 온도를 낮추는 것이다.
⑤ 촛불에 물을 뿌리는 것은 발화점 미만으로 온도를 낮추는 것이다.

15 불을 끄는 방법이 <u>잘못된</u> 친구의 이름을 쓰시오.

> • 강수: 모닥불을 끌 때 물을 부어 껐어.
> • 지혜: 콘센트에 불이 붙으면 물을 뿌리면 돼.
> • 태호: 불이 붙은 종이에 젖은 수건을 덮었어.
> • 서희: 프라이팬 안의 기름에 불이 붙어서 소화기를 이용해 불을 껐어.

(   )

16 소화에 대한 설명으로 바른 것은 어느 것입니까?

(   )

① 물질이 빛과 열을 내는 현상이다.
② 물질이 연소된 후 생성되는 물질을 말한다.
③ 타는 물질에 관계없이 소화의 방법은 모두 같다.
④ 물질이 산소와 만나 빠르게 반응하는 것을 말한다.
⑤ 한 가지 이상의 연소 조건을 없애 불을 끄는 것이다.

17 다음의 경우와 같은 방법으로 소화하는 경우는 어느 것입니까? (   )

▲ 가스레인지의 연료 조절 밸브를 돌려 불을 끈다.

① 알코올램프의 뚜껑을 덮는다.
② 모닥불을 모래로 덮어 불을 끈다.
③ 장작불에서 나무를 꺼내 불을 끈다.
④ 촛불을 끄는 도구로 촛불을 덮어 불을 끈다.
⑤ 산불을 소방 헬리콥터로 물을 뿌려 불을 끈다.

18 화재가 발생했을 때 대처 방법으로 바르지 <u>않은</u> 것은 어느 것입니까? (   )

①
▲ "불이야!"하고 불이 난 사실을 외친다.

②
▲ 유도등을 따라 신속하게 대피한다.

③
▲ 젖은 수건으로 코와 입을 막는다.

④
▲ 승강기를 타고 화재 현장을 벗어난다.

⑤
▲ 문틈을 수건으로 막고 구조를 요청한다.

19 분말 소화기 사용 방법을 순서대로 기호를 쓰시오.

> ㉠ 소화기의 안전핀을 뽑는다.
> ㉡ 소화기를 불이 난 곳 근처로 가져온다.
> ㉢ 소화기의 손잡이를 움켜쥐고 불을 끈다.
> ㉣ 바람을 등지고 소화기의 고무관을 불 쪽으로 향하게 한다.

(   )

_{서술형}
20 평소에 화재 안전 대책을 알아 두어야 하는 까닭은 무엇인지 한 가지 쓰시오.

[1~2] 우리 몸의 뼈를 나타낸 것입니다.

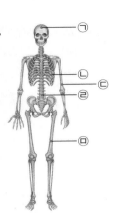

1 뼈 이름을 바르게 나타낸 것은 어느 것입니까? (   )

① ㉠ – 머리뼈
② ㉡ – 빗장뼈
③ ㉢ – 손목뼈
④ ㉣ – 엉덩뼈
⑤ ㉤ – 발목뼈

2 우리 몸의 뼈 중 ㉤이 하는 일로 바른 것은 어느 것입니까? (   )

① 뇌를 보호한다.
② 우리 몸을 지탱한다.
③ 심장을 움직이게 한다.
④ 음식물의 소화를 돕는다.
⑤ 뼈와 뼈 사이를 연결한다.

3 뼈와 근육 모형에 바람을 불어 넣을 때 움직임에 대한 설명입니다. 알맞은 말에 ○표 하시오.

> 비닐봉지의 길이가 (짧아지고 , 길어지고),
> 손 그림이 (아래로 내려간다 , 위로 올라간다).

🔍 관련 교과서 돋보기

뼈와 근육 모형 만들기
• 종이 빨대 두 개를 똑딱단추로 연결합니다.
• 비닐봉지의 막힌 쪽을 셀로판테이프로 감고, 다른 쪽은 자른 종이 빨대를 넣고 셀로판테이프로 감습니다.
• 종이 빨대 ㉡의 끝부분과 자른 종이 빨대를 감은 비닐봉지의 끝부분을 맞추고, 종이 빨대 ㉠과 비닐봉지의 다른 한 쪽을 맞추고 셀로판테이프로 감아 고정합니다.
• 종이 빨대 ㉠에 손 그림을 붙여 완성합니다.

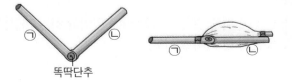

똑딱단추

4 소화에 대한 설명으로 바르지 <u>않은</u> 것은 어느 것입니까? (   )

① 우리 몸에는 소화를 돕는 기관도 있다.
② 소화를 담당하는 기관을 소화 기관이라고 한다.
③ 소화되고 남은 찌꺼기는 우리 몸속에 남아 있다.
④ 소화는 생활하는 데 필요한 영양소를 얻기 위해 필요하다.
⑤ 소화는 음식물을 몸에서 흡수할 수 있는 형태로 잘게 분해하는 과정이다.

5 입으로 들어간 음식물이 이동하는 경로로 바른 것은 어느 것입니까? (   )

① 입 → 식도 → 위 → 작은창자 → 큰창자 → 항문
② 입 → 식도 → 위 → 큰창자 → 작은창자 → 항문
③ 입 → 위 → 식도 → 작은창자 → 큰창자 → 항문
④ 입 → 큰창자 → 작은창자 → 식도 → 위 → 항문
⑤ 입 → 식도 → 위 → 간 → 이자 → 큰창자 → 항문

6 소화를 돕는 기관의 기호를 모두 골라 쓰시오.

㉠ 뇌	㉡ 간	㉢ 척추
㉣ 콩팥	㉤ 이자	㉥ 심장
㉦ 기관지	◎ 쓸개	

(   )

7 호흡 기관 중 산소가 혈액으로 들어가고, 혈액 속의 이산화 탄소가 나오는 곳은 어디입니까? (   )

① 기관   ② 코
③ 기관지   ④ 폐
⑤ 심장

·서술형·

8 호흡 기관 모형에 관을 통해 바람을 불어 넣었더니 비닐봉지가 부풀어 올랐습니다. 이를 통해 알 수 있는 호흡 과정과 우리 몸의 변화를 쓰시오.

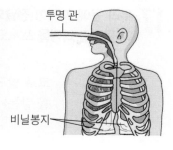

투명 관

비닐봉지

_____

_____

🔍 관련 교과서 돋보기

호흡 기관 모형 만드는 방법
• 투명 관 세 개를 Y자관으로 연결하고, 양쪽 투명 관 끝에 비닐봉지를 공기가 새지 않도록 셀로판테이프로 감아 연결합니다.
• 모형 위에 기관·기관지·폐 그림을 붙입니다.
• 호흡 기관 그림 위에 앞에서 만든 모형을 붙인 뒤 갈비뼈 그림을 붙입니다.

9 호흡에 대한 설명으로 바른 것을 모두 고르시오.
(,)

① 호흡은 숨을 들이마시고 내쉬는 과정이다.
② 호흡하면서 우리 몸에 필요한 수분을 얻는다.
③ 우리는 물속에서도 호흡을 편하게 할 수 있다.
④ 숨을 내쉴 때 몸속에 생긴 이산화 탄소를 내보낸다.
⑤ 숨을 들이마실 때에는 몸 밖의 공기가 폐로 들어와서 기관, 기관지를 거쳐 코로 들어간다.

10 ( ) 안에 알맞은 말을 쓰시오.

혈액은 소화 기관에서 흡수한 영양소와 호흡 기관에서 흡수한 산소 등을 싣고 온몸을 돈다. 이러한 혈액의 이동을 (㉠)(이)라고 하며, 혈액의 이동에 관여하는 기관을 (㉡)(이)라고 한다.

㉠: ( )
㉡: ( )

11 붉은 색소 물이 든 플라스틱 컵 중 한쪽에만 고무풍선을 씌우고 두 고무관을 연결한 후 고무풍선을 눌렀다 뗐다 하는 실험은 무엇을 알아보기 위한 것입니까?
( )

고무관

고무풍선

붉은 색소 물

① 배설 과정 ② 호흡 과정
③ 소화 과정 ④ 순환 과정
⑤ 뼈와 근육의 움직임

12 펌프 작용을 하여 혈액을 온몸으로 보내는 일을 하는 기관은 무엇입니까? ( )
① 눈 ② 폐
③ 방광 ④ 혈관
⑤ 심장

13 배설을 바르게 설명한 친구는 누구인지 쓰시오.

• 상희: 우리 몸에서 다양한 자극을 받아들이는 과정이야.
• 철수: 우리 몸에 흡수되고 남은 물만 배출하는 과정이야.
• 은수: 우리 몸이 생명 활동을 하는 과정에서 생긴 노폐물을 몸 밖으로 내보내는 과정이야.

( )

[14~15] 배설 기관의 모습입니다.

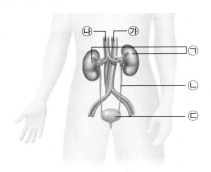

14 배설 기관 중 어느 것을 설명한 것인지 기호를 쓰시오.

> 작은 공처럼 생겼으며, 노폐물을 모아 두었다가 몸 밖으로 내보낸다.

( )

15 ㉮와 ㉯에 흐르는 것에 대한 설명으로 바른 것을 모두 고르시오. (,)

① ㉮에는 노폐물이 많은 혈액이 흐른다.
② ㉯에는 노폐물을 포함한 오줌이 흐른다.
③ ㉯에는 노폐물이 걸러진 혈액이 흐른다.
④ ㉯에는 산소 농도가 높은 오줌이 흐른다.
⑤ ㉮에는 영양소가 많이 포함된 혈액이 흐른다.

🔍 관련 교과서 돋보기

일상생활에서 배설 기관과 비슷한 역할을 하는 예
• 정수기는 물에서 불순물을 걸러 냅니다.
• 거름종이는 액체 속에 들어 있는 침전물을 걸러 냅니다.

16 감각 기관에 대한 설명이 바르면 ○표, 바르지 않으면 ×표 하시오.

(1) 혀로 맛을 느낀다. ( )
(2) 귀로 냄새를 맡는다. ( )
(3) 눈으로 사물을 본다. ( )
(4) 피부로 소리를 듣는다. ( )

• 서술형

17 우리 몸에 자극이 전달되어 반응하는 과정입니다. ㉠에 들어갈 과정을 쓰시오.

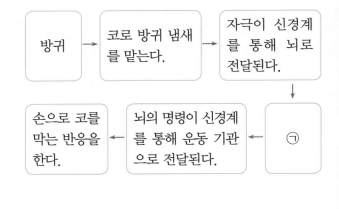

_____

_____

18 날아오는 야구공을 보았을 때 방망이를 휘두르라는 명령을 팔로 보내는 신경은 자극 전달 신경과 명령 전달 신경 중 무엇인지 쓰시오.

( )

19 운동할 때 몸에서 일어나는 변화를 바르게 설명한 것은 어느 것입니까? ( )

① 체온이 내려간다.
② 호흡이 느려진다.
③ 심장이 느리게 뛴다.
④ 혈액이 빠르게 순환한다.
⑤ 뼈와 근육이 움직이지 않는다.

20 몸을 움직이기 위해서는 에너지가 필요합니다. 에너지를 얻기 위해 음식물의 영양소를 우리 몸으로 흡수하는 기관을 ●보기●에서 골라 기호를 쓰시오.

●보기●
㉠ 뼈와 근육   ㉡ 소화 기관
㉢ 호흡 기관   ㉣ 순환 기관
㉤ 배설 기관   ㉥ 감각 기관

( )

1 두 경우를 통해 공통적으로 알 수 있는 에너지가 필요한 까닭은 무엇입니까? (   )

▲ 자동차가 움직일 때

▲ 텔레비전을 볼 때

① 식물은 에너지를 얻어 성장한다.
② 우리가 운동을 하는 데 에너지가 필요하다.
③ 식물이 열매를 맺는 데 에너지가 필요하다.
④ 동물이 생명을 유지하는 데 에너지가 필요하다.
⑤ 기계를 작동시키기 위해서는 에너지가 필요하다.

2 생물이 에너지를 얻는 방법에 대한 설명입니다. 알맞은 말에 ○표 하시오.

> 식물은 (전기에서 , 광합성으로 , 다른 생물을 먹어) 에너지를 얻고 동물은 (석유로 , 광합성으로 , 다른 생물을 먹어) 에너지를 얻는다.

3 우리 생활에서 에너지가 필요한 상황을 모두 고르시오. (,   )

① 동상이 서 있을 때
② 식물이 싹 트고 자랄 때
③ 휴대 전화로 전화를 걸 때
④ 책이 책장에 꽂혀 있을 때
⑤ 선풍기가 돌아가지 않을 때

4 에너지를 이용할 수 없을 때 일어날 수 있는 일을 바르게 말한 친구는 누구인지 쓰시오.

> • 예진: 멀리 이동하기 편리해져.
> • 수철: 인터넷을 사용할 수 없어.
> • 광수: 밤에도 안전하게 길을 다닐 수 있어.
> • 연아: 멀리 있는 친구에게 바로 연락할 수 있어.

(   )

5 기계가 얻을 수 있는 에너지 자원이 <u>아닌</u> 것은 어느 것입니까? (   )

① 석유   ② 햇빛
③ 열매   ④ 전기
⑤ 천연가스

6 엘리베이터를 이용하여 위층으로 이동하는 것과 관련 있는 에너지 형태를 두 가지 이상 쓰시오.

(   )

7 상황에 따른 에너지 형태를 바르게 나타낸 것은 어느 것입니까? (   )

①
▲ 위치 에너지

②
▲ 전기 에너지

③
▲ 운동 에너지

④
▲ 빛에너지

⑤
▲ 화학 에너지

🔍 **관련 교과서 돋보기**

과학실에서 찾을 수 있는 에너지의 형태 예
• 주위를 밝게 비추는 전등: 빛에너지
• 높은 곳에 있는 시계: 위치 에너지
• 화분의 식물: 화학 에너지
• 전기 기구: 전기 에너지

8 놀이공원에서 이용하는 에너지 형태로 바르지 <u>않은</u> 것은 어느 것입니까? (   )

구분	놀이기구	에너지 형태
①	범퍼카	운동 에너지, 전기 에너지
②	롤러코스터	위치 에너지, 운동 에너지, 전기 에너지
③	회전목마	운동 에너지, 전기 에너지, 빛에너지
④	튤립	위치 에너지, 운동 에너지
⑤	퍼레이드	운동 에너지, 빛에너지

🔍 관련 교과서 돋보기

한 물체나 현상에 관련 있는 여러 가지 에너지 형태
• 한 물체나 현상에 한 에너지 형태만 관련이 있는 것이 아니라, 여러 가지 에너지 형태가 관련이 있습니다.
• 예를 들어 불이 켜진 전등은 빛에너지, 열에너지, 전기 에너지와 관련이 있습니다.

9 공통적으로 이용되는 에너지 형태에 따라 물체를 분류하였습니다. ⊙과 ⓒ에 알맞은 말을 쓰시오.

⊙	ⓒ
온풍기의 따뜻한 바람, 따뜻한 손난로	가로등 불빛, 전등 불빛, 신호등 불빛, 햇빛

⊙: (   )
ⓒ: (   )

10 에너지 형태에 관한 설명으로 바른 것은 어느 것입니까? (   )

① 주위를 밝게 비추는 에너지는 위치 에너지이다.
② 움직이는 물체가 가지는 에너지는 열에너지이다.
③ 석유와 석탄이 가지는 에너지는 운동 에너지이다.
④ 다리미, 가스레인지 등은 빛에너지를 주로 이용한다.
⑤ 전기 기구를 작동하게 하는 에너지는 전기 에너지이다.

서술형

11 태양광 바람개비를 만들었습니다. 태양광 바람개비에서 에너지 형태가 바뀌는 과정을 두 단계로 나눠 쓰시오.

(1) 1단계:
_____

_____

(2) 2단계:
_____

_____

12 롤러코스터에서 열차가 이동하는 모습입니다. 2구간에서 에너지의 형태 변화를 쓰시오.

(1구간   2구간   3구간)

(   ) → (   )

13 에너지 형태가 바뀌는 것에 대한 설명이 바르면 ○표, 바르지 <u>않으면</u> ×표 하시오.

(1) 우리는 일상생활에 필요한 형태의 에너지로 바꿀 수 없다.   (   )
(2) 가로등에 불이 켜질 때는 전기 에너지가 빛에너지로 바뀐다.   (   )
(3) 아침밥을 먹고 학교에 걸어갈 때는 화학 에너지가 운동 에너지로 바뀐다.   (   )
(4) 하나의 에너지가 다른 형태의 에너지로 바뀌는 것을 에너지 변환이라고 한다.   (   )

14 에너지가 전환되는 여러 가지 경우를 통해 알 수 있는 사실은 무엇입니까? (   )

> • 식물은 태양의 빛에너지를 화학 에너지로 저장한다.
> • 태양 에너지는 태양 전지에서 전기 에너지로 전환되어 우리 생활에 이용된다.
> • 태양 에너지가 바람의 운동 에너지, 구름의 위치 에너지로 전환된다.

① 일상생활에서 태양 에너지는 이용하지 않는다.
② 태양 에너지는 지구상 모든 에너지의 근원이다.
③ 태양 에너지는 다른 에너지로 전환되지 않는다.
④ 태양 에너지가 없다면 생활이 더욱 편리해질 것이다.
⑤ 우리 생활에서 이용하는 에너지는 대부분 위치 에너지가 전환된 것이다.

15 풍력 발전기에서 일어나는 에너지 전환입니다. (   ) 안에 알맞은 말을 쓰시오.

> 태양의 빛에너지 → 바람의 (   ) → 발전기의 전기 에너지

(   )

서술형

16 에너지를 효율적으로 활용하는 것이 중요한 까닭은 무엇인지 한 가지 쓰시오.

_____

_____

🔍 관련 교과서 돋보기

생물이 에너지를 효율적으로 이용하는 예
• 나무가 가을에 잎을 떨어뜨립니다.
• 겨울눈의 비늘은 추운 겨울에 열에너지가 빠져가는 것을 줄여 주어 어린싹이 얼지 않도록 합니다.
• 곰이나 뱀이 겨울에 겨울잠을 잡니다.
• 철새들은 먼 거리를 날아갈 때 바람을 이용하여 에너지 효율을 높입니다.

17 에너지를 가장 효율적으로 이용하는 친구의 이름을 쓰시오.

> • 민지: 우리 집 창문을 단창으로 설치했어.
> • 종우: 우리 집은 통풍이 잘 되는 재료로 지었어.
> • 승환: 우리 집은 백열등을 발광 다이오드(LED)등으로 교체했어.

(   )

18 에너지를 효율적으로 사용하는 정도를 1등급~5등급으로 나타낸 표시는 어느 것인지 ○표 하시오.

(1)   (2)

(   )   (   )

19 에너지를 효율적으로 사용하는 예가 <u>아닌</u> 것은 어느 것입니까? (   )

① 태양열로 난방을 한다.
② 목련은 겨울눈으로 어린싹을 보호한다.
③ 겨울철 집 안의 창문에 뽁뽁이를 붙인다.
④ 에너지 소비 효율 5등급의 제품을 사용한다.
⑤ 건축물은 에너지가 빠져나가지 않도록 짓는다.

20 에너지를 효율적으로 이용하고 있지 못하는 장소를 골라 ○표 하시오.

(1)   (2)

▲ 창이 크고 많은 체육관   ▲ 태양 전지를 설치한 집

(   )   (   )

1 (+)극과 (−)극이 있고 전기 회로에 전기 에너지를 공급하는 것은 무엇입니까? (　　　　)

① 전구　　　　　　② 스위치
③ 전지　　　　　　④ 전지 끼우개
⑤ 전구 끼우개

2 전지, 전구, 전선을 연결한 그림입니다. 바르게 설명한 것을 모두 고르시오. (　　,　　)

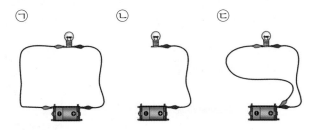

① ㉢의 전구에만 불이 켜진다.
② 모든 전기 회로에 전기가 흐른다.
③ 모든 전구에 불이 켜지지 않는다.
④ ㉠의 전기 회로에만 전기가 흐른다.
⑤ 전지의 극을 바꾸어 연결해도 전구의 불이 켜지는 것은 ㉠이다.

⊶서술형⊷
3 전기 회로에서 전구에 불을 켜려면 어떻게 해야 하는지 전기가 흐르는 조건과 관련지어 쓰시오.

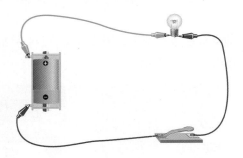

4 오른쪽 전기 회로에서 전구의 불을 켜기 위해 필요한 부품을 ⊶보기⊷에서 모두 골라 기호를 쓰시오.

⊶보기⊷
㉠ 전구　　　㉡ 전지　　　㉢ 고무줄
㉣ 나무 막대　㉤ 전지 끼우개

(　　　　　　　　　)

5 전지의 연결 개수에 따른 전구의 밝기에 대한 설명이 바르면 ○표, 바르지 않으면 ×표 하시오.

(1) 전지를 다른 극끼리 여러 개 연결할수록 전구의 불이 밝아진다. (　　　　)
(2) 한 전지의 (+)극에 다른 전지의 (+)극을 여러 개 연결해야 전구의 불이 밝아진다. (　　　　)
(3) 전지를 두 개 연결한 것이 전지를 하나 연결한 것보다 전구의 불이 더 어둡다. (　　　　)

[6~7] 전지와 전구를 전선으로 연결하여 실험을 하였습니다.

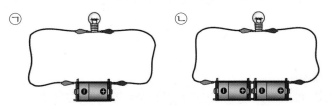

6 위 실험은 무엇을 알아보기 위한 것입니까? (　　　　)

① 전지의 종류와 쓰임
② 전지의 수에 따른 전구의 밝기
③ 전기 회로에서 전기가 흐르는 조건
④ 전구의 연결 방법에 따른 전구의 밝기
⑤ 전기가 흐르는 물체와 흐르지 않는 물체

7 위 6번에서 전구의 불이 더 밝은 것의 기호를 쓰시오.

(　　　　　　　　　)

8 두 손전등에 대한 설명으로 바르지 <u>않은</u> 것은 어느 것입니까? (   )

ㄱ   ㄴ

① ㄱ이 ㄴ보다 더 밝다.
② ㄱ은 전지가 2개 연결되어 있다.
③ ㄱ이 ㄴ보다 전지의 세기가 세다.
④ ㄴ은 전지가 1개가 연결되어 있다.
⑤ ㄱ의 전지 하나를 거꾸로 껴도 ㄴ보다 밝다.

9 (   ) 안에 알맞은 말을 쓰시오.

> • 전기 회로에서 다른 극끼리 연결한 전지의 개수가 (ㄱ   ) 전구의 불이 더 밝아진다.
> • 전구의 불을 밝게 하기 위해서는 한 전지의 (+)극을 다른 전지의 (ㄴ   )극에 연결해야 한다.

ㄱ: (   )
ㄴ: (   )

10 전구의 연결 방법에 대한 설명으로 바른 것은 어느 것입니까? (   )

① 집 안의 각 방마다 설치된 전등은 전구의 직렬연결이다.
② 전구의 직렬연결이 전구의 병렬연결보다 전지를 오래 사용한다.
③ 전구 두 개 이상을 한 줄로 연결하는 방법을 전구의 병렬연결이라고 한다.
④ 전구의 직렬연결에서 전구를 하나 빼내도 나머지 전구의 불이 꺼지지 않는다.
⑤ 전구 두 개 이상을 여러 개의 줄에 나누어 한 개씩 연결하는 방법을 전구의 직렬연결이라고 한다.

[11~13] 전구를 여러 가지 방법으로 전기 회로에 연결하였습니다.

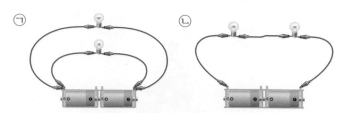

ㄱ   ㄴ

11 위 전구의 연결 방법을 각각 쓰시오.

ㄱ: (   )
ㄴ: (   )

12 위 11번 전기 회로의 전구의 밝기를 바르게 비교한 것은 어느 것입니까? (   )

① 전구의 밝기가 같다.
② ㄱ의 전구보다 ㄴ의 전구가 더 밝다.
③ ㄴ의 전구보다 ㄱ의 전구가 더 밝다.

🔍 관련 교과서 돋보기

전구의 연결 방법에 따른 밝기 비교
전구 두 개를 연결할 때 전구의 밝기는 병렬연결할 때가 직렬연결할 때보다 더 밝습니다.

〈서술형〉

13 위 11번에서 전구를 하나 빼내도 나머지 전구의 불이 꺼지지 않는 전기 회로의 기호를 쓰고, 그 까닭을 쓰시오.

_____

_____

14 장식용 나무를 감싸고 있는 전구 중 하나를 뺐습니다. 이때 나타나는 변화로 바른 것은 어느 것입니까?
( )

① 모든 전구의 불이 꺼진다.
② 전구 하나의 밝기가 밝아진다.
③ 전구 하나의 밝기가 어두워진다.
④ 나머지 전구의 불이 그대로 켜져 있다.
⑤ 나머지 전구의 불이 꺼졌다 켜졌다를 반복한다.

15 전자석을 만드는 방법입니다. 순서에 맞게 기호를 쓰시오.

> ㉠ 에나멜선의 양쪽 끝부분을 사포로 2 cm 정도 완전히 벗겨 낸다.
> ㉡ 둥근 머리 볼트에 에나멜선을 한쪽 방향으로 촘촘히 100번 정도 감는다.
> ㉢ 전지와 스위치를 전선으로 연결한 전기 회로에 에나멜선의 양쪽 끝부분을 연결한다.

( )

16 전자석의 성질을 바르게 설명한 친구의 이름을 쓰시오.

> • 원철: 전자석의 세기는 조절할 수 없어.
> • 민아: 전자석에는 (+)극만 있어.
> • 희진: 전자석의 성질은 영구 자석의 성질과 완전히 같아.
> • 태진: 전자석은 전기가 흐를 때만 전자석에 철이나 자석이 붙어.

( )

17 전자석의 양 끝에 놓인 나침반 바늘이 다음과 같이 나타날 때 전자석의 S극의 기호를 쓰시오.

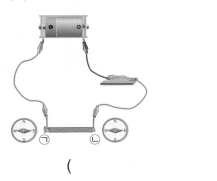

( )

18 위 **17**번의 전자석에서 양 끝의 극을 바꾸는 방법으로 바른 것은 어느 것입니까? ( )

① 전기 회로에 전구를 연결한다.
② 전자석에 전선을 더 많이 감는다.
③ 전기 회로의 스위치에서 손을 뗀다.
④ 전기 회로에 전지를 하나 더 연결한다.
⑤ 전기 회로의 전지의 방향을 반대로 바꾼다.

> 🔍 관련 교과서 **돋보기**
>
> 전자석이 사용되는 예
> 선풍기의 전동기, 세탁기의 전동기, 스마트 기기의 전동기 등에 사용됩니다.

19 전기를 절약하고 안전하게 사용하는 모습으로 바르지 않은 것은 어느 것입니까? ( )

① 낮에는 전등을 끈다.
② 사용하지 않는 전등을 끈다.
③ 전선을 잡아당겨 플러그를 뺀다.
④ 물 묻은 손으로 전기 제품을 만지지 않는다.
⑤ 사용하지 않는 전기 기구의 플러그를 뽑는다.

20 전기를 안전하게 사용하고 절약해야 하는 까닭으로 바르지 않은 것은 어느 것입니까? ( )

① 자원이 낭비되기 때문이다.
② 감전의 위험이 있기 때문이다.
③ 화재가 발생할 수 있기 때문이다.
④ 전기 제품의 모양이 바뀌기 때문이다.
⑤ 환경 문제가 발생할 수 있기 때문이다.

1 태양 고도가 뜻하는 것을 모두 고르시오. (　　,　　)

① 태양의 높이
② 태양의 온도
③ 태양의 방위
④ 태양과 지구와의 거리
⑤ 태양이 지표면과 이루는 각

2 하루 동안의 태양 고도와 그림자 길이, 기온을 측정하는 방법이 <u>잘못된</u> 친구의 이름을 쓰시오.

- 연우: 태양 고도 측정기를 운동장의 기울어진 면에 놓았어.
- 경희: 그림자 길이는 막대기 그림자가 태양 고도 측정기의 눈금과 평행하도록 조정한 뒤 측정해야 해.
- 도경: 태양 고도는 태양 고도 측정기의 막대기 끝에 달린 실을 그림자 끝에 맞추고 그림자와 실이 이루는 각도를 측정했어.
- 수현: 기온은 백엽상의 온도계로 측정했지.

　　　　　　　　　　　　　(　　　　　　　)

🔍 관련 교과서 돋보기

태양 고도를 측정할 때 유의할 점
- 그늘지지 않는, 햇빛이 잘 드는 곳에 두어야 합니다.
- 지표면에 수직으로 막대기를 세워야 합니다.
- 막대기의 끝과 그림자의 끝을 실로 팽팽하게 연결해야 합니다.

• 서술형 •

3 막대기의 그림자가 다음과 같을 때 태양 고도를 비교하여 쓰시오.

ㄱ 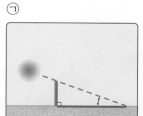　　ㄴ

4 태양 고도 측정기에서 막대기의 길이를 길게 하였을 때 측정 결과에 대한 설명입니다. 알맞은 말에 ○표 하시오.

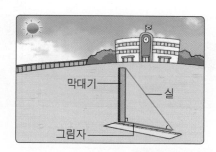

태양 고도 측정기의 막대기 길이를 길게 하면 태양 고도의 측정값이 (낮아진다 , 높아진다 , 변하지 않는다).

5 하루 동안 태양 고도, 그림자 길이, 기온을 측정하여 꺾은선그래프로 나타낸 것입니다. 각 그래프는 무엇을 나타내는지 쓰시오.

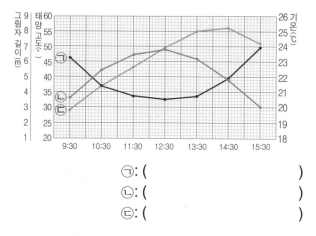

ㄱ: (　　　　　　　　　)
ㄴ: (　　　　　　　　　)
ㄷ: (　　　　　　　　　)

6 위 **5**번을 통해 알 수 있는 태양 고도와 기온과의 관계는 무엇입니까? (　　　　　)

① 태양 고도가 달라져도 기온은 변하지 않는다.
② 태양 고도가 낮아질수록 기온은 점점 높아진다.
③ 태양 고도가 높아질수록 기온은 점점 낮아진다.
④ 태양 고도가 높아질수록 기온이 점점 높아진다.
⑤ 태양 고도가 달라지지 않는데도 기온은 점점 높아진다.

7 나무 그림자의 모습을 보고 태양 고도가 가장 높을 때의 기호를 쓰시오.

ㄱ　　ㄴ　　ㄷ

(　　　　　　　)

🔍 관련 교과서 돋보기

태양과 그림자와의 관계
• 태양의 방향과 그림자의 방향은 반대입니다.
• 태양이 동쪽에서 떠서 남쪽을 지나 서쪽으로 지므로 그림자의 방향이 아침에는 서쪽, 정오에는 북쪽, 저녁에는 동쪽 방향으로 생깁니다.

• 서술형

8 하루 동안의 태양 고도, 기온에 대한 설명 중 바르지 않은 부분에 밑줄을 긋고 고쳐 쓰시오.

> 하루 중 태양은 오후 12시 30분경에 남중한다. 이때 태양 고도는 하루 중 가장 높고, 기온도 가장 높다.

9 계절에 따른 태양의 남중 고도 변화를 바르게 설명한 것은 어느 것입니까? (　　　　)

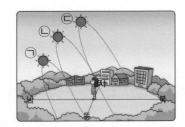

① 기온이 가장 높은 계절은 ㉢이다.
② 밤의 길이가 가장 긴 계절은 ㉢이다.
③ 낮의 길이가 가장 긴 계절은 ㉡이다.
④ 봄과 가을의 태양의 남중 고도는 ㉠이다.
⑤ 태양의 남중 고도가 가장 높은 계절은 ㉠이다.

10 태양의 남중 고도가 높고 낮의 길이가 길 때의 옷차림을 골라 기호를 쓰시오.

ㄱ　　ㄴ　　ㄷ

(　　　　　　　　　)

11 봄에서 여름으로 계절이 넘어갈 때의 변화로 바르지 않은 것은 어느 것입니까? (　　　　)

① 기온이 점점 높아진다.
② 낮의 길이가 점점 길어진다.
③ 밤의 길이가 점점 짧아진다.
④ 태양의 남중 고도가 점점 높아진다.
⑤ 태양이 남중할 때의 그림자 길이가 점점 길어진다.

12 우리나라는 일 년 중 밤이 가장 긴 날에 팥죽을 먹는 풍속이 있습니다. 이 계절에 대한 설명으로 바른 것은 어느 것입니까? (　　　　)

① 기온이 가장 높다.
② 해가 지는 시각이 늦다.
③ 태양의 남중 고도가 낮다.
④ 태양이 남중할 때 그림자 길이가 짧다.
⑤ 계곡이나 바다에서 물놀이를 하기 좋다.

13 계절에 따라 기온이 달라지는 까닭을 알아보기 위한 실험입니다. 전등과 흙이 이루는 각은 무엇을 의미하는지 쓰시오.

(　　　　　　　　　)

14 일정한 면적의 지표면에 도달하는 태양 에너지양을 <, =, >로 비교하여 나타내시오.

(   )

15 태양의 남중 고도에 따라 기온이 달라지는 까닭에 대한 설명입니다. 알맞은 말에 ○표 하시오.

> 태양의 남중 고도가 (낮을수록 , 높을수록) 일정한 면적의 지표면에 도달하는 태양 에너지양이 많아 기온이 (낮아진다 , 높아진다).

서술형

16 태양 고도에 따른 태양 에너지양을 비교하는 실험을 하였습니다. 프로펠러의 회전 빠르기를 빠르게 하기 위해서는 어떻게 해야 하는지 한 가지 쓰시오.

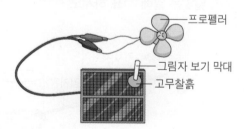
프로펠러
그림자 보기 막대
고무찰흙

17 우리나라의 계절 변화와 관련이 깊은 것을 모두 고르시오. (,   )

① 지구의 공전
② 달의 모양 변화
③ 태양의 온도 변화
④ 지구 자전축의 기울기
⑤ 태양과 지구 사이의 거리

[18~19] 지구본의 우리나라에 태양 고도 측정기를 붙이고 지구본을 공전시키는 실험을 하였습니다.

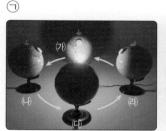

▲ 지구본의 자전축을 기울이지 않은 경우   ▲ 지구본의 자전축을 기울인 경우

18 실험에 대한 설명으로 바른 것은 어느 것입니까?

(   )

① ㉠의 경우 계절의 변화가 생긴다.
② ㉡의 경우 계절의 변화가 생기지 않는다.
③ ㉡의 경우는 태양 고도가 변하지 않는다.
④ ㉠의 ㈏에 위치할 때 우리나라는 여름이다.
⑤ ㉡의 ㈐에 위치할 때 우리나라는 태양 에너지양을 가장 적게 받는다.

19 남반구에 있는 나라의 계절이 다음과 같을 때 지구가 어느 위치에 있는지 기호를 쓰시오.

(1) 여름: (   )
(2) 겨울: (   )

20 우리나라가 태양 빛을 받는 모습입니다. 이에 대한 설명으로 바른 것은 어느 것입니까? (   )

① 계절은 겨울이다.
② 기온이 가장 높은 계절이다.
③ 일 년 중 낮의 길이가 가장 짧다.
④ 태양이 남중했을 때 그림자 길이가 가장 길다.
⑤ 일정한 면적의 지표면에 도달하는 태양 에너지양이 일 년 중 중간 정도이다.

1 물질이 탈 때 나타나는 공통적인 현상으로 바른 것을 모두 고르시오. (,   )

① 빛이 발생한다.
② 열이 발생한다.
③ 소리를 흡수한다.
④ 물질의 양이 늘어난다.
⑤ 주변의 온도가 내려간다.

서술형

2 다음과 같이 장치하고 초에 불을 붙였더니 구리판의 온도가 높아졌습니다. 이를 통해 알 수 있는 사실을 한 가지 쓰시오.

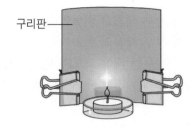

구리판

관련 교과서 돋보기

초가 탈 때 나타나는 현상 관찰하기
• 준비물: 작은 초, 클립 집게, 점화기, 적외선 온도계, 페트리 접시, 구리판, 보안경, 안전 장갑, 실험복 등
• 실험 방법
　－ 초를 페트리 접시에 놓고 초로부터 조금 떨어진 곳에 구리판을 세우고 온도를 측정합니다.
　－ 초에 불을 붙이고 구리판의 온도를 측정합니다.
　－ 초에 불을 붙이기 전과 불을 붙인 후의 구리판의 온도를 비교합니다.

---

3 우리 생활에서 물질이 탈 때 발생하는 빛과 열을 이용한 예가 <u>아닌</u> 것의 기호를 쓰시오.

> ㉠ 어두운 곳을 가로등이 환하게 비출 때
> ㉡ 가스레인지의 불꽃으로 음식을 익힐 때
> ㉢ 고깃집에서 숯을 태워 고기를 익힐 때
> ㉣ 난로에 장작을 태워 난방을 할 때

(   )

4 성냥의 머리 부분을 성냥갑에 빠르게 그으면 성냥에 불이 붙습니다. 이를 통해 알 수 있는 사실은 무엇입니까? (   )

① 불을 붙여야 물질이 탈 수 있다.
② 물질이 타는 데 산소가 필요하다.
③ 탈 물질이 없어도 불꽃이 일어난다.
④ 물질이 타면 이산화 탄소가 발생한다.
⑤ 발화점 이상의 온도가 되어야 연소가 일어난다.

5 물질이 탈 때 공기의 양이 미치는 영향을 알아보기 위해 초 두 개에 각각 아크릴 통을 덮는 실험을 하였습니다. 이때 다르게 해야 할 조건은 무엇입니까?
(   )

① 초의 종류   ② 초의 길이
③ 초를 덮는 시각   ④ 아크릴 통의 크기
⑤ 초에 불을 붙이는 시각

6 비커 속에 들어 있는 공기 중 산소 비율을 측정하는 모습입니다. 초가 탄 후 비커 속 산소 비율 변화에 맞도록 알맞은 말에 ○표 하시오.

기체 채취기
검지관
고무찰흙

> 초가 타기 전보다 타고 난 후에 비커 속 산소 비율이 (줄어든다 , 늘어난다 , 변화가 없다).

7 물질이 산소와 빠르게 반응하여 빛과 열을 내는 현상을 무엇이라고 합니까? (   )

① 가열   ② 소화
③ 연소   ④ 마찰
⑤ 발화점

8 성냥 머리 부분과 향을 구리판의 원 위에 올려놓고 알코올램프로 구리판의 가운데 부분을 가열하였습니다. 이 실험에 대한 설명으로 바른 것은 어느 것입니까? (   )

① 성냥 머리 부분에 먼저 불이 붙는다.
② 성냥 머리 부분과 향에 동시에 불이 붙는다.
③ 물질의 종류와 관계없이 발화점은 동일하다.
④ 다르게 한 조건은 두 물질과 불꽃과의 거리이다.
⑤ 향은 불이 붙지만 성냥 머리 부분은 불이 붙지 않는다.

9 초가 연소한 후 물이 생기는지를 알아보기 위한 실험 재료로 알맞은 것은 어느 것입니까? (   )

① 기체 검지관   ② 이산화 망가니즈
③ 리트머스 종이   ④ 묽은 과산화 수소수
⑤ 푸른색 염화 코발트 종이

10 석회수로 초가 연소한 후 생성되는 물질을 확인하는 실험을 하였습니다. 바르게 말한 친구는 누구인지 쓰시오.

• 석호: 석회수로 이산화 탄소가 생성되는 것을 확인할 수 있어.
• 주희: 초가 연소한 후에 생긴 물질을 집기병에 담고 그 속에 석회수를 넣었더니 아무런 변화가 없었어.
• 예림: 이 실험을 통해 초가 연소되면 아무것도 생성되지 않는다는 사실을 알 수 있지.

(   )

🔍 **관련 교과서 돋보기**

이산화 탄소 기체 검지관으로 연소 후 생성된 물질 확인하기
• 자동차에서 나오는 기체를 이산화 탄소 기체 검지관으로 확인할 수 있습니다.
• 연료를 연소하여 움직이는 자동차의 경우에 연소 후 이산화 탄소의 비율이 높아지는 것으로 보아 이산화 탄소를 포함한 기체를 내뿜는다는 사실을 알 수 있습니다.

11 푸른색 염화 코발트 종이가 물에 닿으면 어떻게 변합니까? (   )

① 하얀색으로 변한다.
② 보라색으로 변한다.
③ 붉은색으로 변한다.
④ 아무런 변화가 없다.
⑤ 푸른색 염화 코발트 종이가 녹는다.

12 연소하는 양초를 아크릴 통으로 덮었더니 아크릴 통의 안쪽 벽면이 뿌옇게 흐려졌습니다. 그 까닭은 무엇입니까? (   )

① 석회수가 이산화 탄소와 만났기 때문이다.
② 양초가 연소된 후 산소가 생성됐기 때문이다.
③ 아크릴 통이 연소되어 색깔이 변했기 때문이다.
④ 연소한 후 양초 가루가 공기 중에 날리기 때문이다.
⑤ 양초가 연소된 후 생성된 수증기가 물로 응결됐기 때문이다.

13 양초가 연소한 후 생기는 변화입니다. 설명이 바르면 ○표, 바르지 <u>않으면</u> ×표 하시오.

(1) 연소 전의 물질과 연소 후에 생기는 물질이 같다.
(   )

(2) 양초가 연소한 후 물과 이산화 탄소가 생긴다.
(   )

(3) 양초가 연소하면 타는 물질의 양이 늘어난다.
(   )

14 촛불 끄는 모습과 소화의 방법을 선으로 연결하시오.

(1) 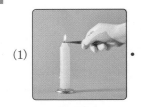 ·

(2)  ·

(3) 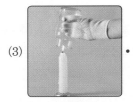 ·

· ㉠ 탈 물질 없애기

· ㉡ 산소 공급 막기

· ㉢ 발화점 미만으로 온도 낮추기

관련 교과서 돋보기

촛불을 끄는 다양한 방법
• 촛불을 입으로 불면 탈 물질이 날아가기 때문에 촛불이 꺼집니다.
• 초의 심지를 촛농에 담그면 탈 물질을 없애기 때문에 촛불이 꺼집니다.
• 촛불을 물수건으로 덮으면 산소 공급을 막고 발화점 미만으로 온도를 낮추기 때문에 촛불이 꺼집니다.

서술형

15 기름에 불이 붙었을 때의 알맞은 소화 방법을 한 가지 쓰시오.

16 소화의 방법이 나머지와 <u>다른</u> 하나는 어느 것입니까?
( )

① 모닥불을 모래로 덮는다.
② 알코올램프의 뚜껑을 덮는다.
③ 소화기의 소화 약재를 뿌린다.
④ 불이 붙은 종이에 젖은 수건을 덮는다.
⑤ 가스레인지의 연료 조절 밸브를 잠근다.

서술형

17 어느 신문에 나온 기사의 내용입니다. 불을 끌 수 있었던 까닭을 연소의 조건과 관련지어 쓰시오.

○○월 ○○일 △△시의 ◇마을에서 시작된 화재는 건조하고 강한 바람의 영향으로 쉽게 불길이 잡히지 않자, 결국 14시 경 여러 대의 소방헬기를 띄워 많은 양의 물을 뿌린 후에야 겨우 산불을 진압할 수 있었습니다.

18 화재가 발생했을 때 대피하는 모습입니다. <u>잘못된 모습</u>을 보고 바른 대피 방법을 알려 준 친구는 누구입니까? ( )

① 황철: 엘리베이터를 타고 대피해야 해.
② 연우: 젖은 수건으로 입과 코를 막아야 해.
③ 수진: 나가지 말고 그대로 기다리고 있어야 해.
④ 민지: 아래층에 불이 거세도 아래층으로 내려가야 해.
⑤ 시강: 빨리 빠져나가기 위해 줄을 서지 말아야 해.

19 화재가 발생했을 때 가장 먼저 해야 할 일입니다. ( ) 안에 알맞은 말을 쓰시오.

불을 발견하면 "불이야!"하고 외치고 ( ) (을)를 누른 뒤, 119에 신고한다.

( )

20 우리 주변에서 볼 수 있는 소방 시설이 <u>아닌</u> 것은 어느 것입니까? ( )

① 완강기   ② 스프링클러
③ 분말 소화기   ④ 방범 카메라
⑤ 옥내 소화전

1 우리 몸의 뼈의 모양을 바르게 설명한 것은 어느 것입니까? (   )

① 척추뼈 – 하나의 긴 뼈가 기둥을 이룬다.
② 팔뼈 – 위쪽은 둥글고, 아래쪽은 각이 져 있다.
③ 머리뼈 – 짧은 뼈 여러 개가 세로로 이어져 있다.
④ 다리뼈 – 활대처럼 휘어진 두 뼈가 연결되어 있다.
⑤ 갈비뼈 – 좌우로 둥글게 연결되어 안쪽에 공간을 만든다.

2 운동 기관인 뼈와 근육에 대한 설명으로 바르지 <u>않은</u> 것은 어느 것입니까? (   )

① 뇌의 명령을 전달한다.
② 몸의 형태를 만들어 준다.
③ 몸이 서 있을 수 있게 한다.
④ 몸속 중요한 기관을 보호한다.
⑤ 우리 몸을 움직일 수 있게 해 주는 기관이다.

🔍 **관련 교과서 돋보기**

운동 기관
• 뼈: 머리뼈, 목뼈, 갈비뼈, 척추뼈, 엉덩뼈, 팔뼈, 다리뼈 등이 있습니다.
• 근육: 뼈에 붙어 있는 근육들이 오므라들거나 펴집니다.
• 관절로 연결된 뼈에 근육이 붙어 있습니다.

3 도화지, 스펀지, 스타킹 등으로 만든 뼈와 근육 모형입니다. 모형에서 동그랗게 만 도화지와 스펀지를 넣은 스타킹은 어떤 역할을 하는지 쓰시오.

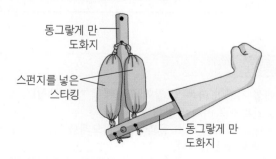

동그랗게 만 도화지
스펀지를 넣은 스타킹
동그랗게 만 도화지

(1) 도화지: (   )
(2) 스타킹: (   )

4 소화 기관 중 음식물 찌꺼기에서 수분을 흡수하는 기관은 무엇입니까? (   )

① 입   ② 위
③ 식도   ④ 큰창자
⑤ 항문

5 소화에 대한 설명으로 바른 것은 어느 것입니까?
(   )

① 간, 쓸개, 이자는 직접 소화를 하는 기관이다.
② 먹은 음식물은 코, 기관, 기관지, 폐를 거친다.
③ 살아가기 위해 필요한 영양소를 얻는 과정이다.
④ 음식물을 흡수하기 쉽게 하나로 뭉치는 과정이다.
⑤ 음식물 찌꺼기는 땀구멍을 통해 몸 밖으로 나간다.

6 ㉠이 하는 역할을 모두 고르시오. (,   )

① 음식의 맛을 느낀다.
② 음식물 속의 영양소를 흡수한다.
③ 음식물을 침과 섞어 물러지게 한다.
④ 음식물 찌꺼기를 몸 밖으로 내보낸다.
⑤ 소화를 돕는 액체를 분비해 음식물을 매우 작게 쪼갠다.

7 (   ) 안에 알맞은 말을 쓰시오.

숨을 들이마시고 내쉬는 활동을 (㉠)(이)라고 하며, 이에 관여하는 기관을 (㉡)(이)라고 한다.

㉠: (   )
㉡: (   )

8 숨을 들이마실 때의 우리 몸의 변화를 바르게 설명한 것은 어느 것입니까? (   )

① 가슴이 원래 위치로 돌아간다.
② 혈액 속 이산화 탄소가 폐로 나온다.
③ 공기가 코를 통해 몸 밖으로 나간다.
④ 공기가 폐 → 기관지 → 기관 → 코를 거친다.
⑤ 폐에서 공기 속의 산소는 혈액으로 들어간다.

9 호흡 기관 중 어느 것에 대한 설명인지 이름을 쓰시오.

> • 나뭇가지처럼 생겼다.
> • 기관과 폐를 이어 준다.
> • 공기가 이동하는 통로이다.

(   )

10 순환 기관 모형의 모습입니다. 모형의 각 부분과 우리 몸의 기관을 바르게 짝 지은 것은 어느 것입니까?
(   )

① 투명 관－기관지
② 투명 관－신경계
③ 붉은 색소 물－오줌
④ 붉은 색소 물－산소
⑤ 고무풍선을 씌운 투명 컵－심장

11 우리 몸의 순환 기관 중 몸 전체에 퍼져 있으며, 혈액이 이동하는 통로인 기관의 이름을 쓰시오.

(   )

12 혈액에 대한 설명으로 바르지 않은 것은 어느 것입니까? (   )

① 소화로 흡수한 영양소를 혈액이 싣고 이동한다.
② 호흡으로 흡수한 산소를 혈액이 싣고 이동한다.
③ 심장이 빨리 뛸수록 혈액이 이동하는 속도가 빨라진다.
④ 혈액이 이산화 탄소를 몸 밖으로 내보낼 수 있도록 운반한다.
⑤ 심장에서 나온 혈액은 혈관을 따라 이동하며 온몸을 거친 다음 오줌으로 배출된다.

[13~14] 배설 기관의 모습입니다.

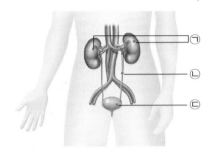

13 ㉠은 혈액에 있는 무엇을 걸러 냅니까? (   )

① 산소   ② 노폐물
③ 혈액   ④ 이산화 탄소
⑤ 영양소

14 ㉡과 ㉢을 바르게 설명한 친구는 누구인지 쓰시오.

> • 서진: ㉢은 콩팥이야.
> • 유미: ㉡은 방광에서 콩팥으로 오줌을 운반해.
> • 태형: ㉢이 없다면 우리는 오줌이 계속 나오게 돼.

(   )

관련 교과서 돋보기

배설 기관이 하는 일 알아보기(배설 기관 모형)
• 거름망을 비커에 걸쳐 놓습니다.
• 비커에 노란 색소 물과 붉은색 모래를 넣고 잘 섞어 거름망 위에 붓습니다.
• 거름망(콩팥)에 붉은색 모래(혈액)가 남고 노란 색소 물(오줌)은 비커(방광)에 모입니다.

15 우리 몸에 대한 설명이 바르면 ○표, 바르지 <u>않으면</u> ×표 하시오.

(1) 우리가 활동을 하면 노폐물이 만들어진다.
( )

(2) 우리 몸에 노폐물이 쌓이면 질병을 일으킬 수 있다.
( )

(3) 노폐물은 혈액을 통해 이동하며 온몸에 계속 쌓이게 된다. ( )

16 날아오는 공을 보고 팔로 얼굴을 가린 상황에서 자극과 자극을 받아들이는 감각 기관은 무엇인지 쓰시오.

(1) 자극: ( )
(2) 감각 기관: ( )

🔍 관련 교과서 돋보기

골키퍼의 몸에서 자극이 전달되는 과정
• 날아오는 공을 봅니다.
• 눈에서 받아들인 자극을 빠르게 전달합니다.
• 정보를 분석하여 어떻게 움직일지 결정합니다.
• 결정한 명령을 운동 기관에 전달합니다.
• 뼈와 근육을 움직여 공을 막아 냅니다.

17 우리 몸의 감각 기관 중 피부로 받아들인 자극은 어느 것입니까? ( )

① 예술 작품을 보았다.
② 손난로의 따뜻함을 느꼈다.
③ 사탕을 먹고 단맛을 느꼈다.
④ 친구가 부르는 소리를 들었다.
⑤ 땅콩의 고소한 냄새를 맡았다.

18 깃발 들어 올리기 놀이에서 자극이 전달되는 과정을 순서에 맞게 기호를 쓰시오.

> ㉠ 귀에서 받아들인 자극을 신경계를 통해 전달한다.
> ㉡ 운동 기관은 청기를 들어 올린다.
> ㉢ 감각 기관인 귀가 "청기 올려."라는 말을 듣는다.
> ㉣ 결정한 명령을 신경계를 통해 운동 기관으로 전달한다.
> ㉤ 행동을 결정하는 신경계는 자극을 해석해 청기를 들어 올리겠다고 결정한다.

(㉢ →)

19 운동을 하면 우리 몸에 산소가 더 필요합니다. 우리 몸에 필요한 산소를 흡수하는 기관은 어느 것입니까?
( )

① 순환 기관   ② 소화 기관
③ 호흡 기관   ④ 운동 기관
⑤ 배설 기관

20 운동하기 전, 운동 직후, 운동하고 5분 휴식 후 측정한 체온과 1분 동안 맥박 수를 그래프로 나타낸 것입니다. 바르게 해석한 것은 어느 것입니까? ( )

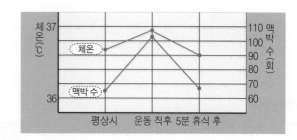

① 운동을 하면 체온이 내려간다.
② 운동을 하면 맥박이 빨라진다.
③ 운동 직후보다 평상시에 혈액의 흐름이 더 빠르다.
④ 운동하고 5분 휴식한 후에도 체온은 운동 직후와 같다.
⑤ 운동하고 5분 휴식하면 평상시보다 맥박 수가 낮아진다.

5. 에너지와 생활

1 두 모습에서 공통적으로 볼 수 있는 에너지를 얻는 방법은 무엇입니까? (   )

① 전기로 에너지를 얻는다.
② 광합성으로 양분을 만든다.
③ 다른 생물을 먹어 에너지를 얻는다.
④ 석탄이나 석유를 태워 에너지를 얻는다.
⑤ 땅속의 열을 흡수하여 에너지를 얻는다.

2 생물과 기계가 에너지를 얻는 방법에 맞게 선으로 연결하시오.

(1) 벼, 옥수수 ·   · ㉠ 전기나 석유 등에서 에너지를 얻는다.

(2) 토끼, 사자 ·   · ㉡ 햇빛을 받아 스스로 양분을 만든다.

(2) 자동차, 선풍기 ·   · ㉢ 다른 생물을 먹어 양분을 얻는다.

서술형

3 휴대 전화를 충전하지 못해 이용하지 못하는 모습입니다. 이와 관련하여 에너지가 필요한 까닭을 한 가지 쓰시오.

_____

4 동물이나 식물이 에너지를 얻을 수 없을 때 생길 수 있는 일에 대해 바르게 말한 친구의 이름을 쓰시오.

- 유석: 식물이 자라 키가 커져.
- 종우: 우리는 살아갈 수 없게 돼.
- 연은: 동물이 자손을 많이 남길 수 있게 돼.
- 혜수: 동물의 움직임이 활발해지지.

(   )

5 식물과 기계가 에너지를 얻는 방법입니다. 알맞은 말에 ○표 하시오.

- 가스 보일러는 (가스 , 양분)에서 에너지를 얻는다.
- 잔디는 (햇빛 , 석유)(을)를 이용해 만든 양분으로 에너지를 얻는다.
- 전동 킥보드 (전기 , 석탄)에서 에너지를 얻는다.

6 에너지 형태에 대한 설명이 바르면 ○표, 바르지 않으면 ×표 하시오.

(1) 손전등은 빛에너지와 전기 에너지를 가진다.
(   )
(2) 운동장에 있는 바람에 날리는 태극기는 열에너지를 가진다. (   )
(3) 사과나무는 햇빛을 받아 만든 양분을 열매에 저장하여 화학 에너지를 가진다. (   )

7 에너지의 형태가 같은 것끼리 바르게 짝 지은 것은 어느 것입니까? (   )

① 방울토마토 - 돌아가는 시곗바늘
② 높은 곳에 걸려 있는 액자 - 끓는 물
③ 높이 올라간 놀이기구 - 굴러가는 볼링공
④ 따뜻해지는 손난로 - 켜져 있는 텔레비전
⑤ 주위를 비추는 형광등 - 스마트 기기의 화면

8 우리 생활에서 에너지를 이용하는 모습입니다. 이용하는 에너지 형태에 대한 설명으로 바른 것은 어느 것입니까? (   )

 ㉠    ㉡

① ㉡은 빛에너지를 이용한 경우이다.
② ㉠은 위치 에너지를 이용한 경우이다.
③ ㉠과 ㉡ 모두 열에너지를 이용한 경우이다.
④ ㉠은 화학 에너지, ㉡은 위치 에너지를 이용한 경우이다.
⑤ ㉠과 ㉡ 모두 전기 에너지와 화학 에너지를 이용한 경우이다.

관련 교과서 돋보기

위치 에너지와 운동 에너지
• 위치 에너지: 높은 곳에 있는 물체가 가지는 에너지입니다.
• 운동 에너지: 움직이는 물체가 가지는 에너지입니다.

9 물체에서 이용되는 에너지 형태가 나머지와 <u>다른</u> 하나는 어느 것입니까? (   )

① 반딧불   ② 손난로
③ 등대 불빛   ④ 가로등 불빛
⑤ 신호등 불빛

10 ●보기●의 상황과 가장 관련 있는 에너지 형태를 쓰시오.

●보기●
• 작동하는 냉장고
• 찬 바람이 나오는 에어컨
• 전기로 작동하는 밥솥

(   )

서술형

11 시소가 오르내릴 때 에너지 형태가 전환되는 과정을 쓰시오.

_____

_____

_____

관련 교과서 돋보기

에너지 전환
• 어떤 형태의 에너지가 다른 형태의 에너지로 바뀌는 것을 에너지 전환이라고 합니다.
• 우리가 생활하면서 이용하는 에너지는 대부분 태양에서 공급된 에너지로부터 시작하여 여러 단계의 전환 과정을 거쳐 얻습니다.

12 에너지 전환이 일어나면 좋은 점은 무엇입니까?
(   )

① 에너지 소모가 줄어든다.
② 에너지 자원을 아낄 수 있다.
③ 한 에너지 형태만 이용할 수 있다.
④ 우리가 사용할 수 있는 에너지양이 늘어난다.
⑤ 우리 생활에 필요한 에너지 형태를 얻을 수 있다.

13 손전등을 작동할 때의 에너지 전환에 대한 설명입니다. (   ) 안에 들어갈 말을 바르게 짝 지은 것은 어느 것입니까? (   )

손전등을 작동하면 전지의 (㉠) 에너지가 (㉡) 에너지로 바뀐다. (㉡) 에너지는 전구에서 (㉢)에너지로 바뀐다.

구분	㉠	㉡	㉢
①	열	화학	위치
②	빛	운동	전기
③	화학	전기	빛
④	전기	빛	화학
⑤	위치	운동	빛

14 에너지가 전환되는 두 가지 경우를 통해 알 수 있는 사실은 무엇입니까? ( )

① 태양 에너지는 전환되지 않는다.
② 태양에서 온 에너지가 전환된 것이다.
③ 전기 에너지는 다양한 형태의 에너지로 바뀐다.
④ 열에너지는 지구상에 있는 모든 에너지의 근원이다.
⑤ 우리가 사용하는 에너지 대부분은 운동 에너지에서 전환된 것이다.

15 ( ) 안에 공통으로 들어갈 말을 쓰시오.

> • 생물이 이용하는 에너지는 대부분 ( )(으)로부터 온 에너지가 전환된 것이다.
> • ( )의 열에너지로 물이 증발해 만들어진 구름에서 비가 내린다.
> • 일상생활에서 이용하는 에너지는 ( ) 에너지가 전환된 것이다.

( )

서술형
16 곰이나 다람쥐 등이 먹이를 구하기 어려운 겨울에 효율적으로 에너지를 이용하는 방법은 무엇인지 쓰시오.

_____

17 전기 기구에 표시되어 있는 에너지 소비 효율 등급에 대한 설명입니다. 알맞은 말에 ○표 하시오.

> 에너지 소비 효율 등급은 에너지를 효율적으로 이용 하는 정도를 1등급~5등급으로 나타낸 것으로, (1등급 , 5등급)인 제품이 에너지를 가장 효율적으로 이용하는 제품이다.

18 오른쪽 에너지 효율 표시에 대한 설명으로 바른 것은 어느 것입니까? ( )

에너지절약

① 전기 에너지 소비가 많은 제품이라는 표시이다.
② 열이 빠져나가는 것을 막는 단열재를 사용한 기구라는 표시이다.
③ 태양 에너지를 다른 에너지로 전환하여 쓰는 기구라는 표시이다.
④ 에너지를 효율적으로 사용하는 정도를 1등급~5등급으로 나타낸 것이다.
⑤ 사용하지 않을 때 빠져나가는 에너지의 양을 줄인 전기 기구를 나타낸 표시이다.

19 에너지를 효율적으로 사용하는 예로 바른 것을 모두 고르시오. (,)

① 냉장고는 에너지 효율 5등급 제품을 사용한다.
② 전등은 열에너지 손실이 적은 형광등을 사용한다.
③ 식물은 겨울에 꽃을 피워 화학 에너지를 효율적으로 사용한다.
④ 아궁이로 밥을 지으면서 생기는 열에너지를 난방에 활용한다.
⑤ 이중창을 설치해 건물 안의 열에너지가 빠져나가는 것을 줄이다.

20 에너지를 효율적으로 사용해야 하는 까닭에 대한 설명이 바르면 ○표, 바르지 않으면 ×표 하시오.

⑴ 에너지 자원이 무한하기 때문이다. ( )
⑵ 낭비되는 에너지를 줄일 수 있기 때문이다.
( )
⑶ 환경이 오염되는 것을 줄일 수 있기 때문이다.
( )

1 ①, ③   **2** ㉣   **3** ㉡   **4** 영미   **5** ①   **6** 밝아질, 다른   **7** ㉡   **8** 예 전지를 두 개 사용할 때는 전지를 한 개 사용할 때보다 손전등의 밝기가 밝다.   **9** (1) 직렬연결 (2) 병렬연결   **10** ④   **11** ㉠   **12** 병렬연결   **13** 전자석   **14** ㉠ S극 ㉡ N극   **15** ②, ③, ⑤   **16** ③   **17** ⑤   **18** 선재   **19** 예 콘센트 한 개에 플러그 여러 개를 꽂아 놓았다.   **20** ④

▶ 풀이

1 전구는 빛을 내는 전기 부품이고, 집게 달린 전선은 전기 부품을 쉽게 연결할 수 있게 합니다. 전구 끼우개는 전구를 전선에 쉽게 연결할 수 있게 합니다.

▲ 전지

▲ 전구

▲ 스위치

▲ 집게 달린 전선

▲ 전구 끼우개

▲ 전지 끼우개

2 전구의 불을 켜기 위해서는 전지, 전구를 전선으로 끊어지지 않게 연결해야 합니다.

3 ㉠은 필라멘트, ㉡은 유리구, ㉢은 꼭지쇠, ㉣은 꼭지입니다. 전구의 필라멘트, 꼭지쇠, 꼭지는 전기가 흐르지만 유리구는 전기가 흐르지 않습니다.

4 전기 회로의 전구에 불이 켜지기 위해서는 전구가 전지의 (+)극과 (−)극에 전선으로 끊어지지 않게 연결되어 있어야 합니다.

5 전지의 수에 따른 전구의 밝기를 비교하기 위해서는 전지의 수를 다르게 합니다.

6 전기 회로에서 여러 개의 전지를 서로 다른 극끼리 많이 연결할수록 전구가 더 밝아집니다.

7 ㉡이 ㉠보다 전기 회로에 다른 극끼리 연결된 전지의 개수가 많아 전구의 밝기가 더 밝습니다.

8 손전등에 전지를 다른 극끼리 여러 개 연결하여 사용하면 손전등의 밝기가 밝아집니다.

9 전기 회로에서 전구 두 개 이상을 한 줄로 연결하는 방법을 전구의 직렬연결이라고 하고, 전구 두 개 이상을 여러 개의 줄에 나누어 한 개씩 연결하는 방법을 전구의 병렬연결이라고 합니다.

10 전구의 병렬연결은 전구 두 개 이상을 여러 개의 줄에 나누어 한 개씩 연결하는 방법으로, 전구의 직렬연결보다 전구의 밝기가 밝지만 전지의 에너지를 더 많이 소비하여 오래 사용할 수 없습니다. 장식용 나무에 설치된 전구는 전구의 병렬연결입니다.

11 ㉠은 전구의 직렬연결이고, ㉡·㉢·㉣은 전구의 병렬연결입니다. 전구를 직렬로 연결할 때 병렬로 연결할 때보다 전구의 밝기가 더 어둡습니다.

12 집에 있는 전등은 여러 갈래의 전선에 각각 나누어 연결하는 방법인 병렬연결이기 때문에 거실 전등이 꺼지더라도 안방 전등은 꺼지지 않습니다.

13 전자석은 철심에 전선을 여러 번 감아 전기 회로에 연결하여 만듭니다.

14 전자석은 전지의 연결 방향에 따라 극을 바꿀 수 있습니다. 나침반 바늘의 N극이 가리키면 전자석은 S극, 나침반 바늘의 S극이 가리키면 전자석은 N극입니다.

15 전자석은 전기가 흐를 때만 자석의 성질이 나타납니다. 전지의 극을 바꾸면 전자석의 극도 바뀌며, 다른 극끼리 연결한 전지의 개수를 늘리면 전자석의 세기를 강하게 할 수 있습니다.

16 선풍기, 스피커, 전동 휠체어, 자기 부상 열차 등은 전자석을 이용하는 예이고, 냉장고 문은 영구 자석을 이용하는 예입니다.

▲ 자기 부상 열차

17 나침반(㉠)은 영구 자석을, 기중기(㉡)는 전자석을 이용한 예로 전자석은 전기가 흐를 때에만 자석의 성질이 나타납니다.

18 에어컨을 끄고 창문을 열어야 하며, 에어컨을 사용할 때에는 창문을 닫아야 전기를 절약할 수 있습니다.

19 콘센트 한 개에 여러 개의 플러그를 꽂아 사용하면 화재의 위험이 있습니다.

20 냉장고 문을 열고 우유를 마시면 전기 에너지가 낭비되므로 전기를 절약하기 위해서는 냉장고 문을 닫고 우유를 마셔야 합니다.

1회   2. 계절의 변화   4~6쪽

1 고도   **2** ⓒ   **3** ③   **4** ②, ④   **5** ⑩ 태양 고도가 가장 높을 때 그림자 길이가 가장 짧다.   **6** (1) 14시 30분 (2) 12시 30분   **7** ③   **8** ⑩ 태양의 고도가 높아질수록 지표면은 더 강한 빛을 받는데, 지표면이 데워져 공기의 온도가 높아지는 데에 시간이 걸리기 때문이다.   **9** ⓒ   **10** ㉠ 겨울 ⓒ 여름   **11** ②   **12** ㉠ 여름 ⓒ 겨울   **13** ④   **14** ⓒ   **15** ②   **16** (1) ○ (2) ×   **17** ②, ③   **18** ㉣   **19** ⓒ, ⑩ 북반구에 있는 우리나라의 태양의 남중 고도가 높을 때, 남반구에 있는 뉴질랜드의 태양의 남중 고도가 낮다. 따라서 뉴질랜드는 겨울이다.   **20** ㉠ 자전축 ⓒ 공전

● 풀이

1 하루 동안 태양의 높이는 계속 달라지며 태양이 지표면과 이루는 각을 태양 고도라고 합니다.

2 태양 고도(높이)를 측정하기 위해서는 각도기의 중심을 막대기의 그림자 끝에 맞추고 그림자와 실이 이루는 각을 측정합니다.

3 태양 고도를 측정하기 위해서는 막대기, 실, 각도기 등이 필요하고 그림자 길이를 측정하기 위해서는 자, 기온을 측정하기 위해서는 온도계가 필요합니다.

4 태양이 남중했을 때는 태양 고도가 가장 높으며, 그림자가 북쪽을 향합니다.

5 하루 동안 태양 고도가 높아질수록 그림자 길이가 짧아지고 태양 고도가 낮아질수록 그림자 길이가 길어집니다.

6 태양 고도가 높아지면 기온도 높아지지만, 하루 중 기온이 가장 높은 시각은 태양이 남중한 시각보다 약 두 시간 뒤입니다.

7 태양의 높이가 가장 높을 때의 태양 고도를 태양의 남중 고도라고 하는데, 그때 그림자의 방향은 북쪽을 향하고 그림자의 길이는 하루 중 가장 짧습니다.

8 태양 고도가 높아질수록 기온은 올라가지만 지표면이 데워져 공기의 온도가 높아지는 데에는 시간이 걸립니다. 태양의 고도가 가장 높은 때와 기온이 가장 높은 때는 시간 차이가 납니다.

9 1월부터 태양의 남중 고도가 점점 높아지다가 6월에 태양의 남중 고도가 가장 높아지고, 이후에 태양의 남중 고도는 점점 낮아집니다.

10 겨울에 태양의 남중 고도가 가장 낮고, 여름에 태양의 남중 고도가 가장 높습니다.

11 태양의 남중 고도가 높아질수록 낮의 길이는 길어지고 밤의 길이는 짧아집니다. 따라서 여름에 낮의 길이가 가장 길고 겨울에 낮의 길이가 가장 짧습니다.

12 태양의 남중 고도가 높은 여름에는 기온이 높고, 태양의 남중 고도가 낮은 겨울에는 기온이 낮습니다.

13 실험에서 전등과 모래가 이루는 각이 태양의 남중 고도를 뜻합니다. 따라서 전등과 모래가 이루는 각을 다르게 하고 나머지는 같은 조건에서 실험해야 합니다.

전등
전등과 모래가 이루는 각

14 그림자 보기 막대의 그림자가 짧아질수록 태양 전지판이 받는 태양 에너지양이 많아지기 때문에 프로펠러가 더 빠르게 돌아갑니다.

15 태양의 남중 고도가 달라지면 일정한 면적의 지표면에 도달하는 태양 에너지양이 달라져서 계절에 따라 기온이 달라집니다.

16 ㉠은 겨울, ⓒ은 봄·가을 ⓒ은 여름에 태양이 남중한 모습입니다. 일정한 면적의 지표면에 도달하는 태양 에너지양을 가장 많이 받는 계절의 모습은 ⓒ입니다.

17 지구가 자전축이 기울어지지 않은 채 태양 주위를 공전한다면 태양의 남중 고도의 변화가 없어서 밤과 낮의 길이가 일정해지고 기온 변화가 없을 것입니다. 따라서 계절의 변화가 생기지 않습니다.

18 계절의 변화가 생기는 까닭을 알아보기 위해서는 지구본의 자전축을 기울이지 않거나 기울인 채 실험합니다.

19 지구가 ⓒ에 있을 때 북반구에 있는 우리나라는 태양의 남중 고도가 높기 때문에 여름입니다. 반대로 남반구에 있는 뉴질랜드는 태양의 남중 고도가 낮기 때문에 겨울입니다.

20 지구가 자전축이 기울어진 채 태양 주위를 공전하기 때문에 태양의 남중 고도가 달라지고, 같은 넓이의 지표면이 받는 태양 에너지양이 달라져 계절이 변합니다.

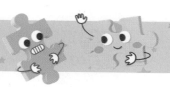

1회   3. 연소와 소화   7~9쪽

1 도연   2 ③   3 탈 물질   4 ⑤   5 ㉡ ㉢ ㉠   6 >
7 ⑤   8 ⑤   9 (1) ㉡ (2) ㉠   10 붉은색   11 물
12 <   13 ①, ④   14 ⑤   15 지혜   16 ⑤   17 ③
18 ④   19 ㉡ ㉠ ㉣ ㉢   20 ⓔ 화재는 예고 없이
발생하기 때문이다.

풀이

1 초가 탈 때 불꽃의 색깔은 노란색, 붉은색 등 다양하게 나타나고 위치에 따라 밝기가 다릅니다. 그리고 초가 타면서 시간이 지날수록 초의 길이가 줄어듭니다.

2 양초와 알코올이 타면 양이 줄어들면서 불꽃으로 인해 주변이 밝아지고 따뜻해집니다. 불꽃의 모양은 위아래로 길쭉하며 위치에 따라 불꽃의 색깔이 다르게 나타납니다.

3 타면서 빛과 열이 발생하는 물질을 탈 물질이라고 합니다.

4 주머니 난로를 흔들면 따뜻해지는 것은 그 안에 들어 있는 물질의 화학 변화로 인해 열이 나는 것입니다.

5 물질이 탈 때에는 산소가 필요합니다. 산소의 양을 계속 공급받을 수 있는 그대로 둔 촛불(㉠)이 가장 오래 가고 산소의 양이 가장 적은 작은 아크릴 통으로 덮은 촛불(㉢)이 가장 먼저 꺼집니다.

6 초가 탈 때 산소가 필요하기 때문에 초가 타기 전보다 타고 난 후에 산소의 양이 줄어듭니다.

7 불을 직접 붙이지 않아도 물질이 타기 시작하는 온도를 발화점이라고 하는데, 발화점은 물질에 따라 다릅니다.

8 연소는 물질이 산소와 빠르게 반응하여 빛과 열을 내는 현상을 말합니다. 연소가 일어나려면 탈 물질, 발화점 이상의 온도, 산소가 필요합니다.

9 연소 후 물이 생성되는지 알아보기 위해서는 푸른색 염화 코발트 종이가 필요하고, 이산화 탄소가 생성되는지 알아보기 위해서는 석회수가 필요합니다.

10 푸른색 염화 코발트 종이는 물과 만나면 붉은색으로 변합니다.

11 물질이 연소하면 물, 이산화 탄소 같이 새로운 물질이 생성됩니다. 즉, 연소 전의 물질은 연소 후에 다른 물질로 변합니다.

12 초가 연소한 뒤 물이 생성되므로 덮기 전보다 촛불이

꺼진 후에 습도가 더 높습니다.

13 초가 연소한 후에는 물과 이산화 탄소가 생깁니다.

14 촛불을 끄는 방법 중 촛불의 심지를 핀셋으로 집거나 입으로 부는 것은 탈 물질을 없애는 방법이고, 촛불을 집기병으로 덮는 것은 산소 공급을 막는 방법입니다.

15 기름, 전기 등에서 발생한 화재는 소화기를 사용하거나 모래를 덮어 불을 꺼야 합니다.

16 연소의 조건인 탈 물질, 발화점 이상의 온도, 산소 중 한 가지 이상의 조건을 없애 불을 끄는 것을 소화라고 합니다.

17 가스레인지의 연료 조절 손잡이를 돌려 불을 끄거나 장작불에서 나무를 꺼내 불을 끄는 방법은 탈 물질을 없애는 소화 방법입니다.

18 화재가 나면 승강기가 갑자기 멈추거나 추락할 수 있으므로 승강기 대신 계단을 이용하여 대피해야 합니다.

19 소화기는 화재가 발생했을 때 초기에 불을 끌 수 있는 유용한 도구로, 평소 소화기의 위치와 올바른 사용 방법을 잘 알아 두어야 합니다.

20 재는 언제, 어디서 발생할지 아무도 모르기 때문에 정기적으로 화재 예방 훈련을 받고 안전 대책에 대해 알아 두어야 합니다.

1회   4. 우리 몸의 구조와 기능   10~12쪽

1 ①   2 ②   3 짧아지고, 위로 올라간다   4 ③
5 ①   6 ㉡, ㉢, ㉣   7 ④   8 ⓔ 숨을 들이마시면
폐가 부풀어 올라 공기가 폐 속으로 들어간다.   9 ①,
④   10 ㉠ 혈액 순환 ㉡ 순환 기관   11 ④   12 ⑤
13 은수   14 ㉢   15 ①, ③   16 (1) ○ (2) × (3) ○
(4) ×   17 ⓔ 뇌에서 자극을 해석하고 어떻게 반응할지 행동을 결정한다.   18 명령 전달 신경   19 ④
20 ㉡

풀이

1 ㉠은 머리뼈, ㉡은 갈비뼈, ㉢은 팔뼈, ㉣은 척추뼈, ㉤은 다리뼈입니다. 갈비뼈는 좌우로 둥글게 연결되어 있어 심장, 폐 등을 보호합니다.

2 다리뼈는 우리 몸을 지탱하고 근육과 함께 걷고 뛰게 합니다.

3 바람을 불어 넣으면 비닐봉지가 부풀어 오르면서 길이가 짧아집니다. 그에 따라 종이 빨대가 위로 올라가고 손 그림도 함께 위로 올라갑니다.

4 입으로 들어간 음식물은 우리 몸에서 소화와 흡수가 끝난 후 찌꺼기가 항문을 통해 배출됩니다.

5 음식물은 입 → 식도 → 위 → 작은창자 → 큰창자로 이동하면서 잘게 분해되어 흡수되고 찌꺼기는 항문을 통해 몸 밖으로 배출됩니다.

6 소화를 돕는 기관으로 간, 이자, 쓸개가 있습니다.

7 호흡 기관에는 코, 기관, 기관지, 폐 등이 있는데, 호흡을 통해 우리 몸에 필요한 산소를 받아들이고 몸속에서 생긴 이산화 탄소를 내보냅니다.

8 호흡 기관 모형의 관에 바람을 불어 넣는 것은 숨을 들이마시는 과정으로 폐가 부풀어 올라 공기가 몸속으로 들어갑니다.

9 호흡을 통해 우리 몸에 필요한 산소를 얻고 몸속에 생긴 이산화 탄소를 내보냅니다.

10 혈액이 온몸을 도는 것을 혈액 순환이라고 하며, 혈액 순환에 관여하는 기관을 순환 기관이라고 합니다.

11 붉은 색소 물이 고무풍선을 씌우지 않은 컵으로 나갔다가 다시 고무풍선을 씌운 컵으로 돌아오는 것이 반복되는 모습을 통해 심장에서 나온 혈액이 혈관을 통해 온몸으로 이동하고 다시 심장으로 돌아오는 순환 과정을 알 수 있습니다.

12 심장은 주먹만 한 크기의 둥근 주머니 모양으로 가슴 가운데에서 약간 왼쪽으로 치우쳐 있습니다. 심장은 펌프 작용으로 혈액을 순환시키는 역할을 합니다.

13 혈액에 들어 있는 노폐물은 콩팥을 지나며 걸러지며 오줌을 통해 몸 밖으로 내보내집니다. 이러한 과정을 배설이라고 합니다.

14 콩팥(㉠)에서 걸러진 노폐물은 오줌이 되어 방광(㉡)에 모아졌다가 관을 통해 몸 밖으로 나갑니다.

15 ㉮에는 온몸을 돌아 노폐물이 많아진 혈액이 콩팥으로 들어갑니다. ㉯에는 노폐물이 걸러진 혈액이 콩팥에서 나옵니다.

16 귀로 소리를 듣고 피부로 차가움, 뜨거움, 아픔, 촉감 등을 느낍니다.

17 신경계는 우리 몸 곳곳에 자극을 전달하고 반응을 결정하는 역할을 합니다.

18 뇌에서 결정된 자극에 대한 판단은 명령 전달 신경을 통해 운동 기관으로 보내지고 우리 몸이 반응하게 됩니다.

19 운동할 때는 뼈와 근육이 많이 움직이고 호흡이 빨라집니다. 또 심장이 빠르게 뛰어 혈액이 산소와 영양소를 온몸으로 빠르게 운반합니다.

20 운동을 한 후 배고픔을 느끼는 이유는 에너지가 소비되어 우리 몸에서 에너지가 필요하다고 신호를 주기 때문입니다. 에너지는 음식물의 영양소를 소화 기관을 통해 흡수하여 얻어집니다.

1회　　　5. 에너지와 생활　　　13~15쪽

1 ⑤　**2** 광합성으로, 다른 생물을 먹어　**3** ②, ③
4 수철　**5** ③　**6** 예 위치 에너지, 운동 에너지　**7** ⑤
8 ④　**9** ㉠ 열에너지 ㉡ 빛에너지　**10** ⑤　**11** (1)
예 태양의 빛에너지가 바람개비 몸통의 열에너지로 바뀐다. (2) 예 열에너지가 바람개비 날개의 운동 에너지로 바뀐다.　**12** 위치 에너지 → 운동 에너지　**13** (1)
×　(2) ○　(3) ○　(4) ×　**14** ②　**15** 운동 에너지
16 예 에너지를 얻는 데 필요한 석유, 석탄 등의 자원은 양이 정해져 있기 때문이다.　**17** 승환　**18** (1) ○
19 ④　**20** (1) ○

풀이

1 자동차나 텔레비전과 같은 기계를 작동시키기 위해서는 에너지가 필요합니다.

2 식물은 대부분 광합성으로 만든 양분에서 에너지를 얻고, 동물은 다른 생물을 먹어 에너지를 얻습니다.

3 생물이 살아가거나 기계를 움직이는 데에는 에너지가 필요합니다.

4 에너지를 이용할 수 없으면 인터넷, 휴대 전화, 전등, 자동차 등의 기계를 작동할 수 없어 우리 생활이 불편해집니다.

5 우리가 일상생활에서 사용하는 기계는 에너지가 필요하고 이러한 에너지는 석탄, 석유, 가스, 햇빛, 바람, 물 등 여러 가지 에너지 자원에서 얻을 수 있습니다.

6 전기로 작동되는 엘리베이터는 전기 에너지와 관련이 있고, 위로 올라가므로 위치 에너지, 움직이므로 운동 에너지와 관련이 있습니다.

7 모닥불은 열에너지, 달리는 것은 운동 에너지, 태양은 빛에너지, 미끄럼틀에서 내려오는 것은 위치 에너지, 운동 에너지와 관련이 있습니다.

8 놀이공원에 피어 있는 튤립은 화학 에너지입니다.

9 음식을 익게 하는 열과 같이 물체의 온도를 높이는 에너지는 열에너지이고, 전등 불빛처럼 주위를 밝게 하는 에너지는 빛에너지입니다.

10 세탁기, 냉장고, 텔레비전 등의 전기 기구는 전기 에너지를 이용합니다. ①은 빛에너지, ②는 운동 에너지, ③은 화학 에너지, ④는 열에너지의 형태입니다.

11 태양광 바람개비가 햇빛을 받아 돌아가는 것은 태양의 빛에너지가 바람개비 몸통의 열에너지로 바뀌고 이것이 다시 바람개비 날개의 운동 에너지로 에너지 형태가 바뀌기 때문입니다.

12 1구간에서는 전기 에너지가 위치 에너지로, 2구간에서는 위치에너지가 운동 에너지로, 3구간에서는 운동 에너지가 위치 에너지로 형태가 바뀝니다.

13 하나의 에너지가 다른 형태의 에너지로 바뀌는 것을 에너지 전환이라고 하는데, 에너지 전환을 통해 우리가 필요로 하는 에너지 형태로 바꿀 수 있습니다.

14 우리 생활에서 이용하는 에너지는 대부분 태양에서 온 에너지가 전환된 것입니다. 따라서 태양 에너지는 지구상에 있는 거의 모든 에너지의 근원입니다.

15 풍력 발전기는 태양의 빛에너지에서 비롯된 바람으로 운동 에너지를 전기 에너지로 전환하며, 기계는 이 전기 에너지를 이용해 작동합니다.

16 우리가 이용하는 에너지를 얻으려면 자원이 필요한데 자원의 양이 점점 줄어들고 있어 에너지를 효율적으로 활용해야 합니다.

17 에너지를 효율적으로 이용하기 위해서는 이중창으로 설치하고 단열재를 사용하여 건물을 지어야 하며, 발광 다이오드(LED)등을 설치해야 합니다.

18 에너지 소비 효율 등급이 1등급인 것이 에너지를 가장 효율적으로 사용하는 기구입니다.

19 에너지를 효율적으로 사용하려면 에너지 효율이 높은 전기 기구를 사용합니다.

20 벽을 식물로 덮으면 실내의 온도를 낮춰 줍니다. 지붕에 태양 전지를 설치하면 빛에너지를 전기 에너지로 전환하여 사용할 수 있습니다. 창이 크고 많으면 열에너지가 빠져나가기 쉬워 에너지를 효율적으로 사용하지 못합니다.

2회   1. 전기의 이용   16~18쪽

1 ③   **2** ④, ⑤   **3** 예 스위치를 눌러 전구와 전지의 연결이 끊어지지 않게 한다.   **4** ㉡, ㉤   **5** (1) ◯ (2) ✕ (3) ✕   **6** ②   **7** ㉡   **8** ⑤   **9** ㉠ 많을수록 ㉡ (−)   **10** ②   **11** ㉠ 병렬연결 ㉡ 직렬연결   **12** ③   **13** ㉠, 예 전구가 각각 나누어 연결되어 있어 전구 하나를 빼내도 전기 회로가 끊어지지 않기 때문이다.   **14** ④   **15** ㉡ ㉠ ㉢   **16** 태진   **17** ㉡   **18** ⑤   **19** ③   **20** ④

풀이

1 전지는 (+)극과 (−)극이 있으며 전기 에너지를 공급합니다.

2 전지와 전구를 끊어지지 않게 전지의 (+)극과 (−)극에 각각 전선으로 연결한, ㉠의 전기 회로만 전기가 흐르고 전구의 불이 켜집니다.

3 스위치는 전기를 흐르게 하거나 끊는 전기 장치로, 누르면 전기가 흐릅니다.

4 전지가 연결되어 있지 않기 때문에 전기가 흐르지 않습니다. 따라서 필요한 부품은 전지와 전지 끼우개입니다.

5 전지를 다른 극끼리 여러 개 연결할수록 전구의 불이 밝아집니다.

6 실험 조건 중 전지의 연결 개수를 달리하고 나머지는 모두 같게 하였습니다. 이를 보아 전지의 수에 따른 전구의 밝기를 알아보기 위한 실험임을 알 수 있습니다.

7 전기 회로에 다른 극끼리 연결된 전지의 수가 많을수록 전구의 불이 더 밝습니다.

8 전지를 다른 극끼리 여러 개 연결해야 손전등의 불이 더 밝아집니다.

9 전기 회로에 전지 한 개를 연결할 때보다 전지 두 개를 서로 다른 극끼리 한 줄로 연결할 때가 더 밝습니다.

10 전기 회로에서 전구를 병렬연결했을 때는 전구를 직렬연결했을 때보다 전지를 오래 사용할 수 없습니다.

11 전기 회로에서 전구 두 개 이상을 한 줄로 연결하는 방법을 전구의 직렬연결이라고 합니다. 또 전구 두 개 이상을 여러 개의 줄에 나누어 한 개씩 연결하는 방법을 전구의 병렬연결이라고 합니다.

12 전구를 병렬로 연결할 때(㉠)가 전구를 직렬로 연결할 때(㉡)보다 전구의 밝기가 더 밝습니다.

13 전구의 병렬연결은 전구를 여러 갈래의 전선에 각각 나누어 연결하는 방법이기 때문에 전구가 하나 꺼지더라도 나머지 전구의 불은 꺼지지 않습니다.

14 장식용 나무의 전구는 병렬연결이기 때문에 전구 하나를 빼내도 나머지 전구의 불이 꺼지지 않습니다.

15 전자석은 철로 된 물체에 전선이나 에나멜선을 여러 번 감아 전기 회로에 연결하여 만듭니다.

16 전자석은 전기가 흐를 때만 자석의 성질이 나타납니다. 전자석은 양 끝이 S극과 N극으로 나타나는데 극을 바꿀 수 있고, 세기도 조절할 수 있습니다.

17 전자석의 끝을 나침반의 N극이 가리키면 S극입니다.

18 전자석은 전지의 연결 방향을 바꾸어 전자석의 극을 바꿀 수 있습니다.

19 플러그의 머리 부분을 잡고 플러그를 뽑아야 전기를 안전하게 사용할 수 있습니다.

20 전기를 안전하게 사용하지 않으면 감전 사고나 전기 화재 등이 발생할 수 있습니다. 그리고 전기를 절약하지 않으면 자원이 낭비되고 환경 문제가 발생할 수 있습니다.

2회   2. 계절의 변화   19~21쪽

1 ①, ⑤   **2** 연우   **3** ㉮ 태양 고도는 ㉠이 ㉡보다 낮다.   **4** 변하지 않는다   **5** ㉠ 그림자 길이 ㉡ 태양 고도 ㉢ 기온   **6** ④   **7** ㉢   **8** 기온도 가장 높다. ㉮ 태양이 남중하고 약 두 시간 뒤에 기온이 가장 높다.   **9** ①   **10** ㉡   **11** ⑤   **12** ③   **13** 태양의 남중 고도   **14** ㉠<㉡<㉢   **15** 높을수록, 높아진다   **16** ㉮ 태양 전지판에 비치는 태양 고도를 높게 한다.   **17** ①, ④   **18** ⑤   **19** (1) ㉡의 ㉼ (2) ㉡의 ㉻   **20** ②

풀이

1 태양의 높이를 태양이 지표면과 이루는 각으로 나타낸 것을 태양 고도라고 합니다.

2 태양 고도 측정기는 햇빛이 잘 드는 편평한 곳에 놓아야 태양 고도를 정확하게 측정할 수 있습니다.

3 그림자 길이는 ㉠이 ㉡보다 길고, 태양 고도는 ㉠이 ㉡보다 낮습니다. 기온은 태양 고도 측정기로 측정할 수 없습니다.

4 태양 고도 측정기의 막대기 길이를 달리하여도 태양 고도는 달라지지 않습니다.

5 그림자 길이는 점점 짧아지다가 12시 30분부터 점점 길어지고, 태양 고도는 점점 높아지다가 12시 30분부터 점점 낮아집니다. 기온은 점점 높아지다가 14시 30분부터 점점 낮아집니다.

6 태양 고도가 높아질수록 기온은 점점 높아집니다.

7 태양 고도가 가장 높을 때 그림자의 길이가 가장 짧습니다.

8 지표면이 데워져 공기의 온도가 높아지는 데에는 시간이 걸리므로, 태양 고도가 가장 높은 때와 기온이 가장 높은 때는 약 두 시간 정도 차이가 납니다.

9 ㉠은 겨울, ㉡은 봄과 가을, ㉢은 여름의 태양의 남중 고도입니다. 여름에 태양의 남중 고도가 높기 때문에 기온이 높으며 낮의 길이가 길고 밤의 길이가 짧습니다.

10 여름에 대한 설명입니다. 여름에는 기온이 높아 얇은 옷차림을 해야 합니다.

11 봄에서 여름으로 넘어갈 때 태양의 남중 고도는 점점 높아지므로 태양이 남중할 때의 그림자 길이가 점점 짧아집니다.

12 우리나라는 동지에 팥죽을 먹는 풍속이 있습니다. 동지는 겨울로 태양의 남중 고도가 낮고 기온이 낮으며 해가 지는 시각이 이릅니다.

13 전등은 태양, 흙은 지표면, 전등과 흙이 이루는 각은 태양의 남중 고도를 의미합니다.

14 태양의 남중 고도가 높을수록 일정한 면적의 지표면에 도달하는 태양 에너지양이 많아집니다.

15 태양의 남중 고도가 높으면 일정한 면적의 지표면에 도달하는 태양 에너지양이 많아 기온이 높아집니다.

16 태양 전지판에 비치는 태양 고도를 높게 하려면 태양 전지판에 붙어 있는 그림자 보기 막대의 그림자를 짧게 해야 합니다.

17 우리나라의 계절이 변하는 까닭은 지구 자전축이 기울어져 지구가 태양 주위를 공전하기 때문입니다.

18 지구의 자전축이 기울어져(㉡) 태양 주위를 공전하면 태양 고도가 달라져 계절의 변화가 생깁니다.

19 남반구는 북반구와 태양의 남중 고도의 변화가 반대이기 때문에 북반구가 여름일 때 남반구는 겨울이 됩니다.

20 태양의 남중 고도가 높은 우리나라 여름의 모습으로, 일정한 면적의 지표면에 도달하는 태양 에너지양이 많아 기온이 높습니다. 이때 낮의 길이는 가장 길고 남중했을 때 그림자 길이가 가장 짧습니다.

2회 3. 연소와 소화 *22~24쪽*

1 ①, ② **2** 예 초가 타면서 열이 난다. **3** ㉠ **4** ⑤
5 ④ **6** 줄어든다 **7** ③ **8** ① **9** ⑤ **10** 석호
11 ③ **12** ⑤ **13** (1) × (2) ○ (3) × **14** (1) ㉠ (2)
㉢ (3) ㉡ **15** 예 모래를 뿌린다. 소화기를 이용한다.
16 ⑤ **17** 예 발화점 미만으로 온도를 낮췄기 때문
이다. **18** ② **19** 화재경보기(비상벨) **20** ④

풀이

1 물질이 타면서 빛이 발생하여 주변이 밝아지고 열이 발생하여 주변이 따뜻해집니다.

2 초가 타면서 열이 나기 때문에 구리판의 온도가 높아집니다.

3 물질이 탈 때 열이 나는 것을 이용하여 요리를 하거나 난방을 합니다. 그러나 가로등은 전기를 이용해 빛을 내는 것입니다.

4 성냥의 머리 부분을 성냥갑에 빠르게 그으면 온도가 발화점 이상이 되어 연소가 일어납니다.

5 크기가 다른 아크릴 통으로 촛불을 동시에 덮어 촛불이 꺼지는 시간을 비교합니다.

6 초가 탈 때 산소가 필요하기 때문에 초가 타기 전보다 타고 난 후에 산소 비율이 줄어듭니다.

7 물질이 산소와 빠르게 반응하여 빛과 열을 내는 현상을 연소라고 합니다.

8 성냥 머리 부분의 발화점이 향의 발화점보다 낮기 때문에 성냥 머리 부분에 불이 먼저 붙습니다.

9 푸른색 염화 코발트 종이는 물에 닿으면 붉게 변합니다.

10 초가 연소한 후에 생긴 물질이 담긴 집기병에 석회수를 넣으면 뿌옇게 흐려집니다. 따라서 초가 연소한 후에는 이산화 탄소가 생긴다는 사실을 알 수 있습니다.

11 푸른색 염화 코발트 종이는 물에 닿으면 색깔이 붉은색으로 변합니다.

12 양초가 연소하면서 생긴 수증기가 안쪽 벽면에 응결하여 물방울로 맺히기 때문에 아크릴 통의 안쪽 벽면이 뿌옇게 흐려집니다.

13 양초에 불을 붙이면 양초는 시간이 지나면서 길이가 줄어듭니다. 이는 물질이 연소한 후 연소 전과는 다른 물질이 생성되기 때문입니다.

14 연소의 조건 중 한 가지 이상의 조건을 없애면 불을 끌 수 있습니다.

15 기름에 불이 붙었을 때에 물을 뿌리면 불이 더 크게 번집니다.

16 ⑤는 탈 물질을 없애는 소화의 방법이고 나머지는 산소 공급을 막는 소화의 방법입니다.

17 물을 뿌려 발화점 미만으로 온도를 낮춰 불을 끈 방법입니다.

18 화재가 발생했을 때에는 젖은 수건 등으로 입과 코를 막고 계단을 통해 나가야 합니다.

19 화재가 발생했다는 것을 알게 되면 "불이야!"라고 큰 소리로 외치거나 화재경보기(비상벨)를 눌러 주변에 알립니다.

20 우리 주변에서 완강기, 스프링클러, 분말 소화기, 옥내 소화전 등의 소방 시설을 볼 수 있습니다.

2회 4. 우리 몸의 구조와 기능 *25~27쪽*

1 ⑤ **2** ① **3** (1) 뼈 (2) 근육 **4** ④ **5** ③ **6** ②,
⑤ **7** ㉠ 호흡 ㉡ 호흡 기관 **8** ⑤ **9** 기관지
10 ⑤ **11** 혈관 **12** ⑤ **13** ② **14** 태형 **15** (1)
○ (2) ○ (3) × **16** (1) 날아오는 공 (2) 눈 **17** ②
18 ㉢ → ㉠ → ㉤ → ㉣ → ㉡ **19** ③ **20** ②

풀이

1 척추뼈는 짧은 뼈가 이어져 있으며 세로로 길쭉합니다. 머리뼈는 동그랗습니다.

2 뇌의 명령을 전달하는 것은 신경계입니다.

3 뼈와 근육 모형에서 동그랗게 만 도화지는 뼈의 역할을 하고, 스펀지를 넣은 스타킹은 근육의 역할을 합니다.

4 큰창자는 굵은 관 모양으로 음식물 찌꺼기에서 수분을 흡수합니다.

5 소화는 우리가 살아가기 위해 필요한 음식물 속 영양소를 작게 쪼개어 흡수하는 과정입니다. 음식물은 입, 식도, 위, 작은창자, 큰창자를 거쳐 소화되고, 남은 찌꺼기는 항문을 통해 나옵니다.

6 작은창자는 소화를 돕는 액체를 분비해 음식물을 매우 작게 쪼개고, 음식물 속의 영양소를 흡수합니다.

7 숨을 쉬는 생명 유지 활동을 호흡이라고 하며 코, 기관, 기관지, 폐와 같이 호흡에 관여하는 기관을 호흡 기관이라고 합니다.

8 숨을 마실 때는 가슴이 부풀어 오르면서 공기가 코를 통해 들어오고 기관 → 기관지 → 폐를 거칩니다. 그리고 폐에서 공기 속의 산소는 혈액으로 들어갑니다.

9 기관지는 기관과 폐를 연결하며, 공기가 이동하는 통로입니다.

10 투명 관은 혈관, 붉은 색소 물은 혈액, 고무풍선을 씌운 투명 컵은 심장의 역할과 같습니다.

11 혈관은 혈액의 이동 통로로, 몸 전체에 복잡하게 퍼져 있으며 긴 관 모양입니다.

12 심장에서 나온 혈액은 혈관을 따라 이동하며 온몸을 거친 다음 다시 심장으로 돌아오는 과정을 반복합니다.

13 콩팥은 혈액 속 노폐물을 걸러 내어 오줌을 만듭니다.

14 ㉡은 콩팥에서 방광으로 오줌을 운반하는 오줌관, ㉢은 오줌을 모았다가 일정한 양이 되면 몸 밖으로 내보내는 방광입니다.

15 노폐물은 혈액을 통해 이동하다가 콩팥에서 걸러져 오줌을 통해 몸 밖으로 나갑니다. 노폐물이 걸러진 혈액은 심장과 혈관을 통해 온몸으로 순환합니다.

16 날아오는 공의 자극을 눈으로 받아들이고 얼굴을 팔로 가리는 반응을 하였습니다.

17 피부로는 다양한 촉감, 아픔, 온도, 압력 등을 느낄 수 있습니다.

18 자극이 감각 기관을 통해 받아들여지고 신경계를 통해 자극이 전달돼 자극을 해석합니다. 이 해석을 토대로 반응을 결정하면 신경계를 통해 운동 기관으로 전달하고 반응을 하게 됩니다.

19 운동을 하면 호흡이 빨라지는 것은 우리 몸에 산소가 필요하기 때문입니다. 호흡은 호흡 기관에서 이루어집니다.

20 운동을 하면 맥박이 빨라지고 체온이 올라가지만, 운동을 하고 시간이 지나면 체온은 내려가고 맥박이 느려져 운동 전 상태로 돌아갑니다.

2회   5. 에너지와 생활   28~30쪽

1 ②   **2** (1) ㉡ (2) ㉢ (3) ㉠   **3** ⑩ 우리가 생활에서 유용하게 사용하는 기계를 작동할 때 에너지가 필요하기 때문이다.   **4** 종우   **5** 가스, 햇빛, 전기   **6** (1) ○ (2) × (3) ○   **7** ⑤   **8** ②   **9** ②   **10** 전기 에너지   **11** ⑩ 시소가 올라가면 운동 에너지가 위치 에너지로 바뀌고, 시소가 내려가면서 위치 에너지에서 운동 에너지로 바뀐다.   **12** ⑤   **13** ③   **14** ②   **15** 태양   **16** ⑩ 겨울잠을 잔다.   **17** 1등급   **18** ⑤   **19** ④, ⑤   **20** (1) × (2) ○ (3) ○

●풀이●

1 식물이 열매를 맺거나 꽃이 피는 데는 에너지가 필요합니다. 이러한 에너지는 광합성을 통해 햇빛을 양분으로 바꿔 얻습니다.

2 벼와 옥수수와 같은 식물은 광합성을 하여 양분을 얻고, 토끼와 사자 같은 동물은 다른 생물을 먹어 양분을 얻습니다. 자동차와 선풍기 같은 기계는 전기, 석유, 천연가스 등에서 에너지를 얻습니다.

3 일상생활에서 사용하는 기계를 작동시키기 위해서는 에너지가 필요합니다.

4 생물이 움직이고 성장하거나 살아가는 데 있어 에너지는 꼭 필요합니다.

5 식물은 광합성으로 만든 양분에서 에너지를 얻고, 가스 보일러는 가스를 태워 에너지를 얻습니다. 전동 킥보드는 전기를 충전하여 에너지를 얻습니다.

6 바람에 날리는 태극기는 운동 에너지를 가집니다.

7 주위를 비추는 형광등과 스마트 기기의 화면은 빛에너지의 형태입니다.

8 ㉠은 위치 에너지, ㉡은 운동 에너지를 이용한 경우입니다.

9 손난로는 열에너지를 이용한 경우이고 반딧불, 등대 불빛, 가로등 불빛, 신호등 불빛은 빛에너지를 이용한 경우입니다.

10 냉장고, 에어컨, 밥솥 등과 같은 전기 기구를 작동하게 하는 에너지는 전기 에너지입니다.

11 시소가 오르내리면서 위치 에너지와 운동 에너지가 전환됩니다.

12 에너지 형태는 바뀌므로 언제든지 우리가 생활할 때 필요한 에너지로 바꾸어 편리하게 활용할 수 있습니다.

13 손전등은 전지의 화학 에너지를 전기 에너지로 전환하고 전기 에너지를 전구의 빛에너지로 바꿔 이용합니다.

14 태양 에너지는 바람의 운동 에너지를 만들어 내기도 하고, 태양 전지에서 전기 에너지로 전환되어 우리 생활에 이용되기도 합니다.

15 일상생활의 에너지 전환 과정은 대부분 태양으로부터 온 에너지의 전환 과정입니다.

16 곰이나 다람쥐, 박쥐 등은 겨울에 먹이를 구하기 어려우므로 겨울잠을 자면서 에너지를 효율적으로 이용합니다.

17 에너지 효율 등급은 1등급이 에너지를 가장 효율적으로 이용하는 제품이며, 시간당 이산화 탄소 배출량, 소비 전력량 등이 표시되어 있습니다.

18 에너지 효율 표시에는 에너지 절약과 에너지 소비 효율 등급이 있습니다.

▲ 에너지 절약 　　▲ 에너지 소비 효율 등급

19 에너지 효율 1등급의 제품을 사용하고, 발광 다이오드(LED)등을 사용하는 것이 에너지 효율이 높습니다. 식물은 가을에 입을 떨궈 화학 에너지를 효율적으로 사용합니다.

20 에너지 자원은 한정되어 있기 때문에 에너지를 효율적으로 사용해야 합니다.

정답과 풀이 **39**

 메모 Memo

과학

9종 검정 교과서

완벽 분석 **종합평가** 과학

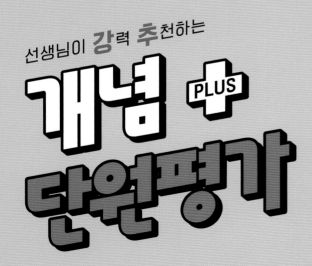

선생님이 강력 추천하는

개념 PLUS

단원평가

정답과 풀이

6·2

5~6학년군

교육의 길잡이·학생의 동반자
(주)교학사

정답과 풀이

1 전기의 이용

개념을 확인해요

9쪽

1 전기 2 전기 회로 3 전류 4 스위치 5 도체 6 부도체 7 도체

개념을 확인해요

11쪽

1 다른 2 같은 3 직렬연결 4 병렬연결 5 직렬, 병렬 6 병렬 7 직렬

개념을 확인해요

13쪽

1 어둡습니다 2 직렬연결 3 병렬연결 4 병렬, 직렬 5 병렬 6 직렬, 병렬

개념을 확인해요

15쪽

1 같은, 다른 2 바늘 3 (+), (−) 4 자석 5 전류 6 크게 7 직렬

개념을 확인해요

17쪽

1 자석 2 전자석 3 많습니다 4 전류 5 극 6 직렬 7 기중기

개념을 확인해요

19쪽

1 물 2 플러그 3 전원 4 스위치 5 절약 6 전선 7 전구

개념을 다져요

20~23쪽

1 전기 회로 2 ㉢, ㉣ 3 ②, ⑤ 4 ㉠ 도체, ㉡ 부도체 5 ㉡, ㉥ 6 ㉢ 7 ㉠ 직렬연결, ㉡ 병렬연결 8 (나) 9 (1) ㉡ (2) ㉠ 10 병렬연결 11 (1) ○ 12 ㉡ 13 ㉠ 14 (1) ○ 15 전류 16 전자석 17 ㉡ 18 (2) ○ 19 ㉢ 20 (2) ○ 21 ①, ⑤ 22 ④ 23 재선 24 ④

풀이

1 전지, 전선, 전구 등 전기 부품을 서로 연결해 전기가 흐르도록 한 것을 전기 회로라고 합니다.

더 알아볼까요!

여러 가지 전기 부품

- 전기 부품에는 전구, 전구 끼우개, 전지, 전지 끼우개, 집게 달린 전선, 스위치 등이 있습니다.
- 전구는 빛을 내는 전기 부품입니다. 전구의 꼭지와 꼭지쇠로 전류가 흐르면 필라멘트에 빛이 납니다.
- 전기 회로를 만들 때 전구 끼우개에 전구를 끼워 사용하면 전선을 쉽게 연결할 수 있습니다.
- 전지는 전기 회로에 전류를 흐르게 합니다. 전지의 (+)극과 (−)극을 연결하면 전류가 흐릅니다.
- 전기 회로를 만들 때 전지 끼우개를 사용하면 전지를 전선에 쉽게 연결할 수 있니다.
- 집게 달린 전선은 전류가 흐르는 통로입니다. 전선에 집게를 연결하면 전선을 여러 가지 전기 부품에 쉽게 연결할 수 있습니다.
- 스위치는 전기 회로에 전류를 흐르게 하거나 흐르지 않게 할 수 있습니다.

2 전구가 전지의 (+)극과 전지의 (−)극에 각각 연결되어 있는 회로에 전구의 불이 켜집니다.

3 전기 회로에 불이 켜지게 하려면 전지, 전선, 전구를 연결해 회로를 만들고, 전기 부품의 도체끼리 연결하며, 전구는 전지의 (+)극과 (−)극에 각각 연결해야 합니다.

4 전류가 잘 흐르는 물질을 도체, 전류가 잘 흐르지 않는 물질을 부도체라고 합니다.

5 흑연과 알루미늄은 전류가 잘 흐르는 물질이고 종이, 비닐, 나무, 유리는 전류가 잘 흐르지 않는 물질입니다.

6 집게 달린 전선에서 ㉠, ㉡은 부도체로 이루어진 부분이고, ㉢은 도체로 이루어진 부분입니다.

7 전기 회로에서 전지 두 개 이상을 서로 다른 극끼리

연결하는 방법을 전지의 직렬연결, 전지 두 개 이상을 서로 같은 극끼리 연결하는 방법을 전지의 병렬연결이라고 합니다.

8 (가)는 전지 두 개가 서로 같은 극끼리 연결되어 있고, (나)는 전지 두 개가 서로 다른 극끼리 연결되어 있습니다. 따라서 (나) 전구의 밝기가 (가) 전구의 밝기보다 더 밝습니다.

9 (가)는 전지 두 개가 서로 같은 극끼리 연결되어 있으므로 전지의 병렬연결이고, (나)는 전지 두 개가 서로 다른 극끼리 연결되어 있으므로 전지의 직렬연결입니다.

10 전기 회로에서 전구 두 개 이상을 여러 개의 줄에 나누어 한 개씩 연결하는 방법을 전구의 병렬연결이라고 합니다.

11 전구 여러 개를 병렬연결한 전기 회로의 전구가 직렬연결한 전기 회로의 전구보다 더 밝습니다.

12 전구를 직렬연결한 ㉡의 전구가 병렬연결한 ㉠의 전구보다 더 어둡습니다.

더 알아볼까요!

- 전구의 밝기를 비교할 때에는 실내를 어둡게 하거나 전구 뒤쪽에 검은색 종이를 대고 관찰하면 전구의 밝기를 비교하기 쉽습니다.
- 각각의 전기 회로에서 전구의 밝기를 동시에 비교하기 어렵기 때문에 스마트폰을 사용해 전구의 모습을 촬영한 다음, 촬영한 사진으로 전구의 밝기를 비교해 볼 수 있습니다.

13 전기 회로의 스위치를 닫으면 나침반 바늘이 움직입니다.

더 알아볼까요!

- 전류가 흐르는 전선 주위에 있는 나침반 바늘의 움직임

▲ 전류가 흐르지 않을 때

▲ 전류가 흐를 때

▲ 전류가 흐르지 않을 때

▲ 전류가 흐를 때

14 전류가 흐르는 전선 주위에는 자석의 성질이 나타나기 때문에 나침반 바늘이 움직입니다.

15 전지의 극을 반대로 하여 전류의 방향을 바꾸어 주면 나침반 바늘이 움직이는 방향도 반대로 바뀝니다.

16 전류가 흐르는 전선 주위에 자석의 성질이 나타나는 것을 이용해 만든 자석은 전자석입니다.

17 둥근머리 볼트에 에나멜선을 감을 때는 한쪽 방향으로 촘촘하게 감습니다.

18 에나멜선은 도체에 절연 물질을 입힌 전선으로, 에나멜선을 사포로 문질러 겉면을 벗겨 내면 전류가 흐를 수 있습니다.

19 스위치를 닫고 전자석의 끝부분을 시침바늘에 가까이 가져가면 시침바늘이 전자석에 붙습니다.

더 알아볼까요!

전류가 흐를 때 전자석에 붙는 시침바늘

▲ 전자석 끝부분에 붙은 시침바늘

20 전자석에서 전류의 방향이 바뀌면 전자석의 극도 바뀌어 나침반 바늘의 움직이는 방향도 반대로 바뀝니다.

21 전자석에서 전류의 방향이 바뀌면 자석의 극이 바뀝니다. 따라서 N극과 S극이 일정하지 않으며, 직렬로 연결한 전지의 개수에 따라 전자석의 세기가 달라집니다.

22 전열 기구를 사용하지 않을 때에는 플러그를 뽑아 놓습니다.

23 전기를 절약하려면 에어컨을 켤 때에는 문을 닫고, 사용하지 않는 전등은 끕니다.

24 여러 개의 플러그를 꽂을 수 있게 만든 멀티탭은 전기를 안전하게 사용하거나 절약하기 위해 사용하는 제품이 아닙니다.

▲ 멀티탭

> **1** ② **2** 전기 **3** (가) ×, (나) ○ **4** 예 전류는 전지의 (+)극에서 (−)극으로 흐른다. **5** ④ **6** (1) ㉠ (2) ㉡ **7** ㉠ 직렬, ㉡ 병렬 **8** ㉡ **9** ㉠ 직렬연결, ㉡ 병렬연결 **10** 선미 **11** 직렬연결 **12** ㉠ **13** 자석 **14** (2) ○ **15** 시침바늘이 전자석에 붙는다. **16** ② **17** ⑤ **18** ④ **19** ② **20** (1) ㉡ (2) ㉢ (3) ㉠

풀이

1 위 활동에서 온도계는 필요하지 않습니다.

2 색점토와 발광 다이오드에 전기(전류)가 흐르기 때문에 발광 다이오드에 불이 켜집니다.

> **더 알아볼까요!**
>
> • 발광 다이오드에 불이 켜지지 않으면 다음 사항을 점검합니다.
> – 두 덩이의 색점토가 서로 붙어 있지 않고 떨어져 있는가?
> – 발광 다이오드의 긴 다리가 전지의 (+)극에 연결되어 있고, 짧은 다리는 전지의 (−)극에 연결되어 있는가?
> – 발광 다이오드가 불량 제품은 아닌가?
> – 전지가 소모되었거나 전지의 연결선이 불량 제품은 아닌가?

3 (가)는 전구에 연결된 전선이 모두 전지의 (−)극에만 연결되어 있으므로 전구에 불이 켜지지 않습니다. (나)는 전구가 전지의 (+)극과 전지의 (−)극에 각각 연결되어 있으므로 전구에 불이 켜집니다.

4 전기 회로에서 흐르는 전기를 전류라고 하며, 전류는 전지의 (+)극에서 (−)극으로 흐릅니다.

5 철, 구리, 흑연, 알루미늄은 전류가 잘 흐르는 물질이고, 유리는 전류가 잘 흐르지 않는 물질입니다.

6 전기 회로에서 전지 두 개 이상을 서로 다른 극끼리 한 줄로 연결하는 방법을 전지의 직렬연결, 전지 두 개 이상을 서로 같은 극끼리 연결하는 방법을 전지의 병렬연결이라고 합니다.

7 전지 두 개를 직렬연결한 전기 회로의 전구가 전지 두 개를 병렬연결한 전기 회로의 전구보다 더 밝습니다.

8 전지 두 개를 직렬연결한 ㉠은 전구의 밝기가 밝고, 전지 두 개를 병렬연결한 ㉡은 전구의 밝기가 어둡습니다.

9 전기 회로에서 전구 두 개 이상을 한 줄로 연결하는 방법을 전구의 직렬연결이라고 하고, 전구 두 개 이상을 여러 개의 줄에 나누어 한 개씩 연결하는 방법을 전구의 병렬연결이라고 합니다.

10 전구를 병렬연결한 ㉠이 전구를 직렬연결한 ㉡보다 전구의 밝기가 더 밝습니다.

11 전구의 직렬연결에서는 전구 한 개의 불이 꺼지면 나머지 전구 불도 꺼집니다.

12 나침반 바늘은 자석으로 되어 있기 때문에 막대자석을 나침반 가까이 가져갔을 때 나침반 바늘이 움직입니다.

13 전류가 흐르는 전선 주위에 자석의 성질이 나타나기 때문에 나침반 바늘이 움직입니다.

14 전지의 극을 반대로 하여 전류의 방향을 바꾸어 주면 나침반 바늘이 움직이는 방향도 반대로 바뀝니다.

15 스위치를 닫지 않았을 때에는 전류가 흐르지 않으므로 시침바늘이 전자석에 붙지 않고, 스위치를 닫았을 때는 전류가 흘러 자석의 성질이 나타나므로 시침바늘이 전자석에 붙습니다.

16 전지의 극을 반대로 연결하면 전류의 방향이 바뀌므로 전자석의 극을 바꿀 수 있습니다.

> **더 알아볼까요!**
>
> • 전선의 위치에 따라 달라지는 나침반 바늘의 움직임
>
>
>
> ▲ 전선을 나침반 위에 놓았을 때   ▲ 전선을 나침반 아래에 놓았을 때

17 영구 자석은 N극과 S극이 일정하고 막대자석, 말굽자석과 같이 자석의 성질을 오래 보존하는 자석을 말합니다.

18 선풍기, 스피커, 세탁기, 머리 말리개는 전자석을 이용합니다.

19 플러그를 뽑을 때에는 전선을 잡아당기지 않습니다.

20 전기 회로의 전선 대신 전도성 테이프를, 전구 대신 발광 다이오드를, 스위치 대신 클립을 사용합니다.

정답과 풀이

 2회 단원 평가 [도전]

27~29쪽

1 ⓛ, ⓔ **2** 수영 **3** ㉠ 전기 회로, ㉡ 전류 **4** ⓛ
5 ③ **6** ㉠ 다른 ㉡ 같은 **7** (1) ㉠ (2) 직렬연결
8 ㉠, ㉢ **9** ① **10** (1) ㉢, ㉣ (2) ㉠, ㉡ **11** ㉠,
㉡ **12** ⑤ **13** ㉘ 전류가 흐르는 전선 주위에 자석
의 성질이 나타나기 때문이다. **14** ② **15** ㉡
16 ㉘ 나침반 바늘이 움직이는 방향도 반대로 바뀐
다. **17** ④ **18** ㉠, ㉣ **19** (1) ㉘ 전선을 당겨 플
러그를 뽑았다. (2) ㉘ 문을 열어 놓고 냉방 기구를 켜
두었다. **20** ③, ④

풀이

1 전구가 전지의 (+)극과 전지의 (−)극에 각각 연결되
어 있는 ⓛ과 ⓔ 회로의 전구에 불이 켜집니다.

2 전구가 전지의 (+)극과 전지의 (−)극에 각각 연결되
어 있으면 전구에 불이 켜집니다.

3 전지, 전선, 전구 등 전기 부품을 서로 연결해 전기
가 흐르도록 한 것을 전기 회로라고 합니다.

4 전류는 전지의 (+)극에서 (−)극으로 흐릅니다.

5 전구, 스위치, 전지 끼우개, 집게 달린 전선과 같은
전기 부품은 도체 부분과 부도체 부분으로 이루어져
있습니다. 그러나 나무젓가락은 부도체만으로 이루
어진 물체입니다.

6 전기 회로에서 전지 두 개 이상을 서로 다른 극끼리
한 줄로 연결하는 방법을 전지의 직렬연결이라고 하
고, 전지 두 개 이상을 서로 같은 극끼리 연결하는 방
법을 전지의 병렬연결이라고 합니다.

[더 알아볼까요!]

• 전지의 연결 방법

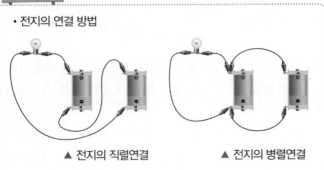

▲ 전지의 직렬연결   ▲ 전지의 병렬연결

7 전지 두 개를 직렬연결한 ㉠은 병렬연결한 ㉡보다 전
구의 밝기가 더 밝습니다.

8 전지 두 개를 직렬연결한 전기 회로의 전구가 병렬연

결한 전기 회로의 전구보다 더 밝습니다.

9 전구 두 개를 각각 다른 줄에 나누어 한 개씩 연결한
㉠과 ㉡은 전구의 밝기가 밝고, 전구 두 개를 한 줄로
연결한 ㉢과 ㉣은 전구의 밝기가 어둡습니다.

10 ㉢과 ㉣은 전구 두 개를 한 줄로 연결하였으므로 전
구의 직렬연결이고, ㉠과 ㉡은 전구 두 개를 각각 다
른 줄에 나누어 한 개씩 연결했으므로 전구의 병렬연
결입니다.

11 전구를 병렬연결한 ㉠과 ㉡에서는 전구 한 개를 빼내
고 스위치를 닫아도 나머지 전구 불이 켜집니다.

12 나침반 바늘은 자석으로 되어 있으므로 막대자석의
N극을 나침반에 가까이 가져가면 나침반 바늘의 S
극이 자석 쪽으로 움직입니다.

13 전류가 흐르는 전선 주위에 자석과 같은 성질이 나타
나기 때문에 나침반 바늘이 움직입니다.

[더 알아볼까요!]

**전류가 흐르는 전선 주위의 나침반 바늘이 90°로 회전하지 않는
까닭**

전선을 나침반 바늘 위에 나란히 겹쳐 놓고 전류를 세게 해도 나
침반 바늘은 대개 90°까지 회전하지 않습니다. 그 까닭은 전류가 만
드는 자기장과 지구 자기장이 모두 나침반에 힘을 미치기 때문입니
다. 나침반 바늘은 전류에 의한 자기장과 지구 자기장을 합한 정도
의 방향까지만 회전합니다.

14 전지의 극을 반대로 연결하여 전류의 방향을 바꾸
어 주면 나침반 바늘이 움직이는 방향도 반대로 바
뀝니다.

15 전지 한 개를 연결한 전자석보다 전지 두 개를 직렬
로 연결한 전자석에 시침바늘이 더 많이 붙습니다.

16 전자석에서 전류의 방향을 반대로 하면 자석의 극이
바뀌므로 나침반 바늘이 움직이는 방향도 반대로 바
뀝니다.

17 전자석은 전류가 흐를 때에만 자석의 성질이 나타납
니다.

18 자기 부상 열차와 스피커는 전자석을 이용합니다.

19 전기를 위험하게 사용한 예에는 전선을 잡아당겨 플
러그를 뽑거나 전선에 걸려 넘어지는 것, 콘센트 한
개에 플러그 여러 개를 꽂아서 사용하는 것 등이 있
습니다.

20 전기를 절약하려면 사용하지 않는 전등은 끄고, 냉장
고에 물건을 가득 넣지 않으며, 사용하지 않는 전기
제품의 플러그는 뽑아 놓습니다.

3회 단원 평가 〈기출〉

30~32쪽

1 예 발광 다이오드에 전기(전류)가 흐르기 때문이다.
2 ㉢ 3 ①, ② 4 ㉢ 5 ⑤ 6 (1) ㉢, ㉣ (2) ㉠,
㉣ 7 (1) 예 전지 두 개가 서로 다른 극끼리 연결(전
지의 직렬연결)되어 있다. (2) 예 전지 두 개가 서로 같
은 극끼리 연결(전지의 병렬연결)되어 있다. 8 병렬
연결 9 ②, ④ 10 ㉠ 11 ㉢ 12 ㉠ 13 ㉠
14 ③, ⑤ 15 ㉠㉣㉢㉢ 16 ㉢ 17 ② 18
④ 19 정훈 20 (1) 예 컴퓨터나 텔레비전 사용
시간을 줄인다. (2) 예 문을 닫고 에어컨을 켠다.

풀이

1 전지를 연결하여 색점토와 발광 다이오드에 전기(전
류)가 흐르기 때문에 발광 다이오드에 불이 켜집니다.

2 색점토가 완전히 굳으면 전기가 흐르지 못하므로 발
광 다이오드에 불이 켜지지 않습니다. 색점토는 염화
칼륨과 수분이 포함되어 있어 전기가 잘 흐릅니다.

3 전구가 전지의 (+)극과 (−)극에 각각 연결되어 있어
야 전구에 불이 켜집니다.

4 전기 회로의 스위치를 닫지 않으면 전류가 흐르지 않
으므로 전구에 불이 켜지지 않습니다.

5 여러 가지 전기 부품은 도체 부분과 부도체 부분으로
이루어져 있습니다.

6 전지 두 개를 직렬연결한 ㉢과 ㉢은 전구의 밝기가
밝고, 전지 두 개를 병렬연결한 ㉠과 ㉣은 전구의 밝
기가 어둡습니다.

7 전구의 밝기가 밝은 ㉢과 ㉢은 전지 두 개가 직렬로
연결되어 있고, 전구의 밝기가 어두운 ㉠과 ㉣은 전
지 두 개가 병렬로 연결되어 있습니다.

8 전지 두 개가 서로 같은 극끼리 연결되어 있으므로
전지를 병렬로 연결한 것입니다.

9 전구 두 개 이상을 여러 개의 줄에 나누어 한 개씩 연
결했으므로 전구의 병렬연결입니다.

10 ㉠은 전구의 병렬연결이고, ㉢은 전구의 직렬연결입
니다.

11 전구가 직렬연결된 전기 회로에서 전구 한 개를 빼내
고 스위치를 닫으면 나머지 전구 불이 꺼집니다.

12 스위치를 닫으면 전선에 전류가 흐르므로 나침반 바
늘이 움직입니다.

더 알아볼까요!

전선과 나침반 바늘의 방향을 나란하게 놓고 실험하는 까닭

• 전류가 직선 전선에 흐르는 경우에 자기장은 직선 전선을 중심으
로 동심원 모양으로 생깁니다. 따라서 전선 주위에 나침반을 놓
으면 나침반 바늘은 전선과 수직이 될 때까지 회전합니다. 그런
데 전선과 나침반 바늘을 처음부터 수직으로 놓으면 나침반 바늘
이 회전하지 않고 처음 상태를 그대로 유지하게 되므로 전류 때
문에 자기장의 방향으로 나침반 바늘이 회전하는 것을 관찰할
수 없습니다. 따라서 전선을 나침반 바늘의 방향과 나란하게 놓
아야 바늘이 회전하는 것을 관찰할 수 있습니다.

13 전류가 흐르는 전선 주위에 자석의 성질이 나타나므
로 나침반 바늘이 움직입니다.

14 전류가 흐르는 전선 주위에서 나침반 바늘이 움직이
는 정도를 더 크게 하려면 전지 여러 개를 직렬로 연
결하거나 나침반과 전선을 최대한 가까이 놓습니다.

15 전자석을 만드는 방법을 순서대로 나열하면 ㉠ → ㉣
→ ㉢ → ㉢ 순서입니다.

16 에나멜선을 촘촘하게 여러 번 감을수록 전자석의 세
기가 더 셉니다.

17 막대자석과 말굽자석은 모두 영구 자석이며, 영구 자
석은 N극과 S극이 일정합니다.

18 전자석 기중기는 무거운 철제품을 전자석에 붙여 다
른 장소로 쉽게 옮기는 데 사용합니다.

19 콘센트 한 개에 플러그 여러 개를 한꺼번에 꽂아서
사용하지 않습니다.

더 알아볼까요!

퓨즈

• 퓨즈는 전기 기구에 달아서 누전이나
감전 등을 예방할 수 있습니다.

• 퓨즈는 높은 온도에서 쉽게 녹는 금
속으로 만든 연결선입니다.

• 전기 회로에 연결된 퓨즈는 큰 전류
가 흘러 온도가 높아지면 녹아 다른
전기 부품보다 먼저 끊어집니다.

▲ 퓨즈

20 전기를 절약하려면 집에서는 컴퓨터나 텔레비전 사
용 시간을 줄이고, 사용하지 않는 전등을 끕니다. 학
교에서는 문을 닫고 에어컨을 켜고, 에너지 지킴이를
선정해 사용하지 않는 전기 제품을 끕니다.

1 ㉡   2 ㉑ 전구에 연결된 전선이 모두 전지의 (+)극에만 연결되어 있기 때문이다.   3 (−)극   4 ②
5 ㉡   6 ①, ⑤   7 (1) ㉡ (2) ㉠   8 ㉠   9 ③
10 ㉑ 한 전구 불이 꺼져도 나머지 전구 불은 꺼지지 않는다. 11 아린   12 ㉑ 전지의 극을 반대로 하여 전류가 흐르는 방향을 바꾸어 준다.   13 ㉢   14 ④
15 ㉠: S극, ㉡: N극   16 (1) ㉡, ㉣ (2) ㉠, ㉢, ㉤
17 ㉑ 선풍기, 스피커   18 ③   19 (2) ○ (3) ○
20 ①

풀이

1 ㉡은 전구에 연결된 전선이 모두 전지의 (+)극에만 연결되어 있으므로 전구에 불이 켜지지 않습니다.

2 전구에 불이 켜지려면 전구가 전지의 (+)극과 전지의 (−)극에 각각 연결되어 있어야 합니다.

3 전류는 전지의 (+)극에서 (−)극으로 흐릅니다.

4 전지 끼우개는 도체 부분(㉠)과 부도체 부분(㉡)으로 이루어져 있습니다.

5 ㉡은 전지 두 개를 직렬연결한 것이므로 전구의 밝기가 밝습니다. ㉠, ㉢, ㉣은 전지 두 개를 병렬연결한 것이므로 전구의 밝기가 어둡습니다.

6 ㉡은 전지 두 개가 서로 다른 극끼리 연결되어 있으므로 전지를 직렬로 연결한 것입니다.

7 마우스에서 전지 두 개는 같은 극끼리 연결되어 있으므로 전지의 병렬연결이고, 리모컨에서 전지 두 개는 서로 다른 극끼리 연결되어 있으므로 전지의 직렬연결입니다.

8 전구 두 개를 병렬연결한 ㉡, ㉢, ㉣은 전구의 밝기가 밝고, 전구 두 개를 직렬연결한 ㉠은 전구의 밝기가 어둡습니다.

9 ㉠은 전구가 직렬로 연결되어 있고, ㉡은 전구가 병렬로 연결되어 있습니다. 따라서 스위치를 닫았을 때 ㉠의 전구가 ㉡의 전구보다 어둡습니다.

10 전구가 병렬연결된 전기 회로에서 한 전구 불이 꺼져도 나머지 전구 불은 꺼지지 않습니다.

11 불이 켜져 있는 전구와 불이 꺼져 있는 전구는 각각 직렬로 연결되어 있지만 불이 켜진 전구와 불이 꺼진 전구는 서로 병렬로 연결되어 있습니다.

12 전지의 극을 반대로 하여 전류의 방향을 바꾸어 주면 나침반 바늘이 움직이는 방향도 반대로 바뀝니다.

13 전지 두 개를 직렬로 더 연결했으므로 전류의 세기가 커지고, 따라서 나침반 바늘이 움직이는 정도가 더 커집니다.

14 전지 한 개를 연결한 전자석보다 전지 두 개를 직렬로 연결한 전자석에 시침바늘이 더 많이 붙습니다. 직렬로 연결된 전지의 개수에 따라 전자석의 세기가 달라진다는 것을 알 수 있습니다.

15 나침반 바늘의 N극이 가리키는 ㉠은 S극이고, 나침반 바늘의 S극이 가리키는 ㉡은 N극입니다.

더 알아볼까요!

전자석의 양 끝에 나침반을 놓고 스위치를 닫았을 때 나침반 바늘이 가리키는 방향을 알아보는 실험을 할 때 주의할 점
• 실험을 할 때 나침반 바늘이 전자석과 나란하지 않도록 놓습니다.
• 나침반 바늘의 N극은 빨간색, 나침반 바늘의 S극은 파란색으로 표시합니다.
• 에나멜선을 감은 방향에 따라 나침반 바늘이 가리키는 방향이 바뀌므로 주의합니다.

16 전자석은 전류가 흐를 때에만 자석의 성질이 나타나는 자석이고, 영구 자석은 막대자석과 같이 전류가 흐르지 않아도 자석의 성질이 나타나는 자석입니다.

17 우리 생활에서 전자석을 이용하는 예로는 선풍기, 스피커, 세탁기, 머리 말리개, 전기 자동차, 자기 부상 열차 등이 있습니다.

더 알아볼까요!

우리 생활에서 전자석을 이용하는 예
• 전자석 기중기를 사용하면 무거운 철제품을 전자석에 붙여 다른 장소로 옮길 수 있습니다.
• 자기 부상 열차는 전류가 흐를 때 자기 부상 열차와 철로가 서로 밀어 내어 열차가 철로 위에 떠서 이동하기 때문에 열차와 철로 사이의 마찰이 없어 빠르게 달릴 수 있습니다.
• 선풍기는 전자석의 성질을 이용한 전동기에 날개를 부착하여 전동기를 회전시켜 바람을 일으킵니다.
• 스피커는 전자석과 영구 자석이 밀고 당기면서 얇은 판을 떨리게 해 소리를 발생시킵니다.

18 전기를 절약하려면 세탁물을 모아서 한 번에 세탁합니다.

19 사람의 움직임을 감지하는 감지 등은 전기를 절약하기 위해 사용하는 제품입니다.

20 전지는 크기가 작은 동전 전지를 사용합니다.

탐구 서술형 평가

36~37쪽

1 (1) 전구에 불이 켜지는 것: ㉡, 전구에 불이 켜지지 않는 것: ㉠ (2) ⑩ 전지, 전선, 전구를 끊기지 않게 연결한다. 전기 부품의 도체끼리 연결한다. 전구는 전지의 (+)극과 전지의 (−)극에 각각 연결한다. **2** 풀이 참조 **3** (1) 전자석 (2) ⑩ 전류가 흐를 때에만 자석의 성질이 나타난다. 전자석의 극을 바꿀 수 있다. 직렬로 연결된 전지의 개수를 다르게 하여 전자석의 세기를 조절할 수 있다. **4** 풀이 참조

풀이

1 전구가 전지의 (+)극과 전지의 (−)극에 각각 연결되어 있을 때 전구에 불이 켜집니다.

상	전구에 불이 켜지는 회로와 전구에 불이 켜지지 않는 회로를 바르게 찾고 전구에 불이 켜지는 조건을 세 가지 모두 바르게 서술하였습니다.
중	전구에 불이 켜지는 회로와 전구에 불이 켜지지 않는 회로를 바르게 찾고 전구에 불이 켜지는 조건을 두 가지만 바르게 서술하였습니다.
하	전구에 불이 켜지는 회로와 전구에 불이 켜지지 않는 회로를 찾지 못하고 전구에 불이 켜지는 조건을 한 가지만 바르게 서술하였습니다.

2

전구를 직렬연결한 전기 회로	전구를 병렬연결한 전기 회로

전구를 직렬연결한 전기 회로에서는 전구 두 개를 한 줄로 연결하고, 전구를 병렬연결한 전기 회로에서는 전구 두 개를 각각 다른 줄에 나누어 한 개씩 연결합니다.

상	전구 두 개를 한 줄로 연결하여 전구를 직렬연결한 회로와 전구를 각각 다른 줄에 나누어 한 개씩 연결하여 병렬연결한 전기 회로를 바르게 나타냈습니다.
중	전구 두 개를 한 줄로 연결하여 전구를 직렬연결한 회로와 전구를 각각 다른 줄에 나누어 한 개씩 연결하여 병렬연결한 전기 회로 중 하나를 바르게 나타냈습니다.
하	전구 두 개를 한 줄로 연결하여 전구를 직렬연결한 회로와 전구를 각각 다른 줄에 나누어 한 개씩 연결하여 병렬연결한 전기 회로를 바르게 나타내지 못했습니다.

3 전자석은 둥근머리 볼트에 에나멜선을 여러 번 감아 전기 회로와 연결하여 만들 수 있습니다.

상	전자석을 바르게 쓰고 전자석의 특징을 세 가지 바르게 서술하였습니다.
중	전자석을 바르게 쓰고 전자석의 특징을 한 가지 바르게 서술하였습니다.
하	전자석이라고만 쓰고 전자석의 특징을 서술하지 못하였습니다.

더 알아볼까요!

영구 자석의 특징
- 막대자석이나 말굽자석 등이 있습니다.
- 자석의 극인 N극과 S극이 항상 일정합니다.

▲ 막대자석   ▲ 말굽자석

4

기호	바르게 고쳐 쓴 내용
㉠	⑩ 플러그를 뽑을 때 전선을 잡아당기지 않는다.
㉢	⑩ 콘센트 한 개에 플러그 여러 개를 한꺼번에 꽂아서 사용하지 않는다.
㉤	⑩ 사용하지 않는 전열 기구의 플러그는 뽑아 놓는다.

상	잘못된 내용의 전기 안전 수칙을 세 가지 모두 찾아 바르게 고쳐 서술하였습니다.
중	잘못된 내용의 전기 안전 수칙을 두 가지 찾아 바르게 고쳐 서술하였습니다.
하	잘못된 내용의 전기 안전 수칙을 한 가지 찾아 바르게 고쳐 서술하였습니다.

2   계절의 변화

개념을 확인해요   39쪽

1 (차례로) 여름, 겨울   2 (차례로) 여름, 겨울
3 태양 고도   4 그림자   5 남중 고도   6 기
온   7 짧아, 높아   8 시간

개념을 확인해요   41쪽

1 계절   2 (차례로) 여름, 겨울   3 낮   4 (차
례로) 여름, 겨울   5 길어, 짧아   6 겨울   7
기온   8 낮아, 짧아

개념을 확인해요   43쪽

1 전등, 모래   2 지표면   3 남중 고도   4 올
라갑니다   5 많아   6 여름   7 남중 고도

개념을 확인해요   45쪽

1 계절   2 자전축   3 남중 고도   4 수직   5
공전   6 겨울   7 낮, 짧아   8 계절

개념을 다져요   46~49쪽

1 ③   2 ㉠   3 ③, ⑤   4 태양 고도   5 30°   6
⑤   7 그림자 길이 그래프   8 ㉠ 짧아 ㉡ 높아   9
(나)   10 ㉠   11 ④   12 ㉠ 길어 ㉡ 짧아   13 ④
14 태양의 남중 고도   15 ㉠   16 ④   17 윤수
18 ㉠ 많고 ㉡ 적다   19 (나)   20 ㉢   21 ⑤
22 ②   23 ㉢   24 ㉠ 여름 ㉡ 겨울

풀이

1 계절에 따라 기온, 그림자 길이, 태양의 높이, 나무
의 모습 등이 달라집니다. 하지만 태양의 크기는 달
라지지 않습니다.

2 그림자 길이는 여름에 짧고, 겨울에 깁니다. 따라서
탑의 그림자 길이가 짧은 ㉠이 여름에 해당합니다.

3 가을에는 기온과 태양의 높이가 여름과 겨울의 중간
정도이며, 나뭇잎이 붉게 물듭니다.

> **더 알아볼까요!**
>
> **계절에 따라 나의 생활이 어떻게 달라지는지 이야기하기 (예)**
> • 봄에는 산으로 등산을 가거나 꽃구경을 갑니다.
> • 여름에는 덥기 때문에 얇은 옷을 입고 선풍기나 에어컨으로 몸을
> 시원하게 합니다.
> • 가을에는 생활하기에 온도가 적당해서 운동을 하거나 등산을 갑
> 니다.
> • 겨울에는 추워서 두꺼운 옷을 입고 눈이 내리면 눈싸움을 하거나
> 눈사람을 만듭니다.

4 태양이 지표면과 이루는 각을 태양 고도라고 합니다.

5 막대기의 그림자와 실이 이루는 각이 태양 고도이므
로, 태양 고도는 30°입니다.

6 실을 연결한 막대기를 지표면에 수직으로 세우고, 막
대기의 그림자 끝과 실이 이루는 각을 측정하여 알
수 있습니다.

7 태양 고도 그래프와 모양이 다른 그래프는 그림자 길
이 그래프입니다.

> **더 알아볼까요!**
>
> **시간과 계절을 알려 주는 앙부일구**
> • 조선시대 세종은 1434년에 앙부
> 일구를 만들었습니다.
> • 앙부일구는 하루 동안 그림자의
> 위치 변화를 이용하여 시각을 알
> 수 있고 계절에 따라 그림자의 길
> 이가 달라지는 원리를 이용하여
> 절기를 알 수 있는 기구입니다.
>
>
> ▲ 앙부일구

기온 측정하기

• 백엽상에 있는 온도계를 이용하여 기온을 측정합니다.

• 백엽상이 없을 경우 나무 그늘의 1.5m 높이에 온도계를 놓고 기온을 측정합니다.

▲ 백엽상

8 태양 고도가 높아지면 그림자 길이는 짧아지고, 기온은 높아집니다.

9 태양 고도가 높아지는 것보다 기온은 늦게 올라갑니다. 하루 동안 기온이 가장 높게 나타나는 시각은 태양이 남중한 시각보다 약 두 시간 정도 뒤입니다.

태양 고도와 기온의 관계

• 태양 고도가 가장 높은 때와 기온이 가장 높은 때는 시간 차이가 있습니다.

• 데워진 지표에 의해 공기가 데워지는 데 시간이 걸리기 때문입니다.

10 겨울에 태양 고도가 가장 낮으므로, ㉠이 겨울에 해당합니다.

계절별 태양의 위치 변화

• 계절별 태양의 남중 고도를 나타낸 그림이며 화살표로 된 선은 그 계절에 태양의 위치 변화를 나타낸 것입니다.

• 한 계절 내에서도 매일 태양의 남중 고도가 달라지기 때문에 각 계절별 대표적인 절기에 해당하는 태양의 남중 고도를 나타냅니다.

• 봄은 춘분, 여름은 하지, 가을은 추분, 겨울은 동지에 해당하는 태양의 남중 고도를 나타냅니다.

• 계절별로 실제 태양이 움직이는 것이 아니라 지구의 운동에 의해 태양이 움직이는 것처럼 보입니다.

11 낮의 길이가 가장 긴 달은 6~7월이므로 여름입니다. 낮의 길이가 가장 짧은 달은 12~1월이므로 겨울

입니다.

12 태양의 남중 고도가 높아질수록 낮의 길이가 길어집니다.

13 전등과 모래 사이의 거리를 서로 같게 합니다.

14 전등은 태양, 모래는 지표면을 나타내고 전등과 모래가 이루는 각은 태양의 남중 고도를 의미합니다.

15 전등과 모래가 이루는 각이 클 때 모래의 온도가 더 높아집니다.

16 계절에 따라 기온이 달라지는 것은 태양의 남중 고도와 관련이 깊습니다.

17 태양의 남중 고도가 높아지면 지표면이 더 많이 데워집니다.

18 태양의 남중 고도가 높을수록 일정한 면적의 지표면에 도달하는 태양 에너지양이 많습니다.

19 지구의가 (나)에 있을 때 태양의 남중 고도가 가장 높습니다.

20 지구의가 (라)에 있을 때 태양의 남중 고도가 가장 낮고 우리나라는 겨울입니다. 이때 낮의 길이는 가장 짧습니다.

21 지구의의 자전축이 수직인 채 공전할 때에는 태양의 남중 고도가 변하지 않습니다. 따라서 (가), (나), (다), (라)에서 태양의 남중 고도가 같습니다.

22 지구의 자전축이 기울어진 채 태양 주위를 공전하기 때문에 계절의 변화가 생깁니다.

북반구의 계절

• 6월 21일 무렵 태양은 북위 23.5°를 수직으로 비추어 북반구가 남반구에 비해 더 많은 태양 에너지를 받게 됩니다. 이날을 하지라고 하며 북반구의 여름이 시작되는 날입니다.

• 12월 22일 무렵은 낮이 가장 짧은 동지이며 북반구의 겨울입니다. 이날 태양은 남위 23.5° 바로 위에 위치합니다.

• 동지 이후 3개월 뒤인 3월 21일 무렵에는 낮과 밤의 길이가 거의 비슷해지는데 이때가 북반구의 봄이 시작되는 춘분입니다.

23 지구의 자전축은 기울어져 있지만 지구가 공전을 하지 않는다면 태양의 남중 고도가 변하지 않으므로 계절이 달라지지 않습니다.

24 여름에 태양의 남중 고도가 가장 높고, 겨울에 태양의 남중 고도가 가장 낮습니다.

1 ㉠　2 ㉢　3 태양 고도　4 ㉠　5 ㉡　6 ①
7 그림자 길이　8 ⑩ 태양 고도가 높아지면 그림자
길이는 짧아지고, 기온은 높아진다.　9 태양의 남중
고도　10 ㉠　11 겨울　12 승재　13 ⑤　14
(1) 태양 (2) 지표면　15 ㉠　16 ④　17 ③　18
(1) (나) (2) (라)　19 (가), (다)　20 ㉠, ㉢

풀이

1 ㉠은 가을, ㉡은 여름, ㉢은 겨울, ㉣은 봄의 모습을 나타낸 것입니다.

2 기온은 여름에 가장 높고, 겨울에 가장 낮습니다.

3 태양이 지표면과 이루는 각을 태양 고도라고 합니다.

더 알아볼까요!

태양 고도를 측정하는 방법

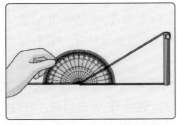

▲ 태양 고도 측정

- 실을 연결한 막대기를 지표면에 수직으로 세우고 그림자 끝과 막대기의 실이 이루는 각을 측정합니다.
- 실을 잡아당길 때, 막대기가 휘어지지 않도록 주의합니다.
- 각도기 눈금 아래에 공간이 있으면 오차가 생길 수 있기 때문에 각도기의 중심에 구멍을 뚫어 실을 넣으면 태양 고도를 더욱 쉽고 정확하게 측정할 수 있습니다.

4 ㉠은 태양 고도가 높을 때, ㉡은 태양 고도가 낮을 때를 나타낸 것입니다.

5 하루 중 태양이 정남쪽에 위치하면 태양이 남중했다고 합니다.

6 낮 12시 30분 무렵에 태양 고도가 가장 높습니다.

7 태양 고도 그래프와 모양이 비슷한 그래프는 기온 그래프이고, 태양 고도 그래프와 모양이 다른 그래프는 그림자 길이 그래프입니다.

8 태양 고도가 높아지면 그림자 길이가 짧아지고, 기온은 높아집니다.

9 하루 중 태양의 위치가 정남쪽에 왔을 때의 고도를 태양의 남중 고도라고 합니다.

10 ㉠은 여름에 해당하며 여름에 태양 고도가 가장 높습니다.

11 태양의 남중 고도는 여름에 가장 높고, 겨울에 가장 낮습니다.

12 태양의 남중 고도가 높아지면 낮의 길이가 길어지고, 태양의 남중 고도가 낮아지면 낮의 길이가 짧아집니다.

13 태양의 남중 고도에 따른 기온 변화를 알아보는 실험이므로 전등과 모래가 이루는 각을 다르게 해야 합니다.

14 전등은 태양, 모래는 지표면을 나타냅니다.

15 태양의 남중 고도가 높아지면 지표면이 더 많이 데워져 기온이 높아집니다.

더 알아볼까요!

태양의 남중 고도와 태양 에너지
- 계절에 따른 태양의 남중 고도 변화는 지표면에 도달하는 태양 에너지양에 영향을 줍니다.
- 태양이 머리 위로 높이 떠 있을수록 단위 면적당 태양 에너지양이 많습니다.
- 고도가 낮아지면 태양 광선은 넓게 퍼지게 되고 지표면에 도달하는 태양 에너지양이 적어집니다.
- 태양의 남중 고도가 높을수록 낮의 길이가 길어지므로 태양의 남중 고도가 높은 여름에는 낮의 길이가 길어지기 때문에 지표면에 도달하는 태양 에너지양이 많아집니다.

16 계절에 따라 태양의 남중 고도가 달라지기 때문에 기온이 달라집니다.

17 지구의의 자전축이 수직인 채 공전할 때에는 태양의 남중 고도가 변하지 않습니다.

18 지구의가 (나)에 있을 때 태양의 남중 고도가 가장 높으므로 우리나라는 여름이고, (라)에 있을 때 태양의 남중 고도가 가장 낮으므로 우리나라는 겨울입니다.

19 (가)는 봄, (다)는 가을이므로 하루 동안 낮과 밤의 길이가 비슷합니다.

20 지구의 자전축이 기울어진 채 공전할 때에는 태양의 남중 고도가 변하므로 계절의 변화가 생깁니다.

1 계절 2 ③ 3 ⓒ 4 ㉠ 남중 ⓒ 남중 고도 5
③ 6 ② 7 (가): 낮 12시 30분 (나): 낮 12시 30분
8 ④ 9 하늘 10 (1) ⓒ (2) ㉠ (3) ⓒ 11 ㉠, ⓒ
12 예 태양의 남중 고도가 높아지면 낮의 길이는 길
어지고, 태양의 남중 고도가 낮아지면 낮의 길이가 짧
아진다. 13 ④ 14 ⓒ 15 ㉠ 16 예 계절에
따라 태양의 남중 고도가 달라지기 때문이다. 17
자전축 18 ③ 19 ③, ④ 20 ㉠

풀이

1 계절에 따라 우리의 생활 모습과 자연의 모습이 달라
집니다.

2 겨울에는 태양의 높이가 가장 낮습니다.

3 막대기의 그림자 끝과 실이 이루는 각이 태양 고도입
니다.

4 하루 중 태양이 정남쪽에 위치할 때를 남중이라고 하
며, 태양이 남중했을 때의 고도를 태양의 남중 고도
라고 합니다.

5 같은 시각에 태양 고도, 그림자 길이, 기온을 측정합
니다.

6 ㉠은 그림자 길이 그래프, ⓒ은 태양 고도 그래프,
ⓒ은 기온 그래프입니다. 태양 고도와 모양이 비슷한
그래프는 기온 그래프이고, 모양이 다른 그래프는 그
림자 길이 그래프입니다.

7 태양 고도가 가장 높은 시각과 그림자 길이가 가장
짧은 시각은 각각 낮 12시 30분입니다.

8 태양 고도가 높아지면 그림자 길이가 짧아지고, 기온
은 높아집니다.

9 여름에는 태양의 남중 고도가 높아서 낮에 햇빛이 교
실 안쪽까지 들어오지 않습니다. 하지만 겨울에는 태
양의 남중 고도가 낮아서 낮에 햇빛이 교실 안쪽까지
들어옵니다.

더 알아볼까요!

교실에 들어오는 햇빛 관찰하기

• 햇빛이 교실 안쪽으로 조금 들어올 때는 태양이 높게 떠 있다는
것으로, 태양 고도가 높다는 것을 의미합니다.

• 햇빛이 교실 안쪽까지 깊숙이 들어올 때는 태양이 낮게 떠 있다
는 것으로, 태양 고도가 낮다는 것을 의미합니다.

더 알아볼까요!

태양 고도 차이

겨울

여름

• 겨울 점심과 여름 점심 때 햇빛이 들어오는 정도가 다릅니다.

10 (가)는 여름, (나)는 봄과 가을, (다)는 겨울에 해당합
니다.

11 계절에 따라 낮의 길이가 달라집니다. 낮의 길이는
여름에 가장 길고, 겨울에 가장 짧습니다.

12 태양의 남중 고도가 높아질수록 낮의 길이도 길어집
니다.

13 실험에서 전등은 태양, 모래는 지표면을 나타냅니
다. 따라서 전등과 모래가 이루는 각은 태양의 남중
고도를 의미합니다.

14 전등과 모래가 이루는 각이 클 때 모래의 온도 변화
가 더 큽니다.

15 전등과 모래가 이루는 각이 클 때에는 일정한 면적에
도달하는 태양 에너지양이 많고, 전등과 모래가 이루
는 각이 작을 때에는 일정한 면적에 도달하는 태양
에너지양이 적습니다.

16 계절에 따라 태양의 남중 고도가 달라지기 때문에 기
온이 달라집니다.

17 지구의 자전축이 기울어진 채 태양 주위를 공전하기
때문에 계절이 변합니다.

18 각각의 위치에서 태양의 남중 고도를 측정하며 태양
의 남중 고도가 변하므로 계절이 변하는 것을 알 수
있습니다.

19 지구의 자전축이 기울어진 채 태양 주위를 공전하기
때문에 계절의 변화가 생깁니다.

20 ㉠은 북반구에서 태양의 남중 고도가 높은 때(여름)
를 나타내고, ⓒ은 북반구에서 태양의 남중 고도가
낮은 때(겨울)를 나타냅니다.

정답과 풀이

 3회 단원 평가 (기출)

56~58쪽

1 ㉠ 여름 ㉡ 겨울 ㉢ 가을   2 ㉢, ㉣   3 ④   4 ⑤
5 ③   6 ㉠   7 예원   8 ④   9 봄, 가을   10 ㉠
11 예 낮의 길이는 여름에 가장 길고, 겨울에 가장 짧다. 봄, 가을은 여름과 겨울의 중간 정도이다.   12 ㉢
13 ①, ②   14 예 전등과 모래 사이의 거리, 전등을 켠 시간   15 ㉠   16 ㉠   17 ②, ④   18 (나)
19 예 지구의 자전축이 공전 궤도면에 대해 기울어진 채 태양 주위를 공전하기 때문에 계절이 변한다.
20 ㉠, ㉡

풀이 ▶

1 태양의 높이는 여름에 가장 높고, 겨울에 가장 낮습니다. 그림자 길이는 여름에 가장 짧고, 겨울에 가장 깁니다.

2 하루 동안 태양 고도는 달라지며, 단위는 °를 사용합니다.

3 태양 고도 측정기를 태양 빛이 잘 드는 편평한 곳에 놓고 측정합니다.

4 태양이 남중했을 때의 고도를 태양의 남중 고도라고 합니다. 태양이 남중했을 때 그림자는 정북쪽을 향하고, 그림자 길이는 하루 중 가장 짧습니다.

▲ 하루 동안 태양의 움직임

5 태양 고도는 낮 12시 30분 무렵에 가장 높고, 그림자 길이는 낮 12시 30분 무렵에 가장 짧으며, 기온은 오후 2시 30분 무렵에 가장 높습니다.

6 태양 고도와 기온 그래프는 시각에 따른 변화 모양이 비슷합니다.

7 공기의 온도가 높아지는 데 시간이 걸리기 때문에 태양 고도가 가장 높은 때와 기온이 가장 높은 때는 시간적 차이가 있습니다.

8 태양 고도가 높아지면 그림자 길이가 짧아지고, 기온은 높아집니다.

9 ㉠은 여름, ㉡은 봄과 가을, ㉢은 겨울에 해당합니다.

10 태양의 남중 고도가 높아질수록 낮의 길이가 길어집니다.

11 낮의 길이가 가장 긴 때는 6~7월이므로 여름입니다. 그리고 낮의 길이가 가장 짧은 때는 12~1월이므로 겨울입니다.

12 태양의 남중 고도가 높아질수록 낮의 길이가 길어지고, 태양의 남중 고도가 낮아질수록 낮의 길이가 짧아집니다.

더 알아볼까요!

월별 태양의 낮의 길이를 측정한 때
• 매월 측정 시점
- 춘분(3월 21일 무렵)   - 곡우(4월 20일 무렵)
- 소만(5월 21일 무렵)   - 하지(6월 21일 무렵)
- 대서(7월 23일 무렵)   - 처서(8월 23일 무렵)
- 추분(9월 23일 무렵)   - 상강(10월 24일 무렵)
- 소설(11월 22일 무렵)   - 동지(12월 22일 무렵)
- 대한(1월 20일 무렵)   - 우수(2월 19일 무렵)

13 여름에는 일정한 면적의 지표면에 도달하는 태양 에너지양이 많으므로 지표면이 많이 데워집니다. 겨울에는 일정한 면적의 지표면에 도달하는 태양 에너지양이 적으므로 지표면이 적게 데워집니다.

14 전등의 밝기, 전등과 모래의 종류, 전등과 모래 사이의 거리, 전등을 켠 시간 등을 같게 해야 합니다.

15 (가)는 태양의 남중 고도가 높을 때를, (나)는 태양의 남중 고도가 낮을 때를 나타냅니다.

16 지구의 자전축이 기울어진 채 태양 주위를 공전하기 때문에 계절이 변합니다.

17 (나)에서 태양의 남중 고도가 가장 높고, (라)에서 태양의 남중 고도가 가장 낮습니다.

18 지구의가 (나)에 있을 때 태양의 남중 고도가 가장 높고 낮의 길이가 가장 깁니다.

19 지구의 자전축이 공전 궤도면에 대해 기울어진 채 태양 주위를 공전하기 때문에 계절이 변합니다.

20 태양의 남중 고도가 달라지면 기온과 낮의 길이도 변합니다.

1 여름 **2** ㉣ **3** 태양 고도 **4** ㉢ **5** 2시간 **6** ㉔ 지표면이 데워지고, 데워진 지표면에 의해 공기의 온도가 높아지는 데 시간이 걸리기 때문이다. **7** 자 윤 **8** ⑤ **9** ③ **10** ③ **11** ③, ⑤ **12** ㉔ 태양 의 남중 고도는 낮아지고, 낮의 길이는 짧아진다. **13** 전등과 모래가 이루는 각 **14** ㉡ **15** ①, ③ **16** ㉠, ㉢, ㉣ **17** (나) **18** (1) 여름 (2) 겨울 **19** ⑤ **20** (1) ㉔ 계절이 변하지 않는다. (2) ㉔ 지구의 위 치가 달라져도 태양의 남중 고도가 변하지 않기 때문 이다.

풀이

1 여름에 태양의 높이가 가장 높고 겨울에 가장 낮습 니다.

2 일정한 시간 간격을 두고 같은 시각에 태양 고도, 그 림자 길이, 기온을 측정합니다.

3 위 실험에서 그림자와 실이 이루는 각은 태양 고도입 니다.

4 그림자 끝과 막대기의 실이 이루는 각을 측정하므로 막대기의 길이와 태양 고도는 관계없습니다.

5 태양 고도는 낮 12시 30분에 가장 높고, 기온은 14시 30분에 가장 높습니다.

더 알아볼까요!

하루 중 기온이 가장 높은 때

• 하루 중 최고 기온이 나타나는 시각은 여러 가지 요인에 의해 달 라집니다.

• 흐린 날은 구름이 거의 없는 맑은 날에 비해 최고 기온이 나타나 는 시각이 빠릅니다.

• 이동하는 찬 공기가 기온을 변화시켜 하루 중 최고 기온이 나타 나는 시간을 변화시키기도 합니다.

• 겨울에는 폭풍의 영향으로 한밤중에 최고 기온이 형성되는 경우 도 드물게 있습니다.

• 토양의 종류나 식물의 유무, 습도 등도 하루 동안의 기온 변화에 영향을 줍니다.

• 하루 중 최고 기온이 나타나는 시각은 계절이나 지역, 구름의 양, 지표면의 상태와 같은 다양한 요인에 영향을 받습니다.

6 지표면이 데워지고, 데워진 지표면에 의해 공기의 온 도가 높아지는 데 시간이 걸리기 때문입니다.

7 12시 30분 이후에 태양 고도는 점점 낮아지고, 그림 자 길이는 점점 길어집니다.

8 시간에 따른 측정값의 변화를 쉽게 알아보려면 꺾은 선그래프가 가장 적당합니다.

더 알아볼까요!

꺾은선그래프

• 그래프는 표보다 시간에 따른 측정값의 변화를 쉽게 알 수 있습 니다.

• 꺾은선그래프는 시간의 흐름에 따라 측정값이 어떻게 변하는지 알아보는 데 편리합니다.

• 꺾은선그래프는 조사하지 않은 중간값도 짐작할 수 있습니다.

• 가로선과 세로선을 따라 두 선이 만나는 곳에 점을 찍고 각 점을 선으로 이어 그립니다.

9 여름에는 태양의 남중 고도가 높으므로 햇빛이 교실 안까지 들어오지 않았지만, 겨울에는 태양의 남중 고 도가 낮으므로 햇빛이 교실 안까지 들어왔습니다.

10 ㉢은 태양의 남중 고도가 낮으므로 겨울에 해당합니 다. 겨울에는 기온이 낮고, 낮의 길이가 짧습니다. 또 그림자 길이가 길며, 일정한 면적의 지표면에 도 달하는 태양 에너지양이 적습니다.

11 낮의 길이는 여름에 가장 길고, 겨울에 가장 짧습니 다. 봄, 가을에는 낮의 길이가 여름보다 짧고 겨울보 다 깁니다.

12 가을에서 겨울로 계절이 변할 때 태양의 남중 고도는 낮아지고, 낮의 길이는 짧아집니다.

13 태양의 남중 고도에 따른 기온 변화를 알아보는 실험 에서 전등과 모래가 이루는 각(태양의 남중 고도)을 다르게 해야 합니다.

14 ㉡은 전등과 모래가 이루는 각이 크고, 일정한 면적 의 지표면에 도달하는 에너지양이 많습니다.

15 전등과 모래가 이루는 각에 따라 모래의 온도 변화가 달라지며 전등과 모래가 이루는 각이 클 때 모래의 온도 변화가 더 큽니다.

16 지구의의 자전축 기울기만 다르게 하고, 나머지 조건 은 같게 합니다.

17 (가)에서는 지구의 위치에 따라 태양의 남중 고도가 변하지 않지만, (나)에서는 지구의의 위치에 따라 태 양의 남중 고도가 달라집니다.

18 지구가 (나) 위치에 있을 때 북반구는 여름이고, 남반 구는 겨울입니다.

19 지구가 태양 주위를 공전할 때 지구의 위치에 따라 태양의 남중 고도가 달라지므로 기온, 낮의 길이, 그 림자 길이도 달라지지만 지구 자전축의 기울기는 달

라지지 않습니다.

20 만약 지구의 자전축이 수직인 채 태양 주위를 공전한다면 지구의 위치가 달라져도 태양의 남중 고도가 변하지 않기 때문에 계절이 변하지 않습니다.

더 알아볼까요!

계절의 변화와 태양과 지구 사이의 거리 관계

- 지구는 타원 형태로 태양 주위를 공전합니다. 지구와 태양 사이의 거리는 실제 계절마다 조금씩 달라집니다.
- 북반구의 겨울에 해당하는 1월에는 지구와 태양의 거리가 가장 가깝고 여름에 해당하는 7월에는 가장 멀어집니다. 이와같은 거리 차이는 지구와 태양의 평균 거리인 1억 5000만 km와 비교하여 볼 때 불과 1.6%정도뿐입니다.
- 따라서 태양과 지구 사이의 거리는 계절의 변화에 큰 영향을 주지 못한다는 것을 알 수 있습니다.

탐구 서술형 평가
62~63쪽

1 (1) 기온 그래프 (2) 예 태양 고도가 높아지면 그림자 길이는 짧아지고, 기온은 높아진다. **2** 예 태양의 남중 고도가 높아지면 낮의 길이가 길어지고, 태양의 남중 고도가 낮아지면 낮의 길이가 짧아진다. **3** (1) ㉠ (2) 예 전등과 모래가 이루는 각이 클 때는 태양의 남중 고도가 높은 때를 의미하며, 이때 일정한 면적의 지표면에 도달하는 태양 에너지양이 많아지기 때문에 온도 변화가 더 크다. **4** (1) 예 태양의 남중 고도와 계절의 변화가 없다. (2) 예 지구의의 위치에 따라 태양의 남중 고도가 달라지고 계절이 변한다.

풀이

1 하루 동안 태양 고도와 기온은 오전에는 점점 높아지다가 오후에는 점점 낮아집니다. 그림자 길이는 오전에는 점점 짧아지다가 오후에는 점점 길어집니다.

상	태양 고도와 모양이 비슷한 그래프로 기온 그래프를 바르게 적고 태양 고도와 그림자의 길이, 기온의 관계를 바르게 서술하였습니다.
중	태양 고도와 그림자의 길이, 기온의 관계만 바르게 서술하였습니다.
하	태양 고도와 모양이 비슷한 그래프로 기온 그래프를 바르게 적었지만 태양 고도와 그림자의 길이, 기온의 관계를 바르게 서술하지 못하였습니다.

2 태양의 남중 고도가 높아질수록 낮의 길이도 길어집니다.

상	태양의 남중 고도가 높아질수록 낮의 길이가 길어지고 태양의 남중 고도가 낮아지면 낮의 길이가 짧아진다고 바르게 서술하였습니다.
중	태양의 남중 고도가 높아질수록 낮의 길이가 길어진다고 바르게 서술하였습니다.
하	태양의 남중 고도와 낮의 길이의 관계를 바르게 서술하지 못하였습니다.

3 전등과 모래가 이루는 각이 클 때에는 전등이 좁은 면적을 비추기 때문에 일정한 면적에 도달하는 에너지양이 많습니다. 전등과 모래가 이루는 각이 작을 때에는 전등이 넓은 면적을 비추기 때문에 일정한 면적에 도달하는 에너지양이 적습니다.

상	모래의 온도 변화가 더 큰 경우를 바르게 찾고 전등과 모래가 이루는 각이 클수록 태양 에너지양이 많고 온도 변화가 더 큰 것을 바르게 서술하였습니다.
중	전등과 모래가 이루는 각이 클수록 태양 에너지양이 많고 온도 변화가 더 큰 것을 바르게 서술하였습니다.
하	모래의 온도 변화가 더 큰 경우를 바르게 찾았지만 전등과 모래가 이루는 각이 클수록 태양 에너지양이 많고 온도 변화가 더 큰 것을 바르게 서술하지 못하였습니다.

4 지구의의 자전축이 수직인 채 공전할 때에는 태양의 남중 고도와 계절이 변하지 않습니다. 지구의의 자전축이 기울어진 채 공전할 때에는 지구의의 위치에 따라 태양의 남중 고도가 달라지고 계절이 변합니다.

상	지구의 자전축이 수직인 채 공전할 때는 계절의 변화가 없고 지구의의 자전축이 기울어진 채 공전할 때 태양의 남중 고도가 달라지고 계절이 변하는 것을 바르게 서술하였습니다.
중	지구의의 자전축이 기울어진 채 공전할 때 태양의 남중 고도가 달라지고 계절이 변하는 것을 바르게 서술하였습니다.
하	지구의 자전축이 수직인 채 공전할 때는 계절의 변화가 없다고만 서술하였습니다.

3 연소와 소화

개념을 확인해요
65쪽

1 강 **2** 촛농 **3** 윗 **4** 짧아 **5** 푸른 **6** 줄어듭니다 **7** 열, 빛 **8** 난방

개념을 확인해요
67쪽

1 큰 **2** 산소 **3** 줄어듭니다 **4** 머리 **5** 발화점 **6** 연소 **7** 탈 물질, 산소

개념을 확인해요
69쪽

1 푸른색 염화 코발트 **2** 물 **3** 이산화 탄소 **4** 석회수 **5** 연소 **6** 물, 이산화 탄소

개념을 확인해요
71쪽

1 산소 **2** 낮아 **3** 탈 물질 **4** 소화 **5** 전기 **6** 소화기 **7** 안전핀

개념을 확인해요
73쪽

1 비상벨 **2** 119 **3** 위 **4** 옥내 소화전 **5** 화재 대피도 **6** 평면도 **7** 비상구

개념을 다져요
74~77쪽

1 ① **2** ㉠ **3** ③ **4** ② **5** ㉡ **6** 산소 **7** 성냥의 머리 부분 **8** ①, ⑤ **9** 발화점 **10** 우영 **11** ①, ②, ⑤ **12** ③ **13** ② **14** ① **15** ㉡ **16** (1) ○ **17** ③ **18** ㉠ **19** ㉠ 발화점 ㉡ 소화 **20** ①, ②, ④ **21** ③ **22** ㉠ **23** ③ **24** ㉢

풀이

1 초가 탈 때 불꽃의 색깔은 노란색, 붉은색입니다.

2 초와 알코올이 탈 때 손을 가까이 해 보면 손이 따뜻해지는 것으로 열이 발생하는 것을 알 수 있습니다.

3 초와 알코올이 탈 때에는 물질의 양이 변합니다.

더 알아볼까요!

물질이 탈 때 나타나는 현상
• 불꽃이 밝아 주변이 환해집니다.
• 불꽃이 둥글거나 길쭉한 모양입니다.
• 불꽃이 흔들리기도 합니다.
• 손을 불꽃에 가까이 하면 따뜻합니다.
• 열과 빛을 내면서 타는 물질: 나무, 석탄, 연탄, 경유, 휘발유, 종이, 기름, 숯 등

▲ 숯 ▲ 가스레인지의 가스가 타는 모습

4 두 개의 초를 크기가 다른 아크릴 통으로 덮는 까닭은 공기의 양을 다르게 하기 위해서입니다.

5 (가)는 (나)보다 아크릴 통 속 공기의 양이 더 많으므로 촛불이 더 오래 탑니다.

6 물질이 타려면 산소가 필요하고, 산소가 부족하면 탈 물질이 남아 있더라도 더 이상 타지 않습니다.

7 성냥의 머리 부분과 나무 부분 중 발화점이 낮은 성냥의 머리 부분에 먼저 불이 붙습니다.

8 성냥의 머리 부분에 먼저 불이 붙는 것으로 보아 성냥의 머리 부분은 나무 부분보다 발화점이 낮습니다. 이 실험을 통해 물질마다 발화점이 다르다는 것을 알 수 있습니다.

9 어떤 물질이 불에 직접 닿지 않아도 타기 시작하는 온도를 그 물질의 발화점이라고 합니다.

더 알아볼까요!

돋보기로 불씨를 얻는 방법
• 돋보기로 햇빛을 모아 불씨를 만들 수 있습니다.
• 돋보기로 햇빛을 모으면 온도가 높아져 열이 발생하기 때문입니다.
• 물질은 발화점 이상의 온도가 되면 직접 불을 붙이지 않아도 타기 시작합니다.

▲ 볼록 렌즈로 햇빛 모으기

10 연소는 물질이 산소와 빠르게 반응하여 빛과 열을 내는 현상입니다.

11 연소가 일어나려면 탈 물질과 산소가 있어야 하고, 온도가 발화점 이상이 되어야 합니다.

12 공기 중의 이산화 탄소는 연소의 조건에 해당하지 않습니다.

13 초가 연소한 후에 푸른색 염화 코발트 종이가 붉게 변합니다.

14 초가 연소한 후에 푸른색 염화 코발트 종이가 붉게 변하는 것으로 물이 생긴 것을 알 수 있습니다.

15 석회수가 이산화 탄소와 만나면 뿌옇게 흐려집니다.

16 촛불에 분무기로 물을 뿌리면 촛불이 꺼집니다.

17 촛불에 분무기로 물을 뿌리면 발화점 미만으로 온도가 낮아지기 때문에 촛불이 꺼집니다.

18 촛불을 입으로 불면 탈 물질이 날아가기 때문에 촛불이 꺼집니다.

19 연소의 조건 중에서 한 가지 이상의 조건을 없애 불을 끄는 것을 소화라고 합니다.

20 탈 물질을 없애거나 산소 공급을 막거나 발화점 미만으로 온도를 낮추면 불을 끌 수 있습니다.

21 알코올램프의 뚜껑을 덮으면 산소 공급을 막아 불이 꺼집니다.

더 알아볼까요!

넘어진 알코올램프의 불을 끄는 방법

불을 끄는 방법	불을 끌 수 있는 까닭
물을 뿌린다.	온도가 낮아져서 불이 꺼진다.
물수건으로 덮는다.	온도가 발화점 미만으로 낮아지고 산소의 공급을 막아서 불이 꺼진다.
모래를 뿌린다.	산소가 공급되지 않아서 불이 꺼진다.
소화기를 사용한다.	산소가 공급되지 않아서 불이 꺼진다.

22 화재가 발생했을 때에는 승강기 대신에 계단을 이용하여 대피합니다.

더 알아볼까요!

화재가 발생하였을 때의 대처 방법
• 승강기는 다른 층에서 문이 열리거나 정전으로 멈추어 승강기 안에 갇히는 경우가 생길 수 있으므로 절대 이용하지 않습니다.
• 연기가 창문이나 문틈으로 새어 들어오면 담요나 이불, 양말 등을 물에 적셔 막고 바닥에 엎드려 짧게 숨을 쉽니다.
• 건물 안에 있는 다른 사람에게 큰 소리로 알립니다.
• 비상구 등의 출입구를 통하여 대피할 때에는 반드시 문을 닫고 대피하여 화재와 연기가 퍼지는 것을 지연시킵니다.

23 나무는 불에 타기 쉬워서 위험하므로 나무로 된 가구 밑에 들어가지 않습니다.

24 화재가 발생했을 때 유독 가스는 열에 의해 위로 가기 때문에 몸을 낮춰 이동해야 합니다.

더 알아볼까요!

물질에 따른 소화 방법
• 나무, 종이, 옷, 플라스틱류: 일반 화재이므로 분말 소화기를 사용하거나 물을 뿌려 온도를 발화점 미만으로 낮춥니다.
• 가연성 액체나 천연가스: 분말 소화기를 사용하거나 이산화 탄소 소화기를 사용합니다.
• 전기 기구나 전선: 콘센트에 연결된 전기 꽂이를 뽑거나 누전 차단기를 내립니다.
• 철분, 마그네슘 등의 금속: 모래를 뿌리거나 특수 소화기를 이용합니다.

1 ④　2 ㉡　3 >　4 빛, 열　5 ③　6 ㉡　7
산소　8 ㉠　9 ①　10 연소　11 ⑤　12 ③
13 예 초가 연소한 후에 이산화 탄소가 생긴다.　14
(3) ○　15 ㉠, ㉡　16 ⑤　17 예 산소 공급을 막았
기 때문에 불이 꺼진다.　18 ㉠　19 ④　20 화재
대피도

풀이

1 알코올이 탈 때 불꽃 색깔은 푸른색, 붉은색입니다.

2 알코올의 불꽃에 손을 가까이 했을 때 손이 점점 따뜻해집니다.

3 초에 불을 붙이면 시간이 지날수록 무게가 줄어듭니다. 물질이 탈 때 무게나 길이가 줄어들며 물질의 양이 변합니다.

4 물질이 탈 때에는 빛과 열이 발생합니다.

더 알아볼까요!

연소의 종류
- 일반적으로 물질이 탈 때에는 기체가 연소하면서 불꽃이 생깁니다.
- 석유나 양초가 연소할 때의 불꽃은 액체나 고체를 가열했을 때 증발하는 기체가 연소하기 때문에 생깁니다.
- 이와 같은 연소를 '증발 연소'라고 합니다.
- 숯은 산소와 접촉하는 표면에서만 연소가 일어나며 화염이 발생하지 않고 빛과 열을 내며 연소합니다.
- 이와 같이 고체 상태 그대로 연소하는 것은 '표면 연소'라고 합니다.

5 공기의 양에 따라 초가 타는 시간을 알아보기 위한 실험이므로 아크릴 통의 크기를 다르게 해야 합니다.

6 크기가 작은 아크릴 통 속에 있는 촛불이 먼저 꺼집니다.

7 크기가 작은 아크릴 통 속 공기의 양이 더 적기 때문에 산소의 양도 적어서 촛불이 빨리 꺼지게 됩니다.

더 알아볼까요!

공기의 양에 따라 초가 타는 시간 비교하기 실험에서 주의할 점
- 촛불의 크기가 비슷해졌을 때 아크릴 통을 동시에 덮어 초가 타는 시간을 비교합니다.
- 촛불이 꺼질 때 초의 심지에서 연기가 피어오르는 데 이때를 촛불이 꺼지는 시간으로 측정합니다.

8 실험 결과 성냥의 머리 부분에 먼저 불이 붙습니다.

9 물질마다 발화점이 다르며, 성냥의 머리 부분이 나무 부분보다 발화점이 낮습니다.

10 물질이 산소와 빠르게 반응하여 빛과 열을 내는 현상을 연소라고 합니다.

더 알아볼까요!

산화와 연소
- 산화는 물질이 산소와 결합해 새로운 물질을 만드는 과정입니다.
- 산화의 종류는 진행 속도에 따라 매우 짧은 시간에 일어나는 폭발부터 장시간에 걸쳐 일어나는 금속이 녹스는 현상까지 다양합니다.
- 연소는 급격한 산화 반응입니다.
- 효소 반응인 호흡, 철과 산소가 반응하여 녹이 생성되는 현상 등은 산화 반응일지라도 느리게 일어나므로 연소 반응과 구별됩니다.

더 알아볼까요!

빛과 열을 내면서 타는 현상을 이용한 여러 가지 생활용품

▲ 청사초롱　　　　　▲ 난로

11 푸른색 염화 코발트 종이의 색깔 변화를 관찰하여 초가 연소한 후 물이 생기는 것을 확인할 수 있습니다.

12 석회수가 이산화 탄소와 만나면 뿌옇게 흐려집니다.

13 석회수가 뿌옇게 흐려지는 것으로 보아 초가 연소한 후에 이산화 탄소가 생기는 것을 알 수 있습니다.

14 촛불을 입으로 불면 탈 물질이 사라지기 때문에 촛불이 꺼집니다.

15 불을 끄려면 연소의 조건 중에서 한 가지 이상의 조건을 없애야 합니다.

16 가스레인지의 연료 조절 밸브를 잠그면 탈 물질이 없어지므로 불이 꺼집니다.

17 알코올램프의 뚜껑을 덮으면 산소가 공급되지 않으므로 불이 꺼집니다.

18 화재가 발생했을 때 함부로 문을 열면 안 됩니다.

19 비상구 공간에 물건을 보관하면 화재가 발생했을 때 빠르게 대피하기 어렵습니다.

20 화재가 발생했을 때 신속하게 대피할 수 있는 지도를 화재 대피도라고 합니다.

1 ㉠, ㉢ 2 ㉠ 3 예 시간이 지날수록 알코올이 양이 줄어든다. 4 ③ 5 ④ 6 ㉢ 7 예 성냥의 머리 부분에 불이 붙는다. 8 ④ 9 발화점 이상의 온도 10 ㉢ 11 물 12 미란 13 ② 14 예 온도가 발화점 미만으로 낮아지기 때문에 촛불이 꺼진다. 15 ④ 16 ② 17 ㉠, ㉢ 18 ④ 19 ② 20 ②

풀이

1 불꽃의 윗부분은 아랫부분보다 밝습니다. 또 심지의 윗부분은 검은색이고, 아랫부분은 하얀색입니다.

2 불꽃의 아랫부분이나 옆 부분보다 윗부분이 더 뜨겁습니다.

3 알코올램프에 불을 붙이면 시간이 지날수록 알코올의 양이 줄어듭니다.

4 초와 알코올이 탈 때 빛과 열이 발생하므로 주변이 밝아지고 따뜻해집니다.

5 공기의 양에 따라 초가 타는 시간을 비교하기 위한 실험입니다.

6 초가 탈 때 산소가 필요하기 때문에 초가 타기 전보다 타고 난 후의 산소 비율이 줄어듭니다.

7 철판이 뜨거워지면서 성냥의 머리 부분도 뜨거워지므로 성냥의 머리 부분에 불이 붙습니다.

더 알아볼까요!

철판 가운데에 성냥의 머리 부분과 나무 부분을 잘라 올려놓고 알코올램프로 가열할 때 주의할 점

• 성냥의 머리 부분과 나무 부분이 불꽃으로부터 같은 거리에 있도록 합니다. 이때 성냥의 머리 부분과 나무 부분의 거리가 너무 가까우면 성냥의 머리 부분에 불이 붙을 때 옆에 있는 물질로 불이 옮겨 붙을 수 있습니다.

• 성냥의 나무 부분은 오랜 시간 가열해야 불이 붙거나, 불이 붙지 않고 색깔이 검은색으로 변할 수 있습니다. 나무 부분에 불이 붙을 때까지 기다리지 않고, 성냥의 머리 부분에 불이 붙기만 해도 두 물질의 발화점을 비교할 수 있습니다.

▲ 성냥의 머리 부분과 나무 부분 가열하기

8 볼록 렌즈로 햇빛을 모으거나 부싯돌과 쇳조각을 마찰하면 온도가 높아져 발화점에 도달하므로 직접 불을 붙이지 않아도 물질이 탑니다.

9 연소가 일어나려면 탈 물질과 산소가 있어야 하고, 온도가 발화점 이상이 되어야 합니다.

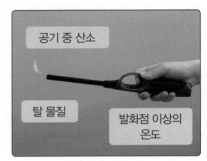

공기 중 산소

탈 물질

발화점 이상의 온도

▲ 불을 붙일 때 연소의 조건

10 초가 연소한 후에 물이 생기므로 푸른색 염화 코발트 종이가 붉게 변합니다.

11 푸른색 염화 코발트 종이가 붉게 변하는 것을 통해 초가 연소한 후에 물이 생기는 것을 알 수 있습니다.

12 초가 물과 이산화 탄소로 변했기 때문에 초가 연소한 후에 크기가 줄어듭니다.

13 촛불을 집기병으로 덮으면 산소가 공급되지 않기 때문에 촛불이 꺼집니다.

14 촛불에 분무기로 물을 뿌리면 온도가 발화점 미만으로 낮아지기 때문에 촛불이 꺼집니다.

15 ①과 ②는 탈 물질을 없앴기 때문에 불이 꺼지고, ③과 ⑤는 산소의 공급을 막았기 때문에 불이 꺼집니다. ④는 산소 공급을 막고, 온도가 발화점 미만으로 낮아졌기 때문에 불이 꺼집니다.

16 연소의 세 가지 조건 중 탈 물질을 없애서 불을 끄는 경우입니다.

17 연소의 세 가지 조건 중에서 한 가지 이상의 조건을 없애 불을 끄는 것을 소화라고 합니다. 기름이나 가스, 전기로 생긴 화재는 소화기를 사용하거나 모래를 덮어서 불을 꺼야 합니다.

18 소화기는 화재의 초기 단계에서 불을 끌 수 있는 유용한 도구입니다.

19 화재가 발생했을 때 불에 타기 쉬운 나무로 된 가구 밑에는 들어가지 않습니다.

20 화재 대피도에는 소화기의 크기가 아닌 소화기의 위치를 포함해야 합니다.

3회 단원 평가 기출

84~86쪽

1 예 불꽃이 위아래로 길쭉한 모양이다. 불꽃의 위치에 따라 밝기가 다르다. 손을 가까이 하면 따뜻해진다. 2 ② 3 ④ 4 ⓒ, ⓒ 5 ⓒ 6 (가) 7 예 크기가 큰 아크릴 통 속에 공기(산소)의 양이 많기 때문이다. 8 우림 9 ㉠ 산소 ㉡ 발화점 10 ④ 11 ④ 12 물, 이산화탄소 13 ⑤ 14 ② 15 ①, ② 16 ⓒ ⓛ ㉠ ㉣ 17 예 탈 물질을 없앤다. 산소 공급을 막는다. 발화점 미만으로 온도를 낮춘다. 18 ⓒ, ㉣ 19 ⑤ 20 ㉠ 연소 ㉡ 소화

풀이 ▶

1 초가 탈 때 불꽃의 모양, 색깔, 밝기, 시간에 따라 변하는 모습, 심지와 심지 근처의 변화 등을 관찰합니다.

2 초가 탈 때 시간이 지날수록 초의 길이는 짧아지고, 무게는 줄어듭니다.

3 알코올이 탈 때 시간이 지날수록 알코올의 양이 줄어듭니다.

4 ⓒ 초가 타면서 빛과 열이 발생합니다. ⓒ 가스레인지의 가스가 타면서 빛과 열이 발생합니다.

5 아크릴 통의 크기에 따라 통 속에 들어 있는 공기의 양이 다릅니다.

> **더 알아볼까요!**
>
> **아크릴 통을 대신할 수 있는 준비물**
> • 크기가 다른 아크릴 통을 준비하기 어려우면 모양은 같고 용량이 다른 투명한 통(큰 페트병과 작은 페트병)을 같은 높이로 잘라 사용합니다.
> • 이때 통이 촛불에 녹지 않도록 초의 길이를 조절하거나 길이가 짧은 초를 사용하는 것이 좋습니다.

6 크기가 큰 아크릴 통 속에 있는 초가 더 오래 탑니다.

7 크기가 큰 아크릴 통 속 공기(산소)의 양이 더 많으므로 초가 더 오래 탑니다.

8 물질마다 발화점이 다르기 때문에 성냥의 머리 부분과 나무 부분에 불이 붙는 데 걸리는 시간이 다릅니다.

> **더 알아볼까요!**
>
> **성냥의 나무 부분이 타지 않고 검게 그을리는 까닭**
> 나무가 연소할 때에는 나무의 성분이 열분해되어 생긴 가연성 기체가 연소합니다.

이때 생긴 가연성 기체가 불이 붙을 정도의 충분한 에너지를 받지 않으면 휘발해 소멸합니다. 이것을 '탄화 현상'이라고 합니다. 결국 성냥의 나무 부분이 불꽃을 내지 않고 검게 그을리게 되는 것은 발화점에 도달하지 못하고 열분해만 일어났기 때문입니다.

9 연소가 일어나려면 탈 물질과 산소가 필요하고, 온도가 발화점 이상이 되어야 합니다.

10 초가 연소할 때 산소가 필요하므로 집기병 속 산소의 양이 줄어듭니다.

11 푸른색 염화 코발트 종이는 붉게 변하고, 석회수는 뿌옇게 흐려집니다.

12 푸른색 염화 코발트 종이가 붉게 변하는 것으로 물이 생기는 것을 알 수 있고, 석회수가 뿌옇게 흐려지는 것으로 이산화 탄소가 생기는 것을 알 수 있습니다.

13 초의 심지를 핀셋으로 집으면 심지로 탈 물질이 이동하지 못하기 때문에 촛불이 꺼집니다.

14 알코올램프의 뚜껑을 덮으면 산소 공급을 막기 때문에 불이 꺼집니다.

15 ①과 ②는 탈 물질을 없애 불을 끄는 경우이고, ④는 발화점 미만으로 온도를 낮추어 불을 끄는 경우입니다. ③과 ⑤는 산소 공급을 막아 불을 끄는 경우입니다.

16 소화기를 불이 난 곳으로 옮기고, 소화기의 안전핀을 뽑은 뒤 바람을 등지고 소화기의 고무관이 불 쪽을 향하도록 잡은 다음 손잡이를 움켜쥐고 불을 끕니다.

17 연소의 조건 중에서 한 가지 이상의 조건을 없애 불을 끄는 것을 소화라고 합니다.

18 화재가 발생했을 때에는 승강기 대신 계단을 이용하여 대피하며 문을 닫고 대피해 화재와 연기가 번지지 않도록 합니다.

> **더 알아볼까요!**
>
> **가정이나 학교에서 주로 발생하는 화재를 예방하는 방법**
> • 가스나 석유를 사용한 뒤에 연료 조절 장치를 잠급니다.
> • 사용하지 않는 전기 기구의 전원을 끕니다.
> • 소화기를 준비하고 정기적으로 점검합니다.
> • 실험하면서 가열 기구를 사용할 때에는 주변에 탈 물질을 치우고 선생님과 함께 실험합니다.

19 연기나 열을 감지하면 비상벨을 작동시켜서 소방서에 신호를 보내는 소방 시설은 화재 감지기입니다.

20 화재가 발생했을 때 신속하게 대피할 수 있는 지도를 화재 대피도라고 합니다.

87~89쪽

4회 단원 평가 실전

1 ⑤   **2** ㉠ 액체 ㉡ 기체   **3** 예 불꽃 주변이 밝고 따뜻해진다. 물질이 타면서 빛과 열이 발생한다. 물질의 양이 변한다.   **4** ①   **5** ④   **6** 예 초가 탈 때 산소가 필요하다.   **7** 성냥의 나무 부분   **8** ㉠, ㉢   **9** ③, ④   **10** ①, ⑤   **11** ②   **12** 예 초가 다른 물질로 변했기 때문이다. (초가 물과 이산화 탄소로 변했기 때문이다.)   **13** ②, ⑤   **14** ㉢, ㉣   **15** 중기   **16** (1) ㉡, ㉣, ㉤ (2) ㉠, ㉢, ㉥   **17** ⑤   **18** 예 문손잡이가 뜨거우면 문을 열지 않는다. 승강기 대신 계단으로 대피한다. 젖은 수건으로 코와 입을 막고 몸을 낮춰 이동한다.   **19** ㉠, ㉡, ㉢   **20** 옥내 소화전

풀이

1 초와 알코올램프에 불을 붙이기 전보다 불을 끈 후에 무게가 줄어듭니다.

2 고체인 초에 불을 붙이면 초가 녹아 액체로 되고, 액체 상태의 초는 심지를 타고 올라가 기체로 변하여 탑니다.

3 물질이 탈 때 불꽃 주변이 밝고 따뜻해지고, 빛과 열이 발생합니다. 또 물질의 양이 변하거나 무게나 길이가 줄어들기도 합니다.

4 손전등은 물질이 타면서 발생하는 빛과 열을 이용한 예가 아닙니다.

5 공기의 양에 따라 초가 타는 시간을 비교하는 실험입니다.

6 초가 타기 전보다 타고 난 후의 산소 비율이 줄어들었으므로 초가 탈 때 산소가 필요하다는 것을 알 수 있습니다.

7 발화점이 높을수록 불이 늦게 붙습니다. 따라서 성냥의 나무 부분이 머리 부분보다 발화점이 더 높습니다.

8 발화점이 낮은 물질일수록 불이 빨리 붙습니다.

더 알아볼까요!

물질마다 다른 발화점 알아보기

• 준비물: 알코올램프, 삼발이, 철판, 성냥, 가위, 화장지, 점화기
• 성냥의 머리 부분, 화장지, 성냥의 나무 부분을 철판의 가운데로부터 같은 거리에 일정한 간격으로 둥글게 올려놓고 철판의 가운데 부분을 가열해 세 물질의 발화점을 비교할 수 있습니다.
• 성냥의 머리 부분, 화장지, 성냥의 나무 부분 순으로 불이 붙습니다.

9 연소가 일어나려면 탈 물질, 산소, 발화점 이상의 온도의 세 가지 조건을 모두 만족해야 합니다.

더 알아볼까요!

종이컵에 들어 있는 물 가열하기

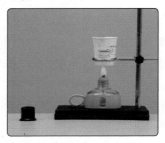

• 종이컵의 밑면 아래에 있는 종이 부분을 자릅니다.
• 종이컵에 물을 $\frac{1}{3}$ 정도 담습니다.
• 스탠드에 링을 설치하고 종이컵을 링에 올려놓습니다.
• 점화기로 알코올램프에 불을 붙여 종이컵에 들어 있는 물을 가열합니다.
• 종이컵의 물에 의해 종이컵의 온도가 발화점에 도달하지 않기 때문에 종이컵이 타지 않습니다.

10 초가 연소하면 물과 이산화 탄소가 생깁니다.

11 석회수가 이산화 탄소와 만나면 뿌옇게 흐려지고, 푸른색 염화 코발트 종이가 물에 닿으면 붉게 변합니다.

12 초가 연소하면 다른 물질로 변하므로 초가 연소한 후에는 크기가 줄어듭니다.

13 초의 심지를 자르면 탈 물질이 없어지므로 불이 꺼집니다. 촛불을 입으로 불거나 가스레인지의 연료 조절 밸브를 잠그면 탈 물질이 없어지므로 불이 꺼집니다.

14 촛불을 입으로 불면 탈 물질이 날아가기 때문에 촛불이 꺼지고, 촛불을 집기병으로 덮으면 산소 공급을 막기 때문에 촛불이 꺼집니다.

15 불이 난 곳에 흙이나 모래를 뿌리면 산소 공급을 막기 때문에 불을 끌 수 있습니다.

16 연소가 일어나려면 탈 물질과 산소가 필요하고, 온도가 발화점 이상이 되어야 합니다. 소화는 연소의 조

건 중에서 한 가지 이상의 조건을 없애 불을 끄는 것입니다.

17 소화기를 사용할 때에는 바람을 등지고 서서 불을 꺼야 합니다.

18 화재가 발생하면 큰 소리로 외치거나 비상벨을 눌러 불이 난 것을 주변에 알립니다. 안전히 대피한 후에 119에 신고합니다.

19 소화기의 위치를 잘 알고 있어야 하며 정기적으로 점검합니다.

20 건물 내부의 복도 또는 실내의 벽면에 설치된 옥내 소화전 상자에는 호스, 노즐이 함께 들어 있습니다.

탐구 서술형 평가

90~91쪽

1 (1) 크기가 큰 아크릴 통 속에 있는 초가 작은 아크릴 통 속에 있는 초보다 더 오래 탄다. (2) 크기가 큰 아크릴 통 속 공기(산소)의 양이 더 많기 때문에 크기가 큰 아크릴 통 속에 있는 초가 작은 아크릴 통 속에 있는 초보다 더 오래 탄다. **2** 예 물질이 불에 직접 닿지 않아도 타기 시작하는 온도, 발화점에 도달했기 때문이다. **3** 풀이 참조 **4** ㉠: 산소 공급을 막았기 때문에 불이 꺼진다, ㉡: 탈 물질을 없앴기 때문에 불이 꺼진다, ㉢: 온도를 발화점 미만으로 낮췄기 때문에 불이 꺼진다.

풀이

1 크기가 작은 아크릴 통 속에 들어 있는 공기(산소)의 양이 더 적으므로 크기가 작은 아크릴 통 속의 촛불이 더 빨리 꺼집니다.

상	공기의 양이 많은 큰 아크릴 통 속의 초가 작은 아크릴 통 속의 초보다 오래 타는 것을 바르게 비교하고 공기(산소)의 양에 따라 초가 타는 시간이 다른 것을 바르게 서술하였습니다.
중	공기의 양이 많은 큰 아크릴 통 속의 초가 작은 아크릴 통 속의 초보다 오래 타는 것을 바르게 비교하고 통의 크기에 따라 초가 타는 시간이 다르다고 서술하였습니다.
하	아크릴 통의 크기 차이 때문에 초가 타는 시간이 다르다고만 서술하였습니다.

2 물질이 타려면 온도가 발화점 이상이 되어야 합니다.

상	물질이 불에 직접 닿지 않고도 타는 까닭은 발화점에 도달했기 때문이라고 바르게 서술하였습니다.
중	물질의 온도가 탈 수 있을 정도로 높아졌기 때문이라고 서술하였습니다.
하	물질의 발화점이 다르다고만 서술하였습니다.

3

구분	실험 결과	초가 연소한 후에 생기는 물질
㉠	푸른색 염화 코발트 종이가 붉게 변한다.	물
㉡	석회수가 뿌옇게 흐려진다.	이산화 탄소

㉠에서 푸른색 염화 코발트 종이가 붉게 변하는 것으로 물이 생긴 것을 알 수 있고, ㉡에서 석회수가 뿌옇게 흐려지는 것으로 이산화 탄소가 생긴 것을 알 수 있습니다.

상	푸른색 염화 코발트 종이의 색깔 변화와 석회수의 변화를 바르게 서술하고 초가 연소한 후에 생기는 물질을 바르게 서술하였습니다.
중	푸른색 염화 코발트 종이의 색깔 변화와 석회수의 변화를 바르게 서술하였습니다.
하	푸른색 염화 코발트 종이의 색깔 변화와 석회수의 변화를 바르게 서술하지 못하였고 초가 연소한 후에 생기는 물질만 바르게 서술하였습니다.

4 연소의 조건 중에서 한 가지 이상의 조건을 없애서 불을 끌 수 있습니다.

상	세 가지 경우에 불이 꺼지는 까닭을 연소의 조건과 관련지어 바르게 서술하였습니다.
중	두 가지 경우에 불이 꺼지는 까닭을 연소의 조건과 관련지어 바르게 서술하였습니다.
하	한 가지 경우에 불이 꺼지는 까닭을 연소의 조건과 관련지어 바르게 서술하였습니다.

정답과 풀이

개념을 확인해요
93쪽

1 운동　2 머리뼈　3 척추뼈　4 갈비뼈　5 뼈, 근육　6 줄어듭니다　7 뼈

개념을 확인해요
95쪽

1 소화　2 소화 기관　3 소화　4 위　5 작은창자　6 위, 작은창자, 큰창자　7 항문

개념을 확인해요
97쪽

1 호흡　2 호흡 기관　3 코　4 기관　5 폐 6 기관, 기관지　7 산소

개념을 확인해요
99쪽

1 순환 기관　2 빨라, 많아　3 (차례로) 심장, 혈관　4 펌프　5 혈액　6 느려, 적어　7 산소

개념을 확인해요
101쪽

1 배설　2 배설 기관　3 오줌　4 콩팥　5 방광　6 강낭콩　7 콩팥

개념을 확인해요
103쪽

1 감각 기관　2 피부　3 자극　4 신경계　5 감각 기관, 운동 기관　6 자극, 반응　7 혀

개념을 확인해요
105쪽

1 맥박　2 올라, 증가　3 빨라　4 호흡　5 순환　6 감각　7 배설　8 질병

개념을 다져요
106~109쪽

1 ④　2 ②　3 근육　4 (1) 뼈 (2) 근육　5 ㉡　6 ②, ⑤　7 ㉠ 영양소 ㉡ 분해　8 ②　9 ⑤　10 ③ 11 ㉠ 기관 ㉡ 기관지　12 ⑤　13 (1) ㉢ (2) ㉠ (3) ㉡　14 혈액　15 ⑩ 심장이 멈춘다면 혈액이 이동하지 못해 몸에 영양소와 산소를 공급하지 못한다. 16 ㉠ 노폐물 ㉡ 배설 기관　17 ②　18 ㉡ ㉢ ㉠ 19 (1) ㉠ (2) ㉡　20 ㉠ 감각 기관 ㉡ 신경계 ㉢ 운동 기관　21 ⑤　22 ①　23 ㉠, ㉢　24 산소

풀이 ▶

1 근육의 길이가 늘어나거나 줄어들면서 뼈를 움직이게 합니다.

2
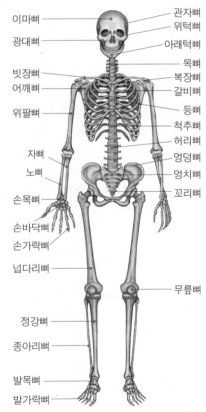
▲ 우리 몸속의 뼈

뼈와 근육은 운동 기관입니다.

3 근육은 우리 몸을 움직일 수 있게 합니다.

4 뼈와 근육 모형에서 납작한 빨대는 뼈 역할을 하고, 비닐봉지는 근육 역할을 합니다.

5 뼈와 근육 모형에 바람을 불어 넣으면 비닐봉지가 부풀어 오르면서 비닐봉지의 길이가 줄어듭니다.

6 뼈와 근육은 연결되어 있으며, 뼈에 연결된 근육이 줄어들거나 늘어나면서 뼈를 움직이게 합니다.

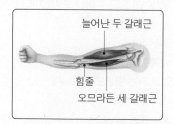

더 알아볼까요!

팔이 펴지고 구부러지는 원리

늘어난 두 갈래근
힘줄
오므라든 세 갈래근

▲ 팔이 펴질 때

• 팔의 바깥쪽 근육인 세 갈래근이 오므라들고, 팔의 안쪽 근육인 두 갈래근은 세 갈래근의 힘으로 늘어납니다.

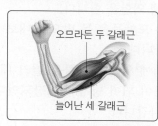

오므라든 두 갈래근
늘어난 세 갈래근

▲ 팔이 구부러질 때

• 두 갈래근이 오므라드는데, 이때 세 갈래근은 두 갈래근의 힘으로 늘어납니다.

7 우리 몸에 필요한 영양소가 들어 있는 음식물을 잘게 쪼개어 몸에 흡수될 수 있는 형태로 분해하는 과정을 소화라고 합니다.

8 소화 과정은 입 → 식도 → 위 → 작은창자 → 큰창자 → 항문 순서입니다.

9 작은창자는 꼬불꼬불한 관 모양이며, 음식물을 잘게 분해하고 영양소를 흡수합니다.

10 코, 폐, 기관, 기관지는 호흡 기관이고, 식도는 소화 기관입니다.

11 숨을 들이마실 때는 코 → 기관 → 기관지 → 폐를 거쳐 공기가 이동합니다.

12 폐는 몸 밖에서 들어온 산소를 받아들이고, 몸 안에서 생긴 이산화 탄소를 몸 밖으로 내보냅니다.

13 주입기의 펌프는 심장, 주입기의 관은 혈관, 붉은 색소 물은 혈액 역할을 합니다.

14 주입기의 펌프 작용으로 붉은 색소 물이 관을 통해 이동하듯이 펌프 작용으로 심장에서 나온 혈액은 혈관을 통해 온몸으로 이동하고 다시 심장으로 돌아가는 과정을 반복합니다.

15 심장은 펌프 작용으로 혈액을 온몸으로 순환시켜 몸에 필요한 영양소와 산소를 혈액이 운반할 수 있도록 합니다.

16 혈액에 있는 노폐물을 몸 밖으로 내보내는 과정을 배설이라고 하며, 배설에 관여하는 콩팥, 방광 등을 배설 기관이라고 합니다.

17 배설 기관인 콩팥은 혈액에 있는 노폐물을 걸러 냅니다.

18 콩팥에서 혈액에 있는 노폐물을 걸러 내고, 걸러진 노폐물은 오줌이 되어 방광에 저장되었다가 관을 통해 몸 밖으로 나갑니다.

19 뜨거운 물건을 잡았을 때 손에서 뜨거움을 느끼는 것은 자극이고, 물건을 잡은 손을 놓는 것은 반응입니다.

20 자극이 전달되고 반응하는 과정은 자극 → 감각 기관 → 자극을 전달하는 신경계 → 행동을 결정하는 신경계 → 명령을 전달하는 신경계 → 운동 기관 → 반응입니다.

21 감각 기관이 받아들인 자극은 신경계를 통해 전달되고, 신경계는 전달된 정보를 해석하여 행동을 결정하고, 운동 기관에 명령을 내립니다.

22 운동을 할 때 더 많은 영양소와 산소가 필요하므로 맥박과 호흡이 빨라지며, 체온이 올라갑니다.

더 알아볼까요!

운동할 때 주의할 점

• 자신에게 알맞은 운동을 선택해서 규칙적으로 합니다.

• 운동 시간은 하루에 20~60분 정도 땀이 날만큼 하면 좋습니다.

• 운동을 할 때 숨쉬기가 곤란하거나 심장 박동이 너무 빨라지면 운동을 중지해야 합니다.

23 운동을 하면 체온이 올라가고, 맥박 수가 증가합니다. 운동한 후 휴식을 취하면 체온과 맥박 수가 운동하기 전과 비슷해집니다.

더 알아볼까요!

운동을 하면 호흡이 빨라지는 까닭

• 운동을 하면 평상시보다 더 많이 움직이게 되므로 우리 몸이 더 많은 산소가 필요하여 호흡이 빨라집니다.

• 운동을 하면 에너지를 내기 위한 산소가 많이 필요하기 때문에 산소를 공급하기 위하여 호흡이 빨라집니다.

24 호흡 기관은 우리 몸에 필요한 산소를 제공하고, 순환 기관은 영양소와 산소를 온몸에 전달합니다.

정답과 풀이

110~112쪽

1회 단원 평가 〔연습〕

1 기관　**2** ㉠ 뼈 ㉡ 근육　**3** (1) ㉡ (2) ㉠　**4** ③
5 ②　**6** ㉢　**7** 숨을 들이마시고 내쉬는 활동이다.
8 ㉠, ㉡, ㉣, ㉤　**9** ③　**10** ④　**11** ㉠, ㉢　**12** ⑤
13 배설　**14** ㉠ 콩팥 ㉡ 방광　**15** ④　**16** 신경계
17 ⑩ 눈으로 음식을 본다. 코로 음식의 냄새를 맡는다. 혀로 음식의 맛을 느낀다.　**18** ㉠, ㉣　**19** (2)
○　**20** ③

풀이

1 우리가 살아가는 데 필요한 일을 하는 몸속 부분을 기관이라고 합니다.

2 뼈에 연결된 근육이 줄어들거나 늘어나면서 뼈를 움직이게 합니다.

3 뼈와 근육 모형에서 납작한 빨대는 뼈 역할을 하고, 비닐봉지는 근육 역할을 합니다.

4 음식물을 잘게 쪼개어 몸에 흡수될 수 있는 형태로 분해하는 과정을 소화라고 합니다.

5 위, 식도, 큰창자, 작은창자는 소화 기관이고, 간은 소화를 도와주는 기관입니다.

> **더 알아볼까요!**
>
> **소화를 도와주는 기관의 위치와 생김새**
> • 간: 무게가 1~1.5kg 정도이고 양쪽 손바닥을 합한 정도의 크기이며 붉은색을 띱니다. 쓸개즙을 만들어 지방의 분해를 돕고 영양소를 저장합니다. 또 해독 작용과 살균 작용을 담당합니다.
> • 쓸개: 간 아래쪽에 붙어 있는 작은 주머니로, 작은창자와 연결되어 있습니다.
> • 이자: 위의 뒤쪽에 위치한 12~20cm 길이의 기관입니다.

6 음식물이 소화되는 과정은 입 → 식도 → 위 → 작은창자 → 큰창자 → 항문입니다.

7 숨을 들이마시고 내쉬는 활동을 호흡이라고 합니다.

8 코, 폐, 기관, 기관지는 호흡 기관이고, 심장과 혈관은 순환 기관입니다.

9 호흡 기관 중 굵은 관 모양이며 공기가 이동하는 통로는 기관입니다.

10 심장과 혈관은 혈액의 이동에 관여하는 순환 기관입니다.

> **더 알아볼까요!**
>
> **순환 기관의 위치와 생김새**
> • 심장
> – 몸통 가운데에서 약간 왼쪽으로 치우쳐 있습니다.
> – 주먹 정도의 크기이며 둥근 주머니 모양입니다.
> • 혈관
> – 온몸에 퍼져 있습니다.
> – 가늘고 긴 관이 복잡하게 얽혀 있습니다.
> – 굵은 혈관도 있고 가는 혈관도 있습니다.

11 심장은 몸통 가운데에서 약간 왼쪽으로 치우쳐 있습니다.

12 주입기의 펌프는 심장, 주입기의 관은 혈관, 붉은 색소 물은 혈액 역할을 합니다.

13 혈액에 있는 노폐물을 몸 밖으로 내보내는 과정을 배설이라고 합니다.

14 콩팥은 혈액에 있는 노폐물을 걸러 내고, 걸러진 노폐물은 오줌이 되어 방광에 저장되었다가 관을 통해 몸 밖으로 나갑니다.

15 주변으로부터 전달된 자극을 느끼고 받아들이는 기관을 감각 기관이라고 하며, 감각 기관에는 눈, 귀, 코, 혀, 피부 등이 있습니다.

16 감각 기관이 받아들인 자극은 온몸에 퍼져 있는 신경계를 통해 전달됩니다.

17 우리 몸에는 눈, 귀, 코, 혀, 피부 등의 감각 기관이 있습니다.

> **더 알아볼까요!**
>
> **감각 기관**
> • 눈(시각): 망막으로 들어온 가시광선은 망막에 있는 원추 세포와 간상 세포에 의해 각각 색깔과 명암을 느낄 수 있습니다.
> • 귀(청각): 공기와 물의 진동을 소리로 느끼는 감각입니다.
> • 피부(촉각): 온점, 냉점, 압점, 촉점, 통점의 감각점으로 나뉩니다.
> • 혀(미각): 혀의 맛봉오리에서 액체 물질의 화학적 자극을 통하여 단맛, 쓴맛, 신맛, 짠맛, 감칠맛 등을 느낍니다.
> • 코(후각): 후각 세포가 기체 물질을 감각하여 느낍니다.

18 운동할 때 심장 박동이 빨라져 혈액 순환이 빨라집니다.

19 뼈와 근육을 움직이는 데 필요한 영양소는 소화 기관을 통해 얻고, 산소는 호흡 기관을 통해 얻습니다.

20 희귀한 질병보다는 생활에서 잘 걸리는 질병을 주제로 정합니다.

1 ①   2 근육   3 ①   4 ㉠, ㉢, ㉡   5 ㉠ 작은창자 ㉡ 큰창자   6 ②   7 호흡   8 ①   9 ㉠ 기관 ㉡ 기관지 ㉢ 폐   10 세윤   11 ㉠ 펌프 ㉡ 순환 12 예 혈액이 이동하는 빠르기가 빨라지고, 혈액의 이동량이 많아진다.   13 ⑤   14 ④   15 ⑤   16 ㉠ 감각 기관 ㉡ 운동 기관   17 ③   18 예 운동을 하면 체온이 올라가고 맥박 수가 증가한다. 운동을 한 후 휴식을 취하면 체온과 맥박 수가 운동하기 전과 비슷해진다.   19 ①   20 ③

풀이

1 뼈는 스스로 움직이는 것이 아니라, 뼈와 연결된 근육의 길이가 줄어들거나 늘어나면서 움직입니다.

2 근육은 뼈에 연결되어 있으며, 근육의 길이가 늘어나거나 줄어들면서 뼈를 움직이게 합니다.

3 우리 몸에 뼈와 근육이 있어서 다양한 자세로 움직일 수 있습니다.

4 위, 식도, 작은창자는 소화 기관이고, 간, 이자, 쓸개는 소화를 도와주는 기관입니다.

5 소화 과정은 입 → 식도 → 위 → 작은창자 → 큰창자 → 항문입니다.

6 우리 몸의 소화 기관 중 위는 소화를 돕는 액체를 분비하여 음식물을 섞고 분해합니다.

7 호흡에 관여하는 코, 기관, 기관지, 폐 등을 호흡 기관이라고 합니다.

더 알아볼까요!

콧속에 털이 없을 때 나타날 수 있는 현상

• 코 안에는 무수히 많은 잔털이 나 있습니다.

• 코 안의 털들은 코 안에서 분비되는 점액과 함께 공기 속의 나쁜 세균이나 먼지 등이 몸 안으로 들어가지 못하도록 해 줍니다.

• 코털이 없다면 우리 몸 안에 세균이나 먼지들이 직접 들어가게 되어 건강을 해치게 됩니다.

8 폐는 몸 밖에서 들어온 산소를 받아들이고, 이산화탄소를 몸 밖으로 내보낸다. 기관은 공기가 이동하는 통로이며, 기관지는 기관과 폐를 이어주는 관입니다.

더 알아볼까요!

공기가 폐 속으로 들어갈 수 있는 까닭

• 숨을 들이마실 때 갈비뼈가 위로 올라가 폐가 커지고 폐포의 공기압이 대기압보다 낮아지기 때문입니다.

• 공기는 압력이 높은 곳에서 낮은 곳으로 이동하기 때문에 숨을 들이마실 때 압력이 높은 대기의 공기가 압력이 낮은 폐로 이동합니다.

9 ㉠은 기관, ㉡은 기관지, ㉢은 폐입니다.

10 혈액의 이동에 관여하는 심장과 혈관을 순환 기관이라고 합니다. 순환 기관은 우리 몸에 필요한 영양소와 산소를 온몸으로 운반합니다.

11 심장은 펌프 작용을 통해 혈액을 온몸으로 순환시킵니다.

12 심장이 빠르게 뛰면 혈액이 이동하는 빠르기가 빨라지고, 혈액의 이동량이 많아집니다.

13 콩팥과 방광은 배설 기관으로, 우리 몸속에 생긴 노폐물을 몸 밖으로 내보내는 역할을 합니다.

14 강낭콩 모양이며, 등허리 좌우로 한 쌍이 있고, 혈액에 있는 노폐물을 걸러 내는 기관은 콩팥입니다.

15 방광은 콩팥에서 걸러진 노폐물을 모아 두었다가 몸 밖으로 내보냅니다.

16 감각 기관이 날아오는 공을 보면, 신경계는 자극을 전달하고, 정보를 해석해서 행동을 결정하며, 운동 기관에 명령을 전달합니다.

17 후각은 냄새를 맡는 감각입니다. 냉장고에서 꺼낸 음료수 병이 차가운 것을 느낀 것은 피부 감각에 해당합니다.

더 알아볼까요!

우리 몸의 감각 기관 중 가장 빨리 피로해지는 곳

• 후각은 가장 예민한 감각 기관 중 하나로 예민한 만큼 쉽게 피로해집니다.

• 짙은 향수 냄새나 화장실 냄새에 처음에는 적응하기 쉽지 않지만, 얼마 시간이 지나지 않아 냄새를 느낄 수 없게 되는 것으로 알 수 있습니다. 그만큼 후각은 가장 빨리 피로해지는 감각입니다.

18 운동을 하면 체온이 올라가고 맥박 수가 증가하며, 운동을 한 후 휴식을 취하면 운동하기 전과 체온과 맥박 수가 비슷해집니다.

19 우리 몸에서 주변의 자극을 받아들이는 기관은 감각 기관입니다.

20 전문적인 의학 용어는 이해하기 어려우므로 사용하지 않는 것이 좋습니다.

1 ②, ④   2 ㉠ 줄어들어 ㉡ 근육 ㉢ 뼈   3 ①   4
②   5 ㉣, 큰창자   6 ⑩ 소화를 돕는 액체를 분비하
여 음식물을 잘게 분해하고 영양소를 흡수한다.   7
⑤   8 ㉢, 기관지   9 ㉠ 기관 ㉡ 기관지   10 심장
11 ④   12 혈액   13 ③   14 ㉠ 콩팥 ㉡ 방광
15 ④   16 ⑩ 떨어지는 자를 보는 것은 자극이고,
떨어지는 자를 엄지손가락과 집게손가락으로 잡는 것
은 반응이다.   17 ⑤   18 ⑤   19 ⑩ 심장 박동이
빨라진다. 혈액 순환이 빨라진다. 체온이 올라간다. 땀
이 난다.   20 ②

풀이

1 뼈는 몸의 형태를 만들고, 몸을 지지하며, 심장이나
폐, 뇌 등을 보호합니다.

2 뼈와 근육 모형에 바람을 불어 넣으면 비닐봉지가 부
풀어 오르면서 비닐봉지의 길이가 줄어들어 납작한
빨대가 구부러집니다. 실험을 통해 근육의 길이가 줄
어들거나 늘어나면서 뼈가 움직이게 된다는 것을 알
수 있습니다.

3 간, 쓸개, 이자는 소화 기관이 아니라 소화를 도와주
는 기관입니다.

4 ㉠은 식도, ㉡은 위, ㉢은 작은창자, ㉣은 큰창자, ㉤
은 항문입니다.

5 음식물 찌꺼기의 수분을 흡수하는 기관은 ㉣ 큰 창자
입니다.

6 작은창자는 꼬불꼬불한 관 모양이며 음식물을 잘게
분해하고 영양소를 흡수합니다.

7 호흡 기관은 우리 몸에 필요한 산소를 제공하고, 이
산화 탄소를 몸 밖으로 내보냅니다.

더 알아볼까요!

하루에 호흡하는 공기의 양
- 어른 한 명이 한번 호흡하는 데는 약 500mL 정도의 공기를 들이
마십니다.
- 보통 1분에 12~15회 정도의 호흡을 하므로 한 사람이 하루 동안
들이마시는 공기는 약 10,800,000mL 즉 2L짜리 페트병
5,400,000개 정도의 양입니다.

8 ㉠은 코, ㉡은 기관, ㉢은 기관지, ㉣은 폐입니다. 기
관과 폐를 이어주는 관은 기관지입니다.

9 숨을 들이마실 때는 코 → 기관 → 기관지 → 폐를 거

처 공기가 들어가고, 숨을 내쉴 때는 폐 → 기관지 →
기관 → 코를 거쳐 공기가 몸 밖으로 나갑니다.

10 주입기의 펌프는 심장, 주입기의 관은 혈관, 붉은 색
소 물은 혈액과 같은 역할을 합니다.

11 주입기의 펌프를 느리게 누르면 붉은 색소 물이 이동
하는 빠르기가 느려지고, 이동량은 적어집니다.

12 심장이 멈춘다면 혈액이 이동하지 못해 몸에 영양소
와 산소를 공급하지 못합니다.

13 영양소와 산소를 온몸에 전달하는 것은 순환 기관입
니다.

14 배설 기관을 나타낸 것으로 ㉠은 콩팥, ㉡은 방광입
니다.

15 혈액을 온몸으로 순환시키는 것은 심장입니다.

16 자 잡기 놀이에서 떨어지는 자를 보는 것은 자극이
고, 떨어지는 자를 엄지손가락과 집게손가락으로 잡
는 것은 반응입니다.

더 알아볼까요!

투수가 던진 공을 보고 타자가 공을 쳤을 때 자극과 반응 과정
- 투수가 던진 공을 봅니다.
- 공에 대한 시각 정보가 신경계를 통하여 뇌로 전달됩니다.
- 뇌는 정보를 해석하여 공을 어떻게 할지 결정합니다.
- 뇌의 명령이 신경계를 통하여 운동 기관에 전달됩니다.
- 팔을 휘둘러 야구 방망이로 공을 칩니다.
- 투수가 던진 공이 날아오는 것: 자극
  야구 방망이로 공을 치는 것: 반응

17 영양소를 흡수하는 기관은 작은창자이고, 공기의 이
동 통로는 기관 또는 기관지입니다. 혈액의 노폐물을
걸러 내는 기관은 콩팥이며, 근육은 뼈를 움직일 수
있게 합니다.

18 주변의 사물을 보는 감각 기관은 눈, 냄새를 맡는 감
각 기관은 코, 소리를 듣는 감각 기관은 귀, 맛을 보
는 감각 기관은 혀, 온도와 촉감을 느끼는 감각 기관
은 피부입니다.

19 운동을 하면 심장 박동이 빨라져 혈액 순환이 빨라지
고, 체온이 올라갑니다.

20 운동 기관에 문제가 생기면 골절, 호흡 기관에 문제
가 생기면 감기, 순환 기관에 문제가 생기면 심장병,
배설 기관에 문제가 생기면 방광염 등이 생깁니다.

119~121쪽

1 강재 　**2** ④ 　**3** (1) 예 몸의 형태를 만들어 주고, 몸을 지지하며, 심장이나 폐, 뇌 등을 보호한다. (2) 예 길이가 줄어들거나 늘어나면서 뼈를 움직이게 한다.
4 ② 　**5** 입 → 식도 → 위 → 작은창자 → 큰창자 → 항문 　**6** ㉠ 산소 ㉡ 이산화 탄소 　**7** ⑤ 　**8** ②, ④
9 (1) 예 코로 들어온 공기는 기관, 기관지, 폐를 거쳐 몸속으로 이동한다. (2) 예 몸속의 공기는 폐, 기관지, 기관, 코를 거쳐 몸 밖으로 이동한다. 　**10** ②, ④
11 심장 　**12** 예 심장의 펌프 작용으로 혈액을 온몸으로 보내고, 심장에서 나온 혈액은 온몸을 거쳐 다시 심장으로 돌아오는 순환 과정을 반복한다. 　**13** 콩팥
14 ㉠ 콩팥 ㉡ 방광 　**15** ㉠ 　**16** ㉠ 피부 ㉡ 코 ㉢ 귀 　**17** ③ 　**18** 맥박 　**19** ㉡ 　**20** 예 음식을 골고루 먹는다. 충분한 수면을 취한다. 규칙적인 운동을 한다. 손을 깨끗하게 씻는다.

풀이

1 뼈의 생김새는 다양하며, 뼈와 근육은 서로 연결되어 있습니다.

2 모형을 통해 근육의 길이가 줄어들거나 늘어나면서 뼈가 움직이게 된다는 것을 알 수 있습니다.

3 뼈는 몸의 형태를 만들고, 몸을 지지하며, 내부를 보호합니다. 근육은 뼈에 연결되어 있어 몸을 움직일 수 있게 합니다.

더 알아볼까요!

인공 관절 수술
• 인공 관절 수술은 자기 뼈를 잘라 내고 인공 관절을 삽입하는 것이 아닙니다.
• 인공 관절 수술이란 치아에 충치가 있을 때 충치 부분을 곱게 다듬고 금이나 세라믹으로 치아 겉면을 씌우는 것처럼, 관절 겉면에 특수 금속으로 만든 얇은 막을 씌우고 씌운 뼈와 뼈 사이에 특수 플라스틱이나 세라믹을 삽입하여 그 사이가 매끈하게 움직이도록 하는 수술로 자기 뼈는 거의 그대로 보존됩니다.

4 ㉠은 식도, ㉡은 위, ㉢은 작은창자, ㉣은 큰창자, ㉤은 항문입니다.

5 음식물이 소화되어 배출되기까지 관여하는 기관을 순서대로 나열하면 입 → 식도 → 위 → 작은창자 → 큰창자 → 항문입니다.

6 호흡을 통해 우리 몸에 필요한 산소를 제공하고, 이산화 탄소가 포함된 공기를 내보냅니다.

7 ㉠은 코, ㉡은 기관, ㉢은 기관지, ㉣은 폐입니다.

8 ㉣은 호흡 기관인 폐이며, 산소를 받아들이고 이산화 탄소를 몸 밖으로 내보냅니다.

9 숨을 들이마실 때 공기는 코 → 기관 → 기관지 → 폐의 순서로 이동하고, 숨을 내쉴 때 공기는 폐 → 기관지 → 기관 → 코의 순서로 이동합니다.

10 혈관은 몸 전체에 퍼져 있으며, 혈액이 이동하는 통로 역할을 합니다.

11 순환 기관 중 하나이고, 펌프 작용을 통해 혈액을 온몸으로 순환시키는 기관은 심장입니다.

더 알아볼까요!

인공 심장
인공 심장은 기능이 떨어진 심장 대신 인체 내에 기계적으로 장치하여 전신의 혈액 순환을 보조하거나 대행하도록 만든 심장을 말합니다.

12 주입기의 펌프 작용으로 붉은 색소 물이 관을 통해 이동하듯이 심장의 펌프 작용으로 심장에서 나온 혈액이 혈관을 따라 이동하고, 이 혈액은 다시 심장으로 돌아오는 것을 반복합니다.

더 알아볼까요!

맥박
• 맥박은 몸 어디에서나 쉽게 측정할 수 있지만 가장 많이 이용하는 곳은 손목입니다.
• 측정하기 전 5분 동안은 안정을 취해야 정확한 맥박을 측정할 수 있습니다.
• 1분 동안 맥박 수
– 신생아의 맥박 수: 약 120~140회
– 어린이의 맥박 수: 약 90~140회
– 어른의 맥박 수: 약 60~80회

13 상수도의 정화 과정에서 하수 처리장은 더러워진 물을 정화시킵니다. 따라서 배설 기관 중 콩팥과 비슷한 역할을 합니다.

14 배설은 우리 몸이 살아가는 과정에서 생긴 노폐물을 몸 밖으로 내보내는 것입니다.

15 콩팥이 기능을 하지 못하면 노폐물을 걸러 내지 못해 노폐물이 몸에 쌓이게 되고 병에 걸립니다.

16 ㉠에서는 피부로 촉감을 느꼈고, ㉡에서는 코로 냄새를 맡았으며, ㉢에서는 귀로 소리를 들었습니다.

17 주어진 자극에 대해 사람마다 다르게 반응할 수 있습니다.

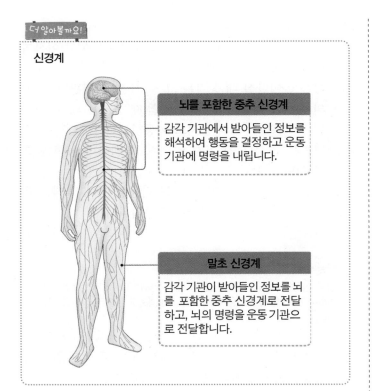

더 알아볼까요!

신경계

뇌를 포함한 중추 신경계
감각 기관에서 받아들인 정보를 해석하여 행동을 결정하고 운동 기관에 명령을 내립니다.

말초 신경계
감각 기관이 받아들인 정보를 뇌를 포함한 중추 신경계로 전달하고, 뇌의 명령을 운동 기관으로 전달합니다.

18 운동할 때 몸에 나타나는 변화를 알아보기 위해 체온과 맥박 수를 측정합니다.

19 운동을 하면 체온이 올라가므로 ㉢에서 체온이 가장 높습니다.

20 일찍 자고 일찍 일어나고 몸을 깨끗하게 하며 운동을 꾸준히 하는 생활 습관을 갖도록 합니다.

탐구 서술형 평가
122~123쪽

1 (1) ㉠ 기관지 (2) ⑨ 코로 들이마신 공기가 폐에 잘 전달되도록 하기 위해서이다. **2** (1) 주입기의 펌프: ㉠, 주입기의 관: ㉡ (2) ⑨ 혈액을 온몸으로 순환시켜 우리 몸에 필요한 영양소와 산소를 온몸에 전달한다. **3** (1) ㉠ 콩팥 ㉡ 방광 (2) ⑨ 콩팥은 혈액에 있는 노폐물을 걸러 내고, 걸러진 노폐물은 오줌이 되어 방광에 저장되었다가 관을 통해 몸 밖으로 나간다. **4** ㉠ 소리 자극을 전달한다. ㉡ 운동 기관

풀이 ▶

1 기관지는 코로 들이마신 공기가 폐에 잘 전달되도록 하기 위해서 여러 갈래로 갈라져 있습니다.

상	기관지의 명칭을 바르게 쓰고 기관지의 생김새가 여러 갈래로 갈라져 있는 까닭을 호흡과 관련하여 바르게 서술하였습니다.
중	기관지의 생김새가 여러 갈래로 갈라져 있는 까닭을 호흡과 관련하여 바르게 서술하였습니다.
하	기관지의 명칭을 바르게 썼지만 기관지의 생김새가 여러 갈래로 갈라져 있는 까닭을 호흡과 관련하여 바르게 서술하지 못하였습니다.

2 주입기 실험에서 주입기의 펌프는 심장(㉠), 주입기의 관은 혈관(㉡) 역할을 합니다. 순환 기관은 우리 몸에 필요한 영양소와 산소를 온몸에 전달합니다.

상	주입기 실험에서 주입기의 펌프와 관이 어떤 기관의 역할을 하는지 바르게 쓰고 순환 기관이 하는 일을 바르게 서술하였습니다.
중	순환 기관이 하는 일을 바르게 서술하였습니다.
하	주입기 실험에서 주입기의 펌프와 관이 어떤 기관의 역할을 하는지만 쓰고 순환 기관이 하는 일을 바르게 서술하지 못하였습니다.

3 배설 기관에는 콩팥, 방광 등이 있습니다. 배설 과정에서 콩팥은 혈액에 있는 노폐물을 걸러 내고, 걸러진 노폐물은 오줌이 되어 방광에 저장되었다가 관을 통해 몸 밖으로 나갑니다.

상	배설 기관의 명칭을 바르게 쓰고 배설 기관이 노폐물을 내보내는 과정을 각각 바르게 서술하였습니다.
중	배설 기관의 명칭을 바르게 쓰고 배설 기관이 노폐물을 내보내는 과정을 한 가지 바르게 서술하였습니다.
하	배설 기관의 명칭을 바르게 썼지만 각 배설 기관이 노폐물을 내보내는 과정을 바르게 서술하지 못하였습니다.

4 자극이 전달되고 반응하는 과정은 자극 → 감각 기관 → 자극을 전달하는 신경계 → 행동을 결정하는 신경계 → 명령을 전달하는 신경계 → 운동 기관 → 반응입니다.

상	노래를 듣고 춤을 추게 될 때 자극을 신경계가 전달하는 내용을 바르게 서술하고 운동 기관이 전달된 자극에 대한 반응을 한다고 바르게 서술하였습니다.
중	노래를 듣고 춤을 추게 될 때 자극을 신경계가 전달하는 내용을 바르게 서술하였습니다.
하	운동 기관이 전달된 자극에 대한 반응을 한다고만 서술하였습니다.

5 에너지와 생활

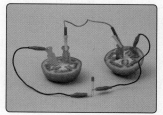

개념을 확인해요 125쪽

1 과일 2 에너지 3 전기 4 소화 5 광합성 6 양분 7 (차례로) 식물, 동물

개념을 확인해요 127쪽

1 열에너지 2 위치 에너지 3 운동 에너지 4 전기 에너지 5 빛에너지 6 위치 에너지 7 운동 에너지

개념을 확인해요 129쪽

1 위치 에너지 2 운동 에너지 3 위치 에너지 4 빛에너지 5 화학 에너지 6 에너지 전환 7 빛에너지, 열에너지

개념을 확인해요 131쪽

1 돌아갑니다 2 전기 3 운동 4 화학 5 전환 6 위치 7 태양

개념을 확인해요 133쪽

1 냉장고 2 에너지 3 겨울눈 4 겨울잠 5 높은 6 환경 오염 7 장소

개념을 다져요 134~137쪽

1 ㉢, ㉣, ㉤ 2 ① 3 에너지 4 에너지 5 ② 6 (1) ㉡ (2) ㉠ (3) ㉡ (4) ㉠ 7 ④ 8 ③ 9 ⑤ 10 ㉠ 화학 ㉡ 위치 11 운동 에너지 12 ㉠ 13 ④ 14 (1) ○ 15 ㉠ 전기 에너지 ㉡ 운동 에너지 16 ④ 17 ① 18 태양 19 ㉡ 20 ⑤ 21 ② 22 ① 23 발광 다이오드[LED]등 24 (다)

풀이 ▶

1 과일 전지를 만들 때 과일 외에 구리판, 아연판, 집게 달린 전선 등이 필요합니다.

더 알아볼까요!

과일 전지
- 레몬, 오렌지, 사과 등과 같이 과즙이 풍부한 과일이나 감자, 고구마, 가지, 호박, 토마토 등의 채소로도 실험할 수 있습니다.

▲ 토마토 과일 전지

- 전구보다 적은 양의 전류로도 잘 작동되는 전자시계, 버저, 전자 계산기, 멜로디 카드, 발광 다이오드 등을 연결합니다.
- 자른 과일 한 조각의 크기는 전압에 영향을 주지 않으므로 과일 한 개를 반으로 잘라 이용함으로써 실험 후 발생할 쓰레기의 양을 줄입니다.

2 실험에 사용한 과일이나 채소는 아연 이온이 들어 있으므로 절대 먹지 않도록 합니다.

3 과일 전지에서 전자시계를 작동하게 하는 에너지가 나왔기 때문에 전자시계가 작동합니다.

더 알아볼까요!

과일 전지가 잘 작동하지 않을 때 해결 방법
- 과일 조각을 여러 개 직렬로 연결해 사용합니다.
- 판 사이에 약간의 소름을 뿌려 줍니다.
- 과일을 구워서 이용합니다.
- 집게 달린 전선이 구리판, 아연판과 잘 연결되어 있는지 확인합니다.

4 기계를 움직이거나 생물이 살아가는 데에는 에너지가 필요합니다.

더 알아볼까요!

에너지

- 에너지라는 말을 사용하는 경우:우리 주변에서 에너지라는 말은 에너지 절약, 에너지 회사 등으로 사용되고 있습니다.
- 에너지라는 말을 들을 때 떠오르는 생각: 전지, 힘, 번개, 밥, 음식물 등이 있습니다.
- 에너지라는 말을 사용할 때의 공통점
- 무엇인가를 움직이게 합니다.
- 빛을 밝혀 주고, 온도를 변하게 합니다.
- 소리를 냅니다.
- 물체의 모양을 변형시킵니다.

5 벼, 민들레, 소나무와 같은 식물은 햇빛을 받아 스스로 양분을 만들어 에너지를 얻습니다.

6 동물인 뱀과 다람쥐는 다른 생물을 먹어 에너지를 얻고, 식물인 토끼풀과 개나리는 햇빛을 받아 스스로 양분을 만들어 에너지를 얻습니다.

7 열에너지는 물체의 온도를 높이는 에너지이고, 빛에너지는 주위를 밝게 비추는 에너지입니다. 화학 에너지는 생물의 생명 활동에 필요한 에너지이고, 운동 에너지는 움직이는 물체가 가지는 에너지입니다.

더 알아볼까요!

에너지의 이용

물체를 움직이게 하는 에너지	석유(자동차), 바람(풍력 발전소), 높이 있는 물(수력 발전소)
빛을 밝혀주는 데 사용되는 에너지	석유(등잔), 태양
온도를 높이는 데 사용되는 에너지	천연 가스(요리, 난방), 태양(온실)

8 태양의 빛, 화분의 식물이나 사람 등의 생명 활동에 필요하며, 물질이 가진 잠재적 에너지는 화학 에너지입니다.

9 천장에 달린 작품과 미끄럼틀 위에 있는 사람은 모두 위치 에너지를 가지고 있습니다.

10 열기구 연료의 화학 에너지가 불의 열에너지로 형태가 바뀌며, 공기를 데운 열에너지는 열기구의 운동 에너지와 위치 에너지로 바뀝니다.

11 언덕 위에서 눈썰매를 타고 내려올 때 솔미의 위치 에너지가 운동 에너지로 전환됩니다.

12 달리는 아이는 화학 에너지가 운동 에너지로 전환된 것이고 광합성을 하는 나무는 빛에너지가 화학 에너지로 전환된 것입니다.

13 태양광 해파리를 만들 때 전동기, 프로펠러, 태양 전지, 얇은 종이는 필요하지만, 스포이트는 필요하지 않습니다.

14 태양 전지가 태양을 향할 때 태양광 해파리는 돌아갑니다.

15 태양의 빛에너지가 태양 전지를 통해 전기 에너지로 전환되고, 전기 에너지는 전동기를 작동시켜 태양광 해파리를 움직이게 하는 운동 에너지로 전환됩니다.

16 사람은 음식을 먹음으로써 화학 에너지를 얻고, 식물은 광합성으로 태양의 빛에너지를 화학 에너지로 전환합니다.

17 식물은 태양의 빛에너지로부터 양분을 만들고, 태양 전지는 태양의 빛에너지를 전기 에너지로 전환시킵니다.

18 식물과 동물이 에너지를 얻는 과정을 포함한 우리 생활의 여러 현상은 태양으로부터 공급된 에너지의 전환 과정입니다.

19 에너지 소비 효율 등급 표시, 에너지 절약 표시, 고효율 에너지 기자재 인증 표시는 에너지를 효율적으로 이용하는 제품임을 알려 줍니다.

20 단열재, 이중창, 뽁뽁이, 문풍지는 내부의 열이 외부로 빠져 나가지 않도록 하여 에너지 효율을 높이는 방법입니다.

21 북극곰의 털과 목련의 겨울눈은 추운 겨울에 열에너지를 빼앗기는 것을 막아 줍니다. 다람쥐의 겨울잠과 가을날 낙엽을 떨어뜨리는 은행나무는 겨울 동안 자신의 화학 에너지를 더 효율적으로 이용하기 위한 방법입니다.

22 전등은 전기 에너지가 빛에너지와 열에너지로 전환됩니다.

23 빛에너지로 전환되는 비율이 높은 발광 다이오드[LED]등이 에너지를 가장 효율적으로 이용한 것입니다.

24 전구 (다)는 전기 에너지를 적게 사용하여 같은 밝기의 빛을 냈으므로 에너지를 가장 효율적으로 이용한 것입니다.

1 ㉠ **2** ③, ⑤ **3** ㉤, ㉢ **4** ⑤ **5** ② **6** ①
7 ④ **8** (1) ㉤ (2) ㉠ **9** (1) ○ (2) × (3) ○ **10** ②
11 ⑤ **12** ⑤ **13** 예 전기 에너지가 운동 에너지로 형태가 바뀐다. **14** ③ **15** ④ **16** ② **17** ⑤ **18** 예 에너지를 효율적으로 이용하는 전기 기구이다. **19** ㉢ **20** 수민

풀이

1 과일 전지에서 과일의 즙에 들어 있는 전해질을 통해 아연판의 전자가 구리판으로 이동하여 전류의 흐름이 생기기 때문에 전기가 발생합니다.

2 자동차는 전기나 기름으로부터 에너지를 얻고, 휴대 전화는 전기로부터 에너지를 얻습니다.

3 벚나무와 강아지풀은 햇빛을 받아 스스로 에너지를 만드는 식물이지만, 뱀과 다람쥐는 다른 생물을 먹고 에너지를 얻는 동물입니다.

4 동물은 다른 식물이나 동물을 먹어 얻은 양분으로 에너지를 얻습니다.

5 물체의 온도를 높여 주거나 음식이 익게 해 주는 에너지의 형태는 열에너지입니다.

> **더 알아볼까요!**
>
> **에너지를 가지고 있는지 확인하는 방법**
> • 빛을 내는가
> • 소리를 내는가
> • 온도를 변하게 하는가
> • 다른 물체를 움직이거나 모양을 변형시키는가

6 햇빛, 전등 불빛, 스마트 기기 화면에 공통으로 관련된 에너지의 형태는 빛에너지입니다.

7 전등, 에어컨, 신호등, 전동 킥보드는 전기 에너지로 작동하지만 바람개비는 전기 에너지와 관련이 없습니다.

8 움직이는 그네는 운동 에너지를 가지고 있고, 미끄럼틀 위에 있는 사람은 위치 에너지를 가지고 있습니다.

9 에너지는 다양한 형태로 바뀔 수 있습니다.

10 전기다리미는 전기 에너지를 열에너지로 전환합니다.

> **더 알아볼까요!**
>
> **에너지 자원**
>
> | 석탄, 석유 | • 자동차를 움직이게 한다.
• 보일러의 연료로 사용하여 집을 따뜻하게 한다. |
> | --- | --- |
> | 가스 | • 물을 끓일 수 있다. |
> | 바람 | • 바람개비나 풍차를 돌릴 수 있다.
• 발전기를 돌려 전기를 얻을 수 있다. |
> | 태양 | • 태양열을 이용하여 온실 속의 식물을 기를 수 있다.
• 열이나 빛을 이용하여 전기를 얻을 수 있다. |
> | 물 | • 물레방아를 돌릴 수 있다.
• 발전기를 돌려 전기를 얻을 수 있다. |

11 꼭대기에 올라가 있던 낙하 놀이 기구가 떨어질 때 놀이 기구에 타고 있던 사람의 위치 에너지가 운동 에너지로 전환됩니다.

12 나무는 햇빛을 받아 광합성으로 화학 에너지를 만들어 냅니다.

13 범퍼카가 움직일 때 전기 에너지가 운동 에너지로 전환됩니다.

14 공이 떨어지면서 위치 에너지가 운동 에너지로 전환됩니다.

15 태양광 해파리의 태양 전지가 태양을 향하도록 하면 태양광 해파리가 돌아갑니다.

16 태양의 빛에너지가 태양 전지를 통해 전기 에너지로 전환됩니다.

17 생물은 태양으로부터 살아가는 데 필요한 에너지를 얻고, 우리도 태양로부터 온 에너지를 여러 가지 형태로 전환해 생활에 이용하고 있습니다.

18 에너지 소비 효율이 1등급인 제품이 에너지를 가장 효율적으로 이용하는 제품입니다.

19 겨울잠, 겨울눈, 이중창은 에너지를 효율적으로 이용하는 예입니다. 백열등보다는 형광등, 발광 다이오드[LED]등이 에너지를 더 효율적으로 이용하는 전등입니다.

20 교실의 창은 단창보다는 이중창을 설치하는 것이 좋고, 에어컨은 에너지 소비 효율 등급이 1등급인 제품을 구입합니다.

정답과 풀이

2회 단원 평가 도전

1 ⓒ ⓒ ㉠   2 ⑩ 음식을 먹는다. 먹은 음식물을 소화시켜 필요한 에너지를 얻는다.   3 수영   4 ②
5 ①   6 ⑤   7 빛에너지   8 ㉠   9 ⓒ, ⓒ   10
ⓒ, ⓔ   11 화학 에너지   12 ㉠, ⓒ   13 ⑤   14
⑤   15 ⓒ ㉠ ⓒ   16 ⑩ 돌아가던 태양광 해파리가
멈춘다.   17 ②, ⑤   18 ④   19 ⓒ, ⓒ   20 발광
다이오드[LED]등

풀이

1 과일 전지로 시계를 작동시키는 방법을 순서대로 나열하면 ⓒ → ⓒ → ㉠입니다.

2 기계를 움직이거나 생물이 살아가는 데에는 에너지가 필요합니다.

3 기계는 전기나 기름 등에서 에너지를 얻고, 동물은 다른 식물이나 동물을 먹고 에너지를 얻습니다.

4 벼, 감나무, 토끼풀, 민들레는 스스로 양분을 만들어 에너지를 얻는 식물이지만, 개구리는 먹이를 먹고 에너지를 얻는 동물입니다.

5 전기나 기름에서 에너지를 얻을 수 없게 되어도 식물은 햇빛을 이용하여 양분을 만들어 스스로 에너지를 얻을 수 있습니다.

6 식물이나 사람 등의 생명 활동에 필요하며, 물질이 가진 잠재적인 에너지는 화학 에너지입니다.

더 알아볼까요!

화학 에너지

▲ 화분의 식물

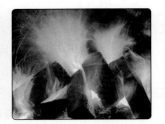

▲ 모닥불의 나무

7 태양, 가로등 불빛, 텔레비전 화면은 전등의 불빛처럼 어두운 곳을 밝게 비춰 주는 빛에너지를 갖습니다.

8 뛰어다니는 강아지는 운동 에너지를 가지고 있습니다.

더 알아볼까요!

운동 에너지

▲ 움직이는 사람

▲ 달리는 말

9 불이 켜져 있는 전등과 햇빛은 빛에너지를 가지고 있습니다.

10 켜져 있는 전등과 다리미는 전기 에너지를 이용합니다.

11 현준이의 화학 에너지가 운동 에너지로 전환됩니다.

12 전기난로를 작동시킬 때 전기 에너지가 열에너지와 빛에너지로 전환됩니다.

13 태양 전지는 태양의 빛에너지를 전기 에너지로 전환하는 장치입니다.

14 ㉠은 빛에너지, ⓒ은 운동 에너지, ⓒ은 화학 에너지, ⓔ은 전기 에너지, ⑩은 위치 에너지입니다.

15 태양광 해파리를 만들어 움직임을 관찰하는 과정을 순서대로 기호로 나타내면 ⓒ → ㉠ → ⓒ입니다.

16 태양 전지가 태양의 빛에너지를 받지 못하면 전기 에너지를 만들 수 없습니다. 따라서 태양 전지를 손으로 가리면 돌아가던 태양광 해파리가 멈춥니다.

17 태양의 빛에너지가 태양 전지를 통해 전기 에너지로 전환되고, 전기 에너지는 전동기를 작동시켜 태양광 해파리를 움직이게 하는 운동 에너지로 전환됩니다.

18 에너지 소비 효율 등급이 5등급인 전기밥솥은 에너지를 효율적으로 이용하는 전기 기구로 볼 수 없습니다.

19 전등을 사용할 때 전기 에너지는 빛에너지 외에 열에너지로도 전환됩니다.

20 전기 에너지가 빛에너지로 전환되는 비율이 높은 발광 다이오드[LED]등의 에너지 효율이 가장 높습니다.

▲ 백열등

▲ 형광등

▲ 발광 다이오드 [LED]등

3회 단원 평가

144~146쪽

1 ⓒ   2 ⓒ   3 ㄱ, ㄹ   4 ㄷ, ㅁ   5 예 밤에 전등을 켤 수 없어 깜깜하게 생활하게 된다. 자동차를 탈 수 없어 걸어 다녀야 한다.   6 ⑤   7 ②   8 ㄴ, ㄷ
9 ④, ⑤   10 전환   11 ㄱ 열 ⓒ 위치   12 (1) ⓒ (2) ㄱ   13 예 탄소봉의 화학 에너지가 빛에너지와 열에너지로 전환된다.   14 ⓒ   15 예 태양 전지가 태양을 향하도록 놓는다.   16 ㄱ 태양 전지 ⓒ 운동
17 ③   18 ㄱ 겨울눈 ⓒ 겨울잠   19 ⓒ, ⓒ   20 빛, 열

풀이 ▶

1 더 높은 전압을 얻으려면 과일 조각을 여러 개 직렬로 연결해야 합니다.

2 자동차는 기름이나 액화 석유 가스[LPG], 전기로부터 에너지를 얻습니다.

3 사람과 메뚜기는 다른 생물을 먹어 얻은 양분으로 에너지를 얻습니다.

4 소나무와 토끼풀은 햇빛을 받아 스스로 양분을 만들어 에너지를 얻는 식물입니다.

5 전기나 기름에서 더는 에너지를 얻을 수 없게 된다면 휴대 전화를 사용할 수 없고, 선풍기나 에어컨을 켤 수 없으며, 공장에서 기계로 물건을 만들어 낼 수도 없습니다.

더 알아볼까요!

힘과 에너지
• 힘은 물체를 운동하게 하는 원인이 되는 것으로 단위는 N(뉴턴)을 사용합니다.
• 에너지는 힘에 의해 물체가 움직였을 때 한 일로 나타나거나 물질이 분자 운동을 활발하게 하였을 때 열로 나타나며 단위는 J(줄)을 사용합니다.

일과 에너지
• 물체에 일을 해 주면 물체는 에너지를 가지게 되고 에너지를 가진 물체는 다른 물체에 일을 할 수 있게 됩니다. 즉 일과 에너지는 서로 전환됩니다.
• 예를 들어 사람이 야구공을 던져 유리창이 깨지는 과정에서 야구공에 힘을 주어 던진 사람은 손끝에서 공이 떨어질 때까지 일을 해 준 것이며 야구공은 움직이면서 에너지를 가지게 됩니다. 이 야구공의 에너지가 유리창을 깨뜨리는 일을 한 것입니다.
• 물체에 일을 해 주면 일을 받은 만큼 물체의 에너지가 증가합니다.
• 물체가 일을 하면 일을 한 만큼 물체의 에너지가 감소합니다.

6 위치 에너지는 높은 곳에 있는 물체가 중력에 의해 가지는 에너지입니다.

7 작동 중인 온풍기는 전기 에너지와 열에너지를 가지고 있습니다.

8 마라톤 대회에서 달리는 선수처럼 움직이는 물체가 가진 에너지는 운동 에너지입니다. 움직이는 기차와 헤엄치는 물고기는 운동 에너지를 가지고 있습니다.

9 오르락내리락하는 시소는 운동 에너지와 위치 에너지를 가지고 있습니다.

10 에너지의 형태가 바뀌는 것을 에너지 전환이라고 합니다.

11 열기구는 연료의 화학 에너지가 불의 열에너지로 형태가 바뀌며, 공기를 데운 열에너지는 열기구의 위치 에너지와 운동에너지로 바뀝니다.

12 손난로를 사용할 때에는 화학 에너지가 열에너지로 전환되고, 선풍기를 사용할 때에는 전기 에너지가 운동 에너지로 전환됩니다.

13 탄소봉에 불을 붙여 불꽃놀이를 할 때 탄소봉의 화학 에너지가 빛에너지와 열에너지로 전환됩니다.

14 식물은 광합성을 통해 태양의 빛에너지를 화학 에너지로 전환하고, 사람들은 태양으로부터 온 빛에너지를 여러 가지 형태로 전환해 사용합니다.

15 태양 전지가 태양을 향하도록 놓으면 태양광 해파리가 돌아갑니다.

16 태양의 빛에너지가 태양 전지를 통해 전기 에너지로 전환되고, 전기 에너지는 전동기를 작동시켜 태양광 해파리를 움직이게 하는 운동 에너지로 전환됩니다.

17 창문을 크게 만들면 열에너지가 빠져나가기 쉽기 때문에 에너지를 효율적으로 이용하는 방법이라고 할 수 없습니다.

18 식물의 겨울눈과 동물의 겨울잠은 환경에 적응하여 에너지를 효율적으로 이용하는 방법입니다.

19 에너지를 효율적으로 이용하면 의도하지 않은 방향으로 전환되는 에너지의 양을 줄일 수 있습니다.

20 전기 에너지가 빛에너지와 열에너지로 전환되며 빛에너지로 전환되는 비율이 가장 높은 것은 발광 다이오드[LED]등입니다. 전기 에너지가 빛에너지로 전환되는 비율이 높을수록 에너지 효율도 높습니다.

1 ①　　2 ④　　3 ⑩ 식물은 햇빛을 받아 광합성으로 양분을 만들어 냄으로써 에너지를 얻고, 동물은 다른 생물을 먹어 얻은 양분으로 에너지를 얻는다.　　4 ㉠ 열에너지 ㉡ 위치 에너지　　5 ⑩ 움직이는 그네　　6 ④　　7 태양-빛에너지, 지구의 공전-운동 에너지　　8 ④　　9 ④　　10 ㉠ 전기 ㉡ 운동　　11 (1) ⑩ 위치 에너지가 운동 에너지로 바뀐다. (2) ⑩ 운동 에너지가 위치 에너지로 바뀐다.　　12 (1) ㉠ (2) ㉢　　13 전지: 화학, 전구: 빛　　14 ③　　15 ⑩ 태양 전지가 태양을 향하면 태양광 해파리가 돌아간다.　　16 (1) ○ (2) ○ (3) ×　　17 ②　　18 (다)　　19 (가) < (나) < (다)　　20 ⑤

풀이

1 휴대 전화는 콘센트에 연결해 충전하고, 사과나무는 햇빛을 받아 광합성을 합니다. 고양이는 먹이를 먹어 얻은 양분으로 에너지를 얻고, 자동차는 주유소에서 기름(연료)을 넣습니다.

2 햇빛으로 광합성을 하여 스스로 양분을 만드는 것은 민들레와 같은 식물입니다.

3 식물은 햇빛을 받아 양분을 만들어 냄으로써 에너지를 얻고, 동물은 다른 생물을 먹어 얻은 양분으로 에너지를 얻습니다.

4 사람의 체온은 열에너지를 가지고 있고, 미끄럼틀 위에 있는 사람은 위치 에너지를 가지고 있습니다.

5 놀이터에서 볼 수 있는 움직이는 그네, 뛰어가는 사람 등은 운동 에너지를 가지고 있습니다.

6 벽에 걸린 액자와 같이 높은 곳에 있는 물체가 중력에 의해 가지는 잠재적인 에너지는 위치 에너지입니다.

7 계절의 변화 단원에서는 태양의 남중 고도와 지구의 공전에 따른 계절 변화를 배웠습니다.

8 나무와 음식은 모두 생물의 생명 활동에 필요한 에너지인 화학 에너지와 관련이 있습니다.

9 ① 가로등 불빛: 전기 에너지 → 빛에너지+열에너지, ② 돌아가는 선풍기: 전기 에너지 → 운동 에너지, ③ 폭포에서 떨어지는 물: 위치 에너지 → 운동 에너지, ⑤ 언덕을 올라가는 자동차: 운동 에너지 → 위치 에너지

▲ 빛에너지를 갖는 전광판

10 롤러코스터는 전기 에너지로 출발하거나 멈춥니다. 롤러코스터는 높낮이가 달라짐에 따라 운동 에너지와 위치 에너지가 서로 바뀝니다.

11 롤러코스터가 높은 곳에서 낮은 곳으로 내려갈 때에는 위치 에너지가 운동 에너지로 바뀌고, 낮은 곳에서 높은 곳으로 올라갈 때에는 운동 에너지가 위치 에너지로 바뀝니다.

더 알아볼까요!

에너지 보존
- 공기 저항이나 마찰이 없다면 물체가 운동하는 동안 물체의 에너지는 항상 일정하게 보존됩니다.
- 즉 물체가 내려갈 때 감소한 위치 에너지만큼 운동 에너지가 증가하고, 반대로 물체가 올라갈 때 감소한 운동 에너지만큼 위치 에너지가 증가합니다.
- 에너지는 한 형태에서 다른 형태로 전환되거나 한곳에서 다른 곳으로 전달될 수는 있지만 새로 생성되거나 소멸되지 않습니다.

12 태양 전지는 태양의 빛에너지를 전기 에너지로 전환하고, 풍력 발전기는 바람의 운동 에너지를 전기 에너지로 전환합니다.

13 전지에서 화학 에너지가 전기 에너지로 전환되고, 전지의 전기 에너지가 전구의 빛에너지로 전환됩니다.

14 태양광 해파리는 빛의 세기, 프로펠러에 매단 종이의 무게에 따라 돌아가는 속도가 다릅니다.

15 태양 전지가 태양을 향하도록 하면 해파리가 돌아가고, 태양을 향하지 않으면 해파리가 돌지 않습니다.

16 식물은 광합성으로 태양의 빛에너지에서 화학 에너지를 얻습니다.

17 북극곰의 털, 목련의 겨울눈, 다람쥐의 겨울잠, 황제펭귄이 열을 빼앗기지 않도록 서로 모여 있는 것은 모두 생물이 환경에 적응하여 에너지를 효율적으로 이용하는 예입니다.

▲ 북극곰

▲ 황제펭귄

18 (다)는 빛에너지로 전환된 비율이 가장 높으므로 의도하지 않은 방향으로 전환된 에너지 비율은 가장 낮습니다.

19 전구 (가), (나), (다)의 에너지 효율을 비교하면 (가)<(나)<(다)입니다.

20 건물에 단열재를 사용해서 바깥 온도의 영향을 적게 받으면 실내 온도를 유지할 수 있습니다.

▲ 단창

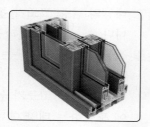
▲ 이중창

• 단창보다 이중창이 바깥 온도의 영향을 적게 받습니다.

탐구 서술형 평가

150~151쪽

1 ⓐ 빛에너지: 신호등, 운동 에너지: 달리는 자동차, 전기 에너지: 신호등, 위치 에너지: 표지판 　**2** (1) 움직이는 범퍼카: ⓐ 범퍼카가 움직일 때 전기 에너지가 운동 에너지로 전환된다. (2) 떨어지는 낙하 놀이 기구: ⓐ 꼭대기에 올라가 있는 낙하 놀이 기구가 떨어질 때 놀이 기구에 타고 있던 사람의 위치 에너지는 운동 에너지로 전환된다. (3) 타오르는 모닥불: ⓐ 나무의 화학 에너지가 불의 열에너지와 빛에너지로 전환된다. 　**3 ⓐ** 사람의 운동 에너지는 음식을 먹음으로써 얻게 된 화학 에너지로부터 전환된다. 식물(당근)은 광합성으로 태양의 빛에너지에서 화학 에너지를 얻는다. 태양 전지의 전기 에너지는 태양의 빛에너지로부터 전환된다. 수력 발전소에서는 물의 위치 에너지로 전기 에너지를 얻는다. 　**4 ⓐ** 난방비를 줄이고, 자원을 아낄 수 있다. 전기 에너지를 만드는 과정에서 일어나는 환경 오염을 줄일 수 있다. 의도하지 않은 방향으로 전환되는 에너지의 양을 줄일 수 있다.

풀이▶

1 신호등은 빛에너지 외에도, 전기 에너지, 열에너지를 가지고 있으며, 높은 곳에 달린 신호등과 교통 표지판은 위치 에너지를 가지고 있습니다.

상	도로에서 볼 수 있는 빛에너지, 운동 에너지, 전기 에너지, 위치 에너지 등 세 가지 이상의 에너지 형태를 찾아 상황 예시를 바르게 서술하였습니다.
중	도로에서 볼 수 있는 빛에너지, 운동 에너지, 전기 에너지, 위치 에너지 등 두 가지 이상의 에너지 형태를 찾아 상황 예시를 바르게 서술하였습니다.
하	도로에서 볼 수 있는 빛에너지, 운동 에너지, 전기 에너지, 위치 에너지 등 한 가지 이상의 에너지 형태를 찾아 상황 예시를 바르게 서술하였습니다.

2 에너지에는 열에너지, 전기 에너지, 빛에너지, 화학 에너지, 운동 에너지, 위치 에너지 등 다양한 형태가 있으며, 에너지는 다양한 형태로 바뀝니다.

상	제시된 여러 가지 물체에서 에너지 전환이 이루어지는 과정을 모두 바르게 서술하였습니다.
중	제시된 여러 가지 물체에서 에너지 전환이 이루어지는 과정을 두 가지 이상 바르게 서술하였습니다.
하	제시된 여러 가지 물체에서 에너지 전환이 이루어지는 과정을 한 가지만 바르게 서술하였습니다.

3 우리가 생활에서 이용하는 대부분의 에너지는 태양의 빛에너지로부터 에너지의 형태가 전환된 것입니다.

상	우리가 생활에서 이용하는 에너지 전환 과정의 그림을 보고 에너지가 전환되는 과정을 두 가지 이상 바르게 서술하였습니다.
중	우리가 생활에서 이용하는 에너지 전환 과정의 그림을 보고 에너지가 전환되는 과정을 한 가지 이상 바르게 서술하였습니다.
하	우리가 생활에서 이용하는 에너지 전환 과정의 그림을 보고 상황에 대한 설명만 서술하였습니다.

4 같은 효과를 내는 데 필요한 전기 에너지의 양이 줄어들게 되므로 전기 에너지를 아낄 수 있습니다. 또 전기 에너지를 공급하는 발전 과정에서 생태계에 영향을 미치거나 환경 오염이 발생하기도 하므로 에너지를 효율적으로 이용하면 환경을 보호할 수 있습니다.

상	에너지를 효율적으로 이용하는 사례를 보고 에너지를 효율적으로 이용했을 때의 좋은 점을 두 가지 이상 바르게 서술하였습니다.
중	에너지를 효율적으로 이용하는 사례를 보고 에너지를 효율적으로 이용했을 때의 좋은 점을 한 가지 이상 바르게 서술하였습니다.
하	에너지를 효율적으로 이용하는 사례를 보고 물건이 어떤 역할을 하는지 단순하게 서술하였습니다.

정답과 풀이

1회 100점 예상문제

154쪽~156쪽

1 도체 2 ⓒ, ㉣ 3 ㉢, 스위치 4 ㉢ 5 ② 6 전구의 불이 그대로 켜져 있다. 7 (1) 직렬연결 (2) 병렬연결 8 한 전구 불이 꺼져도 나머지 전구 불은 꺼지지 않는다. 9 (1) × (2) ○ 10 자석 11 ㉢ 12 ㉢ 13 낮 12시 30분 14 (2) ○ 15 ㉠ 16 ⑤ 17 (차례로) 여름, 겨울 18 ④ 19 (가) 20 ⑤

풀이

1 종이, 유리, 비닐, 나무 등과 같이 전류가 잘 흐르지 않는 물질을 부도체라고 합니다.

2 전구와 전지의 (+)극과 (−)극을 연결하면 전구에 불이 켜집니다.

3 스위치를 닫으면 전류가 흐르고 스위치를 열면 전류가 흐르지 않습니다.

4 전지 두 개를 병렬연결한 전기 회로의 전구보다 전지 두 개를 직렬연결한 전기 회로의 전구가 더 밝습니다.

5 전지를 병렬연결한 전기 회로의 전구보다 전지를 직렬연결한 전기 회로의 전구가 더 밝습니다.

6 남은 전지, 전구, 전선이 끊어지지 않고 연결되어 있기 때문에 전구의 불이 꺼지지 않습니다.

7 전지는 두 개가 서로 다른 극끼리 연결되어 있으므로 직렬연결이고, 전구는 두 개가 여러 개의 줄에 나누어 한 개씩 연결되어 있으므로 병렬연결입니다.

8 전구의 병렬연결에서는 한 전구 불이 꺼져도 나머지 전구 불은 꺼지지 않습니다.

9 전구 두 개 이상을 한 줄로 연결하는 방법은 전구의 직렬연결입니다.

10 전류가 흐르는 전선 주위에는 자석의 성질이 나타납니다.

11 전기 회로에서 직렬로 연결된 전지의 개수를 다르게 하여 전자석의 세기를 조절할 수 있습니다.

12 태양 고도가 높아지면 기온도 높아지지만 태양 고도가 가장 높은 때와 기온이 가장 높은 때는 시간 차이가 있습니다.

13 태양의 고도가 가장 높은 때 그림자의 길이는 가장 짧습니다.

14 태양 고도가 높아질수록 기온은 점점 높아지며 태양이 남중한 시각보다 약 두 시간 정도 뒤에 기온이 가장 높게 나타납니다.

15 ㉠은 겨울, ㉡은 봄, 가을, ㉢은 여름철 태양의 위치 변화를 나타낸 것입니다.

16 낮의 길이가 가장 긴 때는 ㉡이고 밤의 길이가 가장 긴 때는 ㉢입니다.

17 태양의 남중 고도가 높아질수록 낮의 길이도 길어집니다.

18 전등과 모래가 이루는 각의 크기 이외의 모든 조건을 같게 합니다.

19 태양의 남중 고도가 높아지면 일정한 면적의 지표면에 도달하는 태양 에너지양이 많아지므로 기온이 높아집니다.

20 지구의 자전축의 기울기는 지구의 공전 궤도면과 수직한 방향에 대하여 약 23.5도 기울어진 채 태양 주위를 공전하기 때문에 계절이 변합니다.

2회 100점 예상문제

157쪽~159쪽

1 부도체 2 → 3 ⑤ 4 직렬연결 5 ㉡, ㉣ 6 ㉡, ㉣ 7 전류가 흐르는 전선 주위에 자석의 성질이 나타났기 때문이다. 8 전자석 9 ③ 10 ⑤ 11 30° 12 ㉠ 13 ③ 14 ④ 15 ㉠ 16 (1) ㉡ (2) ㉠ 17 태양의 남중 고도가 높아지면 일정한 면적의 지표면에 도달하는 태양 에너지양이 많아지기 때문에 지표면이 더 많이 데워져 기온이 높아진다. 18 (나) 19 ② 20 태양 고도

풀이

1 부도체는 전류가 잘 흐르지 않는 물질입니다.

2 전류는 전지의 (+)극에서 (−)극으로 흐릅니다.

3 전기 부품의 도체 부분을 서로 연결해야 전류가 흘러서 전구에 불이 켜집니다.

4 전지 두 개 이상을 서로 다른 극끼리 연결하는 방법을 전지의 직렬연결이라고 합니다.

5 ㉠과 ㉢은 전구가 직렬로 연결되어 있고 ㉡과 ㉣은 전구가 병렬로 연결되어 있으므로 ㉡과 ㉣의 전구의 밝기가 더 밝습니다.

6 전구의 병렬연결에서는 전구 한 개의 불이 꺼져도 나머지 전구 불은 꺼지지 않습니다.

7 전류가 흐르는 전선 주위에는 자석과 같은 성질이 나타나며 전류의 세기를 더 세게 했을 때 나침반 바늘이 움직이는 정도가 더 커집니다.

8 전자석은 전류가 흐르는 동안에만 자석의 성질을 갖습니다.

9 나침반은 방위를 확인할 때 쓰이는 도구이며 영구 자석의 성질을 이용합니다.

10 전선을 잡아당겨 플러그를 뽑거나 물 묻은 손으로 전기 제품을 만지는 것은 위험합니다.

11 태양 고도는 그림자 끝과 막대기의 실이 이루는 각을 측정하여 알 수 있습니다.

12 그림자의 길이는 낮 12시30분까지는 점점 짧아지다가 그 이후에는 다시 길어집니다.

13 태양 고도가 높아지면 기온이 높아지고 그림자 길이는 짧아집니다. 기온이 가장 높은 때는 14시 30분 무렵이고 그림자 길이가 가장 짧은 때는 낮 12시 30분 무렵입니다.

14 태양 고도가 높아질수록 낮의 길이도 길어집니다.

15 전등과 모래가 이루는 각이 크면 일정한 면적에 도달하는 에너지양이 많아집니다.

16 여름에는 태양의 남중 고도가 높고 겨울에는 태양의 남중 고도가 낮습니다.

17 태양의 고도가 높을수록 일정한 면적에 도달하는 에너지양이 많아지고 기온이 높아집니다.

18 (가)는 봄, (나)는 여름, (다)는 가을, (라)는 겨울에 해당합니다.

19 지구의 자전축이 기울어진 채 공전하면 북반구에 있는 우리나라는 (나)의 위치에 있을 때 태양의 남중 고도가 가장 높고 (라)의 위치에 있을 때 가장 낮습니다.

더 알아볼까요!

▲ 지구의 자전

20 태양이 지표면과 이루는 각, 태양 고도를 측정하기 위한 기구입니다.

---

1 ③　**2** (가)　**3** 예 초가 탈 때 산소가 필요하기 때문이다. 초가 타면서 산소를 사용했기 때문이다.　**4** ④　**5** ①　**6** ⓒ　**7** 예 승강기 대신에 계단으로 대피한다. 젖은 수건으로 코와 입을 막고 몸을 낮춰 이동한다.　**8** ㉠ 뼈 ㉡ 근육　**9** ⓒ　**10** 입 → 식도 → 위 → 작은창자 → 큰창자 → 항문　**11** ②　**12** ③　**13** (차례로) 많아, 빨라　**14** ②　**15** ②　**16** (1) ⓒ (2) ㉠ (3) ⓒ　**17** ①　**18** 열에너지　**19** ③　**20** ④

풀이

1 초나 알코올 등의 물질이 탈 때 열과 빛이 발생하고 불꽃 주변은 밝고 따뜻해집니다.

2 아크릴 통에 든 공기(산소)의 양에 따라 초가 타는 시간이 다르다는 것으로 물질이 타려면 산소가 필요함을 알 수 있는 실험입니다.

3 공기의 양이 많으면 산소의 양이 많으므로 초가 더 오래 탑니다. 초가 타면서 산소를 사용했기 때문에 산소 비율이 줄어듭니다.

4 성냥의 머리 부분이 먼저 불이 붙는 것으로 보아 나무 부분보다 발화점이 낮은 것을 알 수 있습니다.

5 푸른색 염화 코발트 종이는 물에 닿으면 붉게 변합니다.

6 발화점 미만으로 온도를 낮춰야 불을 끌 수 있습니다.

7 아래층에서 불이 나면 옥상이나 높은 곳으로 올라가 구조를 요청합니다.

8 뼈는 몸의 형태를 만들고 몸을 지지하며 내부를 보호합니다.

9 ㉠ 입 ㉡ 식도 ⓒ 위 ㉣ 작은창자 ㉤ 큰창자 ㉥ 항문입니다.

10 소화 기관이 하는 일은 음식물을 잘게 쪼개고 분해하여 영양소와 수분을 흡수하는 것입니다.

11 숨을 들이마시고 내쉬는 활동을 호흡이라고 하며 호흡에 관여하는 코, 기관, 기관지, 폐 등을 호흡 기관이라고 합니다.

12 주입기의 펌프는 심장, 주입기의 관은 혈관, 붉은 색소 물은 혈액 역할을 합니다.

13 주입기의 펌프를 빠르게 누르면 붉은 색소 물의 이동 빠르기가 빨라지며, 느리게 누르면 색소 붉은 물의 이동 빠르기가 느려집니다.

14 콩팥은 강낭콩 모양으로 두 개가 있고, 방광은 콩팥과 연결되어 있으며 작은 공처럼 생겼습니다.

15 냄새와 관련된 감각 기관은 코입니다.

16 기계와 생물은 각각 다른 방법으로 에너지를 얻습니다.

17 굴러가는 축구공, 달리는 자동차가 갖고 있는 에너지는 움직이는 물체가 갖는 운동 에너지입니다.

18 전기주전자는 전기 에너지가 열에너지로 전환됩니다.

19 우리는 태양으로부터 온 에너지를 여러 가지 형태로 전환하여 생활에 활용하고 있습니다.

20 백열등은 전기 에너지가 빛에너지로 전환될 때 열에너지로 손실되는 에너지가 많은 전등입니다.

4회 100점 예상문제
163쪽~165쪽

1 ㉡   **2** 공기의 양이 적으면 산소의 양이 적다. 작은 아크릴 통 속의 촛불이 빨리 꺼지는 것으로 보아 물질이 타려면 산소가 필요한 것을 알 수 있다.   **3** 발화점   **4** 이산화 탄소   **5** ④   **6** (1) (가) (2) (나)   **7** ㉢㉡㉣㉠   **8** ①   **9** ⑤   **10** 코로 들이마신 공기를 폐에 잘 전달되도록 하기 위해서이다.   **11** 심장   **12** 하수 처리장   **13** ①   **14** (1) ㉡ (2) ㉠   **15** (가) 위치 에너지 (나) 열에너지   **16** ⑤   **17** 지우   **18** 태양의 빛에너지   **19** ⑤   **20** ④

풀이

1 나무, 종이, 초, 알코올 등의 물질이 탈 때 열과 빛이 발생하며 달이 빛나는 것은 태양 빛을 반사하기 때문입니다.

2 산소가 부족하면 탈 물질이 남아 있더라도 더 이상 타지 않습니다.

3 물질이 타려면 온도가 발화점 이상이 되어야 하며 발화점은 물질마다 다릅니다.

4 석회수는 이산화 탄소를 만나면 뿌옇게 흐려지는 성질이 있습니다.

5 초가 연소하여 생긴 새로운 물질인 물과 이산화 탄소는 눈에 잘 보이지 않습니다.

6 탈 물질을 없애거나, 산소의 공급을 막거나, 발화점 미만으로 온도를 낮춰서 불을 끌 수 있습니다.

7 불이 난 곳으로 소화기를 옮긴 다음 소화기의 안전핀을 뽑고 고무관이 불 쪽을 향하도록 합니다.

8 뼈는 우리 몸의 형태를 만들어 주고 몸을 지지하며 근육은 뼈를 움직이게 합니다.

9 작은창자에서는 영양소를 흡수하고 큰창자에서는 수분을 흡수합니다.

10 기관지는 기관과 폐 사이를 이어 주는 관으로 공기가 이동하는 통로입니다.

11 심장은 우리 몸통 가운데에서 왼쪽으로 약간 치우쳐 있으며 펌프 작용을 통해 혈액을 온몸으로 순환시킵니다.

12 콩팥은 혈액에 있는 노폐물을 걸러 주는 역할을 하므로 하수 처리장과 같은 역할을 합니다.

13 우리 몸에는 눈, 귀, 코, 혀, 피부 등의 감각 기관이 있으며 감각 기관이 받아들인 자극은 온몸에 퍼져 있는 신경계를 통해 전달됩니다.

14 순환 기관을 통해 온몸에 산소와 영양소를 공급하고 호흡 기관을 통해 산소를 제공하고 이산화 탄소를 몸 밖으로 내보냅니다.

15 생물의 생명 활동에 필요한 화학 에너지, 높은 곳에 있는 물체가 가진 위치 에너지, 물체의 온도를 높이는 열에너지, 움직이는 물체가 가지는 운동 에너지 등이 있습니다.

16 높은 곳에 있는 물이 갖는 에너지는 위치 에너지이며 위치 에너지가 물레방아를 돌리는 운동 에너지로 전환되었습니다.

17 선풍기, 세탁기, 믹서 등은 전기 에너지를 운동 에너지로 전환시키는 기구들입니다.

18 우리는 태양으로부터 온 에너지를 여러 가지 형태로 전환하여 생활에 이용하고 있습니다.

19 미끄럼틀 위로 올라갈 때 운동 에너지가 위치 에너지로 전환됩니다.

20 단열이 잘 되도록 집을 짓고 전자 제품은 에너지 효율 등급 표시가 낮은 것을 선택해야 하며 형광등 대신 발광 다이오드[LED]등을 설치해야 에너지를 절약할 수 있습니다.

5회 100점 예상문제

166쪽~168쪽

1 ②, ⑤   2 ①   3 (2) ○   4 ⑩ 전자석은 전류가 흐를 때에만 자석의 성질이 나타난다. 전류의 방향이 바뀌면 전자석의 극이 바뀐다.   5 기온   6 ④   7 여름   8 지구의 자전축이 공전 궤도면에 대해 기울어진 채 태양 주위를 공전하기 때문이다.   9 ⓒ   10 ㉠ 발화점 ㉡ 나무   11 ④   12 ①   13 입 → 식도 → 위 → 작은창자 → 큰창자 → 항문   14 (1) 심장 (2) 혈관 (3) 혈액   15 ㉡ ㉢ ㉠   16 ④   17 ④   18 ①   19 ⑤   20 ㉠

풀이

1 전기 부품의 도체끼리 연결해야 하고 전구는 전지의 (+)극과 전지의 (−)극에 각각 연결해야 합니다.

2 ①번은 전지 두 개가 직렬로 연결되어 있고 나머지는 전지 두 개가 병렬로 연결되었기 때문에 ①의 전구의 밝기가 다른 전기 회로의 전구보다 밝습니다.

3 전류가 흐르는 전선 주위에는 자석의 성질이 나타나며 전지의 극을 반대로 연결하여 전류의 방향을 바꿀 수 있습니다.

4 전자석은 자석의 세기를 조절할 수 있고 전류의 방향을 바꾸면 자석의 극도 바꿀 수 있습니다.

5 태양 고도 그래프와 모양이 비슷한 그래프는 기온 그래프이고 모양이 다른 그래프는 그림자 길이 그래프입니다.

6 태양 고도가 높아지면 그림자의 길이는 짧아지고 기온은 높아집니다.

7 태양의 남중 고도가 높아지면 낮의 길이가 길어지고 태양의 남중 고도가 낮아지면 낮의 길이가 짧아집니다.

8 지구의 자전축이 기울어진 채 공전하므로 여름에는 태양의 남중 고도가 높고 겨울에는 낮습니다.

9 크기가 큰 아크릴 통 속에 공기(산소)의 양이 많기 때문에 초가 더 오래 탑니다.

10 먼저 불이 붙는 성냥의 머리 부분의 발화점이 더 낮습니다.

11 물은 푸른색 염화 코발트 종이를 붉게 변화시킵니다.

12 촛불을 입으로 불면 탈 물질이 날아가기 때문에 촛불이 꺼집니다.

13 소화는 우리 몸에 필요한 영양소가 들어 있는 음식물을 잘게 쪼개어 몸에 흡수될 수 있는 형태로 분해하는 과정입니다.

14 주입기의 펌프 작용은 심장의 펌프 작용을 의미합니다.

15 콩팥에서 혈액에 있는 노폐물을 걸러 낸 후 노폐물을 포함한 오줌이 방광에 저장되었다가 관을 통해 몸 밖으로 배출됩니다.

16 피부의 감각 세포를 이용하여 부드럽거나 따뜻하고 아픈 감각 등을 느낄 수 있습니다.

17 식물은 광합성을 하여 스스로 양분을 만들고 에너지를 얻습니다.

18 식물은 태양의 빛에너지가 식물의 화학 에너지로 전환된 예입니다.

19 높은 곳에서 떨어지는 물레방아의 물은 위치 에너지가 운동 에너지로 전환되는 것입니다.

20 백열등은 전기 에너지의 약 5 % 정도만 빛에너지로 전환하여 사용하고 많은 부분이 열에너지로 손실됩니다.

▲ 백열등

6회 100점 예상문제

169쪽~171쪽

1 ③   2 ②   3 ⑩ 전지의 극을 반대로 연결하여 전류가 흐르는 방향을 바꾸어 준다.   4 ①   5 ③   6 ㉠ 여름 ㉡ 봄, 가을 ㉢ 겨울   7 ⑤   8 (1) (차례로) 여름, 남중 고도, 기온 (2) (차례로) 겨울, 남중 고도, 낮의 길이   9 초가 타고 난 후 비커 속 산소의 비율이 줄어든 것으로 보아 초가 탈 때 산소가 필요한 것을 알 수 있다.   10 ③, ④   11 ②   12 (1) ○ (3) ○   13 ㉠ 위 ㉡ 큰창자   14 ㉠ 기관 ㉡ 기관지 ㉢ 폐   15 ④   16 (1) (다) (2) (가) (3) (나)   17 ④   18 ②   19 ㉠ 빛 ㉡ 전기 ㉢ 운동   20 ⑩ 겨울눈의 비늘은 추운 겨울 열에너지가 빠져나가는 것을 줄여 주어 식물의 어린 싹이 얼지 않도록 한다. 곰이나 다람쥐는 겨울잠을 잠으로써 먹이가 부족한 겨울에 생명 유지를 위한 화학 에너지를 적게 쓸 수 있다.

풀이

1 전류가 잘 흐르는 물질을 도체라고 합니다.

2 ①, ③, ④는 전구의 병렬연결이며 ②는 전구의 직렬연결입니다. 전구를 직렬로 연결한 전기 회로의 전구가 병렬로 연결한 전기 회로의 전구보다 어둡습니다.

더 알아볼까요!

전구의 연결 방법
- 우리 주의에서 전구 여러 개를 사용한 전기 기구에는 교실의 전등, 거실의 전등, 장식용 나무의 전구 등이 있습니다.
- 전구 여러 개를 사용한 전기 기구의 대부분은 전구가 병렬로 연결되어 있습니다.

▲ 장식용 나무의 전구

전구의 연결 방법에 따른 전구의 밝기
- 전구 두 개를 한 줄로 연결한 것은 직렬연결, 두 개의 줄에 나누어 연결한 것은 병렬연결입니다.

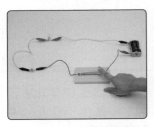 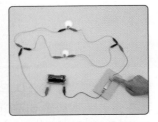

▲ 전구를 직렬연결하였을 때 전구의 밝기 ▲ 전구를 병렬연결하였을 때 전구의 밝기

- 전구 두 개를 직렬연결한 전기 회로의 전구보다 병렬연결한 전기 회로의 전구가 더 밝습니다.

3 전지의 극을 반대로 연결하면 전류의 흐름이 반대 방향으로 바뀌면서 나침반 바늘이 반대 방향으로 움직입니다.

4 전자석은 전류가 흐를 때에만 자석의 성질을 나타내지만 나침반은 항상 자석의 성질이 나타납니다.

5 태양 고도가 높을수록 그림자의 길이는 짧아집니다. 태양 고도는 낮 12시 30분 무렵에 가장 높으며 이때 그림자 길이는 가장 짧습니다.

6 여름에는 태양의 남중 고도가 높고 낮의 길이도 깁니다. 겨울에는 태양의 남중 고도가 낮고 낮의 길이도 짧습니다. 봄과 가을은 여름과 겨울의 중간 정도입니다.

7 ㉢은 겨울에 해당하므로 지표면에 도달하는 태양 에너지양이 가장 적습니다.

8 여름에는 태양의 남중 고도가 높고, 기온이 높으며 낮의 길이는 깁니다. 겨울에는 태양의 남중 고도가 낮고, 기온이 낮으며 낮의 길이가 짧습니다.

9 초가 연소할 때 산소가 필요합니다.

10 이산화 탄소는 석회수가 뿌옇게 흐려지는 것으로 확인할 수 있고 물은 푸른색 염화 코발트 종이가 붉게 변하는 것으로 확인할 수 있습니다.

11 산소의 공급을 차단하거나 탈 물질을 없애고 발화점 미만으로 온도를 낮추면 불이 꺼집니다.

12 화재가 발생하면 119에 신고하며 승강기를 이용하지 않고 계단을 이용합니다.

13 음식물은 입 → 식도 → 위 → 작은창자 → 큰창자 → 항문을 거쳐 소화됩니다.

14 호흡에 관여하는 코, 기관, 기관지, 폐 등을 호흡 기관이라고 하며 숨을 들이마실 때는 코 → 기관 → 기관지 → 폐의 순서로 공기가 이동합니다.

15 근육의 길이가 줄어들거나 늘어나면서 뼈가 움직입니다.

16 감각 기관에는 눈, 귀, 코, 혀, 피부 등이 있습니다.

17 운동 에너지는 움직이는 물체가 가지는 에너지이고 위치 에너지는 높은 곳에 있는 물체가 가지는 에너지입니다.

18 스키 점프하여 높이 떠오른 운동 선수, 책상 위의 물건은 위치 에너지를 갖습니다.

19 태양 전지는 태양의 빛에너지를 전기 에너지로 전환시키고 전동기는 전기 에너지를 운동 에너지로 전환시킵니다.

20 북극곰의 털과 지방, 식물이 가을에 낙엽을 떨어뜨리는 것도 에너지를 효율적으로 이용하는 예입니다.

변형 국배판 / 1~6학년 / 학기별

★ 디자인을 참신하게 하여 학습 효율성을 높였습니다.

★ 단원 평가에 완벽하게 대비할 수 있도록 전 범위를 수록하였습니다.

★ 교과 내용과 관련된 사진 자료 등을 풍부하게 실어 학습에 흥미를 느낄 수 있도록 하였습니다.

★ 수준 높은 서술형 문제를 실었습니다.

정답과 풀이